本书为 2020 年度教育部哲学社会科学重大委托项目
"中国共产党百年教育史研究"（项目批准号：20JZDW006）研究成果。

前　言

　　1978年，中国共产党召开了十一届三中全会，重新确立了马克思主义的思想路线、政治路线、组织路线，实现了党和国家工作重心向社会主义现代化建设的转移，开启了改革开放和社会主义现代化建设新时期。本卷集中论述这一时期党的教育思想、教育体制改革、各级各类教育事业的发展以及党领导教育的基本经验。

　　改革开放以来，在中国共产党的领导下，国家确立了新时期党的教育方针，创立了"三个面向"、科教兴国和素质教育等先进教育思想，明确了教育优先发展的战略地位，使各级各类教育事业步入了持续、快速、健康的发展阶段。在世界九个发展中人口大国中，我国率先实现了九年义务教育，高中阶段教育快速普及，高等教育进入大众化阶段，为改革开放事业和社会主义现代化建设提供了重要的人力资源。

在改革开放和社会主义现代化建设新时期，我国各级各类教育事业在中国共产党的领导下不仅取得了历史性进步，而且积累了丰富的发展经验。本卷回顾总结了"坚持社会主义教育的政治方向""坚持教育优先发展战略""坚持办人民满意的教育""坚持依法治教""坚持教育改革开放"五条基本经验。这些基本经验对于继续坚持中国特色社会主义教育道路，不断开创我国教育改革发展的新局面，具有重要意义。

在改革开放和社会主义现代化建设新时期，党领导教育事业形成了一系列规律性认识。一是在教育改革发展的组织实施上，中国共产党始终作为坚强的组织领导者。改革开放以来，在党的领导下，我国先后出台了《中共中央关于教育体制改革的决定》（1985）、《中国教育改革和发展纲要》（1993）、《国家中长期教育改革和发展规划纲要（2010—2020年）》（2010）三个里程碑式的战略规划，保障和促进了我国教育事业的发展。二是在教育改革发展的战略选择上，始终坚持教育要适应经济社会发展的需要。1978年4月22日，邓小平在全国教育工作会议上强调指出："我们制订教育规划应该与国家的劳动计划结合起来，切实考虑劳动就业发展的需要。"1985 年中等教育结构调整，1999 年高等教育扩招，2010 年教育综合改革，都是主动适应经济社会发展需求的策略。三是在教育改革发展的方法论上，始终坚持深化教育体制改革；在教育管理体制和办学体制上，不断围绕中央与地方的教育权力配置和政府与社会的教育准入权进行调整，以期增强教育活力。四是在教育资源配置上，始终寻求公平与效率的平衡，如从改革开放之初建立重点学校制度到促进义务教育均衡发展就是党和国家在寻求教育公平与效率平衡上所做的积极努力。五是在教育改革发展的目标选择上，始终把素质教育作为教育改革发展的战略主题。素质教育与应试教育的博弈，是改革开放以来我国教育改革价值目标抉择的一条主线。

本书由张志勇拟定写作大纲、负责统稿，北京师范大学中国教育政策研究院金志峰教授（以下未注明单位者皆为本院同志）协助组织书稿统稿，并承担了第四章第一、三部分的撰稿工作。其他各章的撰稿者分别为：第一章第一、二部分，潍坊学院倪烈宗副教授；第一章第三、四部分，杨玉春副教授；第二章，景安磊副教授、王艺鑫博士、郑淑起博士；第三章第一、二、三、四部分，高莉博士；第三章第五、六、七部分，第四章第四部分，首都师范大学教育学院杜钢副教授；第四章第二部分，北京师范大学教育学部王飞飞研究生；第五章王新凤博士。中国教育科学研究院姚宏杰研究员参与了本书大纲的讨论。北京教育科学研究院赵新亮博士为本书编制了教育成就数据图表。赵阳博士后为本书整理了参考文献。刘慎浩、姬新芹为本书的撰稿和出版做了大量的组织、协调工作。

在本书即将付梓之际，向出版社、丛书编委会和本卷的各位作者以及提供支持、帮助的各位同志表示衷心的感谢！

张志勇

2021年5月4日于北京

目　录

第一章 | 中国共产党的教育思想

思想是行动的先导。改革开放以来，中国共产党领导的教育事业能够快速、持续、健康发展，得益于教育思想的解放、创新和与时俱进。本章集中论述了改革开放和社会主义现代化建设新时期中国共产党创立的"三个面向""科教兴国"和素质教育三种先进教育思想以及教育方针的发展变迁。

一、"三个面向"教育思想

（一）"三个面向"的提出

1. 教育战线拨乱反正

改革开放之初，教育界的拨乱反正和教育思想的解放，是从邓小平否定"两个估计"开始的。1971年，姚文元修改、张春桥定稿的《全国教育工作会议纪要》里，"讲了所谓'两个估计'，即文化大革命前十七年教育战线是资产阶级专了无产阶级的政，是'黑线专政'；知识分子的大多数世界观基本上是资产阶级的，是资产阶级知识分子。……我们要准确地完整地理解毛泽东思想的体系。……不抓科学、教育，四个现代化就没有希望，就成为一句空话"[①]。

要实现教育战线的拨乱反正，推翻"两个估计"势在必行。1977年8月8日，邓小平在全国科学和教育工作座谈会上，对十七年来的教育工作和教育工作者给予充分肯定。邓小平强调："十七年中，绝大多数知识分子，不管是科学工作者还是教育工作者，在毛泽东思想的光辉照耀下，在党的正确领导下，辛勤劳动，努力工作，取得了很大成绩。特别是教育工作者，他们的劳动更辛苦。现在差不多各条战线的骨干力量，大都是建国

[①] 中共中央文献研究室：《邓小平论教育》，48～50页，北京，人民教育出版社，2004。

以后我们自己培养的，特别是前十几年培养出来的。……我国的知识分子绝大多数是自觉自愿地为社会主义服务的。"①

邓小平冲破"两个凡是"的思想禁区，推翻了"两个估计"，肯定了教育系统在"文化大革命"前十七年的成绩和进步，为教育适应由"阶级斗争为纲"到"以经济建设为中心"的战略转变及以后的改革与发展提供了理论指导和思想基础。

1980 年前后，教育界在推翻"两个估计"后，又在中国教育回到十七年还是超越十七年的问题上产生了分歧和论争。一种观点认为，"四人帮"否定十七年，与十七年对着干，拨乱反正就是回到十七年；另一种观点认为，十七年并非理想境界，并非完美无缺，教育要根据新形势、新情况和新的历史条件超越十七年。论争的实质牵涉中国教育改革和发展的方向问题。中国教育要想有大的突破，就必须解放思想，必须超越十七年，走新的教育发展之路。

2. 北京景山学校题词

1983 年国庆节，邓小平为北京景山学校题词："教育要面向现代化，面向世界，面向未来。"②（简称"三个面向"）1983 年 9 月 30 日，《人民日报》做了报道。1985 年 5 月，《中共中央关于教育体制改革的决定》提到：教育必须"面向现代化，面向世界，面

① 《邓小平文选》第二卷，49 页，北京，人民出版社，1994。
② 《邓小平文选》第三卷，35 页，北京，人民出版社，1993。

向未来"。"三个面向"言简意赅，集中体现了邓小平关于教育改革与发展的指导思想，反映了建设中国特色社会主义对教育的客观要求；既把握了时代特征，又体现了对未来世界的科学判断，确定了在新的历史时期我国教育改革和发展的方向；是邓小平教育思想的精髓，是当代中国各级各类教育改革和发展的战略指导方针。"三个面向"是邓小平教育思想的核心。随后，教育界开展了大学习、大讨论，掀起了教育改革和发展的高潮。

（二）"三个面向"的内涵

邓小平"三个面向"的核心是指教育要从现代化建设、当今世界的时代特征以及未来发展趋势出发，培养大批合格人才，改变目前教育不适应现代化、世界新潮流和未来发展需要的现状。它既是我国教育改革和发展的战略指导方针，也是进入世纪之交我国教育事业的神圣使命。

1."面向现代化"

教育要"面向现代化"，就是教育要适应、服务于社会主义现代化建设的需要，强调的是教育与经济发展和社会进步的关系，要求教育要主动适应和服务于我国社会与经济的发展，培养和造就数量充足、质量合格、结构合理的各级各类建设人才，提高我国公民的科学、文化和思想道德素质。

邓小平根据"现代化—科技—教育"的逻辑关系，提出了教育要"面向现代化"的思想。1977 年，邓小平论述了这一逻辑关系：实现现代化，关键是科学技术要上去，抓科技必须抓教育。1975 年，他提出："我们有个危机，可能发生在教育部门，把整个现代化水平拖住。比如我们提高工厂自动化水平，要增加科技人员，这就要靠教育。"①

教育要"面向现代化"是"三个面向"的基础，是全部教育改革工作的出发点和落脚点，是一个伴随政治、经济、科学技术和社会生产的现代化而同步发展的进程。改革开放使我国社会主义建设发生了翻天覆地的变化，但教育在改革开放和社会主义现代化建设面前，在世界新技术浪潮的冲击面前，在教育思想、观念、体制、内容、技术、设备等方面都存在着严重的滞后性，如培养模式基本还是停留在传统教育的水平上，教育实践中出现了被广为诟病的"高分低能"现象。因此，教育要"面向现代化"，首先，要更新教育思想、观念，深化教育体制改革，调整教育结构，合理安排教育发展规模、速度和布局，更好地培养为社会主义现代化建设服务的各级各类人才。其次，教育不仅要反映现代化建设成果，而且要具有超前性和预见性。今天培养的人才是为明天服务的，因此，教育内容在安排上就要体现出人类文明的发展成果，体现出有助于培养学生创造性、发散性、批判性思维的内容。教育应该用发展的眼光审视其自

_____

① 《邓小平文选》第二卷，34 页，北京，人民出版社，1994。

身存在的问题及其发展的方向。最后，良好的方法和手段有事半功倍之效。在当今社会，教育方法如果仍然停留在一支粉笔、一本教案的水平，又怎能培养出适应未来社会的人才呢？在"电子"教育时代，人们可以通过互联网和多媒体接受来自全球的教育。因此，教育不仅要从设备、技术上实现现代化，还需加强现代化教师队伍建设，提高教师队伍素质。

2."面向世界"

教育要"面向世界"，就是要向世界先进国家学习并吸取其先进的科学技术和管理经验，要赶超世界先进水平。

邓小平提出的教育要"面向世界"的思想，揭示了教育对外开放的方向和国际化的趋势。教育要"面向世界"，首先，就是要引进来，要向别国学习，吸收和借鉴人类社会创造的优秀文明成果。邓小平认为，社会主义教育要想走在世界教育前列，就必须大胆吸收和借鉴当今世界各国先进的科学技术知识，吸收和借鉴世界各国教育发展和管理的成功经验及当代科学技术文化最新发展的教学内容和教学方法。1978 年，邓小平指出："认识落后，才能去改变落后。学习先进，才有可能赶超先进。……科学技术是人类共同创造的财富。任何一个民族、一个国家，都需要学习别的民族、别的国家的长处，学习人家的先进科学技术。我们不仅因为今天科学技术落后，需要努力向外国学习，即使我们的科学技术赶上了世界先进水平，也要学习人家的长处。"①他还指出，向国外开放，向别国学习，必然带来各种文化、意识形态交流、碰撞、融合。我们在吸收先进文化技术的同时，必须保持清醒的头脑，防止一些消极的思想影响青少年。

其次，教育要走出去。实现教育自身的对外开放，要加强科技和学术的国际交流与合作，把中国教育改革和对外开放的经验及成果拿到国际大舞台上去检验、交流，使中国的教育和世界的教育真正接轨。科技发展日益国际化，技术、文化交流日益加强。

最后，教育要"面向世界"，要求我国从基础教育开始就要培养学生的全球意识、竞争意识、创新意识和科学精神，教育年青一代具有高度的民族自尊心和自信心，把爱国主义和国际主义结合起来，大力弘扬我国优秀传统文化，用先进的科学知识来充实教育内容，逐步把我国的教育水平提高到国际先进水平。

3.“面向未来”

教育要"面向未来"，是由教育的超前性决定的，讲的是现代教育与未来教育的关系。

"面向未来"指的是教育要有预见性，从自身特点和现代化建设的长远目标出发，面向未来社会的发展和变化，尤其要面向未来科学技术和生产的发展，使今日的教育能够适应和满足未来社会发展的需要。"面向未来"包含两层含义。

---

① 《邓小平文选》第二卷，91页，北京，人民出版社，1994。

一是教育自身的发展要面向未来。教育事业的改革和发展要在尊重教育客观规律的基础上，发挥能动性，以长远的、历史的眼光办好当前的教育，显示出其超前性、预见性和发展性。"我们不但要看到近期的需要……而且必须充分估计到现代科学技术的发展趋势。"①知识经济要求我们重新审视教育的关键作用与战略地位，不仅要对时代做出敏感的反应，而且要把握未来发展的走向。面向未来还意味着我们要突破思想禁锢，吸收世界科技文化的最新成果，立足于现实，从基础教育抓起。

二是教育培养人才的目标要面向未来。当今世界，日趋激烈的国际竞争背后是人才的竞争。人才培养的质量和数量直接关系到一个国家的国际竞争力和综合国力的强弱。面向未来，教育的人才培养模式和目标就必须同现代化建设所要求的高素质的、各级各类的专门人才相适应，要促进人的全面发展，培养具有国际竞争意识、具备创新能力、掌握高科技的人才。在知识经济时代，科学技术更新速度极快，我国必须构建终身教育体系，全面提高国民素质，立足于现代化和国际竞争，以发展的目光看待世界、展望未来。

(三)"三个面向"的逻辑体系

"三个面向"是不可分割的统一整体，具有强烈的时代特色，

---

① 《邓小平文选》第二卷，108页，北京，人民出版社，1994。

是邓小平根据国际新技术革命和国内现代化建设的形势，针对当时我国教育同现代化建设不适应的实际提出的。可以说，它是对邓小平教育理论的高度概括和科学总结，体现了我国改革开放之初教育事业发展的时代特征和经济发展对教育事业的根本要求。"三个面向"服务于一个目标，就是主动有效地服从和服务于社会主义现代化建设；统一于一个过程，就是探索中国特色社会主义教育的办学模式，形成既有中国特色，又屹立于世界民族之林的社会主义教育体系；适用于一个挑战，就是要全面培养适应未来经济社会挑战的一代新人。

"三个面向"的内容各有侧重，其中，教育要"面向现代化"是核心，是基础。它要求教育工作要主动适应和服务于我国社会与经济的发展需求。一方面，"面向现代化"是社会主义建设的整体方向和战略目标，教育是社会整体的组成部分，担负着为现代化建设培养合格人才的历史重任，所以教育理应"面向现代化"；另一方面，"面向现代化"表明了教育的基本功能，即教育要为社会主义现代化建设培养"四有"新人。"面向现代化"，必须"面向世界"和"面向未来"；只有"面向世界"和"面向未来"，才能更好地适应和服务于我国社会与经济的对外开放和可持续发展。可见，"面向世界"和"面向未来"，是为了更好地"面向现代化"，更好地服务于社会主义现代化建设。

"三个面向"指明了新的历史时期整个教育工作的战略方向，也指明了教育改革的正确方向，有着深刻的理论意义和重大的实践意义。

(四)"三个面向"的战略地位

"三个面向"是邓小平教育思想的精髓，是对毛泽东教育思想的一大发展。它不仅为当代中国教育改革与发展指明了方向，而且深刻揭示了当今世界国际教育的改革趋势。可以说，"邓小平同志关于'三个面向'的题词，不是对一个学校提出的一般要求，而是在改革开放的新形势下提出的我国教育改革和发展的重大战略指导方针"①。

"三个面向"深刻地回答了我国历史转折时期教育发展战略的调整问题，即如何从"以阶级斗争为纲"和闭关锁国时期的教育转向"以经济建设为中心"和改革开放时期的新教育，明确指出了我国新时期教育工作的最终目的是建立一个适应我国社会主义现代化建设需要、具有中国特色的社会主义教育体系。

1984年7月28日，中国教育学会在北京召开第一次学术讨论会，学习研究"三个面向"。会议认为，"三个面向"是新的历史时期我国教育改革和发展的战略指导方针。1977年以来，邓

---

① 张承先：《张承先回忆录——我亲历的党的宣传和教育工作》，191页，北京，人民教育出版社，2002。

小平同志对教育工作有一系列的重大论述，深刻阐明了教育在社会主义现代化建设中的重要战略地位和基础作用，对党的教育方针，特别是教育与生产劳动相结合的思想有新的精辟阐述。"'三个面向'是邓小平教育思想的精华和核心，是邓小平论述教育问题的出发点和归宿，是我们理解和把握邓小平教育思想的钥匙。"①"三个面向"是马克思主义基本原理与中国实际相结合的产物，是对历史经验的基本总结，是对当代教育发展趋势的科学概括，是从党的"一个中心、两个基本点"的基本路线出发指明的教育方向，是我们进行教育改革、建设中国特色社会主义教育体系的指针。"这个教育发展战略思想的提出，对中国社会主义教育事业的发展，其作用和影响是难以估量的，将会随着历史的发展，日益显出其重要性。"②

二、"科教兴国"教育思想

(一)"科教兴国"教育思想的发轫

中国科技教育现代化转型肇始于 20 世纪初期。科技文化进

---

① 苏渭昌：《中国教育思想通史》第八卷，239 页，长沙，湖南教育出版社，1994。

② 同上书，270 页。

步是社会变革的内在动力和标志之一。科技教育是科技文化的重要内容，对经济社会发展产生巨大的推动作用。中国共产党"科教兴国"思想的萌芽、形成和发展具有深刻的时代背景、独特的社会境域和丰厚的实践土壤。

鸦片战争爆发以后，帝国主义的坚船利炮警醒了近代中国的有识之士。洋务运动秉持"师夷长技以制夷"的理念，希望通过学习西方的科技达到救亡图存、强国富民的目的，但由于种种原因失败了。近代以来，无数仁人志士做的关于科教救国的努力，为中国共产党实施"科教兴国"战略提供了可资借鉴的历史经验。中国共产党在成立前期，在全国各地成立了党的早期组织，宣传马克思列宁主义及十月革命，用马克思主义科学理论教育、武装全体党员和广大工农群众。教育具有鲜明的阶级性。受剥削压迫的中国人民只有以马克思主义科学理论为指导，在中国共产党的领导下，彻底推翻帝国主义、封建主义和官僚资本主义的统治，实现自我解放，才能真正享受到自由且全面发展的教育。

新中国成立前夕，中国共产党就意识到教育和科技的重要性。《在中共中央政治局会议上的报告和结论》一文中，毛泽东指出："关于教育问题，值得注意。在第三、第四年，恐怕有召开教育会议的必要。"[1]他强调指出："在任何企业中，除厂长或

---

[1] 中共中央文献研究室：《中华人民共和国开国文选》，20页，北京，中央文献出版社，1999。

经理必须被重视外，还必须重视有知识有经验的工程师、技师及职员。必要时，不惜付出高薪。"①毛泽东在七届二中全会的报告中指出，党在解放区的中心任务，"是动员一切力量恢复和发展生产事业，这是一切工作的重点所在。同时必须恢复和发展文化教育事业，肃清残余的反动力量，巩固整个北方，支援人民解放军"②。

新中国成立以后，社会主义革命和建设如火如荼地进行。这一时期，以毛泽东同志为主要代表的中国共产党人已经意识到教育与科技在经济和社会发展中的重要作用。1956 年，毛泽东在《社会主义革命的目的是解放生产力》一文中讲道："我国人民应该有一个远大的规划，要在几十年内，努力改变我国在经济上和科学文化上的落后状况，迅速达到世界上的先进水平。为了实现这个伟大的目标，决定一切的是要有干部，要有数量足够的、优秀的科学技术专家。"③《中国共产党第八次全国人民代表大会关于政治报告的决议》明确："为了适应国家工业化的需要，必须大力地发展文化教育卫生事业，特别是科学事业、高

---

①　中共中央文献研究室：《毛泽东思想年编：1921—1975》，585 页，北京，中央文献出版社，2011。

②　毛泽东：《在中国共产党第七届中央委员会第二次全体会议上的报告》，15 页，北京，人民出版社，2004。

③　中共中央文献研究室毛泽东组：《〈毛泽东文集〉与毛泽东思想》，127 页，北京，人民出版社，2002。

等教育和中等教育事业。"①"为了保证科学和艺术的繁荣，必须坚持'百花齐放、百家争鸣'的方针……必须利用现代的科学文化来整理我们优秀的文化遗产，努力创造社会主义的民族的新文化……为了我国的文化革命，必须用极大的努力有计划地、逐步地扫除文盲和普及小学义务教育，并且在职工和机关工作人员中进行适合需要的文化教育和技术、业务教育。"②《中国共产党第八次全国人民代表大会关于政治报告的决议》专章专节阐述教育、科学、文化事业的重要性，凸显中国共产党"科教兴国"思想的萌芽。

教育兴国、科技强国已经成为中国共产党人的普遍共识。为了提高综合国力和核心竞争力，1955 年，国务院成立科学规划委员会，制定《1956—1967 年科学技术发展规划纲要》，确定"重点发展，埋头赶上"的方针，提出 57 项重大科技任务、616个中心问题、12 大重点任务。1960 年年底，中国共产党开始执行"调整、巩固、充实、提高"的方针，并制定了《1963—1972年十年科学技术规划》，确定了"自力更生，迎头赶上"的科技发展方针。

粉碎"四人帮"以后，党中央拨乱反正，确立了实事求是的

---

① 中共中央党校党史教研室：《中共党史参考资料 生产资料所有制的社会主义改造和国民经济第一个五年计划时期》，529 页，北京，人民出版社，1980。

② 中央档案馆、中共中央文献研究室：《中共中央文件选集（1949 年 10月—1966 年 5 月）》，255 页，北京，人民出版社，2013。

思想路线，于 1978 年 3 月在北京召开全国科学大会。大会审议通过了《1978—1985 年全国科学技术发展规划纲要（草案）》，我国真正迎来了文化教育和科学技术大繁荣、大发展的新时代。新中国成立至 2012 年，我国共制定了 7 个科技发展规划。《国家中长期科学和技术发展规划纲要（2006—2020 年）》被认为是最翔实、最重要的科技发展规划。它对国家科技发展的 15 年蓝图做出了全面规划和部署，对我国科技创新的影响是极其深远的。

(二)邓小平"科教兴国"思想

改革开放之初，邓小平就反复强调人才队伍建设的重要性。

1977 年 5 月，邓小平提出："一定要在党内造成一种空气：尊重知识，尊重人才。"①

1984 年 10 月，邓小平在中央顾问委员会讨论《关于经济体制改革的决定》时又说："这个文件一共十条，最重要的是第九条，……概括地说就是'尊重知识，尊重人才'八个字，事情成败的关键就是能不能发现人才，能不能用人才。"②

邓小平还说过："一个十亿人口的大国，教育搞上去了，人

---

① 《邓小平文选》第二卷，41 页，北京，人民出版社，1994。
② 《邓小平文选》第三卷，91～92 页，北京，人民出版社，1993。

才资源的巨大优势是任何国家比不了的。"①

要培养出社会主义现代化建设所需要的各类专门人才，提高国民素质，就必须办好教育。邓小平说："发展科学技术，不抓教育不行。"②"科学技术人才的培养，基础在教育。"③"发展教育和科学，是文化建设的基础工程。培养同现代化要求相适应的数以亿计高素质的劳动者和数以千万计的专门人才，发挥我国巨大人力资源的优势，关系二十一世纪社会主义事业全局。要切实把教育摆在优先发展的战略地位。"④

邓小平作为中国社会主义改革开放和现代化建设的总设计师，始终关注科技教育工作的开展与改革。邓小平认为："社会主义的本质，是解放生产力，发展生产力，消灭剥削，消除两极分化，最终达到共同富裕。"⑤"在社会主义国家，一个真正的马克思主义政党在执政以后，一定要致力于发展生产力，并在这个基础上逐步提高人民的生活水平。"⑥特别是在社会主义初级阶段，发展生产力的任务尤为突出。

发展社会生产力靠什么？社会主义现代化建设，要实现工

---

① 《邓小平文选》第三卷，120页，北京，人民出版社，1993。

② 《邓小平文选》第二卷，40页，北京，人民出版社，1994。

③ 同上书，95页。

④ 《中国共产党第十五次全国代表大会文件汇编》，37页，北京，人民出版社，1997。

⑤ 《邓小平文选》第三卷，373页，北京，人民出版社，1993。

⑥ 同上书，28页。

业现代化、农业现代化、国防现代化、科学技术现代化，靠什么？关键是靠科学技术，靠科技现代化。邓小平指出："科学技术是第一生产力。"①他说："四个现代化，关键是科学技术现代化。没有现代科学技术，就不可能建设现代农业、现代工业、现代国防。没有科学技术的高速度发展，也就不可能有国民经济的高速发展。"②

科学技术的进步，从根本上说，取决于劳动者素质的提高和大批人才的培养。邓小平说："中国的事情能不能办好，社会主义和改革开放能不能坚持，经济能不能快一点发展起来，国家能不能长治久安，从一定意义上说，关键在人。"③"我们向科学技术现代化进军，要有一支浩浩荡荡的工人阶级的又红又专的科学技术大军，要有一大批世界一流的科学家、工程技术专家。"④邓小平认为，教育是现代社会发展的基础，教育在社会主义现代化建设中处于战略地位，是社会主义事业发展的百年大计。

1979 年以来，中国经济增长速度举世瞩目，但主要是依靠资源、资金和廉价劳动力推动的外延型、粗放型增长方式。1995 年到 21 世纪中叶是实现中国现代化建设"三步走"战略目标

---

① 《邓小平文选》第三卷，274 页，北京，人民出版社，1993。
② 《邓小平文选》第二卷，86 页，北京，人民出版社，1994。
③ 《邓小平文选》第三卷，380 页，北京，人民出版社，1993。
④ 《邓小平文选》第二卷，91 页，北京，人民出版社，1994。

的关键历史时期。实现国民经济持续、快速、健康发展，必须依靠科技进步，以解决好产业结构不合理、技术水平落后、劳动生产率低、经济增长质量不高等问题，从而加速国民经济增长方式从外延型向效益型转变。

1987年10月25日至11月1日，党的十三大在北京召开。大会报告《沿着有中国特色的社会主义道路前进》中说："从根本上，科技的发展，经济的振兴，乃至整个社会的进步，都取决于劳动者素质的提高和大量合格人才的培养。百年大计，教育为本。必须坚持把发展教育事业放在突出的战略位置，加强智力开发。"[1]

从上述引证的党的重要文献来看，党自改革开放之初，就高举起了"科教兴国"的旗帜。可以说，改革开放以来，党始终把科教事业放在社会主义现代化建设的战略地位，提出了"百年大计，教育为本""科教兴国"等思想口号。如果说"科教兴国"作为中国共产党领导教育事业的重要指导思想，已成为全党全社会的共识，那么，形成这一认识的核心人物无疑是邓小平。

(三)江泽民将"科教兴国"上升为国家战略

党和国家十分重视人才工作，特别是改革开放以来，培养

---

[1] 《中国共产党第十三次全国代表大会文件汇编》，20页，北京，人民出版社，1987。

造就了各个领域的大批优秀人才，为推动社会主义现代化建设事业发展发挥了重要作用。邓小平关于"尊重知识，尊重人才"的思想以及江泽民提出的"人才资源是第一资源"的科学判断，是实施"科教兴国"战略的思想源头和理论基础。

1992 年 10 月 12 日至 18 日，党的十四大在北京召开。江泽民在大会上做了《加快改革开放和现代化建设步伐　夺取有中国特色社会主义事业的更大胜利》的报告。报告中指出："科学技术是第一生产力。振兴经济首先要振兴科技。只有坚定地推进科技进步，才能在激烈的竞争中取得主动。"[1]"科技进步、经济繁荣和社会发展，从根本上说取决于提高劳动者的素质，培养大批人才。我们必须把教育摆在优先发展的战略地位，努力提高全民族的思想道德和科学文化水平，这是实现我国现代化的根本大计。"[2]

1995 年 5 月，江泽民在全国科技大会上发表讲话，提出国家实施"科教兴国"战略，强调发展科技和教育是振兴国家的手段与方针，对教育和科技的投入是"功在当代，利在千秋"的大事，因为科技和教育具有双重功效，既有助于当前社会经济发展，又能为未来的可持续发展打下坚实的基础。

---

[1] 《中国共产党第十四次全国代表大会文件汇编》，30 页，北京，人民出版社，1992。

[2] 江泽民：《论科学技术》，35 页，北京，中央文献出版社，2001。

1997年9月12日至18日，江泽民在党的十五大上做了《高举邓小平理论伟大旗帜，把建设有中国特色社会主义事业全面推向二十一世纪》的报告。报告指出："实施科教兴国战略和可持续发展战略。科学技术是第一生产力，科技进步是经济发展的决定性因素。要充分估量未来科学技术特别是高技术发展对综合国力、社会经济结构和人民生活的巨大影响，把加速科技进步放在经济社会发展的关键地位，使经济建设真正转到依靠科技进步和提高劳动者素质的轨道上来。"①在党的第十五次全国代表大会上，中国共产党首次提出实施"科教兴国"战略，并成立了以国务院总理为组长的科教领导小组，以切实领导科教事业的发展。这标志着"科教兴国"正式被确定为国家发展战略。

(四)胡锦涛"科教兴国"思想的传承创新

进入21世纪，党中央和国务院立足迎接新科技浪潮，站在历史的新高度，颁发了《国家中长期科学和技术发展规划纲要(2006—2020年)》。该文件以自主创新为主线，进行了长达15年的科技远景规划，目的是建设创新型国家。该文件是指导我国科技发展的纲领性文件。

---

① 《中国共产党第十五次全国代表大会文件汇编》，28页，北京，人民出版社，1997。

2006 年 8 月 29 日，胡锦涛在中共中央政治局第三十四次集体学习会上强调，必须坚定不移地实施"科教兴国"战略和"人才强国"战略，切实把教育摆在优先发展的战略地位，推动我国教育事业全面、协调、可持续发展，努力把我国建设成为人力资源强国，为全面建设小康社会、实现中华民族的伟大复兴提供强有力的人才和人力资源保证。2007 年 10 月，胡锦涛提出："要深入贯彻落实科学发展观，坚持第一要义是发展……更好实施科教兴国战略、人才强国战略、可持续发展战略。"①科技和教育最终是通过人的发展来促进经济与社会发展的。建立人力资源强国也是党的十七大提出的一个重要的发展目标。2007年，胡锦涛在党的十七大报告中提出"优先发展教育，建设人力资源强国"的战略目标，并据此对新时期、新阶段我国教育改革与发展做出了全面部署。这就为我们指明了教育发展与实施"科教兴国"战略和"人才强国"战略的紧密关系，指明了发展中国特色社会主义教育的方向。

胡锦涛曾指出："科学技术是经济社会发展的一个重要基础资源，是引领未来发展的主导力量。实现现代化，关键是科学技术现代化。"②"我国科技界和广大科技人员要在解决经济社会

---

① 胡锦涛：《在纪念党的十一届三中全会召开 30 周年大会上的讲话》，40～41 页，北京，人民出版社，2008。

② 胡锦涛：《在中国科学院第十二次院士大会、中国工程院第七次院士大会上的讲话》，9 页，北京，人民出版社，2004。

发展中急需解决的科技问题上发挥重大作用，更要在树立和落实科学发展观中起到先锋作用。"①如果说，改革开放前20年是依靠生产要素投入的粗放型发展，那么改革开放后20年则是注重科技投入的创新型发展。粗放型发展是依靠增加廉价劳动力和资金投入、消耗自然资源的发展；创新型发展是依靠科技进步、提高劳动生产率的发展，包括原始创新、集成创新和引进消化再创新。世界各国经济社会发展之路大致有三种：第一种是依靠自身廉价的劳动力和丰富的自然资源增加国民财富；第二种是严重依赖发达国家资金、技术和市场发展本国经济；第三种是重视科技创新，提高自主创新能力，建设创新型国家，从而形成明显的竞争优势，推动本国经济发展。

"本世纪头二十年，是我国经济社会发展的重要战略机遇期，也是我国科技事业发展的重要战略机遇期。面对汹涌澎湃的世界新科技革命浪潮，我们必须认清形势、坚定信心、抢抓机遇、奋起直追。"②

科教兴国，说到底是教育兴国，是人才兴国，是科技兴国。面对当今世界激烈的人才竞争和我国现代化建设对人才的需求，江泽民指出："人是生产力中最活跃的因素。"③21世纪初，为了

---

① 《胡锦涛文选》第二卷，190页，北京，人民出版社，2016。

② 同上书，402页。

③ 中共中央文献研究室：《中国特色社会主义理论体系形成与发展大事记（一九七八——二〇〇八年）》，289页，北京，中央文献出版社，2008。

适应 21 世纪的新需要，以胡锦涛为总书记的党中央高举邓小平理论伟大旗帜，全面贯彻"三个代表"重要思想，从党和国家事业发展的战略高度，根据全面建设小康社会对人才的新要求，确立了以人为本，全面、协调和可持续的科学发展观，要求全党全社会树立"科学技术是第一生产力"和"人才资源是第一资源"的思想，在继续实施"科教兴国"战略的同时做出了实施"人才强国"战略的重大决策。

2003 年 12 月，中共中央、国务院在北京召开全国人才工作会议，全面部署实施"人才强国"战略。胡锦涛在会议上强调："人才问题是关系党和国家事业发展的关键问题。全党同志必须从全局和战略的高度，以高度的政治责任感和历史使命感，把实施人才强国战略作为党和国家一项重大而紧迫的任务抓紧抓好，努力造就数以亿计的高素质劳动者、数以千万计的专门人才和一大批拔尖创新人才，建设规模宏大、结构合理、素质较高的人才队伍，充分发挥各类人才的积极性、主动性和创造性，开创人才辈出、人尽其才的新局面，大力提升国家核心竞争力和综合国力，……为全面建设小康社会提供坚强的人才保证和智力支持。"①会议讨论了《中共中央、国务院关于进一步加强人才工作的决定》。

①　《中国教育年鉴》编辑部：《中国教育年鉴（2004）》，1 页，北京，人民教育出版社，2004。

2003 年 12 月，中共中央、国务院正式颁布《中共中央、国务院关于进一步加强人才工作的决定》。这是中共中央、国务院第一次专门就加强人才工作做出的决定。《中共中央、国务院关于进一步加强人才工作的决定》强调：坚持党管人才的原则，重点做好制定政策、整合力量、营造环境的工作，努力做到用事业造就人才、用环境凝聚人才、用机制激励人才、用法制保障人才。《中共中央、国务院关于进一步加强人才工作的决定》对当前和今后一个时期的人才工作做了全面部署，是 21 世纪我国人才工作的行动纲领。

从改革开放初期邓小平提出"科学技术是第一生产力""尊重知识，尊重人才"，到 20 世纪 90 年代江泽民提出"人才资源是第一资源""科教兴国"，再到胡锦涛提出实施"人才强国"战略，优先发展教育，建设人力资源强国，我们可以看出党对建设中国特色社会主义的认识既一以贯之，又与时俱进。回顾这一发展过程，我们可以清晰地感受到，中国共产党在推进改革开放和社会主义现代化建设、实施中华民族伟大复兴的战略举措的过程中，始终坚持"科教兴国"和"人才强国"的思想。"科教兴国"和"人才强国"之间既互为条件，又相互支持，从根本上是内在统一、相互促进的。

中国共产党的"科教兴国"思想深刻地影响了改革开放时期各级各类教育思想的发展。可以说，没有"科教兴国""人才强国"思想，就不会有 1985 年的《中共中央关于教育体制改革的决定》、1993 年的《中国教育改革和发展纲要》、2010 年的《国家中长期教育改革和发展规划纲要（2010—2020 年)》，也就不会有当代中国教育的大改革、大开放和大发展。

三、素质教育思想

素质教育是我国改革开放时期中国共产党领导教育工作的基本思想。当时在国家教委主管基础教育，并为推进素质教育做出重要贡献的柳斌撰文指出："'素质教育'从 1985—1993 年长达 8 年的自由讨论，到 1994—1998 年长达 5 年的试验推广，再到 1999 年至今由党和国家发正式文件在全国范围内全面实施，已经走过了 33 个年头。"[1]

（一）素质教育的提出

"素质"一词被广泛地运用于教育领域始于 1985 年。1985 年 5 月，邓小平在全国教育工作会议上作了题为《把教育工作认真地抓起来》的讲话。讲话指出："我们国家，国力的强弱，经济发展后劲的大小，越来越取决于劳动者素质，取决于知识分子

---

[1]　柳斌：《基础教育 40 年》，载《中国教育学刊》，2018(12)。

的数量和质量。"①《中共中央关于教育体制改革的决定》指出："在整个教育体制改革过程中，必须牢牢记住改革的根本目的是提高民族素质，多出人才，出好人才。"②邓小平的讲话和《中共中央关于教育体制改革的决定》着重指出了劳动者素质的重要性，把提高劳动者素质或民族素质放到战略位置来对待，有力地推动了我国对素质和素质教育的研究。李岚清认为："这是素质教育的最初的思想源头。"③

简单地说，"教育的目的或全部工作，就在于提高受教育者的素质"④。

《中共中央关于教育体制改革的决定》的颁发和全国教育工作会议的召开，推动了人们对教育、教育改革的目的的大讨论。《教育研究》杂志从 1986 年第 4 期至 1987 年第 4 期，专门开辟了"端正教育思想，明确培养目标"的专栏讨论。讨论中出现了"升学教育"一词，并对片面追求升学率现象、升学教育的诸多弊端做了一些分析，提出中小学要由升学教育转到以提高素质为核心的国民基础教育的轨道上来。当时还未提出"素质教育"这个词。需要说明的是，"升学教育"一词易生歧义，也欠贴切。

---

①　《邓小平文选》第三卷，120 页，北京，人民出版社，1993。

②　《中共中央关于教育体制改革的决定》，载《中华人民共和国国务院公报》，1985(15)。

③　李岚清：《李岚清教育访谈录》，298 页，北京，人民教育出版社，2003。

④　王策三：《教育论集》，419 页，北京，人民教育出版社，2002。

因此后来研究者似乎更倾向于使用"应试教育"一词，因为升学教育在一定意义上与就业教育相对；应试教育有特定的含义，指那种脱离人的发展和社会发展的实际需要，单纯为在考试中取得高分和追求升学率的教育。我国基础教育界在 20 世纪 80 年代进行了教育整体改革的探索。这些探索推动了整体改革理论的发展，又为素质教育的提出奠定了实践基础。

1987 年，党的十三大报告明确提出："要坚持教育为社会主义现代化建设服务的方针，按照实际需要，改善教育结构，提高教育质量，克服教育脱离实际和片面追求升学率的倾向。"①升学教育的提法受到批评，关于素质教育的实验探索全面展开。在这种情况下，"素质教育"一词逐渐代替升学教育。柳斌于 1987 年在《努力提高基础教育的质量》一文中，使用了"素质教育"一词。《上海教育（中学版）》1988 年第 11 期发表了署名言实的《素质教育是初中教育的新目标》文章。1990 年以后，关于素质教育的文章越来越多。1990 年，《江苏省教育委员会关于当前小学教育改革的意见（试行）》指出："实施以提高素质为核心的教育，关键是转变教育思想，树立国民素质教育的观念。各级教育行政部门要组织学校和教师学习教育科学理论，开展素质教育的研究和讨论，并扩展到家庭和社会，唤

①《中国教育年鉴》编辑部：《中国教育年鉴(1989)》，149 页，北京，人民教育出版社，1990。

起为中华民族的未来而全面提高学生素质的公众教育意识，形成强大的舆论力量和良好的改革环境，推进小学素质教育的全面实施。"①这是第一次正式在地方政府部门文件中明确"素质教育"一词和确立素质教育地位。1991 年，江苏省率先召开素质教育研讨会。

"应试教育"最早又称"应试教学"。据现在掌握的资料，"应试教学"一词最早出现于《中国教育报》1984 年 8 月 7 日的《"应试教学"不利于培养人才》一文。② 但是，应试教育不是我国基础教育的全部。从 20 世纪 50 年代至"文化大革命"前夕，我国教育领域贯彻的是全面发展的方针。在这个方针的指导下，我国基础教育的成绩是主要的：既为高一级学校输送了合格的学生，也为社会各行业培养了劳动者，基本上满足了社会主义建设的需要。20 世纪 80 年代以来，世界新技术革命和教育改革的浪潮对我国社会产生了较大影响。我国教育同社会经济发展和世界形势不适应表现得日益明显，这促使人们重新认识教育。于是，教育界展开了"应试教育"与素质教育的大讨论。在此，"应试教育"一词被打上引号，作为一个贬义词来使用，指偏离人的发展和社会发展的实际需要，单纯为在考试中取得高分和片面追求

---

① 何东昌：《中华人民共和国教育史》，839 页，海口，海南出版社，2007。
② 廖其发：《当代中国重大教育改革实践专题研究》，395 页，重庆，重庆出版社，2007。

升学率的一种倾向。

实施素质教育，批评应试教育，不是否定过去和现行的教育。应试教育不是对我国现行教育的定性，而是对我国现行教育中存在的以应考为目的而产生诸多弊端的教育现象的概括。现行教育是一个完整的现实存在，有成功的一面（无疑这是主要的和第一位的），也有失败的一面。事实上，中华人民共和国成立以来，经过社会各界的努力，我国教育取得了很大的进步，为国家培养了大批建设人才，这是有目共睹的教育事实。

(二)素质教育的实验推广

1993 年，中共中央、国务院颁发的《中国教育改革和发展纲要》强调，中小学要由应试教育转向全面提高国民素质的轨道，面向全体学生，全面提高学生的思想道德、文化科学、劳动技能和身体心理素质，促进学生生动活泼地发展，办出各自的特色；普通高中的办学体制和办学模式要多样化。这是中共中央首次明确提出"应试教育"的概念。

1994 年，改革开放后的第二次全国教育工作会议召开。李岚清在会议上提出："基础教育必须从'应试教育'转到素质教育的轨道上来，全面贯彻教育方针，全面提高教育质量。"[1]同年，

---

[1]　李岚清：《李岚清教育访谈录》，299 页，北京，人民教育出版社，2003。

《中共中央关于进一步加强和改进学校德育工作的若干意见》第一次正式在中央文件中使用了素质教育的概念。

1996 年，八届全国人大四次会议通过《中华人民共和国国民经济和社会发展"九五"计划和 2010 年远景目标纲要》。该文件明确提出："改革人才培养模式，由'应试教育'向全面素质教育转变。"这就以中央文件的方式确立了我国教育特别是基础教育向素质教育转变的方向。

至此，素质教育从理论研究走向了实践探索。

1996 年 2 月，《人民教育》《湖南教育》联合推出长篇报道，全面介绍了湖南省汨罗市大面积推行素质教育的经验。在素质教育实践过程中，汨罗市使改革试验从学校扩展到更广的区域，为在全国实施素质教育奠定了广泛的群众基础，掀起了素质教育实践的区域性高潮。1996 年 2 月，国家教委推广了汨罗市大面积推行素质教育的经验。全国建立了 10 个素质教育试验区。一些省份也建立了省级素质教育试验区。1996 年，中国教育学会以素质教育为主题在长沙召开学术年会。

汨罗市教育改革的本质归结起来就是两个字——"两全"，即全面贯彻党的教育方针，全面提高教育质量。汨罗市不是改善办学条件或改革学科教育的先进典型，而是农村教育综合改革、将"两基""两全"目标有机结合起来并同步实现这一目标的先进典型。汨罗市实施素质教育的目标，概括起来就是"四个面向"，即面向每一类教育，面向每一所学校，面向每一个学生，面向学生的每一个方面；就是要让学生实现德、智、体、美等方面全面发展，充分发挥个性特长。

早在 1984 年，山东省烟台市就建立了教育改革试验区。1990 年，国家教委将烟台市列为全国城市教育综合改革试点市。烟台市实施教育改革的措施如下。第一，从调控升学指标入手，抓好评估指标的制定，遏制追求升学率的势头。第二，进行考试改革。在小学，取消百分制，实行"等级＋特长＋评语"的评分方式；在初中，实行"分类指导，分流施教"，即针对差异，因材施教，对一部分学生加强学科教学，对一部分学生加强职业教育，对一部分学生加强艺体美训练。"分类"是针对非毕业班学生进行分类教学，"分流"是针对毕业班学生进行分班级教学。第三，加强和改革德育工作。第四，开齐开足课程，以教学为中心，向课堂要质量。第五，加强教学改革，进行"大量读写，双轨运行"和"单元目标教学"。第六，加强教师队伍建设。

1997 年 9 月，国家教委在烟台市召开了全国中小学素质教育经验交流会。李岚清出席会议，并考察了烟台市中小学素质教育情况。会议进一步总结了汨罗市、烟台市等地大面积推进素质教育的经验，对实施素质教育做了全面部署。素质教育在国家教育主管部门的领导下在全国全面开展。

1997 年 10 月，国家教委颁发《关于当前积极推进中小学实施素质教育的若干意见》。此后，教育部把素质教育作为热点问题进行研究。1998 年，教育部发表了专题文章《面向 21 世纪的基础教育改革：素质教育》。国家的重大决策和文件中，多次提到素质教育的问题。党的十五大报告中指出："培养同现代化要求相适应的数以亿计高素质的劳动者和数以千万计的专门人才，发挥我国巨大人力资源的优势，关系二十一世纪社会主义事业的全局。"① 九届全国人大一次会议的《政府工作报告》中明确提出："实施全面素质教育，加强思想道德教育和美育，改革教学内容、课程体系和教学方法，以适应社会对各类人才的需要。"② 九届全国人大二次会议的《政府工作报告》中提出："大力推进素质教育，注重创新精神和实践能力的培养，使学生在德、智、体、美等方面全面发展。"③

1999 年，国务院批转教育部制定的《面向 21 世纪教育振兴行动计划》。《面向 21 世纪教育振兴行动计划》明确提出实施"跨世纪素质教育工程"，要求素质教育从以典型示范为主转向以整体推进和制度创新为主，即主要通过课程和教材革新、评价制

---

① 《中国共产党第十五次全国代表大会文件汇编》，37 页，北京，人民出版社，1997。

② 全国人民代表大会常务委员会办公厅：《中华人民共和国第九届全国人民代表大会第一次会议文件汇编》，25～26 页，北京，人民出版社，1998。

③ 《政府工作报告汇编(1954—2017)》编写组：《政府工作报告汇编(1954—2017)》，1049 页，北京，中国言实出版社，2017。

度改革、师资队伍建设，全面贯彻教育方针，办高质量的教育，提高国民素质和民族创新能力。

（三）素质教育进入全面推进阶段

进入世纪之交，科学技术发展突飞猛进，知识经济逐渐发展，国力竞争日趋激烈，综合国力的强弱越来越取决于劳动者的素质的高低，这对于培养和造就我国 21 世纪的一代新人提出了更高的要求。尽管改革开放以来我国教育事业取得了令人瞩目的成就，但由于主观和客观方面的原因，我们的教育观念、教育体制、教育结构、人才培养模式、教育内容和教学方法相对滞后，影响了青少年的全面发展，不能适应提高国民素质的需要。

1999 年，立足于推进中国特色社会主义建设和中华民族伟大复兴，中共中央、国务院召开了以全面实施素质教育为主题的全国第三次教育工作会议，出台了《中共中央　国务院关于深化教育改革全面推进素质教育的决定》。该文件"发出了全面推进素质教育的动员令，素质教育开始进入全面推进的新阶段"[1]。

多年来，人们对素质教育的内涵并没有统一的认识。许多人认为，素质教育是个"筐"，什么都可以往里装。《中共中

[1]　李岚清：《李岚清教育访谈录》，299 页，北京，人民教育出版社，2003。

央 国务院关于深化教育改革全面推进素质教育的决定》明确了素质教育的内涵。"一是实施素质教育，就是全面贯彻党的教育方针，以提高国民素质为根本宗旨，以培养学生的创新精神和实践能力为重点，造就'有理想、有道德、有文化、有纪律'的、德智体美等全面发展的社会主义事业建设者和接班人。全面推进素质教育，要面向现代化、面向世界、面向未来，使受教育者坚持学习科学文化与加强思想修养的统一，坚持学习书本知识与投身社会实践的统一，坚持实现自身价值与服务祖国人民的统一，坚持树立远大理想与进行艰苦奋斗的统一。全面推进素质教育，要坚持面向全体学生，为学生的全面发展创造相应的条件，依法保障适龄儿童和青少年学习的基本权利，尊重学生身心发展特点和教育规律，使学生生动活泼、积极主动地发展。""实施素质教育应当贯穿于幼儿教育、中小学教育、职业教育、成人教育、高等教育等各级各类教育，应当贯穿于学校教育、家庭教育和社会教育等各个方面。在不同阶段和不同方面应当有不同的内容和重点，相互配合，全面推进。在不同地区应体现地区特点，尤其是少数民族地区的特点。实施素质教育，必须把德育、智育、体育、美育等有机地统一在教育活动的各个环节中。学校教育不仅仅要抓好智育，更要重视德育，还要加强体育、美育、劳动技术教育和社会实践，使诸方面教育相互渗透、协调发展，促进学生全面发展和健康成长。"①

素质教育的提出是有很强的针对性的。"由于种种原因，我们的教育特别是基础教育存在着'应试教育'的倾向。所谓'应试教育'，指对学生的培养是以应付各种考试为主要目的，忽视了对学生德、智、体、美等全面素质培养的教育观念和教育模式。"②《中共中央 国务院关于深化教育改革全面推进素质教育的决定》对如何促进学生全面发展提出了具体要求。"各级各类学校必须更加重视德育工作，以马克思列宁主义、毛泽东思想和邓小平理论为指导，按照德育总体目标和学生成长规律，确定不同学龄阶段的德育内容和要求，在培养学生的思想品德和行为规范方面，要形成一定的目标递进层次。""进一步改进德育工作的方式方法，寓德育于各学科教学之中，加强学校德育与学生生活和社会实践的联系，加强学生的心理健康教育，培养学生坚韧不拔的意志、艰苦奋斗的精神，增强青少年适应社会生活的能力。""智育工作要转变教育观念，改革人才培养模式，积极实行启发式和讨论式教学，激发学生独立思考和创新的意识，切实提高教学质量。""学校教育要树立健康第一的指导思想，切实加强体育工作，使学生掌握基本的运动技能，

---

① 《中共中央 国务院关于深化教育改革全面推进素质教育的决定》，载《中华人民共和国国务院公报》，1999(21)。

② 李岚清：《李岚清教育访谈录》，308 页，北京，人民教育出版社，2003。

养成坚持锻炼身体的良好习惯。""要尽快改变学校美育工作薄弱的状况，将美育融入学校教育全过程。""各级各类学校要从实际出发，加强和改进对学生的生产劳动和实践教育，使其接触自然、了解社会，培养热爱劳动的习惯和艰苦奋斗的精神。"①

《中共中央　国院关于深化教育改革全面推进素质教育的决定》对深入推进课程改革做出了具体部署，要求"调整和改革课程体系、结构、内容，建立新的基础教育课程体系，试行国家课程、地方课程和学校课程。改变课程过分强调学科体系、脱离时代和社会发展以及学生实际的状况。抓紧建立更新教学内容的机制，加强课程的综合性和实践性，重视实验课教学，培养学生实际操作能力。要增强农村特别是贫困地区义务教育的课程、教材与当地经济社会发展的适应性。促进教材的多样化，进一步完善国家对基础教育教材的评审制度。积极推进教学改革，提高课堂教学的质量，国家和地方要奖励并推广符合素质教育要求的优秀教学成果"②。

倡导素质教育，在某种意义缘于日趋严重的片面追求升学率的现象。素质教育反对"应试教育"，素质教育的实施又受制

---

① 《中共中央　国务院关于深化教育改革全面推进素质教育的决定》，载《中华人民共和国国务院公报》，1999(21)。

② 同上。

于"应试教育"。1978 年 4 月 28 日，邓小平在全国教育工作会议上强调："考试是检查学习情况和教学效果的一种重要方法，如同检验产品质量是保证工厂生产水平的必要制度一样。当然也不能迷信考试，把它当作检查学习效果的唯一方法。要认真研究、试验，改进考试的内容和形式，使它完善起来。"①"我国教育有些考试与评价方法和内容制约了素质教育的实施。主要问题是以一次考试分数作为评价的唯一标准，以考试分数决定学生的终身，评价的主导思想不是鼓励、帮助学生，而是筛选、淘汰学生。""改革考试与评价方法和内容是推动素质教育的重要环节。"②《中共中央　国务院关于深化教育改革全面推进素质教育的决定》要求："加快改革招生考试和评价制度，改变'一次考试定终身'的状况。改革高考制度是推进中小学全面实施素质教育的重要措施，按照有助于高等学校选拔人才、中小学实施素质教育和扩大高等学校办学自主权的原则，积极推进高考制度改革。进行每年举办两次高等学校招生考试的试点。高考科目设置和内容的改革应进一步突出对能力和综合素质的考查。鼓励有条件的省级人民政府进行多种形式的高考制度改革试验，扩大学校的招生自主权和考生的选择机会。逐步建立具有多种选择的、更加科学和公正的高等学校招生选拔制度。""建立符合

---

① 《邓小平文选》第二卷，105 页，北京，人民出版社，1994。
② 李岚清：《李岚清教育访谈录》，356 页，北京，人民教育出版社，2003。

素质教育要求的对学校、教师和学生的评价机制。地方各级人民政府不得下达升学指标，不得以升学率作为评价学校工作的标准。鼓励社会各界、家长和学生以适当方式参与对学校工作的评价。"①

《中共中央　国务院关于深化教育改革全面推进素质教育的决定》强调，加强领导，全党、全社会共同努力开创素质教育的新局面。"全面推进素质教育，必须切实加强党和政府的领导。""全面推进素质教育是党和政府的重要职责，各级领导干部要转变观念，充分认识素质教育的重要性和紧迫性，把思想统一到中央的决定上来，认真贯彻落实。建立自上而下的素质教育评估检查体系，逐级考核省、市、县、乡各级党委和政府及其主要领导干部抓素质教育工作的情况。""全面推进素质教育，根本上要靠法治、靠制度保障。各级人民政府和各部门要切实做到依法行政，保证教育方针的全面贯彻执行。各级党政领导和广大教育工作者要深入进行教育法律法规的学习、宣传活动，提高法律意识，严格履行保护少年儿童和学生身心健康发展的法律职责，坚决制止侵犯学生合法权益的行为，抵制妨碍学生健康成长的各种社会不良影响。各地要依法保障教师的合法权益，不得拖欠教师工资。要整治校园内部和周边环境，维护学校正

① 《中共中央　国务院关于深化教育改革全面推进素质教育的决定》，载《中华人民共和国国务院公报》，1999(21)。

常秩序。"①

（四）素质教育被确立为教育改革和发展的战略主题

进入 21 世纪，世界格局进入大发展、大变革、大调整时期。世界多极化、经济全球化深入发展，科技进步日新月异，人才竞争日趋激烈。为了应对世界新格局的挑战，适应我国经济建设、政治建设、文化建设、社会建设以及生态文明建设的全面推进和工业化、信息化、城镇化、市场化、国际化深入发展的新形势，党中央、国务院深入谋划未来教育改革发展战略，出台了《国家中长期教育改革和发展规划纲要（2010—2020 年）》。

2010 年 7 月，温家宝在全国教育工作会议上指出，制定《国家中长期教育改革和发展规划纲要（2010—2020 年）》，"是党中央、国务院着眼于全面建成小康社会和现代化建设全局做出的战略决策，是对我国未来十年教育事业发展进行全面谋划和前瞻性部署"②。他强调，"中央主要的考虑是：第一，教育发展要面向未来。……第二，教育发展要适应经济社会发展对人才的需求和全面提高国民素质的要求。……第三，教育发展要顺应人民群众对接受更多更好教育的新期盼。……第四，教育发

---

① 《中共中央　国务院关于深化教育改革全面推进素质教育的决定》，载《中华人民共和国国务院公报》，1999(21)。

② 《温家宝谈教育》编辑组：《温家宝谈教育》，代序 2 页，北京，人民教育出版社，2014。

展要进一步深化改革"①。《国家中长期教育改革和发展规划纲要(2010—2020 年)》强调："中国未来发展、中华民族伟大复兴，关键靠人才，基础在教育。""国运兴衰，系于教育；教育振兴，全民有责。在党和国家工作全局中，必须始终坚持把教育摆在优先发展的位置。按照面向现代化、面向世界、面向未来的要求，适应全面建设小康社会、建设创新型国家的需要，坚持育人为本，以改革创新为动力，以促进公平为重点，以提高质量为核心，全面实施素质教育，推动教育事业在新的历史起点上科学发展，加快从教育大国向教育强国、从人力资源大国向人力资源强国迈进，为中华民族伟大复兴和人类文明进步作出更大贡献。"②

在中国共产党的教育改革发展战略规划中，《国家中长期教育改革和发展规划纲要（2010—2020 年)》首次把实施素质教育确定为战略主题，强调"坚持以人为本、全面实施素质教育是教育改革发展的战略主题，是贯彻党的教育方针的时代要求，其核心是解决好培养什么人、怎样培养人的重大问题，重点是面向全体学生、促进学生全面发展，着力提高学生服务国家服务人民的社会责任感、勇于探索的创新精神和善于解决问题的实

---

① 《温家宝谈教育》编辑组：《温家宝谈教育》，代序 2～3 页，北京，人民教育出版社，2014。

② 中共中央、国务院：《国家中长期教育改革和发展规划纲要(2010—2020 年)》，载《人民教育》，2010(17)。

践能力"①。把实施素质教育作为教育改革发展的战略主题，是贯彻党的教育方针的时代要求。"多年来我们所强调的素质教育，实质上就是强调学生的全面发展，就是促进德育、智育、体育、美育的有机结合。"②

"古往今来的许多事例证明，素质教育是培养杰出人才的基础。杰出人才应该是全面发展的人，应该是站在巨人肩上的人。因为他是全面发展的人，知识广博，能够融会贯通、举一反三，从而有所发明、有所创造。因为他站得高、看得远，前瞻未来，能开风气之先，引领新潮流。"③《国家中长期教育改革和发展规划纲要（2010—2020年）》就如何实施素质教育，提出了三条基本原则。一是"坚持德育为先。立德树人，把社会主义核心价值体系融入国民教育全过程"。二是"坚持能力为重。优化知识结构，丰富社会实践，强化能力培养。着力提高学生的学习能力、实践能力、创新能力，教育学生学会知识技能，学会动手动脑，学会生存生活，学会做人做事，促进学生主动适应社会，开创美好未来"。三是"坚持全面发展。全面加强和改进德育、智育、体育、美育。坚持文化知识学习与思想品德修

---

① 中共中央、国务院：《国家中长期教育改革和发展规划纲要（2010—2020年）》，载《人民教育》，2010（17）。

② 《温家宝谈教育》编辑组：《温家宝谈教育》，代序8页，北京，人民教育出版社，2014。

③ 同上书，代序8页。

养的统一、理论学习与社会实践的统一、全面发展与个性发展
的统一"。①

"教育的根本任务应是培养人才，人才培养观念更新和培养
模式创新要成为规划的亮点。"②《国家中长期教育改革和发展规
划纲要（2010—2020 年）》特别强调创新教育观念，深化课程和
教学改革，变革人才培养模式，要求"更新人才培养观念。深化
教育体制改革，关键是更新教育观念，核心是改革人才培养体
制，目的是提高人才培养水平"。"树立全面发展观念，努力造
就德智体美全面发展的高素质人才。树立人人成才观念，面向
全体学生，促进学生成长成才。树立多样化人才观念，尊重个
人选择，鼓励个性发展，不拘一格培养人才。树立终身学习观
念，为持续发展奠定基础。树立系统培养观念，推进小学、中
学、大学有机衔接，教学、科研、实践紧密结合，学校、家庭、
社会密切配合，加强学校之间、校企之间、学校与科研机构之
间合作以及中外合作等多种联合培养方式，形成体系开放、机
制灵活、渠道互通、选择多样的人才培养体制。"围绕创新人才
培养模式，《国家中长期教育改革和发展规划纲要（2010—2020

---

① 中共中央、国务院：《国家中长期教育改革和发展规划纲要（2010—2020
年）》，载《人民教育》，2010(17)。

② 《温家宝谈教育》编辑组：《温家宝谈教育》，145 页，北京，人民教育出
版社，2014。

年）》强调注重学思结合、知行统一、因材施教。①

考试评价和招生制度改革始终是影响素质教育推进的关键因素。"要加快研究教育质量评价体系改革问题。有些问题如高考改革，社会认识分歧比较大，也非常复杂，要多听各方面意见，逐步完善。"②"考试制度不改革，'应试教育'就很难破除。"③《国家中长期教育改革和发展规划纲要（2010—2020 年）》对教育质量评价制度和考试招生制度进行了系统的制度设计，为党的十八以来我国高考综合改革指明了方向，奠定了基础。《国家中长期教育改革和发展规划纲要（2010—2020 年）》要求"改革教育质量评价和人才评价制度。改进教育教学评价。根据培养目标和人才理念，建立科学、多样的评价标准"。"改进人才评价及选用制度，为人才培养创造良好环境。树立科学人才观，建立以岗位职责为基础，以品德、能力和业绩为导向的科学化、社会化人才评价发现机制。强化人才选拔使用中对实践能力的考查，克服社会用人单纯追求学历的倾向。"④

《国家中长期教育改革和发展规划纲要（2010—2020 年）》要

---

① 　中共中央、国务院：《国家中长期教育改革和发展规划纲要（2010—2020 年）》，载《人民教育》，2010（17）。

② 　《温家宝谈教育》编辑组：《温家宝谈教育》，145 页，北京，人民教育出版社，2014。

③ 　同上书，229 页。

④ 　中共中央、国务院：《国家中长期教育改革和发展规划纲要（2010—2020 年）》，载《人民教育》，2010（17）。

求推进考试招生制度改革，特别强调要"以考试招生制度改革为突破口，克服一考定终身的弊端，推进素质教育实施和创新人才培养。按照有利于科学选拔人才、促进学生健康发展、维护社会公平的原则，探索招生与考试相对分离的办法，政府宏观管理，专业机构组织实施，学校依法自主招生，学生多次选择，逐步形成分类考试、综合评价、多元录取的考试招生制度。加强考试管理，完善专业考试机构功能，提高服务能力和水平。成立国家教育考试指导委员会，研究制定考试改革方案，指导考试改革试点"①。

《国家中长期教育改革和发展规划纲要（2010—2020年）》要求"完善高等学校考试招生制度。深化考试内容和形式改革，着重考查综合素质和能力。以高等学校人才选拔要求和国家课程标准为依据，完善国家考试科目试题库，保证国家考试的科学性、导向性和规范性。探索有的科目一年多次考试的办法，探索实行社会化考试"。"逐步实施高等学校分类入学考试。普通高等学校本科入学考试由全国统一组织；高等职业教育入学考试由各省、自治区、直辖市组织。""完善高等学校招生名额分配方式和招生录取办法，建立健全有利于促进入学机会公平、有利于优秀人才选拔的多元录取机制。普通高等学校本科招生以

---

① 中共中央、国务院：《国家中长期教育改革和发展规划纲要（2010—2020年）》，载《人民教育》，2010(17)。

统一入学考试为基本方式，结合学业水平考试和综合素质评价，择优录取。"①

2012年9月7日，温家宝在全国教师工作暨"两基"工作总结表彰大会上强调："教育的根本目的，是促进人的自由全面发展，培养经济社会发展需要的各类人才。当前迫切需要把教育从应试和高考指挥棒下解放出来，解放学生、解放教师、解放学校。只有这样，学生、教师、学校才能按素质教育的要求去学习、去教学、去管理，真正提高教育质量。"②

"筚路蓝缕，以启山林。"尽管素质教育的实施遭受着"应试教育"的残酷"反噬"，但它始终是改革开放以来中国共产党指导教育改革发展的重要教育思想，是教育改革发展的根本任务，是照亮中国教育工作者不懈追求教育现代化的灯塔。

四、教育方针的发展变迁

党的教育方针是党在一定历史阶段提出的国家教育事业的总方向和总指针，确定了教育事业的发展方向，是教育改革发

---

① 中共中央、国务院：《国家中长期教育改革和发展规划纲要（2010—2020年）》，载《人民教育》，2010(17)。

② 《温家宝谈教育》编辑组：《温家宝谈教育》，227～228页，北京，人民教育出版社，2014。

展的指导思想、价值取向和根本要求，是对教育基本政策的总概括，是指导整个教育事业发展的战略原则和行动纲领。中国共产党历来十分重视教育方针的制定和执行，通常把教育方针作为指导和规范教育发展的总纲领。梳理和研究传承与创新的过程，对于深入理解和全面把握社会主义教育方针的实质与内涵有很大的帮助。

(一)改革开放之初教育方针的大讨论

1958年，中国共产党提出"教育为无产阶级政治服务"的方针。直到1978年12月党的十一届三中全会召开，这一方针一直是指导各级各类学校的行动纲领，是评价教育问题的价值尺度。党的十一届三中全会召开以后，我国进入改革开放和社会主义现代化建设新时期，教育事业也进入改革发展的新阶段。为了适应党和国家工作中心战略转移，党的教育方针不断发展与完善。

1978年4月，邓小平在全国教育工作会议上强调："我们的学校是为社会主义建设培养人才的地方。培养人才有没有质量标准呢？有的。这就是毛泽东同志说的，应该使受教育者在德育、智育、体育几方面都得到发展，成为有社会主义觉悟的有文化的劳动者。"[1]可以说，邓小平的这一讲话，发出了改革开

---

① 《邓小平文选》第二卷，103页，北京，人民出版社，1994。

放后恢复党的教育方针的先声。

1978 年 12 月，党的十一届三中全会在北京举行，重新确立了马克思主义思想路线、政治路线和组织路线。在中央所确立的实事求是的思想路线指导下，教育界展开了对教育方针的正确性、科学性的大讨论。讨论集中在是否应该继续坚持"教育为无产阶级政治服务"上。

1978 年 3 月 5 日，五届全国人大一次会议通过的《中华人民共和国宪法》（以下简称《宪法》）。《宪法》第十三条规定："国家大力发展教育事业，提高全国人民的文化科学水平。教育必须为无产阶级政治服务，同生产劳动相结合，使受教育者在德育、智育、体育几方面都得到发展，成为有社会主义觉悟的有文化的劳动者。"这是"教育为无产阶级政治服务"的表述在党和政府文献中最后一次出现，此后党和政府重要文献中再无此提法。

1979 年，《教育研究》第 4 期发表的特约评论员文章《补好真理标准讨论这一课　教育问题要来一次大讨论》指出："30 年来，关于教育理论、方针、政策、方法究竟有没有问题？有什么问题？"文章又说："由于'两个凡是'的束缚，粉碎'四人帮'以后的一个时期，拨乱反正、澄清是非的步履十分艰难。"①这是

————————

① 《补好真理标准讨论这一课　教育问题要来一次大讨论》，载《教育研究》，1979(4)。

最早从教育上存在的是非问题推导到对教育方针正确性的质疑。

1980年4月10日，《人民日报》编辑部所编的一个内容刊物上，发表了华中师范学院（现华中师范大学）萧宗六的《现行教育方针质疑》一文。该文章认为，"教育必须为无产阶级政治服务，必须同生产劳动相结合"的提法是"左"倾思潮的产物，提法是含混的、不全面的，20多年来所起的作用是不好的。因此，把它再作为我国各级各类学校都要执行的方针是不合适的，对指导今后的教育工作不利。论文还详细论述了"两个必须"产生的背景，在实施中的实际内容，"两个估计"和"两个必须"之间的关系。论文断言，是方针本身存在问题，而不仅是理解执行的问题。这是比较早的直接、全面地认为"教育为无产阶级政治服务"不科学、不正确的一篇论文。论文由于发表在内部刊物上，因此影响不大。

1980年8月，《教育研究》第4期发表了周扬《进一步解放思想，搞好教育科学研究》的文章。文章中有关教育方针的内容如下："我们对过去的口号，一定要重新考虑对今天是否合适，以便有所取舍，有所修改。例如，在教育方面，教育为无产阶级政治服务，教育与生产劳动相结合两个口号影响很大也很普遍，今后是否还要继续宣传这两个口号？我个人觉得，比较起来与教育密切有关的还是毛主席讲的：培养德智体各方面都得到发展的，有社会主义觉悟的有文化的劳动者更合适一些。……我劝同志们不要太热衷于口号，口号并不是万能的。"①周扬的文章中，实际上已提出了对"两个必须"的教育方针的异议，只不过在行文上委婉一些罢了。

1980 年 11 月 4 日，《文汇报》发表了潘益大的《关于教育方针的探讨》一文，这是最早在报刊上公开直接论述关于教育方针正确与否的研讨文章。文章在分述了教育方针产生的背景，为政治服务与为阶级斗争服务并非马克思列宁主义本来意义上的教劳结合等之后认为："现行教育以下几个不足：①带有浓厚的阶级斗争的色彩。基本上是以阶级斗争为纲的产物，不利于坚持教学为中心，维护正常的教学秩序，不利于安定学校内部的关系，调动广大师生的教学积极性。②没有反映教育工作的内在的固有规律，没有反映教育与发展生产力和现代化建设的关系，容易助长违反实际，这个口号，不利于稳定地全面地提高教学质量。③它所提出的培养目标没有充分体现四化建设人才的要求的鲜明特点。"文章的结论为："两个必须"的教育方针"必须更新"。②

1981 年 6 月，党的十一届六中全会通过的《中国共产党中央委员会关于建国以来党的若干历史问题的决议》中提出了"坚持德智体全面发展、又红又专、知识分子与工人农民相结合、脑力劳动与体力劳动相结合的教育方针"。这一方针是以中共中央

---

① 周扬：《进一步解放思想，搞好教育科学研究》，载《教育研究》，1980(4)。
② 潘益大：《关于教育方针的探讨》，载《文汇报》，1980-11-04。

决议形式郑重提出的，避开了"两个必须"口号的不科学提法。应该说它具有"权威性""法规性"。

自此之后，各报刊陆续发表了一些研讨教育方针的文章，总的趋向是对"教育为无产阶级政治服务"这一教育方针正确性、科学性的质疑。1993年中共中央、国务院正式印发的《中共教改革和发展纲要》，1995年全国人民代表大会及其常务委员会通过的《中华人民共和国教育法》，进一步准确地提出了"教育必须为社会主义现代化建设服务"的方针。至此，在这个问题上的明显争议大体也就暂停了。

(二)教育要为社会主义现代化建设服务

1981年11月，五届全国人大四次会议的《政府工作报告》提出了今后经济建设十条方针，其中第九条中明确指出："我们教育的基本方针是明确的，这就是使受教育者在德育、智育、体育几方面都得到发展，成为有社会主义觉悟的有文化的劳动者和又红又专的人才，坚持脑力劳动与体力劳动相结合，知识分子与工人农民相结合。现在的任务是要根据现代化建设中的实际情况来进一步贯彻执行这个方针。"[1]这一表述只不过是重申了《中国共产党中央委员会关于建国以来党的若干历史问题的决

---

[1] 全国人民代表大会委员会办公厅：《中华人民共和国第五届全国人民代表大会第四次会议文件》，35页，北京，人民出版社，1981。

议》中关于教育方针的表述。自此以后，党和政府的正式文献中再没有明确地提过"教育方针"的词语。

1985年5月，《中共中央关于教育体制改革的决议》提出"教育必须为社会主义建设服务，社会主义建设必须依靠教育"，认为这是教育体制改革的根本指导思想，然而没有用"教育方针"的提法。这一提法是党和国家在总结社会主义建设的历史经验的基础上，对教育本质与社会功能认识的飞跃，具有划时代的意义；是"教育为无产阶级政治服务"向"教育为社会主义现代化建设服务"转变的根本标志。

1993年2月，中共中央、国务院正式印发的《中国教育改革和发展纲要》总结了40多年来教育曲折发展的宝贵经验，提出了建设中国特色社会主义教育体系的八项原则，其中第一、第二、第三项是直接关于教育方针的规定："第一，教育是社会主义现代化建设的基础，必须坚持把教育摆在优先发展的战略地位。第二，必须坚持党对教育工作的领导，坚持教育的社会主义方向，培养德智体全面发展的建设者和接班人。第三，必须坚持教育为社会主义现代化建设服务，与生产劳动相结合，自觉地服从和服务于经济建设这个中心，促进社会的全面进步。"①这三项原则指明了教育在社会主义现代化建设中的基础

---

① 《中共中央　国务院关于印发〈中国教育改革和发展纲要〉的通知》，载《中华人民共和国国务院公报》，1993(4)。

地位、教育必须为社会主义现代化建设服务、社会主义教育的培养目标和办学路线，以教育总则的形式规范了教育的发展。

以上是我国相关教育文献中有关教育方针的表述，体现了教育方针的演变进程。教育方针最明显的变化就是从教育为无产阶级政治服务向教育为社会主义现代化建设服务转变。这个转变是党在新时期对教育认知的重大转变，是 20 世纪第三次思想解放运动在教育上的最大成果。

(三)确立教育方针的法律地位

1992 年召开的党的十四大提出："加速科技进步，大力发展教育，充分发挥知识分子的作用。"① 把教育摆在优先发展的战略地位，努力提高全民族的思想道德素质和科学文化水平，这是实现我国现代化的根本大计。各级各类学校都要全面贯彻党的教育方针，全面提高教育质量。到 20 世纪末，基本扫除青壮年文盲，基本实现九年义务教育。进一步改革教育体制、教学内容和教学方法，加强师资队伍的培养和建设，扩大学校办学自主权，促进教育同经济、科技密切结合。

1995 年 3 月 18 日，八届全国人大三次会议通过了《中华人民共和国教育法》。《中华人民共和国教育法》总则部分明确规定

---

① 本书编委会：《中华人民共和国国史全鉴》，6794 页，北京，团结出版社，1996。

了教育方针："教育必须为社会主义现代化建设服务，必须与生产劳动相结合，培养德、智、体等方面全面发展的社会主义事业的建设者和接班人。"①原国家教委政策法规司所编《〈中华人民共和国教育法〉释义》一书中明确说明："本条是关于国家教育方针的规定。"应该说，这是以教育基本法的形式、以最准确的文字对国家教育方针最完整的表述。这是全国人民经过长期求索得出的科学成果，将指导中国社会主义教育事业健康发展。《中华人民共和国教育法》在文字上做了重要修改，除了在"建设者和接班人"前加上了"社会主义事业的"外，还在"德、智、体"后加上了"等方面"，反映了我们党对教育方针认识的深化。至此，我国改革开放新时期的教育方针以法律的形式确定了下来。以此为标志，我国新时期的教育方针有了专门的教育立法，完成了法律上的建构。

(四)新时期教育方针的创新发展

新中国成立以来，党的教育方针为适应时代要求，经历了一个不断发展、不断调整、不断完善的历史过程，体现了社会主义教育的性质、方向、目标，反映了不同历史时期我国经济社会发展对教育提出的基本要求。20 世纪 90 年代中后期以来，

---

① 全国人民代表大会常务委员会办公厅：《中华人民共和国第八届全国人民代表大会第三次会议文件汇编》，91 页，北京，人民出版社，1995。

人们对学生课业负担、片面注重升学率、学生辍学等问题的认识加深，社会上和教育界改革基础教育的呼声日高，加上"普九"任务的基本完成，人们对基础教育的要求从"量"向"质"的方面转变。

1999年6月，江泽民在全国教育工作会议上强调："我们必须全面贯彻党的教育方针，坚持教育为社会主义为人民服务，坚持教育与社会实践相结合，以提高国民素质为根本宗旨，以培养学生的创新精神和实践能力为重点，努力造就'有理想、有道德、有文化、有纪律'的，德育、智育、体育、美育等全面发展的社会主义建设者和接班人。"[1]这个讲话继承了以往教育方针的基本精神，并根据新时期的要求，对社会主义教育方针做了新的诠释，指出社会主义教育"以提高国民素质为根本宗旨"，将"教育与生产劳动相结合"转变为"教育与社会实践相结合"，突出了"培养学生的创新精神和实践能力"的重点目标，对我们深刻认识、正确把握和全面贯彻落实教育方针有重要的指导意义。6月13日，《中共中央 国务院关于深化教育改革全面推进素质教育的决定》指出："实施素质教育，就是全面贯彻党的教育方针，以提高国民素质为根本宗旨，以培养学生的创新精神和实践能力为重点，造就'有理想、有道德、有文化、有纪律'

---

① 新华月报：《中国改革开放30年大事记》下，565～566页，北京，人民出版社，2008。

的德智体美等全面发展的社会主义事业建设者和接班人。"①

2002 年 11 月，党的十六大报告提出："全面贯彻党的教育方针，坚持教育为社会主义现代化建设服务，为人民服务，与生产劳动和社会实践相结合，培养德智体美全面发展的社会主义建设者和接班人。"②党的十六大报告再次重申党的教育方针，提出了教育要"与生产劳动和社会实践相结合"，丰富了教育方针的内容。这样的表述是和我们党一贯坚持的基本方针一脉相承的，同时根据时代发展注入了新的内涵，既坚持了教育基本方针的连续性，又反映了时代的新要求。

2007 年 10 月，党的十七大报告提出："要全面贯彻党的教育方针，坚持育人为本、德育为先，实施素质教育，提高教育现代化水平，培养德智体美全面发展的社会主义建设者和接班人，办好人民满意的教育。"③党的十七大报告对教育方针的内容进行了新的阐释，提出了"育人为本、德育为先""实施素质教育""办好人民满意的教育"的指导思想。

2012 年 11 月，党的十八大报告提出："要坚持教育优先发展，全面贯彻党的教育方针，坚持教育为社会主义现代化建设服

---

① 《中共中央　国务院关于深化教育改革全面推进素质教育的决定》，载《中华人民共和国国务院公报》，1999(21)。

② 《中国共产党第十六次全国代表大会文件汇编》，39 页，北京，人民出版社，2002。

③ 《教育规划纲要》工作小组办公室：《全国教育工作会议文件汇编》，170 页，北京，教育科学出版社，2010。

务、为人民服务，把立德树人作为教育的根本任务，培养德智体美全面发展的社会主义建设者和接班人。"①党的十八大报告对教育方针的内容进行了新的丰富和发展，提出了"把立德树人作为教育的根本任务"的要求。

党的教育方针是中国共产党在领导中国革命、建设和改革开放事业中逐步形成的，是党对教育事业领导智慧传承和创新的结果。教育方针的制定和落实，事关国家教育事业发展的战略方向和兴衰成败。从1978年至2012年，党的教育方针从"为无产阶级政治服务"，到"为社会主义现代化建设服务，为人民服务"，再到"把立德树人作为教育的根本任务"，伴随着党和国家教育事业的发展，实现了两次创新。总之，党的教育方针既坚持了教育的社会主义方向，又体现了中国共产党为人民服务的宗旨；既继承了马克思主义的教育学说，又尊重了教育的根本规律。

---

① 胡锦涛：《坚定不移沿着中国特色社会主义道路前进　为全面建成小康社会而奋斗》，35页，北京，人民出版社，2012。

第二章 | 中国共产党领导的教育体制
改革

1978 年 12 月 18 日，党的十一届三中全
会召开，做出了把党和国家工作中心转移到
经济建设上来、实行改革开放的历史性决策。
党的十一届三中全会以后，党中央对教育工
作做出了一系列新的论断和决策，教育体制
改革不断推进，教育事业得到了恢复，开始
走上蓬勃发展的道路。本章集中论述了改革
开放和社会主义现代化建设新时期中国共产
党领导下的教育管理体制、办学体制、考试
评价体制、教育投入体制以及教育综合改革。

1985 年，《中共中央关于教育体制改革
的决定》启动了以简政放权，调动各级政府、

广大师生员工和社会各方面参与教育的积极性为核心的教育体制改革。1987年，《关于农村基础教育管理体制改革的若干问题的意见》侧重点在农村基础教育的管理体制改革上。到20世纪90年代，伴随着社会主义市场经济体制的建立与完善，我国迫切需要建立与社会主义市场经济体制相适应的教育体制，1993年，《中国教育改革和发展纲要》对教育体制改革做出了总体规划，探索基于市场经济体制的课程改革，多渠道筹措教育经费、公办学校转制改革、鼓励和支持民办教育发展成为教育改革的主旋律。21世纪以来，2001年农村义务教育管理体制改革、2005年农村义务教育经费保障机制改革、2010年国家教育体制改革试点，瞄准长期困扰我国教育事业科学发展的难点问题和社会充满期待的热点问题，集中力量进行重点突破。《国家中长期教育改革和发展规划纲要（2010—2020年）》提出到2020年基本实现教育现代化的战略目标。2012年，党的十八大召开后，教育事业发展正式进入提高质量、优化结构和促进公平的新阶段，推进教育治理体系和治理能力现代化成为新时代深化教育体制改革的重要使命。

一、教育管理体制改革

教育管理体制改革一直是教育改革的重点与难点，反映了政府、学校和社会三者之间的关系。1977年，邓小平同志以马克思主义者的非凡胆略和科学态度，冲破了"两个凡是"的思想禁区，推翻了"两个估计"，使广大教育工作者从"左"倾错误的打击和束缚中解脱出来。在 1978 年全国教育工作会议上，邓小平强调，我们的学校是为社会主义建设培养人才的地方。1978 年以来，中共中央简政放权，逐步从统一的行政管理走向多元参与的治理体系，中央与地方、政府与学校之间教育职责权限逐步清晰。

(一)恢复调整期(1978—1983 年)

党的十一大报告指出，要在 20 世纪最后四分之一时间内把我国建设成为伟大的社会主义现代化强国，迫切需要培养和造就大批又红又专的建设人才。1978 年 12 月，党的十一届三中全会将全党工作重点转移到经济建设上来，为教育改革与发展营造了良好的环境。倡导"尊重知识，尊重人才"，激发了全社会尊师重教的风尚；提出教育要"三个面向"和培育"四有新人"，为教育改革与发展指明了方向。

高等学校统一招生考试制度的恢复，成为恢复与重建教育制度、推动中国教育走向新秩序和现代化的新开端。在国家建设急需专门人才但教育资源不足的情况下，邓小平和中央两位同志谈话提出"办教育要两条腿走路，既注意普及，又注意提高；要办重点小学、重点中学、重点大学"[①]。恢复重点学校制

[①] 《邓小平文选》第二卷，40 页，北京，人民出版社，1994。

度，对满足国家和社会对高素质人才的需求发挥了重要作用。国务院各部委加强对重点高等学校的领导，所属各部委的高等学校数量增加了。至1981年，恢复"中央统一领导，中央和省、市、自治区两级管理"的工作基本完成。1981年，全国共有高等学校704所，由教育部直接领导管理的38所，由国务院其他各部委领导管理的226所，由省、市、自治区领导管理的440所。①

党的十一届三中全会以后，我国教育事业走上了蓬勃发展的道路。但是，教育工作不适应社会主义现代化建设需要的局面还没有得到根本扭转。特别是面对我国对外开放、对内搞活，经济体制改革全面开展的形势，面对世界范围的新技术革命正在兴起的形势，我国教育事业的落后和教育体制的弊端更加凸显。在教学内容上，各级各类学校普遍存在课程内容陈旧、教学方法死板、教学手段单一以及实践环节被严重忽视等状况，不同程度地脱离了经济和社会发展的需要，落后于当代科学文化的发展。在教育结构上，基础教育薄弱，学校数量不足、质量不高，合格的师资和必要的设备严重缺乏，经济建设急需的职业技术教育没有得到应有发展，高等教育内部的学科结构、专业结构及办学层次比例失调。在教育事业管理权限的划分上，政府有关部门对学校

① 《中国教育年鉴》编辑部：《中国教育年鉴(1949—1981)》，237页，北京，中国大百科全书出版社，1984。

尤其是高等学校管得过多、统得过死，导致各级各类学校缺乏活力，而政府应该加以管理的事情，又没有很好地管起来。

(二)简政放权期(1984—2001 年)

1984 年 10 月，《中共中央关于经济体制改革的决定》提出，为了实现社会主义现代化，必须对经济体制进行改革。1985 年 3 月，《中共中央关于科学技术体制改革的决定》指出，随着城乡经济体制改革的逐步展开，必须相应地改革科学技术体制。经济是基础，经济体制改革要求科技体制改革，经济体制和科技体制的改革必然带来教育体制的改革。1985 年 5 月，《中共中央关于教育体制改革的决定》指出，教育体制改革的核心是简政放权，扩大学校的办学自主权。这一文件的颁布正式拉开了教育管理体制简政放权改革的序幕。上述三个重要文件构成这一时期以体制改革为特征的社会改革与发展的总框架，大大推动了中国社会的现代化进程。《中共中央关于教育体制改革的决定》强调教育必须为社会主义建设服务，需要大规模地准备新的能够坚持社会主义方向的各级各类的合格人才。1987 年，党的十三大报告强调要进一步下放权力，避免领导机关管了许多不该管、管不好、管不了的事，陷于事务主义而不能自拔，从而使基层缺乏自主权，人民群众的积极性难以充分调动。

1. 中央地方关系变革

在中央和地方的教育管理权责关系上，最主要的变革思路是"统一领导，分级管理，地方为主"。1985 年，《中共中央关于教育体制改革的决定》强调"改革管理体制，在加强宏观管理的同时，坚决实行简政放权，扩大学校的办学自主权"[①]；明确指出必须从教育体制入手，有系统地进行改革；确立了"教育为社会主义建设服务，社会主义建设依靠教育"的基本方针；提出从教育体制改革入手，以简政放权、扩大学校的办学自主权为核心，相应地改革人事制度，使各级各类教育主动适应经济和社会发展。

（1）基础教育中央地方关系变革

在基础教育领域，《中共中央关于教育体制改革的决定》指出要"把发展基础教育的责任交给地方"，"实行基础教育由地方负责、分级管理的原则"。[②] 为促进义务教育发展，《中共中央关于教育体制改革的决定》首次提出教育投入体制的"两个增长"[③]原则。然而，"统一领导，分级管理，地方为主"的央地关系的形成并非一帆风顺，在曲折发展过程中遇到了一些问题。

---

① 中共中央文献研究室：《十二大以来重要文献选编》，724 页，北京，人民出版社，1986。

② 同上书，725 页。

③ 两个增长，即中央和地方政府的教育拨款的增长要高于财政经常性收入的增长，并使按在校学生人数平均的教育费用逐步增长。

自改革开放之初，教育体制改革的核心就是更好地调动各级政府、广大师生员工和社会各方面的积极性。在政府管理教育过程中，核心是调动各级政府办学的积极性，改革的举措之一是把发展基础教育的责任交给地方。1985 年，《中共中央关于教育体制改革的决定》提出，实行中央、省（自治区、直辖市）、中心城市三级办学体制，把发展基础教育的责任交给地方，实行基础教育由地方负责、分级管理的原则；在中央地方关系上，实行分级管理，调动地方政府办教育的积极性，强化地方政府的教育责任。20 世纪 90 年代，《中华人民共和国义务教育法》提出"分级办学，分级管理"体制，将农村义务教育的责任落实到乡镇，以调动地方办学的积极性，增强基础教育发展的动力与活力。但当教育管理权责下放到乡镇时，由于乡镇之间支撑教育发展的财力差距较大，因此区域教育发展出现失衡问题。1997 年，党的十五大强调大力普及九年义务教育。2001 年，《国务院关于基础教育改革与发展的决定》改变了历时 15 年以乡镇为主的农村义务教育管理体制，明确实行在国务院领导下，由地方政府负责、分级管理、以县为主的体制。"省级统筹、以县为主"的教育管理体制的建立与完善，成为深化教育体制改革、促进县域义务教育均衡发展的根本制度保障。

（2）职业教育中央和地方关系变革

在职业教育领域，《中共中央关于教育体制改革的决定》指

出："中等职业技术教育主要由地方负责，中央各部门办的这类
学校，地方也要予以协调和配合。"[1]1991年，《国务院关于大力
发展职业技术教育的决定》指出："各级政府及中央与地方的各
有关部门要对职业技术教育分工负责。"[2]按照《中共中央关于教
育体制改革的决定》，国家教委负责掌握职业技术教育的大政方
针，统筹职业技术教育的发展，协调各部门有关职业技术教育
的工作，统一部署和指导职业技术教育的改革。发展职业技术
教育主要责任在地方，关键在市、县。在中央统一的方针政策
下，由地方政府统筹安排本地各类职业技术教育的布局、专业
（工种）设置、招生、毕（结）业生就业安置及中、长期规划。[3]

按照这一思路，我国逐步建立起了"在国家统一领导下，地
方负责，分级管理，政府统筹，以市为主"的职业教育管理体
制。为深化职业教育管理体制改革，国家又相继颁发了一系列
政策，进一步明晰了职业教育管理体制改革的思路。1993年，
《中共中央关于教育体制改革的决定》提出："中等及中等以下教
育，由地方政府在中央大政方针的指导下，实行统筹管理。县、
乡两级政府要把教育纳入当地经济、社会发展的整体规划，分

---

① 中共中央文献研究室：《十二大以来重要文献选编》，730页，北京，人
民出版社，1986。

② 中共中央文献研究室：《十三大以来重要文献选编》，1727页，北京，人
民出版社，1993。

③ 同上。

级统筹管理基础教育、职业技术教育、成人教育，统筹规划经济、科技、教育的发展。"①1994 年，《国务院关于〈中国教育改革和发展纲要〉的实施意见》指出："中等和中等以下职业教育和成人教育要进一步理顺管理体制。中央和地方教育行政部门对职业教育和成人教育负有统筹、协调和宏观管理的责任。以进行学历教育为主的职业学校和成人学校，原则上由各级教育部门进行管理。职业培训和在职的岗位培训工作，原则上由各级劳动、人事部门和有关业务部门进行管理。"②1999 年，《中共中央　国务院关于深化教育改革全面推进素质教育的决定》指出，经国务院授权，把发展高等职业教育和大部分高等专科教育的权力以及责任交给省级人民政府，省级人民政府依法管理职业技术学院（或职业学院）和高等专科学校，逐步建立在国务院领导下、分级管理、地方为主、政府统筹、社会参与的职业教育管理体制。③ 这一体制改革充分调动了市（地）级政府举办高等职业教育的积极性，一大批高等职业院校应运而生。

（3）高等教育中央和地方关系变革

在高等教育领域，高等教育管理体制改革的关键是改变政

---

① 《中共中央　国务院关于印发〈中国教育改革和发展纲要〉的通知》，载《中华人民共和国国务院公报》，1993(4)。

② 《国务院关于〈中国教育改革和发展纲要〉的实施意见》，载《人民教育》，1994(9)。

③ 《中共中央　国务院关于深化教育改革全面推进素质教育的决定》，载《中华人民共和国国务院公报》，1999(21)。

府对高等学校统得过死、管得过多的管理体制。社会主义市场经济体制的建立是高等教育管理体制改革的重要历史机遇，高等教育管理体制改革必须适应我国社会由计划经济体制向社会主义市场经济体制转变的要求。

1985年，《教育部关于恢复和办好全国重点高等学校的报告》颁布，根据"有利于党的领导，有利于发挥中央和地方的积极性，有利于在教学和科学研究工作中早见成效"的原则，对全国重点高校实行"统一领导，分级管理"，标志着我国"统一领导，分级管理"的管理体制开始在重点学校得到恢复。该文件指出，在国家统一的教育方针和计划的指导下，扩大高等学校的办学自主权，加强高等学校同生产、科研和社会其他各方面的联系，使高等学校具有主动适应经济和社会发展需要的积极性和能力。在学校领导制度上，《中共中央关于教育体制改革的决定》规定"学校逐步实行校长负责制"，进而明确了学校党委、校长、校务委员会、教职工代表大会之间的权责关系，建立了现代学校制度的基本架构。

1993年，国务院批转国家教委颁布的《关于加快改革和积极发展普通高等教育的意见》指出，高等教育管理体制的改革方向是逐步实行以中央与省（自治区、直辖市）两级管理、两级负责为主的管理体制。《中国教育改革和发展纲要》指出，在九十年前，随着经济体制、政治体制、科技体制改革的深化，教育体制改革要采取综合配套、分步推进的方针，加快步伐，改革包得过多、统得过死的体制，初步建立起与社会主义市场经济体制和政治体制、科技体制改革相适应的教育新体制。高等教育体制改革的目标，主要是解决政府与高等学校、中央与地方、国家教委与中央各业务部门之间的关系，逐步建立政府宏观管理、学校面向社会自主办学的体制。为切实落实 1993 年发布的《中国教育改革和发展纲要》，加快教育体制改革的步伐，同年11 月，中共中央通过《关于建立社会主义市场经济体制若干问题的决定》，指出高等教育要改革办学体制，改变条块分割的状况，除特殊行业外，区别不同情况分步过渡到中央和地方两级管理的体制，扩大地方和院校的办学自主权。1994 年 7 月 3 日，国务院颁布的《关于〈中国教育改革和发展纲要〉的实施意见》提出："高等教育逐步实行中央和省、自治区、直辖市两级管理，以省级政府为主的体制。认真贯彻落实国务院关于《高等教育管理职责暂行规定》中有关中央和地方对高等教育的管理权限。"①1997 年，江泽民在党的十五大上强调稳步发展高等教育，加快高等教育管理体制改革。

上述改革，一方面，明确了高等教育中央和省两级管理体制，充分调动了省级政府办高等教育的积极性；另一方面，明

---

① 《国务院关于〈中国教育改革和发展纲要〉的实施意见》，载《人民教育》，1994(9)。

确和扩大了高等学校的办学自主权，调动了高等学校自身的办学积极性。

2. 政府之间关系变革

毛泽东曾指示，省、地、县委三级第一书记要管教育，不管教育的现象是不能被容许的。在中央、省级、市级等各级政府之间的教育管理权责关系上，最主要的变革思路是"两级管理、分工负责、条块结合"以及"共建、调整、合作、合并"。

（1）基础教育政府之间关系变革

1985年，《中共中央关于教育体制改革的决定》强调"实行九年制义务教育，实行基础教育由地方负责、分级管理的原则"，"由于我国幅员广大，经济文化发展很不平衡，义务教育的要求和内容应该因地制宜，有所不同"。《中共中央关于教育体制改革的决定》对基础教育的管理权做了较为原则性的分工，其中"基础教育管理权属于地方。除大政方针和宏观规划由中央决定外，具体政策、制度、计划的制定和实施，以及对学校的领导、管理和检查，责任和权力都交给地方"①。对省、市（地）、县、乡具体管理职责的划分，由省（自治区、直辖市）等根据当地情况自行决定。

基础教育"两级管理、分工负责、条块结合"关系的形成，

---

① 《中共中央关于教育体制改革的决定》，载《中华人民共和国国务院公报》，1985(15)。

经历了一个曲折发展的过程。以基础教育分级管理为代表的政府间的教育分权，催生于教育管理的地方化倾向，进一步拉大了教育事业发展的差距。调动社会力量参与办学，在"人民教育人民办"的口号之下，被片面地理解为"教育市场化"。教育治理过程中的分权与赋能，是激发教育利益相关者参与教育的积极性与创造性的必然趋势。由于教育利益关系纷繁复杂，因此建立与完善教育制度体系，寻求规制与赋能之间的平衡，是防止教育失序、持续激发各方教育活力的重要保障。

（2）职业教育政府之间关系变革

1985 年，党中央、国务院召开全国教育工作会议。这是新时期工作重点转移到社会主义现代化建设之后，教育战线的一次空前盛会。会议颁布的《中共中央关于教育体制改革的决定》强调调整中等教育结构，大力发展职业技术教育，在城市要适应提高企业的技术和管理水平、发展第三产业的需要，在农村要适应调整产业结构、农民劳动致富的需要。1994 年，《国务院关于〈中国教育改革和发展纲要〉的实施意见》指出，全国中心城市和每个县首先重点建设一两所适合本地区发展特点的、综合性的中等骨干职业学校或培训中心，同大量形式多样的短期培训相结合，形成职业教育的网络。全国逐步建成约 2000 所中等职业学校或培训中心。《中共中央关于教育体制改革的决定》和《国务院关于〈中国教育改革和发展纲要〉的实施意见》都强调要鼓励集体、个人和其他社会力量办学，包括各种职业技术学校、残疾人职业培训机构等。这一时期的职业教育办学体制改革调动了县级政府举办中等职业教育的积极性，中等职业教育进入快速发展阶段。

(3)高等教育政府之间关系变革

1995 年 5 月，党中央提出"科教兴国"战略，推动了我国经济增长由粗放型向集约型转变，对原有的高等管理体制提出了严峻挑战。国家教委出台的《关于深化高等教育体制改革的若干意见》提出："高等教育管理体制改革的目标，是争取到 2000 年或稍长一点时间，基本形成举办者、管理者和办学者职责分明，以财政拨款为主、多渠道经费投入，中央和省、自治区、直辖市人民政府两级管理、分工负责，以省、自治区、直辖市人民政府统筹为主、条块有机结合的体制框架。"①高等教育管理体制改革的思路是淡化和改变学校单一的隶属关系，加强省级人民政府的统筹，变条块分割为条块有机结合；提出了"共建、合作、合并、协作和划转"五种规范方式。但由于部门办学体制的改革步履维艰，因此条块分割的体制还是没有得到实质性的转变。② 1997 年，党的十五大提出要"优化教育结构，加快高等教

---

① 中共中央党史研究室：《中华人民共和国大事记(1949—2009)》，496 页，北京，人民出版社，2009。

② 周远清：《高教管理体制改革和布局结构调整取得历史性的重大进展》，载《中国教育报》，2000-12-15。

育管理体制改革步伐，合理配置教育资源，提高教育质量和办学效益"，这标志着我国高等教育管理体制改革进入新阶段。

1998 年，国家教委召开全国高等教育管理体制改革经验交流会，提出贯彻党的十五大精神，大力推进高等教育管理体制改革。李岚清提出高等教育管理体制改革要实行"共建、调整、合作、合并"的方针。同年 3 月，九届全国人大一次全体会议召开。会议通过了国务院机构改革方案，将国家教委改为教育部，调整了其职责和权限。8 月，九届全国人大常委会第四次会议通过的《中华人民共和国高等教育法》规定："国务院统一领导和管理全国高等教育事业。省、自治区、直辖市人民政府统筹协调本行政区域内的高等教育事业，管理主要为地方培养人才和国务院授权管理的高等学校。"①《中华人民共和国高等教育法》明确了高等教育管理体制改革的任务、目标和原则，在规范高等教育宏观管理秩序的同时对高等教育内部秩序做出了基本规定。同年 12 月，教育部颁发的《面向 21 世纪教育振兴行动计划》指出，加快高等教育体制改革步伐，深化高等教育改革，"今后 3—5 年，基本形成中央和省级政府两级管理、分工负责，在国家宏观政策指导下，以省级政府统筹为主的条块有机结合

---

① 全国人民代表大会常务委员会法制工作委员会：《中华人民共和国法律汇编·2018》，923 页，北京，人民出版社，2019。

的新体制"。① 1999 年 5 月，教育部印发的《关于实施〈中华人民共和国高等教育法〉若干问题的意见》强调，要积极推进高等教育体制改革，争取到 21 世纪初基本形成国务院和省级政府"两级管理、分工负责"，在国家宏观政策指导下，"以省级政府统筹管理为主，学校面向社会依法自主办学"的新体制。② 1999 年 6 月，《中共中央　国务院关于深化教育改革全面推进素质教育的决定》提出："今后三年，继续按照共建、调整、合作、合并方式基本完成高等教育管理体制和布局结构的调整，形成中央和省级人民政府两级管理、以省级人民政府管理为主的新体制，合理配置教育资源，提高教育质量和办学效益。"③

1998—2000 年，我国以国务院机构改革为契机，对国务院所属部门的高等教育管理体制进行了重大调整。原中央部门管理的三百多所学校除五十所左右仍归有关部门管理以外，其他一部分归教育部管理，大部分实行中央与地方共建、以地方管理为主。至此，我国初步实现了在省级统筹下各地区比较合理的结构布局，建立了相应的管理关系。高等教育改革以共建、合作、合并等形式，改变了高校条块分割的管理模式，逐步形

① 《国务院批转教育部面向 21 世纪教育振兴行动计划的通知》，载《教育部政报》，1999(3)。

② 《教育部关于实施〈中华人民共和国高等教育法〉若干问题的意见》，载《中华人民共和国国务院公报》，1999(20)。

③ 《中共中央　国务院关于深化教育改革全面推进素质教育的决定》，载《中华人民共和国国务院公报》，1999(21)。

成了条块有机结合的体制，进一步调动了中央与地方合作办高等教育的积极性。

3. 政府与学校关系变革

政府与学校的关系是传统教育治理关系的核心，其主要的改革思路是"简政放权，自主办学"。1985年，《中共中央关于教育体制改革的决定》中"坚决实行简政放权，扩大学校的办学自主权"的表述，表明了这一关系是教育体制改革中重要的改革对象。1993年，《中国教育改革和发展纲要》对"政府宏观管理、学校面向社会自主办学"这一教育体制中政府与学校的办学权力和责任的划界做了有益探索，划分并规范了举办者、管理者、办学者的权利与义务。学校作为独立办学的法人实体，要依法充分行使自主办学权力，真正实行面向社会依法自主办学。

在政府与学校的关系上，通过简政放权，我国重新进行教育权力配置，使传统的教育行政法律关系发生了很大变化。此后，扩大学校办学自主权一直是教育改革的主线。学校自主办学权源于政府的简政放权。对于政府而言，需要科学规划国家和区域教育事业发展的类型、规模与速度，使每一所学校都有科学合理的发展定位；建立健全系统化的教育标准体系，使学校在自主办学过程中有标准可依；通过清单管理，把该放给学校的权力下放给学校，使学校有权可用；加强事中事后监管，监督和保障学校依法用好办学权力，为学校合理配置教育资源提供专业化的服务，使学校持续健康发展。

　　教育事业是国家的公共事业。政府需要综合运用法律、规划、经费、标准、监测、评价、督导等政策工具，通过制定教育规划与教育标准、配置教育资源、监管教育质量，为学校提供教育服务，维护教育的公共性与公平性，引导、调节和监管教育事业健康发展；建立和完善政府涉教部门与教育行政部门之间的权责关系，避免因"分级办学，分级管理"导致教育管理地方化，教育事业发展依赖地方经济，区域教育发展失衡；在政府与学校、政府与社会组织之间的权责关系上，进一步建立健全教育行政权力清单和责任清单制度，明确不同教育利益主体的责任和权力及其法律依据，明晰教育事务实施主体、管理流程、监督方式；进一步完善从学前教育到高等教育各学段人才培养质量标准、学校办学条件标准、教师资格标准、教师教育标准等标准，建立标准健全、目标分层、多级评价、多元参与、学段完整、贯通大中小幼的教育质量监测评估体系，以标准引领和规范教育事业发展。

　　然而，"简政放权，自主办学"政校关系的形成也遇到了一些挑战。自从我国开始建立社会主义市场经济以后，政校关系发生了深刻变化，演变成政府、学校与市场三者之间的关系。教育乱收费现象频发，对政府治理工作提出了新挑战。1996年，国家教育委员会、国家计划委员会、财政部联合下发《普通高级中学收费管理暂行办法》，开始健全收费管理的规章和制度。① 此后，我国陆续通过《国家计委、财政部、教育部关于印发〈教育收费公示制度〉的通知》《教育部、国家发展改革委、财政部关于在全国义务教育阶段学校推行"一费制"收费办法的意见》等，加大了治理学校乱收费的力度。

　　经过这一时期的改革，我国教育与改革开放前相比进步巨大。以高等教育发展为例，已初步形成多层次、多形式的高等教育体系。在规模和数量上，学校数从 1978 年的 598 所增加到 1988 年的 1063 所，到 1992 年大致稳定在 1075 所。普通高校本专科在校生数从 1978 年的 86 万人增加到 1991 年的 205 万人，1978—1991 年共输送毕业生 521 万人，约为前 30 年总和的 2 倍；1991 年在校研究生 8 万余人，共输送毕业生约 2 万人。在层次结构上，通过改变普通高等教育集中在本科层次的情况，提高专科在校生比例到 35％。研究生教育的布局结构得到进一步完善，1992 年有博士授权的高校 85 所，博士授予点 1700 余个；有硕士授权的高校 395 所，硕士授予点 6400 余个。在办学条件上，校舍总面积从 1980 年的约 4000 万平方米增加到 1991 年的 1 亿多平方米；全国高校仪器设备总值超过 110 亿。② 可

---

　　① 国家教育委员会、国家计划委员会、财政部：《普通高级中学收费管理暂行办法》，载《新法规月刊》，1997(2)。

　　② 朱开轩：《认真贯彻十四大精神，加快改革和积极发展普通高等教育——在全国普通高等教育工作会议上的讲话(1992 年 11 月 14 日)》，载《中国高等教育》，1992(12)。

见，这一时期党和国家的政策完善与体制改革取得了显著成效。

(三)优化管理期(2002—2012 年)

2002 年，党的十六大报告指出，教育是发展科学技术和培养人才的基础，在现代化建设中具有先导性全局性作用，必须摆在优先发展的战略地位；要坚持教育创新，深化教育改革，优化教育结构，合理配置教育资源，提高教育质量和管理水平；继续普及九年义务教育；加强职业教育和培训，发展继续教育，构建终身教育体系。① 自 2003 年起，随着"科学发展观"的提出，教育变革的重心由对教育发展数量、规模、速度的追求转向了对教育公平、优质教育等的关注。在从效率走向公平的改革过程中，推进各级各类学校均衡发展成为改革热点问题。

1. 基础教育实施均衡发展

在基础教育领域，2005 年，《教育部关于进一步推进义务教育均衡发展的若干意见》要求贯彻落实"巩固、深化、提高、发展"的方针。② 2007 年春，全国农村全部免除义务教育阶段学

---

① 教育部：《贯彻十六大精神　努力开创教育改革发展新局面：学习十六大报告教育论述辅导读本》，151 页，北京，人民教育出版社，2002。

② 《教育部关于进一步推进义务教育均衡发展的若干意见》，载《中华人民共和国教育部公报》，2005(Z2)。

杂费；第二年秋季，全国城市全部免除义务教育阶段学杂费。2010 年，《国家中长期教育改革和发展规划纲要（2010—2020年）》提出"到 2020 年基本实现教育现代化"的战略目标和一系列改革措施，明确"均衡发展"是"义务教育的战略性任务"。2012年，党的十八大重申"均衡发展九年义务教育"。

2. 职业教育扩大社会参与

在职业教育领域，2002 年，《国务院关于大力推进职业教育改革与发展的决定》提出，逐步完善在国务院领导下，分级管理、地方为主、政府统筹、社会参与的职业教育管理体制。[①]2010 年，《国务院办公厅关于开展国家教育体制改革试点的通知》指出，建立健全政府主导、行业指导、企业参与的办学体制机制，创新政府、行业及社会各方分担职业教育基础能力建设机制。[②] 2010 年，《国家中长期教育改革和发展规划纲要（2010—2020 年）》强调职业教育要调动行业和企业的积极性，鼓励行业组织、企业举办职业学校。[③]

3. 高等教育优化区域布局

在高等教育领域，为贯彻党的十六大精神，在顺利实施《面

---

①　《国务院关于大力推进职业教育改革与发展的决定》，载《教育部政报》，2002(10)。

②　《国务院办公厅关于开展国家教育体制改革试点的通知》，载《辽宁省人民政府公报》，2010(21)。

③　中共中央、国务院：《国家中长期教育改革和发展规划纲要（2010—2020年)》，载《人民教育》，2010(17)。

向 21 世纪教育振兴行动计划》的基础上，2004 年 2 月，教育部颁布了《2003—2007 年教育振兴行动计划》，要求"完善中央和省级人民政府两级管理、以省级人民政府管理为主的高等教育管理体制。继续发挥中央和省级两级政府的积极性，发挥行业和企业的积极性，加强高等学校共建工作，巩固结构调整的成果，促进学科的深度融合和优化发展"[1]。2010 年，《国家中长期教育改革和发展规划纲要（2010—2020 年）》指出高等教育要"优化区域布局结构，设立支持地方高等教育专项资金，实施中西部高等教育振兴计划。新增招生计划向中西部高等教育资源短缺地区倾斜，扩大东部高校在中西部地区招生规模，加大东部高校对西部高校对口支援力度。鼓励东部地区高等教育率先发展"[2]。

随着经济全球化的深入发展和科技进步的日新月异，我国政治、经济、文化、科技、教育等领域进入改革发展的关键阶段。2010 年 7 月，《国家中长期教育改革和发展规划纲要（2010—2020 年）》提出"加快从教育大国向教育强国、从人力资源大国向人力资源强国迈进"的战略目标，这是指导我国新时期教育改革和发展的纲领性文件。在管理体制改革方面，《国家中

---

① 《国务院批转教育部 2003—2007 年教育振兴行动计划的通知》，载《中华人民共和国国务院公报》，2004(14)。

② 中共中央、国务院：《国家中长期教育改革和发展规划纲要（2010—2020 年）》，载《人民教育》，2010(17)。

长期教育改革和发展规划纲要（2010—2020 年）》要求以转变政府职能和简政放权为重点，深化教育管理体制改革，提高公共教育服务水平；明确各级政府责任，规范学校办学行为，促进管办评分离，形成政事分开、权责明确、统筹协调、规范有序的教育管理体制。

二、办学体制改革

在教育体制中，办学体制是最基本的体制，是推动其他体制改革的关键。党的十一届三中全会后，教育改革迫切需要强有力的措施，扩大各级各类教育事业发展的规模，加快发展速度，提高教育质量，以配合各项事业的发展，适应社会主义建设的需要。在办学体制上，从 20 世纪 90 年代开始，我国对社会力量参与办学坚持"积极鼓励、大力支持、正确引导、加强管理"的方针。21 世纪初，《中华人民共和国民办教育促进法》的颁布，赋予民办学校与公办学校同等的法律地位。至此，以政府办学为主体、全社会积极参与、公办和民办共同发展的格局基本形成，国家办学体制主观更趋多元态势。

（一）恢复调整期（1978—1981 年）

党的十一届三中全会后，党中央对教育工作做出了一系列新的论断和决策，我国教育事业走上蓬勃发展之路。1978 年，教育部借鉴 20 世纪 60 年代的教育经验，通过修订大、中、小学暂行工作条例，发布相关文件，整顿和恢复大、中、小学各项工作制度。这对于当时恢复和重建以教学为中心的教育秩序，发挥了重要作用。尤其是邓小平关于"学校要大力加强革命秩序"①，"提高教育质量，提高科学文化的教学水平"②的重要论述，对于加快恢复和重建教育秩序发挥了重要的促进作用。改革开放后的一段时期，我国的高等教育改革主要以管理体制改革为主线，先后进行了宏观管理体制、内部管理体制等改革；然而推进难度大，进展不快。这说明，仅从领导与被领导、管理与被管理的关系层面开展教育体制改革是不够的，还需从更基础的办学体制着手来深化改革。

（二）鼓励支持社会力量办学期(1982—2001 年)

国家允许社会力量办学始于 1982 年修订的《宪法》。《宪法》规定，集体经济组织、国家企事业组织以及其他社会力量都具有依法开办教育事业的权力。国家鼓励社会力量办学始于 1985 年颁布的《中共中央关于教育体制改革的决定》，鼓励和支持社会力量在"地方负责、分级管理"的原则下参与办学。1987 年，

①　中共中央文献研究室：《邓小平思想年谱(1975—1997)》，62 页，北京，中央文献出版社，1998。

②　《胡乔木传》编写组：《邓小平的二十四次谈话》，101 页，北京，人民出版社，2004。

《关于社会力量办学的若干暂行规定》明确了社会力量办学的办学地位、办学原则、办学内容等，规定了社会力量办学作为国家办学补充的办学地位；要求社会力量办学应以服务地方发展为准则，主要办理各种类型的短期职业技术教育、自学辅导班和进修班。

1992 年 10 月，党的十四大提出建立社会主义市场经济体制的改革目标，使市场在国家宏观调控下对资源配置起基础性作用。在此背景下，1993 年 2 月，《中国教育改革和发展纲要》提出，"教育体制改革要采取综合配套、分步推进的方针，加快步伐，改革包得过多、统得过死的体制，初步建立起与社会主义市场经济体制和政治体制、科技体制改革相适应的教育新体制"，并准许社会力量在"积极鼓励、大力支持、正确引导、加强管理"的方针下依法办学。[1] 这一规定为社会力量参与办学提供了良好的政策环境。由此，社会力量办学开始真正登上中国特色社会主义教育的舞台。

1. 民办学校跨越式发展

改革开放后，我国民办教育从恢复走向快速发展，成为促进教育改革的重要力量。可以说，民办教育的快速发展是改革开放以来我国整体教育体制改革的显著成效的缩影。

---

[1] 《中共中央 国务院关于印发〈中国教育改革和发展纲要〉的通知》，载《中华人民共和国国务院公报》，1993(4)。

改革开放后，以公有为主的办学体制外逐渐萌发出民办教育机构，最早出现的是补习性质的培训机构，如一些由离退休教师组织的对参加各类考试人员进行考前辅导的实习小组和实习班。1985 年，《中共中央关于教育体制改革的决定》的颁布标志着我国教育体制改革正式启动。《中共中央关于教育体制改革的决定》强调要从教育体制入手进行系统改革，消除教育弊端的总根源。《中共中央关于教育体制改革的决定》虽没有直接提出改革办学体制，但明确了对地方办学、社会力量办学"松绑"的改革思路。1986 年颁布的《中华人民共和国义务教育法》及相关文件，规定"个人依法办学可以进行试办"，凸显了国家鼓励社会力量办学的政策导向。1987 年出台的《关于社会力量办学的若干暂行规定》成为改革开放后第一个规范民办教育发展的政策文件。这一文件明确提出"社会力量办学是我国教育事业的组成部分，是国家办学的补充"。1992 年，党的十四大提出"鼓励多渠道、多形式社会集资办学和民间办学，改变国家包办教育的做法"。1993 年，《中国教育改革和发展纲要》提出要"改变政府包揽办学的格局，逐步建立以政府办学为主体、社会各界共同办学的体制"和"国家对社会团体和公民个人依法办学，采取积极鼓励、大力支持、正确引导、加强管理的方针"。1995 年，《中华人民共和国教育法》提出"国家鼓励企事业组织、社会团体、其他社会组织以及公民个人依法举办学校及其他教育机构"。1996 年,《全国教育事业"九五"计划和 2010 年发展规划》提出"到 2010 年,基本形成以政府办学为主,社会各界共同参与的办学体制及公办学校和民办学校共同发展的格局"。

1993 年,国家教委发布《民办高等学校设置暂行规定》,指出民办高等教育是我国高等教育事业的组成部分,并明确了民办普通高校的设置条件和程序。当年,相关教育行政部门批准浙江树人大学等 4 所民办高校的设置申请。针对社会各界办学主要集中于职业技术教育和成人教育的实际,1999 年出台的《中共中央　国务院关于深化教育改革全面推进素质教育的决定》提出:"鼓励社会力量以各种方式举办高中阶段和高等职业教育。经国家教育行政主管部门批准,可以举办民办普通高等学校。"始于 1999 年的高等学校扩招,产生了巨大的高等教育的巨大需求,催生了独立学院这一独特的新的民办高等教育形式。独立学院依托公办高校的资源优势和社会资金的支持,在较短时间内获得快速发展。

1997 年,国务院颁布《社会力量办学条例》。这是我国第一个针对民办教育的行政法规,规定了发展民办教育的基本原则、行政管理体制、民办教育机构的设立、教学管理、财产与财务管理、机构的变更与解散、政府的保障与扶持以及法律责任等,将民办教育纳入依法管理的轨道,着力推动民办教育健康及有序发展。2001 年，我国加入世界贸易组织，承诺开放初等教育（不包括义务教育）、中等教育（不包括义务教育）、高等教育、成人教育和其他教育（如培训），扩大了民办教育发展的空间。在一系列条例的鼓励和支持下，我国民办教育事业在数量和规模上取得了跨越式发展。

2. 更多社会资本参与办学

1981 年出台的《高等教育自学考试制度的试行办法》、1988 年出台的《高等教育自学考试暂行条例》为社会助学机构的发展提供了政策空间。社会资金开始投入教育事业，成为教育经费的一部分。除多元化教育需求的驱动外，从 20 世纪 80 年代初期开始，为解决公办教育经费短缺的问题，教育主管部门鼓励社会力量"捐资办学""集资办学"，社会上兴起了国有企事业组织与社会团体办学、民主党派办学和农民办学等教育形式。民办教育逐渐成为公办教育的有益补充，社会资金逐渐成为公共教育经费的重要补充。丰富的办学实践以及投入总量和规模越来越庞大的社会资金，使社会力量办学逐步成为我国教育宏观管理的重要部分。

1992 年，党的十四大提出，在各级政府增加教育投入的同时，"鼓励多渠道、多形式社会集资办学和民间办学，改变国家包办教育的做法"。1993 年，《中国教育改革和发展纲要》指出："要逐步建立以国家财政拨款为主，辅之以征收用于教育的税费、收取非义务教育阶段学生学杂费、校办产业收入、社会捐资集资和设立教育基金等多种渠道筹措教育经费的体制。"①这是我国在政府教育投入不足的情况下，将市场机制引入教育领域的最初探索。国家对社会团体和公民个人依法办学采取"积极鼓励、大力支持、正确引导、加强管理"的方针，尽可能多地吸引社会力量投入教育事业。

　　为与市场经济相适应，高等教育体制改革更多地指向了办学体制改革。这种办学体制改革绝不仅仅是不同业务部门、不同层级政府间管理权的转换，更不单纯是为了解决办学经费不足的问题，其主要作用是唤起全社会对高等教育的关注，动员社会各界参与高等教育办学，形成多样化的办学体制，广泛吸纳社会资源，最大可能地满足人民群众和经济社会发展对高等教育的需求。开展和深化办学体制改革，使我国民办院校从无到有，学校数量和在校生数量在国家高等教育体系中占有的份额不断增加。民办院校迅速崛起，成为我国高等教育的重要组成部分，为多渠道筹集高等教育经费、推进高等教育大众化、满足人民群众对高等教育的需求和社会主义现代化建设对人才的需求、激发我国高等教育发展活力做出了重要贡献。

---

　　① 《中共中央　国务院关于印发〈中国教育改革和发展纲要〉的通知》，载《中华人民共和国国务院公报》，1993(4)。

民办院校的发展需要多样化的办学体制。我国人口众多，举办世界最大规模的高等教育，需要大量的办学资金和运行经费，应该多渠道、多样化、多层面动员社会力量参与和支持，为高等教育的质量提升和可持续发展提供充足的办学经费。这种办学体制改革会在全社会起到辐射作用，从而为整个高等教育办学体制改革积累经验，推动高等教育健康发展，为实施"科教兴国"战略和建设社会主义现代化强国提供强大的人才支撑。

3. 公办学校转制改革

社会力量参与办学后，我国基础教育在很长一段时间内实行"两条腿走路"的办学方式，即政府与社会力量分开办学，互不接触。随着中国特色社会主义市场经济体制的建立和完善，政府与市场的权力再分配，政府与社会力量长期以来互不往来的局面在市场经济的影响下被打破了。1993年以来，我国一些省份开设多种形式的公立中小学转制试点，借助市场机制兴办了一批转制学校，对特定历史时期多渠道筹措教育经费、促进基础教育快速发展、改善学校办学条件、扩大优质教育资源、满足人民群众多样化的教育需求等发挥了积极作用。

1994年，《国务院关于〈中国教育改革和发展纲要〉的实施意见》鼓励企事业单位和其他社会力量按国家的法律和政策多渠道、多形式办学，允许有条件的地方实行"民办公助""公办民助"等办学形式。1997 年，《关于规范当前义务教育阶段办学行为的若干原则意见》颁布，鼓励和支持在保证教育资源充分利用、国有资产不流失的情况下，按照地方实际实行"公办民助""民办公助"、社会参与、举办民办学校等多种形式。1999 年，全国第三次教育工作会议确立"以政府办学为主体，公办学校和民办学校共同发展的格局"，并提出一系列具体举措，大大推动了民办院校的发展。

2001 年，《国务院关于基础教育改革与发展的决定》为公办学校开展办学体制改革提供了依据。文件明确强调加强公办学校办学体制改革，允许薄弱学校、国有企业附属中小学和政府新建的学校等，在保持国有资产不流失的前提下，按照民办学校办学机制进行改革。公办学校办学体制改革以改善办学环境和提升办学质量为目标，并强调地方人民政府和教育行政部门加强领导与管理，确保义务教育的实施和办学体制改革试验工作的开展。①

但是，由于法制不健全，公办中小学体制改革过程中出现行为不规范、收费过高、公共教育资源流失等问题。2002 年，《教育部关于加强基础教育办学管理若干问题的通知》明确了基础教育是提高国民素质的奠基工程，基础教育办学须坚守公

---

① 《国务院关于基础教育改革与发展的决定》，载《人民教育》，2001(7)。

益、非营利和公平价值取向。该文件除规定公办学校必须在就近入学政策和保持国有资产不流失的前提下按照公有民办的形式进行办学体制改革以外，还明确限制了办学水平较高和社会声誉较好的公办中小学、幼儿园进行改制或通过改制而实行高收费；加强了省、地（市）级教育行政部门对公办学校体制改革的管理力度，要求"实施办学体制改革的公办中小学、幼儿园，须经省级教育行政部门或其委托的地（市）级教育行政部门批准，未经批准，任何部门和学校不得随意更改学校的性质"①。《教育部关于加强基础教育办学管理若干问题的通知》不仅加强了对公办学校乱收费现象的管理，也在一定程度上对择校问题进行了限制，彰显了公平、正义的教育理念，有利于就近入学政策的贯彻落实。2005年，《教育部关于进一步推进义务教育均衡发展的若干意见》《国家发展改革委、教育部〈关于做好清理整顿改制学校收费准备工作〉的通知》等文件相继颁布。这些文件强调调整公办中小学办学体制改革政策，依法规范办学行为，全面停止审批新的改制学校和新的改制学校收费标准；采取"有进有退"的策略，对现有改制学校进行全面调查、清理规范。所谓"进"，就是向前迈进一步，按照民办学校机制运行，与公办学校剥离；所谓"退"，

---

① 《教育部关于加强基础教育办学管理若干问题的通知》，载《教育部政报》，2002(3)。

就是恢复学校的公办属性。

(三)确立民办公办同等法律地位期(2002—2012年)

社会力量积极参与办学，为基础教育的发展、义务教育的普及、高等教育的大众化做出了重要贡献。2002年12月颁布的《中华人民共和国民办教育促进法》保障了民办教育与公办教育平等竞争的地位，民办学校的教师、受教育者与公办学校的教师、受教育者具有同等的法律地位，即民办学校教职工在业务培训、职务聘任、教龄和工龄计算、表彰奖励、社会活动等方面，民办学校的受教育者在升学、就业、社会优待以及参加先进评选等方面，享有与同级同类公办学校教育者或受教育者同等的权利。[①]《中华人民共和国民办教育促进法》强调，新建、扩建的非营利性民办学校在政策上享受与公办学校同等的待遇。国家不仅给予民办学校资产自主管理和使用权，而且积极为民办学校开拓办学经费渠道，包括国家规定的优惠税收、社会各界的捐赠等，并鼓励金融机构以信贷方式支持民办教育发展。此外，明确了民办教育的公益社会事业性质，依法规定政府向义务教育阶段的民办教育拨付发展经费，以公益事业用地的相

---

① 全国人民代表大会常务委员会法制工作委员会：《中华人民共和国法律汇编(2000—2004)》，922页，北京，人民出版社，2005。

关优惠政策支持民办学校的新建和扩建。①

2004年，《中华人民共和国民办教育促进法实施条例》颁布，倡导加强对依法兴办民办教育主体的帮扶力度，提出要重视对民办教育违规发展的治理。② 2005年12月，《关于做好清理整顿改制学校收费准备工作的通知》颁布，要求从2006年起全面叫停新改制学校审批工作，并加强对现有改制学校的管理。2006年8月，教育部颁发《关于贯彻〈义务教育法〉进一步规范义务教育办学行为的若干意见》，倡导和依法保障义务教育阶段公办学校的性质，并就公办学校闲置资产的管理、使用以及现有转制学校改革等问题做出依法规范。《关于贯彻〈义务教育法〉进一步规范义务教育办学行为的若干意见》明确提出："闲置的义务教育阶段公办学校资产，由县级以上教育行政部门统筹处置，并全部用于公共教育事业，重点用于义务教育和学前教育。"③转制学校改革由省级教育行政部门、财政部门等部门共同负责管理。《国家中长期教育改革和发展规划纲要（2010—2020年）》进一步倡导深化公办学校办学体制改革，鼓励社会力量参与公办学校办学；在增强办学活力、提高办学效

① 《中华人民共和国民办教育促进法》，载《新法规月刊》，2003(2)。

② 《中华人民共和国民办教育促进法实施条例》，载《中华人民共和国国务院公报》，2004(14)。

③ 何东昌：《中华人民共和国重要教育文献(2003～2008)》，1162页，北京，新世界出版社，2010。

益和扩大优质教育资源总量的政策目标下，除了进一步强调加强对薄弱学校的帮扶力度之外，还鼓励和支持地方"开展公办学校联合办学、委托管理等试验，探索多种形式，提高办学水平"。①

2006 年开始，国家开展多元办学、社会合作办学、多渠道筹措教育经费，形成了以国家为主导、地方统筹的新模式。社会力量兴办教育，与国家主导、地方统筹相结合，民办院校多样化办学体制格局基本形成。我国民办院校办学体制呈现五种形态：一是个人举办，包括多人合伙举办；二是企业举办，包括企事业合作举办；三是社会组织举办，主要是慈善组织、社会团体等举办；四是公私混合举办，政府、国资部门、国有企业等国资成分参与举办；五是合作举办，包括境外资本与政府、高校等合作举办。到 2012 年，各级各类民办教育学校约 13.99 万所。其中民办高校 707 所，民办普通高中和民办中等职业教育共 5020 所，民办普通初中和民办普通小学共 9546 所，民办幼儿园 124638 所（见图 2-1）。此外，还有各类民办培训机构 20155 所。②

民办学校学生规模占比较大，各级各类民办学校、教育

① 中共中央、国务院：《国家中长期教育改革和发展规划纲要（2010—2020年）》，载《人民教育》，2010(17)。

② 《中国教育年鉴》编辑部：《中国教育年鉴（2013）》，95 页，北京，人民教育出版社，2014。

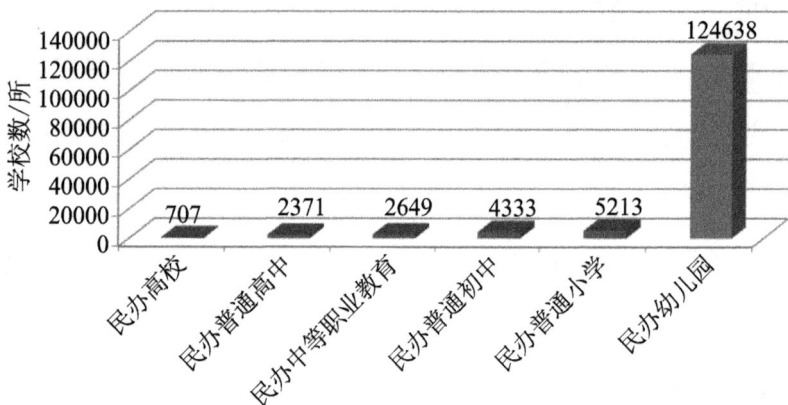

图 2-1　2012 年各级各类民办教育学校数

机构在校生数高达 3911.02 万人，其中民办高校在校生数为 533.18 万人，约占全国各类高等教育在校生数（3225 万）的 16.53%；民办普通高中和民办中等职业教育在校生数为 475.84 万人；民办普通初中和民办普通小学在校生数为 1049.26 万人，约占全国义务教育阶段在校生数（14458.96 万人）的 7.26%；民办幼儿园在校生数达 1852.74 万人，占全国学前教育阶段在园幼儿（3685.76 万人）的比重超过 50%（见图 2-2）。①

截至 2012 年，各级各类民办学校专任教师达 188.37 万人。其中，民办高校专任教师数 26.72 万人，民办普通高中和民办中等职业教育专任教师数共 32.21 万人，民办普通初中和民办

---

① 《中国教育年鉴》编辑部：《中国教育年鉴（2013）》，95 页，北京，人民教育出版社，2014。

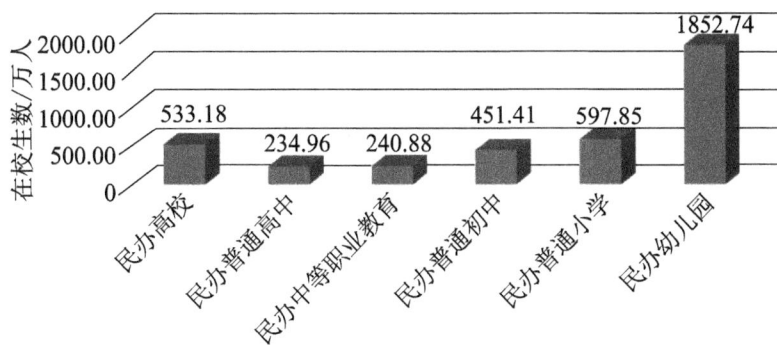

图 2-2　2012 年各级各类民办教育在校生数

普通小学专任教师数共 38.10 万人，民办幼儿园专任教师数达 91.34 万人（见图 2-3）。

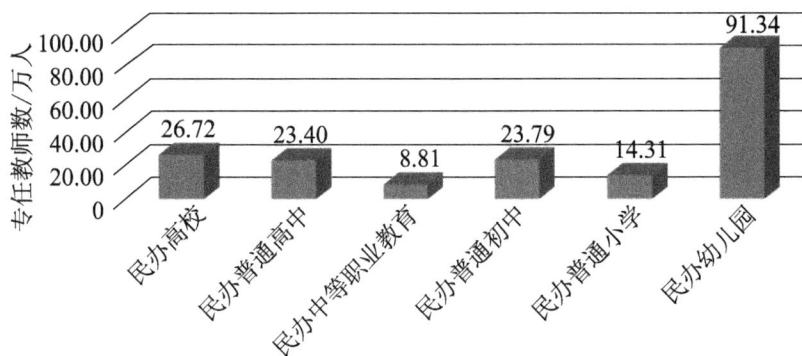

图 2-3　2012 年各级各类民办教育专任教师数

　　展望未来，学校办学体制改革面临着教育需求与教育供给两方面的严峻挑战。从教育需求看，以往的教育改革需要应对"有学上"的需求，现在乃至今后较长时期的教育改革需要应对"上好学"的需求。从教育供给看，基于互联网、大数据、人工智能的教育形态正以前所未有的势头蓬勃发展，基于线上线下混合学习模式的新教育业态给制度化、实体化的学校教育带来了严峻挑战。公众教育选择性的需求不断加大，制度化、体系化、规范化的学校教育系统的形态、结构与功能都将发生革命性变化，客观上需要能够满足个性化、多样化的教育，通过制度创新激发学校、社会、市场的办学活力。

三、考试评价体制改革

考试改革是推进素质教育的重要环节。1957年，毛泽东指出："应该使受教育者在德育、智育、体育几方面都得到发展。"[①]1977年，高考制度恢复后，党和政府开始对教育考试评价体制进行全面改革。邓小平在1985年全国教育工作会议上指出："我们国家，国力的强弱，经济发展后劲的大小，越来越取决于劳动者的素质，取决于知识分子的数量和质量。"[②]1999年，《中共中央 国务院关于深化教育改革全面推进素质教育的决定》通过，我国全面实施素质教育。2007年，胡锦涛在党的十七大报告中强调，坚持育人为本，德育为先，实施素质教育。随着素质教育的全面推进，尤其是伴随着新课程改革的深入推

---

① 中共中央文献研究室：《建国以来重要文献选编》第十六册，228页，北京，中央文献出版社，1997。

② 《邓小平文选》第三卷，120页，北京，人民出版社，1993。

广，中小学评价与考试制度的改革得到了社会各界的广泛重视，党和教育行政部门先后在学业评价改革、小升初改革、中考改革、高考改革方面采取了一系列有效的举措。

(一)学业评价改革

1. 多元评价改革

2002 年，《教育部关于积极推进中小学评价与考试制度改革的通知》专门强调改革中小学评价与考试制度，明确提出中小学评价与考试制度改革的根本目的是更好地提高学生的综合素质和教师的教学水平，为学校实施素质教育提供保障。[①]

中小学生评价的方法要多样，除考试和测验外，还要探索其他科学、简便易行的评价办法，探索有利于引导学生进行积极自评的评价方法。

(1)评价对象多维化

除了学业成绩外，评价对象还包括学生的其他多元智力发展以及道德品质，评价标准包括基础性发展目标和学科学习目标。总体来说，评价对象多元化与加德纳的多元智能理论不谋而合。

---

① 《教育部关于积极推进中小学评价与考试制度改革的通知》，载《中华人民共和国国务院公报》，2003(19)。

基础性发展目标：道德品质、公民素养、学习能力、交流与合作能力、运动与健康、审美与表现

学科学习目标：本学科学习的目标（常说的学业成绩）

（2）评价措施多样化

测验、考试等是对中小学生学业较为传统的评价方法。《教育部关于积极推进中小学评价与考试制度改革的通知》明确强调小学生的学习成绩评定应采用等级制，不得将学生成绩排队、公布。

学业评价要在教育教学的全过程中采用多样的、开放式的评价方法（如行为观察、情境测验、学生成长记录等），尤其是要建立每个学生的成长记录，能够反映学生学习过程和结果的资料，从而了解每个学生的优点、潜能、不足以及发展的需要。

每学期、学年结束时，学校要对每个学生进行阶段性评价。评价内容应包括各学科的学业状况和教师的评语。评语应在教师对收集到的学生资料进行分析，并与同学、家长交流、沟通的基础上产生。评语应多采用激励性的语言，客观描述学生的进步、潜能及不足；要制订明确、简要的促进学生发展的改进计划，帮助学生认识自我、树立自信心。

高中应探索建立综合性的评价体系，增加反映学生在校期间参加研究性学习和社会公益活动、学生的日常表现等真实、典型的内容，为高等学校招生工作提供更多的学生成长信息，逐步使

高中对学生的评价记录成为高等学校择优录取的重要参考之一。

2. 全面评价改革

2010 年,《国家中长期教育改革和发展规划纲要(2010—2020 年)》专门规划了教育评价的改革措施,指出要遵循全面发展的观念,努力造就德智体美全面发展的高素质人才,完善学生的综合素质评价,探索促进学生全面发展的多种评价方式,以推进招生评价的多元化改革,克服一考定终身的弊端。① 综合素质评价的特点是多元主体参与,多种评价方式综合,多种素质共同发展。一是开展由政府、学校、家长及社会各方面等多元主体共同参与的教育质量评价活动;二是改进教育教学评价,建立科学、多样的评价标准,完善综合素质评价;三是做好学生成长记录,关注学生除了学业智力之外的其他多元智力发展,探索促进学生发展的多种评价方式。归根结底,教育评价改革的目的是激励学生乐观向上、自主自立、全面发展、努力成才。

(二)小升初考试改革

新中国成立后,小升初考试经历了突破性的变革,从最初的小学升入初中需经过考试到免试就近入学,提高了初中入学率。改革开放后,各级各类学校的学业考试和招生考试制度得

---

① 中共中央、国务院:《国家中长期教育改革和发展规划纲要(2010—2020年)》,载《人民教育》,2010(17)。

到进一步完善。

1. 实施成绩考核和操行评定

1980年，教育部规定对小学生的考核包括学业成绩考核和操行评定。学业成绩考核是为了检查学生掌握科学文化基础知识和基本技能的情况，考试须根据小学各年级的教学计划、各学科的特点，采用笔试、口试和实验等多种方式进行。考试次数要严格控制，每学期期中和期末各进行一次。考试科目包括政治、语文、数学，开设外语的学校应包括外语。考试成绩均采用百分制计算，60分为及格。学期成绩按平时成绩、期中成绩、期末成绩进行评定，学年成绩依第二学期成绩进行评定。修完全部课程且全部及格、操行符合毕业标准者，准予毕业。

2. 只进行小学毕业考试

1983年，《教育部关于进一步提高普通中学教育质量的几点意见》指出，初中已经普及和基本普及的地区，要逐步实行初中不进行招生考试，只进行小学毕业考试的制度。① 对于小学毕业合格者，原则上采取划片就近入学的招生办法。1984年，为减轻小学生的课业负担，教育部要求严格控制考试次数，语文、数学、外语在每学期期中、期末各进行一次考试，其他课程只进行平时考查。条件较好的地方和学校，可不再举行期中

---

① 《教育部关于进一步提高普通中学教育质量的几点意见》，载《中华人民共和国国务院公报》，1983(18)。

考试，期末只考语文、数学两科。

3. 取消义务教育阶段各种形式的统考

《中华人民共和国义务教育法》要求各地积极稳妥地取消初中招生考试制度，并按学籍管理规定，准予小学毕业生就近升入初中学习。① 1997 年，《关于当前积极推进中小学实施素质教育的若干意见》指出，取消义务教育阶段各种形式的统考。② 1999 年颁布的《中共中央　国务院关于深化教育改革全面推进素质教育的决定》指出，要鼓励各地中小学自行组织毕业考试。③ 2002 年，《教育部关于积极推进中小学评价与考试制度改革的通知》指出，已普及九年义务教育的地区，公办学校实行义务教育阶段免试入学，民办学校和各类进行办学体制改革的小学、初中也不得以考试的形式选拔新生。④

(三)中考改革

1. 中考改革的历程

1997 年，国家教委组织了全国义务教育课程实施状况调

---

① 全国人民代表大会常务委员会办公厅：《中华人民共和国第六届全国人民代表大会第四次会议文件汇编》，187 页，北京，人民出版社，1986。

② 《中国教育年鉴》编辑部：《中国教育年鉴(1998)》，924～929 页，人民教育出版社，1999。

③ 《中共中央　国务院关于深化教育改革全面推进素质教育的决定》，载《中华人民共和国国务院公报》，1999(21)。

④ 《教育部关于积极推进中小学评价与考试制度改革的通知》，载《中华人民共和国国务院公报》，2003(19)。

查。1998 年，《关于中考语文考试改革试点工作的指导意见》决定进行中考语文考试改革，并确定了几个区域作为全国中考语文考试改革试点单位，拉开了中考改革的帷幕。教育部在总结初中毕业、升学语文学科考试改革试点试验的基础上，分别于1999 年和 2000 年下发关于初中毕业、升学考试改革的指导意见。1999 年颁布的《关于初中毕业、升学考试改革的指导意见》提出，建议以语文考试改革为突破口，全面推进初中毕业、升学考试改革工作。

《关于初中毕业、升学考试改革的指导意见》提出，推进中考改革将有利于突破应试教育的模式，建立科学的评估体系，推进素质教育；有利于改革课堂教学，减轻学生过重的课业负担。《关于初中毕业、升学考试改革的指导意见》将中考改革的重点规定为两个方面：一是考试内容改革，二是完善考试改革的管理机制。考试内容要注重考查学生运用知识分析问题、解决问题的能力，以充分发挥学生的创造性。在考试改革管理机制上，各地教育行政部门在国家规定的毕业年级文化学科范围内确定升学考试科目，严格控制考试科目数。《关于初中毕业、升学考试改革的指导意见》首次在考试方式上提出初中毕业考试与升学考试可以合一。

2000 年，教育部下发《关于 2000 年初中毕业、升学考试改革的指导意见》。与 1999 年的《关于初中毕业、升学考试改革的指导意见》相比，该指导意见在命题方面更加强调与社会实际和学生生活实际的联系，重视对学生运用所学的基础知识和技能分析问题、解决问题能力的考查。

2002 年，教育部颁发《教育部关于积极推进中小学评价与考试制度改革的通知》。在初中升学考试方面，该通知首次提出了一系列中考改革新思路：一是初中升高中的考试与招生中，要综合考虑学生的整体素质和个体差异，改变将升学考试科目分数简单相加作为唯一录取标准的做法；二是高中录取标准除考试成绩以外，可试行参考学生成长记录、社会实践和社会公益活动记录、体育与文艺活动记录、综合实践活动记录等其他资料，综合评价后进行录取；三是积极探索建立招生名额分配、优秀学生公开推荐等制度，任何单位和个人不得以任何形式按中考成绩给地区、学校和学生排队并公布名次，要制定严格有效的监督制约制度和公示制度，坚决杜绝考试和招生中的腐败现象。①

进入 2004 年，国家基础教育课程改革实验区首批使用新课程的初中生面临毕业和升学。在此背景下，为保证基础教育课程改革向纵深方向发展，教育部及时颁发了《国家基础教育课程改革实验区 2005 年初中毕业考试与普通高中招生制度改革的指

①　《教育部关于积极推进中小学评价与考试制度改革的通知》，载《中华人民共和国国务院公报》，2003(19)。

导意见》。该指导意见明确提出，在有使用新课程的初中毕业生的地区，继续推进初中毕业考试与普通高中招生制度改革；普通高中要积极探索、试行优质高中部分招生名额分配、优秀初中毕业生推荐等多样化的高中招生办法，以促进义务教育阶段学校均衡发展。

2. 中考改革的目的

自1998年以来，一些政策文件的颁布为我国初中毕业考试制度改革指明了正确的方向，有力地推进了我国中考改革的科学化、制度化与规范化发展。我国原有的中小学评价过分强调鉴别与选拔功能，忽视了改进与激励功能，致使中小学生课业负担过重，严重影响了中小学生身心健康发展。

2001年，《国务院关于基础教育改革与发展的决定》指出，要探索科学的评价办法，发现和发展学生的潜能，促进学生积极发展。中考改革要十分注重平衡中考评价目的中的选拔与发展功能。

2002年，《教育部关于积极推进中小学评价与考试制度改革的通知》明确指出，中小学评价与考试制度改革要充分发挥评价促进发展的功能，使评价的过程成为促进教学发展的过程。

在评价内容上，注重考查学生运用知识分析问题和解决问题的能力，兼顾学生综合素质评价。在评价方式上，突破纸笔测试的局限，强调多样化，如行为观察、情境测试、学生成长记录等。学生成长记录应依据能够反映学生学习过程和结果的资料，包括学生的自我评价、最佳作品、社会实践和社会公益活动记录、体育与文艺活动记录、教师与同学的观察和评价、来自家长的信息、考试和测验的信息等。《国家基础教育课程改革实验区 2004 年初中毕业考试与普通高中招生制度改革的指导意见》提出，可根据考试的具体内容采用纸笔测验、听力测试以及口试、实验操作等多种形式，纸笔测验可采取闭卷、开卷或开闭卷结合等不同形式。在评价标准与结果上，注重差异与分层，尝试使用等级制。[①] 1998 年，《关于中考语文考试改革试点工作的指导意见》指出，对与标准答案不符但又有创造性的、合理的答案，要慎重处理。[②] 此后，相关政策文件中不断强调适当设置探索性、开放性的试题，留给学生足够的思考时间，鼓励学生有自己的见解。2002 年，《教育部关于积极推进中小学评价与考试制度改革的通知》在中小学评价与考试制度改革的指导原则中进一步明确指出，评价标准既要注意对学生的统一要求，也要关注个体差异以及对发展的不同需求，为学生的个性发展提供一定的空间。普通高中招生制度要打破单一分数限制，

---

①　教育部：《国家基础教育课程改革实验区 2004 年初中毕业考试与普通高中招生制度改革的指导意见》，载《中华人民共和国教育部公报》，2004(Z1)。

②　教育部：《关于中考语文考试改革试点工作的指导意见》，载《学科教育》，1998(5)。

综合评价，多种方式录取。①

(四)高考改革

高考制度是我国教育制度的核心，为我国社会主义建设事业的人才选拔与培养做出了巨大贡献，是直接引导我国教育发展方向的重要指挥棒，为教育发展提供了有力支撑，是整个教育界乃至全社会关注的敏感又重大的理论与实践问题。高考为高校选拔人才，引导中小学生发展的方向，具有基础性、导向性和社会控制的作用。

自 1977 年中共中央、国务院做出恢复高考的重大决定以来，关于高考制度的改革就始终处于进行时。依据不同时期社会现实需求变化不断进行完善与改革是高考制度保持自身生命力的重要保障。

1. 标准化考试推进期(1978—1997 年)

教育部历年招生政策文件中都规定了当年招生工作遵循的基本原则和报考条件要求。高考制度在 1977 年恢复之初就产生了巨大的社会影响力，但其中的一些问题引起了党中央、国务院和社会各界的广泛关注。这期间高校招生的标准发生了显著变化，包括调整政治标准，放宽年龄限制，逐步增加入学机会，

---

① 《教育部关于积极推进中小学评价与考试制度改革的通知》，载《中华人民共和国国务院公报》，2003(19)。

从强化文化考查到重视德智体美全面发展。高考选拔的标准从政治本位、知识本位，逐步走向能力本位。

一是调整高考申报的政治标准，放宽高考申报的年龄限制。1977 年恢复高考后，我国高考政策逐步调整对考生政治标准的限制，凡是政治历史清楚、具有高中毕业水平或相当于高中毕业文化水平、身体健康者均可报考。教育部颁发的《关于 1978 年高等学校和中等专业学校招生工作的意见》指出，要全面正确地贯彻执行党的"有成分论，不唯成分论，重在政治表现"的政策。1979 年，《关于高等学校录取新生政治审查工作的意见》强调"政治审查，主要看本人的政治表现"，"父母及主要社会关系的政治问题和历史问题，一般不应影响考生的录取"。恢复高考前 20 年，考生一般不超过 25 周岁，有实践经历的可放宽到 28 岁，以增加社会成员入学机会。"高等学校主要招收 20 岁左右的青年，不再限定录取应届高中毕业生的比例。"[①]

二是改革高考内容和形式，实行高中会考制度。1978 年，邓小平在全国教育工作会议上指出："考试是检查学习情况和教学效果的一种重要方法……当然也不能迷信考试，把它当作检查学习效果的唯一方法。要认真研究、试验、改进考试的内容

---

① 王振川：《中国改革开放新时期年鉴（1978 年）》，409 页，北京，中国民主法制出版社，2015。

和形式，使它完善起来。"①1981年，五届全国人大四次会议的《政府工作报告》严肃批评了中学片面追求升学率的问题。② 此后，对高考改革的理论研究开始引起党的高度重视。此次改革主要围绕高中会考和标准化考试两个关键环节，采取试点先行的做法进行推广。1985年，上海率先进行高中会考试验，并实行单独命题考试和普通高校录取办法改革。同年，广东率先进行英语、数学的标准化考试试验。1988年，《抓住关键、综合治理——论克服片面追求升学率的倾向》提出，改革考试制度，实行普通高中毕业生会考制度，保证高中生应具有的文化水平和合理的知识结构。③ 1987年，党的十三大报告重申，深化教育改革，克服脱离实际和片面追求升学率的倾向，面向全体学生，提高教育质量。1989年，《普通高等学校招生全国统一考试标准化实施规划》《关于试行普通高中毕业会考制度的意见》发表，对考试标准化和毕业会考做出了具体部署。高校录取新生时，不再以考生的高考成绩为唯一依据，而是依据考生的相关科目选拔考试的成绩，高中会考成绩以及中学提供的考生所学选修课的成绩、参加各种课外兴趣小组与竞赛项目的表现和能

① 《邓小平文选》第二卷，105页，北京，人民出版社，1994。

② 全国人民代表大会常务委员会办公厅：《中华人民共和国第五届全国人民代表大会第四次会议文件》，36页，北京，人民出版社，1981。

③ 何东昌：《中华人民共和国重要教育文献（1949年～1997年）》，2768页，海口，海南出版社，1998。

力等，综合考虑，择优录取。1991 年，《高中毕业会考后普通高校招生全国统一考试工作实施方案（试行）》颁布。从当年开始，全国各省、自治区、直辖市陆续进行普通高中毕业会考。1994 年 4 月，《普通高等学校招生全国统一考试建立标准分数制度实施方案》颁布，决定将广东、海南的改革经验推广到部分有条件的省份。

三是改革高考科目设置，改变片面追求升学率的现象。1988 年 5 月，国家教委颁发《关于全日制普通中学端正办学方向、纠正片面追求升学率倾向的督导评估的几点意见》和《关于减轻小学生课业负担过重问题的若干规定》，要求各地纠正片面追求升学率的错误倾向，不再给学校下达升学指标、施加升学压力，不再只按升学率来奖惩学校。1988 年，全国人大发表《抓住关键、综合治理——论克服片面追求升学率的倾向》，要求减少高校招生考试科目。1990 年，国家教委高校学生司发出了《国家教育委员会关于改革高考科目设置的通知》，指出在省级普通高中会考的基础上改革高考科目设置，目的是将学业水平考试和选拔考试分开，使二者各司其职。这既有利于中学教学，克服因文理分科导致的中学生知识结构不完整的现象，也有利于普通高等学校按专业要求选拔新生，改变现行高考中考试科目偏多，而有些科目与学生入学后所学专业关系不大，但在决定学生能否入学时却起到举足轻重的作用的状况。新的科目组设置主要有以下四类：第一类包括政治、语文、历史、外语，第二类包括数学、语文、物理、外语，第三类包括数学、化学、生物、外语，第四类包括数学、语文、地理、外语。

新科目率先在湖南、云南、海南三省的会考合格毕业生中试验，简称"三南方案"。1992 年 7 月，在总结"三南方案"试行经验并广泛征求各方面意见的基础上，国家教委发出《关于在普通高中毕业会考基础上高考科目设置的意见（讨论稿）》，征求各省意见。该方案将考试科目分为文、理两类。其中，文科主要包括语文、数学、外语、政治、历史五科，理科主要包括语文、数学、外语、物理、化学五科。

国家教委高校学生司在《关于在普通高中毕业会考基础上高考科目设置的意见》中称"根据高校专业大致分为自然科学和社会科学的特点，新的方案仍分为两个考试科目组，包括高校教学所必不可少的科目"。这就是"3＋2 方案"，该方案得到了绝大多数省、自治区、直辖市的支持。1992 年年底，国家教委办公厅下发了《关于印发〈一九九三年试行国家教委高考新科目组考试的方案〉的通知》，将"3＋2 方案"从 1993 年开始确定下来。① 但是，这一决策引发了生物、地理老师的不满，继而生物学界和地理学界的一些专家也提出了意见。

---

① 中国考试编辑部：《恢复高考 30 年（1977—2006）大事记》，载《中国考试（研究版）》，2007(8)。

2. 加速变革期(1998—2009 年)

随着 20 世纪 90 年代末国家综合国力竞争逐渐加剧，知识经济和创新素质培养的重要性日渐凸显。教育同经济社会发展水平的关系日趋紧密，高等教育供求矛盾逐渐显著，高考制度改革的重要性更加凸显。这一时期，对于高考改革的实践与探索逐渐加速。1999 年 2 月，《教育部关于进一步深化普通高等学校招生考试制度改革的意见》揭开了高考改革的序幕。

一方面，改革高考科目设置，决定在全国推行"3＋X"科目设置方案。教育部颁发的《关于进一步深化普通高等学校招生考试制度改革的意见》提出"3＋X"的高考科目设置改革方案，计划用三年左右的时间推行该科目设置方案。[1] X 指由高等学校根据本校层次、特点的要求，从物理、化学、生物、政治、历史、地理六个科目或综合科目中自行确定一门或几门考试科目。"3＋X"方案在广州试行。1999 年高考后，教育部发出《关于山西、吉林、江苏、浙江省 2000 年高考试行"综合科目"考试的通知》，指出综合科目考试是指建立在中学文化科目教学基础上的综合能力测试，分为文科综合和理科综合，文科综合含政治、

---

[1] 《教育部关于进一步深化普通高等学校招生考试制度改革的意见》，载《学科教育》，1999(4)。

历史、地理，理科综合含物理、化学、生物。① 2001 年，18 个省份实行了"3＋X"科目设置方案。2002 年，高考科目设置改革全面深化，全国各省份均实行"3＋X"科目设置方案，但不同省份科目设置的具体模式有所不同。"3＋X"考试科目的改革初步体现了对学生综合素质的考查，是 21 世纪初社会发展的现实需求在教育评价改革领域的重要体现。

另一方面，改革高考考试内容和形式，更加注重对能力和素质的考查，探索统考以外的其他高考考试选拔形式，改革录取方式，利用计算机技术、网络技术实现招生录取管理的现代化。1999 年，《中共中央　国务院关于深化教育改革全面推进素质教育的决定》开始施行，要求进行每年举办两次高等学校招生考试的试点工作，鼓励有条件的省级人民政府进行多种形式的高考制度改革试验，扩大学校的招生自主权，增加考生的选择机会。②《2000 年普通高等学校招生工作规定》进一步拓宽了考生的报名条件，取消了对考生年龄和婚否的限制，并指出未经教育部批准，高等学校不得规定男女生比例，录取新生时一般不应限制外语语种。2000 年之前，高考一直实行全国一张卷，此后开始实施"统一高考，分省命题"的组织方式，越来越

---

① 中国考试编辑部：《恢复高考 30 年（1977—2006）大事记》，载《中国考试（研究版）》，2007(8)。

② 《中共中央　国务院关于深化教育改革全面推进素质教育的决定》，载《中华人民共和国国务院公报》，1999(21)。

多的省份加入自主命题的行列。

总体来看，这一阶段的高考改革有力推动了中学教育对学生综合素质的重视，对于纠正应试教育倾向起到了一定的推动作用。然而，"3＋X"方案归根结底依旧是对考试科目的优化组合，始终无法完全杜绝应试教育的弊端。

3. 多元评价期(2010—2012 年)

《国家中长期教育改革和发展规划纲要(2010—2020 年)》提出，要进一步提高高等教育大众化水平，到 2020 年，高等教育毛入学率达到 40％，新增劳动力受过高等教育的比例提高到 20％。考试招生制度改革要着重关注"分类考试、综合评价、多元录取"三大关键点，真正克服"一考定终身"的弊端，以推进素质教育落地和创新人才培养。① 此后，党中央、国务院陆续出台多个文件，着力推动考试评价机制的改革。

这一时期的高考制度改革是改革开放以来最为全面、系统的综合改革，对招生考试机构、高校、中学、考生等有关方面产生了较大影响。尤其是推行的普通高校基于统一高考和高中学业水平考试成绩的综合评价多元录取机制，代表人才选拔的新模式，具有强大的生命力。然而，新一轮高考综合改革能否彻底扭转应试教育倾向，发挥高考对素质教育的引导作用，还

---

① 中共中央、国务院：《国家中长期教育改革和发展规划纲要(2010—2020 年)》，载《人民教育》，2010(17)。

取决于各级政府和高校自身的政策执行力与考生、家庭和其他社会组织的选择能力。

四、教育投入体制改革

党的十一届三中全会后，全党工作重点开始转移到社会主义现代化建设上来，中国从此进入了改革开放和社会主义现代化建设的历史新时期。《中共中央关于经济体制改革的决定》进一步确定了"创建社会主义市场经济体制"和推动"科技体制和教育体制改革"的目标。理解社会主义市场经济对教育产生的影响，有利于准确把握社会主义市场经济体制下教育机构经费投入体制的变迁，对教育投入体制的变革趋势进行分析。

在市场规律作用下，市场价格、成本信息和市场预期成为决定生产规模与生产过程的重要锚点，并引发了市场投资行为。教育与其他社会生产部门的根本差异在于教育发展所需要的经费大部分来自国家投入。教育投入体制不断完善，逐渐步入规范投入的发展阶段。整体看来，我国教育投入体制经历了从无到有，从弱到强，从国家统筹走向多元分权的发展趋势。

（一）走向分权的教育财政投入体制

2018 年 9 月，习近平在全国教育大会上发表重要讲话，指出要坚持把优先发展教育事业作为推动党和国家各项事业发展的重要"先手棋"。这一要求是党对新时代教育事业发展提出的新要求，是改革开放和社会主义现代化建设、人的全面发展对教育提出的更高要求，是回顾教育财政投入体制改革的重要切入点。

改革开放后，教育事业成为关系社会主义建设全局的重要问题，基于人力资本理论及教育市场理念建立起的教育财政投入概念开始受到重视。在教育投入改革实践中，教育投入向地方、社会和学校分权的趋向逐渐显现。1977 年，邓小平明确指出，社会主义的根本任务是解放生产力，发展生产力，科学技术是第一生产力。1977 年 5 月，他关于尊重知识、尊重人才的讲话，在很大程度上确立了新时期教育的发展方向和基本价值。增加教育投入，保障教育优先发展的战略思想初步确立。1978 年 4 月，全国教育工作会议召开，正常的教育教学秩序得以恢复。

1983 年，中共中央、国务院颁发的《关于加强和改革农村学校教育若干问题的通知》就加强和改革农村学校教育提出要求，如坚持"两条腿走路"，以国家办学为主体，充分调动农村合作组织、厂矿企业、农民等方面办学的积极性，通过多种渠道解决农村教育经费问题。总体来看，这一时期并未建立真正意义上的政府财政义务教育投资体制。

1985 年，《中共中央关于教育体制改革的决定》提出："在今后一定时期内，中央和地方政府教育拨款的增长要高于财政经常性收入的增长，并使按在校学生人数平均的教育费用逐步增长。"①20 世纪 80 年代，党中央、国务院集中出台了有关集资办学、改造校舍的文件，包括《国务院关于筹措农村学校办学经费的通知》《国务院征收教育费附加的暂行规定》《关于加强普通教育经费管理的若干规定》等，对教育经费筹措的范围、原则和管理方式做出初步规定。

1993 年，《中国教育和发展纲要》提出要"改革和完善教育投资体制，增加教育经费"。1994 年国务院印发的《关于〈中国改革和发展纲要〉的实施意见》，1995 年颁布的《中华人民共和国教育法》，1998 年颁布的《面向 21 世纪教育振兴行动计划》都强调要切实把发展教育作为基础设施建设和基础性投资，千方百计增加教育投入，以落实"三个增长"。相关文件的出台为多渠道筹措教育经费提供了保障。

2006 年，《中共中央关于构建社会主义和谐社会若干重大问题的决定》提出："保证财政性教育经费增长幅度明显高于财

---

① 《中共中央关于教育体制改革的决定》，载《中华人民共和国国务院公报》，1985(15)。

政经常性收入增长幅度，逐步使财政性教育经费占国内生产总值的比例达到4％。"①2010 年《国家中长期教育改革和发展规划纲要（2010—2020 年）》第五十六条重申"提高国家财政性教育经费支出占国内生产总值比例，2012 年达到4％"②。

总览我国教育经费投入占国内生产总值比重变化图（见图2-4），可以发现我国教育经费投入占国内生产总值比重呈波动上升的趋势，整体可分为两个增长阶段：1992—2002 年为第一阶段，受1993 年的《中国教育改革和发展纲要》、1994 年的《关于〈中国教育改革和发展纲要〉的实施意见》、1995 年的《中华人民共和国教育法》以及1998 年的《面向21 世纪教育振兴行动计划》等文件中提高教育经费投入要求的影响，教育经费投入占比自1995 年后不断提升，2002 年达到阶段高点2.90％；2003—2012 年为第二阶段，受《2003—2007 年教育振兴行动计划》《中共中央关于构建社会主义和谐社会若干重大问题的决定》《国家中长期教育改革和发展规划纲要（2010—2020 年）》等文件对教育投入占比目标规划的影响，这一阶段我国教育财政性教育经费占比增长迅速，到2012 年达到了4％的目标，国家财政性教育经费占国民生产总值的比例达到了4.28％。如果从1993 年

---

①　《中共中央关于构建社会主义和谐社会若干重大问题的决定》，12 页，北京，人民出版社，2006。

②　中共中央、国务院：《国家中长期教育改革和发展规划纲要（2010—2020年）》，载《人民教育》，2010(17)。

《中国教育改革和发展纲要》发布算起，我国经过了 20 年的努力实现了这一目标，标志着我国教育优先发展战略地位得以真正确立。

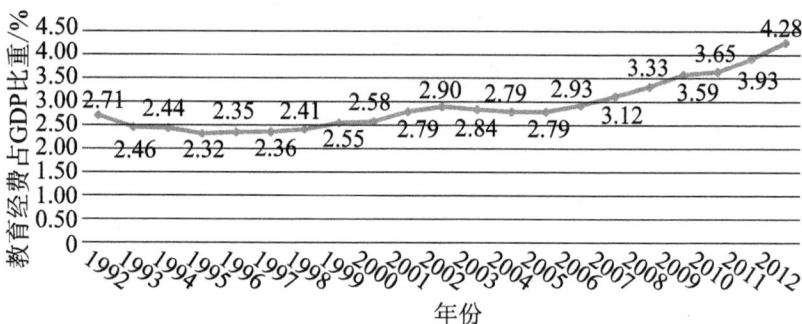

图 2-4 1992—2012 年教育经费投入占国内生产总值比重变化

（二）不同学段教育经费投入体制的变迁

1992 年，在党的十四大上，江泽民作了题为《加快改革开放和现代化建设步伐夺取有中国特色社会主义事业的更大胜利》的报告。报告指出："要从根本上改变束缚我国生产力发展的经济体制，建立充满生机和活力的社会主义新经济体制，同时相应地改革政治体制和其他方面的体制，以实现中国的社会主义现代化。"①自 1992 年后，我国教育经费投入规模不断扩大。一方面，国家财政性教育经费投入不断增加，已经成为我国教育

---

① 中共中央文献研究室：《十四大以来重要文献选编》，2 页，北京，中央文献出版社，2011。

经费投入增长的主要支撑；另一方面，全国教育经费总投入与财政性教育经费投入差值不断拉大，说明我国教育经费投入不断增加，教育经费来源渠道不断增多(见图2-5)。

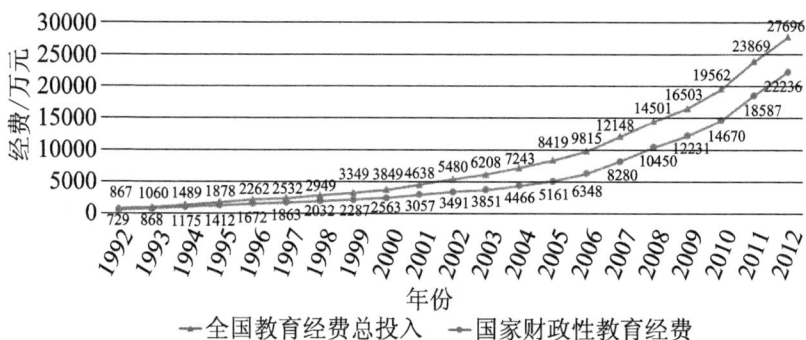

图2-5　1992—2012年教育经费投入情况变化

由于不同教育阶段所具有的法律属性有所差异，义务教育的公益一类属性同高等教育、高中教育和学前教育的公益二类属性具有本质的不同，因此，不同教育阶段的教育经费投入体制变革具有不同的发展路径，形成了形式各异的教育投入方式。

1. 学前教育阶段投入体制变迁

《中共中央　国务院关于学前教育深化改革规范发展的若干意见》提出，学前教育是国民教育体系的重要组成部分，是重要的社会公益事业。办好学前教育、实现幼有所育，是党和政府为老百姓办实事的重大民生工程，关系亿万儿童健康成长，关系社会和谐稳定，关系党和国家的未来。完整、准确地回顾学前教育投入体制演变历史，需要将改革开放前后的学前教育经费投入情况结合起来进行分析。自 20 世纪 50 年代以来，我国学前教育经费投入逐渐呈现出分散化的格局。1952 年颁布的《幼儿园暂行规程（草案）》规定提出："私立幼儿园得酌收学费。"我国学前教育投入体制的历史溯源由此开始。

（1）多渠道筹措期（1977—1992 年）

1979 年，《全国托幼工作会议纪要》提出的"继续发扬自力更生、艰苦奋斗、勤俭办一切事业的精神，依靠国家、集体、社会、个人各个方面，采用多种办法，解决好经费来源问题"，是对学前教育经费投入体制的拨乱反正与巩固发展。[①] 对政府、部队和事业单位办园的财政支出列支在政府和事业单位的经费当中，国有企业以"合理留利"的方式支持企业附属托幼机构发展，这突出体现了计划经济的色彩。城镇街道和农村大队采用集体兴办的方式举办园所，由集体经济负担其运营费用，这呈现出政府投入为主、集体投入次之、个人投入最少的学前教育投入情况。其中政府承担了主要的投入责任，家庭对学前教育投入相对较低。

这一时期的学前教育财政投入方式有三种。

第一种方式是直接面向教育部门，使用地方财政经费办园。1979 年，《全国托幼工作会议纪要》提出："各级教育、卫生部门举办的幼儿园、托儿所经费和培训各类园、所保教人员、医

---

① 《中国教育年鉴》编辑部：《中国教育年鉴（1949—1981）》，744 页，北京，中国大百科全书出版社，1984。

务人员以及开展托幼工作其他活动所需费用，分别由教育事业费和卫生事业费列支。各级财政部门在确定教育、卫生事业费年度指标时，对这些费用，要予以安排。"①《教育部关于发展农村幼儿教育的几点意见》进一步明确："各级教育行政部门应根据财政部1980年制定的《国家预算收支科目》的规定，在地方教育事业经费中列幼儿教育专项。教育基建投资也应包括幼儿教育项目，以保证教育部门办园有计划地发展。在有条件的地方，地方财政还应对农村幼教事业给予适当补助。"②此后，国家教委、国家计委、财政部、人事部、劳动部、建设部、卫生部、物价局下发的《关于加强幼儿教育工作的意见》指出，地方各级人民政府应根据《中共中央关于教育体制改革的决定》中教育经费实现"两个增长"的精神，妥善安排幼儿教育所需经费。由此，列支在教育经费中，由地方政府负责，直接投向教育部门办园的财政投入制度得以重建和巩固。

第二种方式是列支于政府和事业单位的经费与国有企业的"合理留利"的财政经费。学前教育公共经费另外一条重要投入渠道就是列支于政府和事业单位的财政经费与列支于国有企业成本。1979年，《关于改进国营企业提取企业基金办法的通知》

---

① 《中国教育年鉴》编辑部：《中国教育年鉴（1949—1981）》，744页，北京，中国大百科全书出版社，1984。

② 中国学前教育发展战略研究课题组：《中国学前教育发展战略研究》，92页，北京，教育科学出版社，2010。

规定，根据完成一定计划指标的情况，按职工工资总额一定比例提取企业基金。企业基金可用于集体福利设施，弥补职工福利基金不足等。由此，企业从本单位的基本建设费、福利费、工会经费等经费项目中支出幼儿教育经费的渠道得以巩固。

第三种方式是依靠城市和农村集体园的经费投入。在"两条腿走路"指导思想的引领下，这一时期，无论城市还是农村，都存在着大量的集体园。集体园在城市主要是城镇街道办的幼儿园，在农村主要是农村社队办的幼儿园。集体园的资金来源主要是举办者和家长所缴费用。街道园在举办初期主要依靠群众自发兴办并在街道的扶持下维持基本运转。街道作为基层行政组织，有一定的财政投入支持。由于意识到集体办园存在经费筹措的困难，因此《全国托幼工作会议纪要》对城市集体园的经费筹措进行了一定的调整，规定了城镇民办园（城市集体园）可以通过向家长收取保育费或由家长所在单位缴纳管理费解决经费问题。1983 年，《教育部关于发展农村幼儿教育的几点意见》明确规定："（农村幼儿教育）可采取社（乡）统筹，生产队（村）自筹，群众集资，家长交纳少量保育费等多种办法。"

（2）社会化变革期（1993—2002 年）

20 世纪 80 年代以后，受改革开放影响，教育体制发展的外部环境发生了巨大的变化。经济体制由计划经济向市场经济的转变，对一系列社会关系和社会制度产生了巨大影响。在市场经济的思维框架中，市场成为最为高效的资源配置方式。在国有企业改革推动下，"企业留利"的体制基础动摇，事业单位"后勤社会化"逐步推进，原有的单位办园逐步消解。由于街道和社会集体经济的瓦解，集体办园缺乏明确的投资来源，因此绝大多数变为依靠收费维持的机构。

1995 年，《国家教委、计委、民政部、建设部、经贸委、全国总工会、妇联〈关于企业办幼儿园的若干意见〉》指出，企业办园在全国幼儿教育事业当中占有重要地位，"有条件的企业应继续办好幼儿园，……对于部分确不具备独立办园条件和具备了分离幼儿园条件的企业，本着平稳过渡的原则，可在政府统筹下，将所办的幼儿园交给当地教育行政部门规划，以多种形式继续办好，或由社区办，或由具备条件的团体、个人承办"①。此后，企事业单位办园数量开始下降。2000 年，《关于进一步推进国有企业分离办社会职能工作的意见》颁布，国有企业办园这种办园形式以及与其相关的国有企业成本中列支的投入渠道逐渐撤出学前教育领域。

在企事业单位办园大量关、停、并、转的同时，我国学前教育市场逐渐火热。《北京市社会力量办学试行办法》强调："社会力量办学是社会主义教育事业的组成部分，是国家、集体组

---

① 何东昌：《中华人民共和国重要教育文献(1949 年～1997 年)》，3877 页，海口，海南出版社，1998。

织和企业事业单位办学的必要补充。"1988 年，《关于加强幼儿教育工作的意见》明确强调，幼儿教育"要依靠国家、集体和公民个人一起来办"。

20 世纪 90 年代，民办教育得到进一步认可，民办学前教育有了宽松的政策环境。1993 年，《中国教育改革和发展纲要》提出"改革办学体制……国家对社会团体和公民个人依法办学，采取积极鼓励、大力支持、正确引导、加强管理的方针"①，进一步鼓励市场力量进入教育领域。1997 年，《全国幼儿教育事业"九五"发展目标实施意见》提出，要探索市场经济的办园模式和内部管理体制，逐步推进幼儿教育社会化。2002 年，《中华人民共和国民办教育促进法》规定，凡是"国家机构以外的社会组织或者个人，利用非国家财政性经费，面向社会举办学校及其他教育机构的活动，适用本法"，进一步确立了民办教育的地位。

（3）民办园扩张期（2003—2012 年）

幼儿教育事业公共投入不足，导致大量企事业单位办园关、停、并、转，甚至是教育部门办园也被大量推向市场的局面。2003 年，国务院办公厅转发教育部等部门（单位）的《关于幼儿教育改革与发展的指导意见》，明确了我国地方负责、分级管理和有关部门分工负责的幼儿教育管理体制，指出地方政府、街

---

① 《中共中央 国务院关于印发〈中国教育改革和发展纲要〉的通知》，载《中华人民共和国国务院公报》，1993(4)。

道办事处、乡镇人民政府在投入和筹措经费方面的职责。文件特别强调要"加强对企事业单位幼儿园的管理。企事业单位转制后，可以继续举办幼儿园，也可将企事业单位办园资产整体无偿划拨，移交当地教育部门统筹管理；要通过实施联办、承办、国有民办等办园体制改革，提高办园效益和活力。实施办园体制改革要保证国有资产不流失，保育、教育质量不下降，广大幼儿教师合法权益受到保障、整体素质得到提高"。"地方各级人民政府要加强公办幼儿园建设，保证幼儿教育经费投入，全面提高保育、教育质量。不得借转制之名停止或减少对公办幼儿园的投入，不得出售或变相出售公办幼儿园和乡（镇）中心幼儿园，已出售的要限期收回。"①在这一背景下，民办园不断发展壮大，成为我国学前教育服务供给的重要力量。学前教育供给格局发生巨大转变。

这一阶段，《关于幼儿教育改革与发展的指导意见》成为学前教育领域出现的纲领性文件。该文件指出："形成以公办幼儿园为骨干和示范，以社会力量兴办幼儿园为主体，公办与民办、正规与非正规教育相结合的发展格局。""以公办园为骨干和示范"成为一些地方政府集中力量建设优质幼儿园的政策依据，建设少数骨干和示范公办园的目标成为减少对公办园投入的根据。

① 《国务院办公厅转发教育部等部门（单位）关于幼儿教育改革与发展的指导意见》，载《中华人民共和国国务院公报》，2003(12)。

2004 年颁布的《中华人民共和国民办教育促进法实施条例》对"合理回报"的界定及其实际执行状况，为民办幼儿园获取经济回报提供了宽松的政策环境，推动了"以民办幼儿园为主，公办幼儿园为辅"的幼儿教育新格局的形成。2008 年，《中共昆明市委 昆明市人民政府关于加快民办教育发展的实施意见》明确提出，到 2010 年，昆明市民办学前教育在园（班）人数所占比例达到 90％以上；广泛吸纳社会资金，新建、扩建民办学校，并对引进市外资金投资办学的人给予奖励。尽管并非全国各地都进行了这种完全的以市场化为主导的学前教育改革，但这种改革确实代表了那个阶段我国学前教育改革发展的现状，为后来广为诟病的"入园难""入园贵"问题埋下了伏笔。

2. 义务教育阶段投入体制变迁

20 世纪 80 年代，邓小平提出"早出人才，快出人才""尊重知识，尊重人才""加快发展教育"。1983 年，邓小平为景山学校题词"教育要面向现代化，面向世界，面向未来"，为教育发展指明了方向。在邓小平的推动下，1982 年，"普及小学教育"被列入《宪法》，1985 年 5 月，"有步骤地实行九年制义务教育"被明确写入《中共中央关于教育体制改革的决定（草案）》。[1]

教育投入是教育事业发展的必要条件，义务教育投入体制

---

① 中共中央文献研究室：《十二大以来重要文献选编》，725 页，北京，人民出版社，1986。

决定了义务教育事业投入的规模与结构，决定了我国义务教育
事业发展的速度与质量。改革开放以来，我国义务教育投入体
制依次历经了"依靠群众，集体办学""分级管理，地方自给""省
级统筹，分级负担"阶段。

（1）"依靠群众，集体办学"阶段（1977—1984 年）

改革开放初期，我国教育财政经费严重短缺。农村人口基
数大、财政经费需求缺口大、义务教育水平落后是我国的基本
国情。

虽然党的十一届三中全会后我国实行改革开放政策，但国
家在义务教育投入体制上还是以延续过去的体制为主。1980 年
2 月，《国务院关于实行"划分收支、分级包干"财政管理体制的
通知》规定，各级政府之间实行"分灶吃饭"，财权逐步下放。
1980 年 12 月，《中共中央、国务院关于普及小学教育若干问题
的决定》提出，普及小学教育不能完全由国家承包，必须坚持
"两条腿走路"，一方面是国家出资，另一方面是社队集体、厂
矿企业、群众出资。1983 年 5 月，《中共中央、国务院关于加强
和改革农村学校教育若干问题的通知》重申，办好农村义务教育
学校，要坚持"两条腿走路"的方针，通过多种渠道解决经费问
题。这些都延续了计划经济时代"群众办学"的政策：政府给予
少量补助，"两条腿走路"。结果，我国广大农村地区形成了财
政拨款（公办）与社队投入、私人投入（民办）并举，义务教育区

域发展逐渐失衡的现象。

这一时期的义务教育办学整体呈现明显的条块划分取向，即形成了鲜明的"城市教育靠国家、农村教育靠集体"的教育投入方式。教育投入多寡直接影响办学规模与质量。这一时期，城镇化水平低，农村人口占比较高，农村义务教育整体呈现办学层次偏低、质量较差的现实情况，农村义务教育主要以初小为主。《中共中央、国务院关于普及小学教育若干问题的决定》《中共中央、国务院关于加强和改革农村学校教育若干问题的通知》等文件都强调要认真落实"一无两有"（校校无危房，班班有教室，学生人人有课桌凳）这些起码的办学标准。在教育投入支出方面，公用经费、硬件设施、校舍维修改造等都依靠农村集体负责，来源渠道相对单一。教师受益主要来源于生产队计工分；办公经费主要靠生产队自筹，区县给予少量补助；学生书本、石板等费用由家长自己解决；学校主要借用民房、场屋、过道、棚户等上课，条件较为艰苦。

（2）"分级管理，地方自给"阶段（1985—2000 年）

这一时期我国经济发展水平有了一定的提升，但相较于扩大义务教育规模的巨大需求，我国的财政投入仍旧较少，国家无法全部承担义务教育经费。这一时期以探索与发展为主，逐渐探索并建立起与社会主义市场经济体制相适应的从中央向地方分权、从政府向社会渗透的新型教育体制。

随着经济体制改革的进一步加深，我国农村行政管理体制逐渐无法适应经济、社会的发展需求，家庭联产承包责任制的实行动摇了人民公社体制。1982 年，《宪法》规定，在县级以下设立乡镇一级人民政府，将其作为一级行政机关，取代人民公社行使行政权力。1983 年 10 月，《中共中央、国务院关于实行政社分开建立乡政府的通知》要求，遵照《宪法》规定，在农村建立乡政府。随着乡政府的建立，乡一级财政和相应的预决算制度建立起来，收入来源和开支范围逐渐明确。经济改革带动了政治组织架构的变动，带动了人事、财权的变革，也带动了基层义务教育投入承担主体责任机制的变化。

为了适应财政包干的新体制，1985 年 5 月，《中共中央关于教育体制改革的决定》明确提出实施"地方负责、分级管理"的基础教育管理体制。1986 年 4 月，全国人民代表大会通过的《中华人民共和国义务教育法》将地方发展义务教育的责任上升到法律层面，"地方负责、分级管理"的教育体制形成。《中华人民共和国义务教育法》还规定，实施义务教育所需的事业费和基本建设投资，由国务院和地方各级政府负责筹措，地方各级人民政府按国务院的规定在城乡征收城乡教育费附加，鼓励社会力量以及个人自愿捐资助学。

1992 年 3 月颁布的《中华人民共和国义务教育法实施细则》提出，地方义务教育事业费和基本建设资金，由地方各级人民政府负责筹措。通过这些政策可以发现，农村教育投入责任落在了乡、村两级上，农村教育投入乡、村自给的责任体制不断强化，体现出国家财政分权、事权下放的思路。从 1985 年实行"划分税种、核定收支、分级包干"的财政管理体制开始，地方财政的财力大增。为此，1993 年 12 月，《国务院关于实行分税制财政管理体制的决定》提出，自 1994 年开始实行分税制改革。此次改革后县、乡财政实力大大削减，乡级财政预算内收入只剩下"农业四税"（农业税、农业特产税、耕地占有税和契税）的一部分和工商税中的一些零星税收。然而，农村教育经费仍由县、乡两级财政承担，县直属学校经费由县财政负责，农村学校由乡财政负责，造成了事权的层层下放和财权的层层上移之间的矛盾。财权与事权失衡，农村教育经费投入难以得到保障。

实现"两基"是 20 世纪 90 年代我国教育发展的重中之重。1993 年，《中国教育改革和发展纲要》提出"两基"目标时间表，即 20 世纪 90 年代，在保证必要的教育投入和办学条件的前提下，基本普及九年义务教育（包括职业初中），全国基本扫除青壮年文盲，使青壮年中的文盲率降到 5％以下。

（3）"省级统筹，分级负担"阶段（2001—2012 年）

党的十六届三中全会提出以人为本，全面、协调、可持续的科学发展观和"五个统筹发展"理念。经济基础与统筹发展理念为统筹城乡义务教育发展，优化义务教育投入体制提供了机遇与条件。

2001 年，《国务院关于基础教育改革与发展的决定》提出，在国家贫困县等农村贫困地区对义务教育实行由中央有关部门规定杂费、书本费标准的"一费制"。2001 年 8 月，中共中央办公厅、国务院办公厅召开的全国减轻农民负担工作电视电话会议进一步要求，2001 年 9 月 1 日秋季开学后，各地要继续做好"一费制"，将国家规定的杂费和课本费合并收取。2004 年，《教育部、国家发展和改革委员会、财政部关于在全国义务教育阶段学校推行"一费制"收费办法的意见》规定，从 2004 年秋季新学年开始，在全国义务教育阶段学校推行"一费制"收费办法。

为贯彻党的十六大、十六届三中全会和十六届五中全会的精神，强化政府对农村义务教育的保障责任，2005 年 12 月，《国务院关于深化农村义务教育经费保障机制改革的通知》提出，建立中央和地方分项目、按比例分担的农村义务教育经费保障机制。从 2006 年春季学期开学起，中央和地方分级负担的农村义务教育经费保障机制逐步实施。2006 年 6 月，全国人民代表大会修订的《中华人民共和国义务教育法》规定，国务院和县级以上地方人民政府应当合理配置教育资源。这从法律层面肯定了分级负担的教育投入体制，使农村义务教育事权责任与财权走向统一。为了分级负担的义务教育经费保障机制更好地进入操作层面，财政部、教育部颁布的《农村义务教育经费保障机制改革中央专项资金支付管理暂行办法的通知》进一步明确了农村义务教育中央专项资金支付方式，要求省级财政直接支付，对县级财政支付管理和财政部、教育部、省级财政部门、县级财政部门在中央专项资金支付管理中的职责做了操作性规定，对学校和负责核算学校经费的部门的相应职责也做了规定。为进一步严格规范地方义务教育阶段学校收费行为，2007年，《教育部关于进一步做好农村义务教育经费保障机制改革有关工作的通知》规定，除按"一费制"标准收取教科书费（不含按规定享受免费教科书的学生）、作业本费和寄宿生住宿费外，严禁再向学生收取其他任何费用；此外还对住宿费收取条件、伙食费收取条件与标准做出了规定。《教育部关于进一步做好农村义务教育经费保障机制改革有关工作的通知》还规定，代收的教科书费、作业本费必须据实结算，结余的费用要及时退还给学生。

国家免除农村义务教育阶段学生的学杂费后，于2008年9月免除了城市义务教育阶段学生的学杂费。这意味着一度作为义务教育重要经费来源的学杂费被全面取消。义务教育进入国家完全保障时代，实现了真正意义上的免费义务教育。

为了进一步规范和拓宽财政性教育经费筹资渠道，支持地方教育事业发展，2010年，《国家中长期教育改革和发展规划纲要（2010—2020年）》提出，按增值税、营业税、消费税的3%

足额征收教育费附加；提高国家财政性教育经费支出占国内生产总值比例，2012 年达到 4%。2010 年 11 月，《财政部关于统一地方教育附加政策有关问题的通知》提出，将单位和个人（包括外商投资企业、外国企业及外籍个人）实际缴纳的增值税、营业税和消费税税额的 2% 作为地方教育附加征收标准，低于 2% 的省份要调整为 2%。这一规定低于 2010 年《国家中长期教育改革和发展规划纲要（2010—2020 年）》提出的 3%。为了提高财政投入使用效率，限制地级市政府的"财政漏斗"效应，留利于县，2006 年中央 1 号文件提出，有条件的地方可加快推进"省直管县"财政管理体制和"乡财县管乡用"管理方式的改革，加大省对县的转移支付力度，以确保农村义务教育经费有效供给。为进一步理顺地方各级事权划分及财政分配关系，增强基层政府提供公共服务的能力，2009 年，财政部颁发了《关于推进省直接管理县财政改革的意见》，提出实行"省直管县"财政改革，即政府间收支划分、转移支付、财政预决算、资金往来、财政结算等方面，不再经过地级市财政这一层级，县财政直接与省财政对接。在收支划分上，市级不再分享属于县范围内的财政收入，县级财政收入扩大。《关于推进省直接管理县财政改革的意见》规定，市、县不得要求对方分担应属自身事权范围内的支出责任，这一改革理顺了县、市财政支出事权责任，减少了县级财政支出压力，提高了县级财力，增强了县级政府的农村公共服务供给能力。

3. 高中阶段教育投入机制变迁

"文化大革命"结束后，邓小平提出了"办教育要两条腿走路，既注意普及，又注意提高。要办重点小学、重点中学、重点大学"①的构想。1982年，党的十二大正式确定了教育是社会主义现代化建设的战略重点之一。此后多年，在教育资源整体有限的大前提下，我国高中教育发展长期遵循"效率优先、兼顾公平"的指导思想。1985年，国家财政体制改革后，我国提出"划分税种、核定收支、分级包干"的财政管理办法。在新的财政体制下，高中教育多渠道筹措经费成为一种共识。高中教育经费从以财政拨款为主，辅以征收教育税费，并收取学生学杂费，到允许发展校办产业，鼓励社会团体和个人集资捐资办学，设立教育基金等，我国高中教育经费来源多样化的基本格局初步形成。

（1）探索变革期（1978—1992年）

我国普通高中办学由地方人民政府负责。考虑到地方政府用于高中教育发展的经费非常有限，高中教育多渠道筹措经费的初步探索主要向国家适量征收教育税费、学校探索自筹经费与捐资助学三个主要方向不断推进。改革开放初期，随着国家义务教育的普及，高中教育规模不断扩大，以传统财政拨款为

---

① 《邓小平文选》第二卷，40页，北京，人民出版社，1994。

主的经费投入机制无法满足人民对接受更高水平教育的迫切需求。我国开始初步探索高中阶段教育经费投入新模式，国家教育经费附加与学校自筹经费是各地高中教育经费投入的主要来源。

1980 年，《教育部关于分期分批办好重点中学的决定》指出，由于我国人口多，经济基础薄弱，地区间发展不平衡以及教育资源有限等，平均发展所有中学的目标难以实现，因此要优先着手完成重点学校的建设。

随着国家义务教育的普及，教育费附加逐步成为各地高中教育经费的来源之一。教育费附加是指改革开放之初，国家教育经费投入不足时，为增加教育经费的政府投入，国家为教育开设了税外收费，即教育费附加和县乡两级政府征收的各种教育费用。1984 年，《国务院关于筹措农村学校办学经费的通知》颁布。该通知允许乡人民政府征收教育事业费附加，对农业、乡镇企业都要征收。1985 年，《中共中央关于教育体制改革的决定》提出，地方可以征收教育费附加，此项收入首先用于改善义务教育的教学设施，不得挪作他用。为贯彻落实《中共中央关于教育体制改革的决定》，扩大地方教育经费的资金来源，国务院出台《中华人民共和国征收教育费附加的暂行规定》，要求以各单位和个人实际缴纳的产品税、增值税、营业税的税额为依据，教育费附加率为 3％，地方征收的教育费附加主要留归当地安排使用。

学校自筹经费的方式主要指开展勤工俭学与兴办校办企业。改革开放后，国家先后召开过多次勤工俭学会议，并制定了一系列政策文件规范勤工俭学和校办产业。1982 年，《全国中小学勤工俭学财务管理暂行办法》发布。1983 年，国务院批转由教育部、国家计划委员会、国家经济委员会、财政部联合拟定的《全国中小学勤工俭学暂行工作条例》。1989 年，国务院批转《关于进一步发展中小学勤工俭学若干问题的意见》。这些政策文件明确了中小学开展勤工俭学的多种形式。比如，可以举办各类进修班、培训班等；可以组织以对学生进行劳动教育为主并按照教学计划安排的生产经营活动；也可以由学校抽调少数人员，兴办以专业人员劳动为主并按市场需求经营的校办企业。

（2）深化实践期（1993—2012 年）

这一时期教育费附加逐步成为各地高中教育经费投入的来源之一，作为教育专税，主要用于中小学校教学设施和办学条件的改善。由于各地区之间存在较大差异，因此教育费附加没有统一和明确的标准。《中华人民共和国征收教育费附加的暂行规定》在 1990 年、2005 年、2011 年进行过几次修订，如 1990 年修订版指出，教育费附加纳入预算管理，作为教育专项资金，根据"先收后支、列收列支、收支平衡"的原则使用和管理。1995 年，国家教委在《关于大力办好普通高级中学的若干意见》

中提出，建立以政府拨款为主的多渠道筹措经费的体制，增加对普通高中的投入。市、县财政要适当增加对普通高中的投入，提高生均经费标准，首先要保证危房改造、教师工资和必需教学设备的添置，并有计划地加强对薄弱高中、示范性高中的建设。各级政府要认真落实国家对校办产业的优惠政策，逐年增加对校办产业的政策性低息贷款。

1993 年，《中国教育改革和发展纲要》提出，继续大力发展校办产业和社会服务，逐步建立支持教育改革和发展的服务体系。1995 年，八届全国人大三次会议通过了《中华人民共和国教育法》，其中第五十八条规定，国家采取优惠措施，鼓励和扶持学校在不影响正常教育教学的前提下开展勤工俭学和社会服务，兴办校办产业。这为学校开展勤工俭学、兴办校办产业提供了法律基础。1995 年，《关于大力办好普通高级中学的若干意见》指出，各级政府要支持普通高中开展勤工俭学，发展校办产业。1999 年，教育部下发的《关于贯彻落实全面推进素质教育决定 进一步加快中初等学校校办产业发展的若干意见》指出，校办产业是中国特色社会主义教育体系的重要组成部分，并就未来校办产业发展提出了若干建议。1999 年发布的《教育部关于积极推进高中阶段教育事业发展的若干意见》提出，要重视发展高中阶段教育事业，要立足"确保实现'两基'目标和巩固提高的基础"，还要处理好与"普九"的关系，高中阶段教育的发展要有利于促进"普九"目标的实现。伴随着这些教育经费政策的出台，我国普通高中出现了转制学校、民办学校、国有民办等形式。

2002年，教育部部长陈至立在全国高中发展与建设工作经验交流会上提出，要"加大政府投入，吸引社会广泛参与，多渠道筹措发展高中教育的经费"，"政府在继续增加对高中教育投入的同时，还要统筹教育资源的优化配置，在盘活利用资源上下功夫。要充分利用财政、金融、信贷等手段提高教育融资能力，改进现有学校基础设施投入模式，采取拨款与贷款相结合和政府贴息方式，发挥政府有限资金的扩张效应"。①

国家经费投入的长期不足在一定程度上为社会力量进入高中教育提供了契机，社会力量的进入也为高中教育发展提供了经费保障。

社会力量捐资办学是指自然人、法人或其他社会团体出于爱心，自愿无偿地向学校捐赠财产，用于兴办学校、发展教育事业的活动。这一时期社会力量捐资对于中学教育发展的重要性不断提升。1993年，《中国教育改革和发展纲要》提出，运用金融、信贷手段，融通教育资金，支持校办产业、高新科技企业以及勤工俭学的发展，开办教育储蓄和贷学金等业务。1997

---

① 何东昌：《中华人民共和国重要教育文献（1998～2002）》，1373页，海口，海南出版社，2003。

年，国家颁布了《社会力量办学条例》，各地制定了社会力量办学的管理细则，这些文件为社会投资高中教育提供了依据。1999年，《教育部关于积极推进高中阶段教育事业发展的若干意见》指出，高中阶段教育属于非义务教育。2007年，《国家教育事业发展"十一五"规划纲要》强调，进一步落实税收优惠政策，积极鼓励企业、个人和社会团体对教育进行捐赠或出资办学，研究并适时出台对外商投资企业按照国民待遇原则征收教育费附加的有关政策。2010年，《国家中长期教育改革和发展规划纲要（2010—2020年）》指出，要继续完善捐赠教育激励机制，落实个人教育公益性捐赠支出在所得税税前扣除的规定。

4. 高等教育阶段投入机制变迁

1985年，《中共中央关于教育体制改革的决定》提出："要在国家统一的教育方针和计划的指导下，扩大高等学校的办学自主权，加强高等学校同生产、科研和社会其他各方面的联系，使高等学校具有主动适应经济和社会发展需要的积极性与能力。"[①]《中共中央关于教育体制改革的决定》的颁布拉开了高等教育体制改革的序幕。

高等教育具有的准公共产品性质及其拥有的高私人收益回报率属性，决定了依照市场原则，高等教育的经费投入及教育

---

① 《中共中央关于教育体制改革的决定》，载《中华人民共和国国务院公报》，1985(15)。

成本分担机制发展将朝着更为依靠个体负担的多方共担机制发展。良性的高等教育投入机制，不仅关乎高等教育的持续健康发展，而且对提高教育投入水平具有重要意义。

（1）国家完全负担期（1978—1984 年）

1977 年，在科学与教育工作座谈会上，邓小平关于恢复高考的讨论与决定极大地激发了全国人民对于高水平教育的更高追求。改革开放后，我国高等教育规模不断扩大，这一时期的高校条件尚且能够初步满足发展需求，因此，仍沿用 1951 年对教育经费投入的规定，即教育经费按学校直接领导关系分别列入中央、大行政区、省（市）三级预算。工农子女上学不缴纳学费，还享受人民助学金。这一阶段，高等教育的投入完全从国家教育事业费中支出。

（2）合作分担期（1985—2002 年）

国家财政投入始终是这一时期支撑高等教育发展的重要来源。1985 年，《中共中央关于教育体制改革的决定》公布，明确高校在完成国家计划的前提下，可接受社会各部门的委托，实行有偿服务。自此开始，随着高等教育委培生的招生数量逐年递增，用人单位对教育的投入逐年增加。《中共中央关于教育体制改革的决定》提出，高校可多渠道筹措教育经费。部分省份开始出现民办大学。民办大学参与高等教育活动，为高等教育系统分担一定的投入成本。高校开始招收自费生，公立大学的自费生开始分担教育投入成本。1986年，《高等学校财务管理改革实施办法》规定，高校对高等教育经费的管理，遵循"预算包干、结余留用、量入为出、自求平衡"的财务管理原则。1993年，《中共中央关于教育体制改革的决定》明确提出："逐步建立以国家财政拨款为主，辅之以征收用于教育的税费、收取非义务教育阶段学生学杂费、校办产业收入、社会捐资集资和设立教育基金等多种渠道筹措教育经费的体制。"①这些规定在1995年通过的《中华人民共和国教育法》中得到进一步确认，保障了高等教育经费的稳定来源和逐步增长。为配合多渠道筹资体制的建立，1997年，教育部、财政部颁布了《高等学校财务制度》，按照"量入为出、收支平衡"的预算编制原则，加强对高校收支的细化管理。1998年，《中华人民共和国高等教育法》进一步明确了高等教育的成本分担机制与高校多元化融资体制，高等教育多渠道筹措教育经费的体制以法律文本的形式确定下来。

市场部门在高等教育中的重要性逐渐凸显。《中共中央关于教育改革的决定》对单一的国家投资高等教育的体制进行了调整，规定高等学校可在计划外招收自费生，接收单位委托培养，并收取培养费。1989年，《关于普通高等学校收取学杂费和住宿费的规定》出台，从政策上进一步明确了高等教育的成本分担

---

① 《中共中央　国务院关于印发〈中国教育改革和发展纲要〉的通知》，载《中华人民共和国国务院公报》，1993(4)。

和成本补偿机制，规定高校经费的收入来源中，除政府部门的财政拨款外，还包括向学生收取的住宿费、学杂费。随着 1994年国家税制改革的推进，高等学校校办产业规模逐步扩大，极大地调动了高校的积极性，增加了高校收入来源。1997 年，高等教育全面收费，缴费规模覆盖全体接受高等教育的学生，学费成为高等教育经费的第二来源。

（3）多方投入协调发展期(2003—2012 年)

《2003—2007 年教育振兴行动计划》全面实施，进一步拓宽了高校经费筹措渠道，以财政拨款为主，由政府、受教育者和社会共同分担的协调投入机制逐步形成，为高校经费收支模式的优化提供了有力的保障。2010 年，《国家中长期教育改革和发展规划纲要(2010—2020 年)》为高校财政自主权变革提供了支撑，在给予省级政府和地方政府高等教育举办权、管理权的同时，赋予其高等教育财政出资责任，同时高校在办学结余使用等方面更为自由。

这一时期是高等教育规模迅速扩大时期，也是个人和社会分担较高的高等教育成本时期。这一阶段，我国高校呈现出规模扩张趋势，并开始收取更多的学费，直接导致政府出台相应政策遏制教育市场无序发展的情况。在此期间，政府文件频出，但收费上涨势头并未得到完全遏制。直至 2007 年，《国务院关于建立健全普通本科高校高等职业学校和中等职业学校家庭经济困难学生资助政策体系的意见》规定："今后五年，各级各类学校的学费、住宿费标准不得高于 2006 年秋季相关标准。"该文件被称为动用政府强大行政力量遏制大学学费上涨的"限涨令"。

5. 民办教育投入机制变迁

1978 年，邓小平在全国科学大会开幕式上提出："教育事业，决不只是教育部门的事，各级党委要认真地作为大事来抓。各行各业都要来支持教育事业，大力兴办教育事业。"[①]这一论述为改革开放初期我国民办教育事业的初步发展提供了鼓励与支持。由于民办教育的特殊性，因此我国对民办教育较少进行直接财政投入。党和政府扶持与服务民办学校，特别是对民办学校进行公共财政资助，意味着国家对民办教育承担了应有的责任，也说明国家站在整个教育发展战略的高度同等对待公办教育和民办教育。自民办教育恢复以来，党和政府从最初的支持到后来的鼓励社会力量办学，通过拓宽扶持和服务渠道，实行分类管理，逐步形成了当前的扶持和服务政策体系。

（1）徘徊探索期（1978—1991 年）

这一时期的民办教育经费投入主要以民办教育出资者的资金投入为主。对于民办教育举办者及民办学校，国家出台扶持政策，以积极鼓励、大力支持、正确引导为主。1982 年，《宪法》第十九条规定："国家鼓励集体经济组织、国家企业事业组

---

① 《邓小平文选》第二卷，95 页，北京，人民出版社，1994。

织和其他社会力量依照法律规定举办各种教育事业。"《宪法》对于民办教育合法性的肯定，使社会力量办学快速发展。此后国家开始规范和约束民办教育机构的设立。1985年，《中共中央关于教育体制改革的决定》对社会力量办学提出了鼓励导向，"地方要鼓励和指导国营企业、社会团体和个人办学"。1987年，国家教委颁布了《关于社会力量办学的若干暂行规定》，后和财政部联合颁布了《社会力量办学财务管理暂行规定》，强调政府和教育部门要支持社会力量举办各类教育事业，在条件允许的情况下尽力帮助其解决办学中存在的困难。

（2）快速发展期（1992—2001年）

1992年，党的十四大的召开与邓小平南方谈话的发表共同拉开了中国教育体制改革的序幕，社会力量投资教育得到了政策支持，社会上掀起了举办民办学校的热潮。1993年，《中国教育改革和发展纲要》提出，改善民办教师待遇，鼓励通过金融、信贷手段，融通教育资金。《中华人民共和国民办教育促进法》对扶持民办教育政策做了进一步的细化和补充，包括学校可以享受税收优惠和用地优惠，政府设立支持民办教育专项资金等。1996年，《国家教育委员会关于加强社会力量办学管理工作的通知》发布，全国建立了办学许可证制度。1997年，国务院颁布的《社会力量办学条例》是改革开放以来国家制定的当时民办教育领域内的最高法规，明确提出社会力量办学事业是社会主义教育事业的组成部分。1999 年，《中共中央　国务院关于深化教育改革全面推进素质教育的决定》指出："积极鼓励和支持社会力量以多种形式办学，满足人民群众日益增长的教育需求。"

此外，这一时期为解决高等教育总体供给严重不足的问题，加速高等教育大众化进程，浙江、江苏、广东等经济发达省份的普通公办高校开始尝试利用自身教育资源引入民间资本，举办独立二级学院。这一时期的独立学院主要基于市场化运作机制，借用母体高校办学优势与办学资格进行办学，采用"特许办学模式"进行教学实践。独立学院和母体高校在教育规模扩张的同时获取经济利益，维持自身发展。这一时期的独立学院发展势头猛，社会认可度不断提升，数量逐渐增长。国家尚未针对这一新兴教育形式出台文件，进行规制管理。

（3）规范发展期（2002—2012 年）

2002 年，《中华人民共和国民办教育促进法》明确了民办学校与公办学校享有同等法律地位。2004 年，国务院颁布实施《中华人民共和国民办教育促进法实施条例》，从此民办教育获得了更加广泛的支持和认可，民办学校办学规模扩张更为迅速，但一系列问题也逐渐显现。2006 年开始，国家相继颁布《国务院办公厅关于加强民办高校规范管理引导民办高等教育健康发展的通知》《民办高等学校办学管理若干规定》《独立学院设置与管理办法》等文件，进一步规范了民办教育的发展方向。2010年，《国家中长期教育改革和发展规划纲要（2010—2020年）》对民办教育的地位和作用给予高度肯定，要求在全国分类管理营利性学校和非营利性学校，改革试点，并在国家层面推动教育法律一揽子修订。此外，国务院颁布的《中华人民共和国中外合作办学条例》成为民办教育领域中外合作办学的法律依据，也是我国教育领域应对经济全球化的新举措。

2003年，教育部发布的《关于规范并加强普通高校以新的机制和模式试办独立学院管理的若干意见》对独立学院的发展明确提出了"7个独立"的要求，包括独立学院应具有独立的校园和基本办学设施，实施相对独立的教学组织和管理，独立进行招生，独立颁发学历证明，独立进行财务核算，应具有独立法人资格，能独立承担民事责任。2008年，教育部颁布《独立学院设置与管理办法》，明确提出独立学院需在5年内规范设置为民办普通高校。独立学院发展开始进入规范"转设"时期。

随着各级各类教育经费支出的阶段性波动，我国公共财政教育支出占公共财政支出的比例也发生了变化（见图2-6），可大体分为4个阶段。

1992年至1996年为第一阶段，受1993年《中国教育改革和发展纲要》确立"两基"时间表及1995年《关于大力办好普通高级中学的若干意见》要求建立以国家拨款为主的多渠道经费

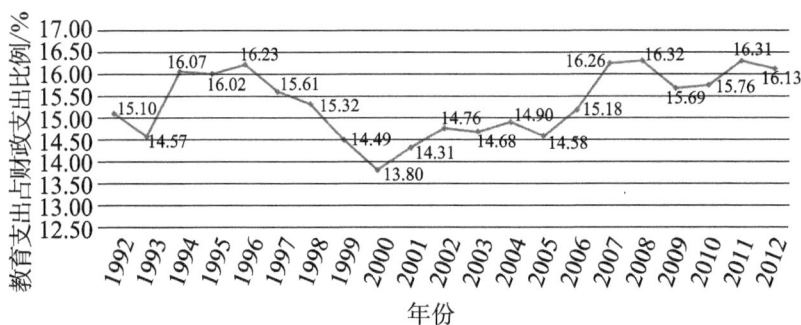

图 2-6　1992—2012 年公共财政教育支出占公共财政支出的比例

筹措体制的影响，这一阶段公共财政教育支出占比呈波动上升趋势。

1997 年至 2000 年为第二阶段，这一阶段公共财政教育支出占比呈下降趋势。原因有二：一方面，得益于《国家教育委员会关于加强社会力量办学管理工作的通知》《社会力量办学条例》《中共中央　国务院关于深化教育改革全面推进素质教育的决定》等文件关于多渠道筹措教育经费的规定，社会力量成为教育领域投入的重要一环；另一方面，《中华人民共和国高等教育法》《高等学校财务制度》的颁布，确立了高等教育全面收费政策，进一步缓解了国家教育财政性经费投入的压力。

2001 年至 2005 年为第三阶段，这一阶段公共财政教育支出占比开始反弹，呈现出平稳发展的总体形势。一方面，基于《关于进一步推进国有企业分离办社会职能工作的意见》等文件的要求，国有企业举办的教育机构被逐步剥离，部分原属于企业的教育投入回归地方；另一方面，全国义务教育阶段一费制改革、农村义务教育经费保障机制改革等措施，客观上增加了国家教育经费财政支出。

2006年至2012年为第四阶段，这一阶段公共财政教育经费支出占比呈波动状态。一方面，国家加大了教育财政经费支出，还出台了限涨令，动用政府强大行政力量遏制大学学费上涨。2006年修订的《中华人民共和国义务教育法》，2007年的《教育部关于进一步做好农村义务教育经费保障机制改革有关工作的通知》等，确立了义务教育经费"分级负担"体制，明确了义务教育中央专项资金支付的方式，推动了义务教育经费国家保障机制的确立。另一方面，国家出台文件，规范和拓宽了财政性教育经费筹资渠道。2010年，《国家中长期教育改革和发展规划纲要（2010—2020年）》提出，按增值税、营业税、消费税的3%足额征收教育费附加等。

五、教育综合改革

(一)城市教育综合改革

城市教育综合改革是以保障城市教育公平、正义为目标的教育改革实践，解决的主要是我国城镇化进程中出现的城市教育自身发展问题与城镇化变迁带来的教育问题。

1. 探索改革期(1978—1999 年)

随着改革开放的深入，我国城市发展进程逐步加快，城市教育综合改革的步伐也随之加速，1992 年，邓小平南方谈话提出，"判断的标准，应该主要看是否有利于发展社会主义社会的生产力，是否有利于增强社会主义国家的综合国力，是否有利于提高人民的生活水平"①，进一步激发了改革的活力。

为持续推动城市教育改革，这一时期我国的教育改革领导机构变迁较为频繁。1985 年到 1998 年，我国成立了由 12 个部委组成的国家教委，主任职位先由副总理、国务委员兼任，1993 年后改为由部长级担任。1994 年设立国家教育督导团，由教育部分管基础教育领导担任，办公室设在教育部门。1989 年内设农村教育综合改革办和城市教育综合改革办(1993 年合并为城市和农村教育综合改革办)。这一时期频繁的机构调整是基于教育发展实际做出的以利于推动城市教育综合改革与城乡教育综合改革发展的探索。

1985 年，《中共中央关于教育体制改革的决定》提出，加速转变教育与经济社会发展需要不相适应的状况，成为城市教育面临的迫切任务。受城市教育复杂性的影响，城市教育综合改革涉及部门广、影响大，仅着眼于教育的局部或单项改革无法从根本上解决城市教育发展中遇到的复杂问题。基于我国经济、社会、科技全面变革的实际需求，国家教委决定开展全国城市教育综合改革。

---

① 《邓小平文选》第三卷，372 页，北京，人民出版社，1993。

1987 年，国家教委在湖北召开了全国十一个中等城市的办学方向研讨会，标志着城市教育综合改革开始在全国 20 个大中城市推进试点工作。此后为持续推动城市教育综合改革工作的开展，国家教委多次召开较大规模的城市教育综合改革会议。

1992 年，城市教育综合改革试点城市进一步增加，由国家教委直抓的试点城市增加到 47 个，各省、自治区、直辖市各选取 5 个城市作为试点，总体改革试验规模达 102 座城市。1993 年，《中国教育改革和发展纲要》提出，要积极推进城市教育综合改革，探索城市教育管理的新体制。① 这一规定进一步明确了城市教育综合改革的重要地位。

1997 年，国家教委印发的《关于进一步推进城市教育综合改革的若干意见》充分总结了城市教育综合改革的经验，提出要在更高层次和更大范围内开展城市教育综合改革的总体要求。同年，李岚清向在长沙召开的全国教育综合改革会议发贺信，充分肯定了城市教育综合改革的重要作用，提出："教育改革能不能进一步深化，关键在各级党委和政府，在各位市委书记和市长。一个实验城市要真正落实科教兴国战略，把教育放在优先发展的战略地位，当地政府在教育改革时，就要自觉做到统筹经济、科技、教育体制改革，统筹城市教育、劳动、人事制

---

① 《国务院关于〈中国教育改革和发展纲要〉的实施意见》，载《人民教育》，1994(9)。

度改革，统筹各级各类教育的改革和发展，全面提高城市教育的质量和效益，充分发挥城市教育的整体功能，更好地为当地经济建设和社会发展服务。"①

1999 年，《中共中央　国务院关于深化教育改革全面推进素质教育的决定》再次重申城市教育综合改革的重要作用，提出要继续推进城市教育综合改革。② 同年，江泽民在第三次全国教育大会上提出，要"推进区域教育综合改革"，再次推动了城市教育综合改革的发展。

这一时期的城市教育综合改革取得了一定的成就，政府对教育的领导作用进一步凸显，教育资源配置更加合理，社会积极性被充分调动起来，尤其是首批试验城市率先实现了"普九"，且基本普及了城区高中教育，涌现出一批教育先进城市。

2. 一体化推进期(2000—2012 年)

经历 14 年的改革推进，城市教育综合改革取得了一定成就，但也在客观上加大了城乡教育资源供给差距，对城市经济、社会发展所需的人才供给产生了一定的不良影响。2007 年，胡锦涛在党的十七大报告中指出，当前还面临着城乡、区域、经济社会发展仍然不平衡，部分低收入群众生活比较困难等现实问题，需要

---

① 杨金土：《30 年重大变革——中国 1979—2008 年职业教育要事概录》，191～192 页，北京，教育科学出版社，2011。

② 《中共中央　国务院关于深化教育改革全面推进素质教育的决定》，载《中华人民共和国国务院公报》，1999(21)。

高度重视并加以解决。① 进入 21 世纪，城市教育综合改革持续推进，在立足原有改革成就的基础上更为注重城乡间协调发展，突破了城市的单一视域限制，走向了真正的综合改革。

2000 年，教育部在苏州召开全国城市教育综合改革会议，对城市教育综合改革的目标和任务提出了"四个突破"与"四个率先"的要求：要求在教育规模上有新突破，率先普及高中阶段教育并使高等教育有较快发展；在发展社区教育上有新突破，率先构建终身教育体系；在办学体制上有新突破，率先形成公办学校和民办学校共同发展的格局；在教育资源的优化配置上有新突破，率先建立科学合理的教育结构和布局。

2001 年，教育部办公厅印发《全国城市教育综合改革会议纪要》，再次明确城市教育综合改革对于城市教育发展具有重要作用，要加强对城市教育综合改革工作的领导，制订和实施城市教育综合改革"十五"计划，充分依靠各省（区、市）教育行政部门推动城市教育综合改革，进一步完善推进城市教育综合改革的工作方式。②

2002 年，党的十六大报告提出"统筹城乡经济社会发展"的

---

① 胡锦涛：《高举中国特色社会主义伟大旗帜 为夺取全国建设小康社会新胜利而奋斗——在中国共产党第十七次全国代表大会上的报告》，5 页，北京，人民出版社，2007。

② 《教育部办公厅关于印发〈全国城市教育综合改革会议纪要〉的通知》，载《教育部政报》，2001(3)。

战略部署，持续推动城市和农村教育综合改革进入城乡统筹的新阶段。在此背景下，各地不断开展城乡统筹教育改革试验，如苏州、昆山统筹城乡发展试验，成渝统筹城乡发展试验等。2003年，党的十六届三中全会提出"科学发展观"和"统筹城乡发展"思想，"城乡一体化"理念开始作为党和国家政策的指导思想。

2007年6月，国家正式批准重庆和成都设立全国统筹城乡综合配套改革试验区，为开展统筹城乡教育综合改革提供了良好的政策支持。同年，党的十七大明确提出实现"城乡一体化"的任务。2008年，党的十七届三中全会系统阐述了"城乡一体化"的观点，即我国总体上已进入以工促农、以城带乡的发展阶段，进入着力破除城乡二元结构、形成城乡经济社会发展一体化新格局的重要时期。2008年7月，教育部与重庆市政府签署《建设国家统筹城乡教育综合改革试验区战略合作协议》。2008年9月，重庆市政府通过《重庆市统筹城乡教育综合改革试验实施方案》。该方案成为我国第一个地方性的"统筹城乡教育综合改革"试验方案，标志着统筹城乡教育综合改革的序幕正式拉开。

2010年，《国家中长期教育改革和发展规划纲要（2010—2020年）》明确提出，要构建"城乡一体化"的教育发展机制，正式将"城乡一体化"发展确立为未来10年我国教育重点推进的发展目标。

为适应教育改革新形势，2010年，我国新成立了国家教育体制改革领导小组，标志着我国城市教育综合改革的重要性不断提升，领导机构职能不断丰富与完善。一方面，教育体制改革领导小组层级更高，组长由党和国家主管教育工作的领导担任，组织更健全，与教育部组成单位相比，教育改革领导小组增加了 8 个单位；另一方面，功能更为齐备，首次形成了由国务院主管领导任主任的国家教育督导委员会，成员单位包括 10 个部委，解决了督政难题，组建了由 64 名专家组成的国家教育咨询委员会和由 26 名专家组成的国家教育考试指导委员会，并将其作为领导小组的咨询机构。2012 年，教育部内部设立综合改革司，主要承担国家教育体制改革领导小组办公室的日常工作，落实具体改革任务。

（二）农村教育综合改革

农村教育是我国教育体系的重要组成部分，在中国教育改革与发展中具有特殊的地位。新型城乡关系的确立标志着农村地区教育改革进入攻坚期。回顾农村教育的历史发展，自改革开放以来，人们围绕农村教育发展进行了激烈的讨论。在社会转型加剧的形势下，对农村教育综合改革发展方向进行梳理，对于明确农村教育未来发展具有重要意义。

1. 恢复调整期(1978—1984 年)

改革开放以来，我国开始在经济上实行家庭联产承包责任制，这一体制大大促进了农业的发展。原有的人民公社、生产大队、生产队体制因包产到户的推行受到巨大冲击，农村学校的举办面临危机。面对社队办学存在的困难，一些地方发扬我国群众办学的优良传统，推动群众集资办学的情况在全国部分地区出现。

党的十一届三中全会后，党的工作重点开始转移到社会主义现代化建设上来。教育领域开始拨乱反正，农村教育因此获得了生机，进入了恢复调整阶段。面对农村基层体制改革带来的生产积极性提高与农业科技需求增大的状况，农村教育结构调整势在必行。

教育领域的拨乱反正和高校招生考试制度的恢复，促进了农村学校教学秩序的好转。这表现在明确了农村中小学"三级办学，两级管理"的新体制；重新调整农村学校布局，改革农村中等教育结构；重新制订或修订各学科的教学计划、教学大纲和教材，明确学校的教学知识和内容。

1978 年 4 月 22 日，邓小平在全国教育工作会议上强调，"教育事业必须同国民经济发展的要求相适应"，"在教育与生产劳动结合的内容上、方法上不断有新的发展"；学校教育必须改变"学非所用，用非所学"的状况，"应该考虑各级各类学校发展的比例，特别是扩大农业中学、各种中等专业学校、技工学校的比例"等。[①] 在这些思想的指导下，部分省（区、市）开始采用

---

① 《邓小平文选》第二卷，107 页，北京，人民出版社，1994。

将普通中学改办为农业中学或职业高中的办法来扩大中等职业技术教育的规模，以调整中等教育的结构。

农村教育结构调整是这一时期我国教育事业发展的核心。1979 年 9 月，《中共中央关于加快农业发展若干问题的决定》指出，实现农业现代化，迫切需要用现代科学技术知识来武装农村工作干部和农业技术人员，要极大地提高广大农民首先是青年农民的科学技术文化水平；强调需要对县域内的各级干部、技术人员、知识青年加强培训，以提高他们的思想文化水平和技术水平。1980 年，教育部和国家劳动总局拟定的《关于中等教育结构改革的报告》强调，县以下教育事业应当主要面向农村，为农村的各项建设事业服务，实行普通教育与职业、技术教育并举的措施等。1983 年 1 月 2 日，《当前农村经济政策的若干问题》重申，必须抓紧改革农村教育，积极普及初等义务教育，扫除青壮年文盲，有步骤地增加农业中学和其他职业中学的比重。是年 1 月，《中共中央关于加强农村思想政治工作的通知》针对农村实行包产到户后，有些地方出现学生不上学、文盲增加的现象，要求改革农村教育制度，以适应农村的现状和农民的要求。是年 5 月，《中共中央、国务院关于加强和改革农村学校教育若干问题的通知》强调，各级党委和政府必须充分认识加强和改革农村学校教育、提高农村文化水平的重要性和紧迫性，认清教育在农村现代化建设中的地位和作用；农村学校的主要任务是提高新一代和广大农村劳动者的科学文化水平，促进农村社会主义建设。

2. 改革深化期(1985—2001 年)

经过调整恢复，农村教育获得了生机与活力，但在办学方向、培养目标、教育结构、课程设置、教学内容等方面脱离农村实际，制约着农村教育的进一步发展。为改变农村教育脱离农村生产、生活实际的现状，农村教育综合改革应运而生。所谓农村教育综合改革，就是在政府统筹领导下，按照"两个必须"的要求，在教育外部使教育与科技、农业等部门更紧密地结合；在教育内部通过对农村教育的办学方向、教育思想、教育体制、教育结构、教育管理、教学内容等方面进行综合性的配套改革，进一步发挥农村教育为农村社会主义建设服务的作用，使农村教育走上与农村经济社会协调发展的道路。1985 年，《中共中央关于教育体制改革的决定》成为指导我国教育发展的纲领性文件。该文件指出，"教育必须为社会主义建设服务，社会主义建设必须依靠教育"，"调整中等教育结构，大力发展职业技术教育"。部分省(区、市)为增强农村教育为农村现代化建设服务的能力，在全国率先探索农村教育的管理体制改革、教育经费体制改革、学制改革、课程与教学内容改革及"三教统筹""农科教结合"等方面的综合性改革，涌现出一批农村教育改革的先进典型。教育结构的初步改革、大规模的农业科技推广活动和各地对农村教育综合改革的探索，助推了全国范围内的农村教育综合改革，并为其积累了经验。

为了贯彻《中共中央关于教育体制改革的决定》的精神，1987年年初，国家教委在总结新中国农村教育发展的历史和各地农村教育改革经验的基础上，提出了在全国推进农村教育综合改革的设想。1988年5月，国务院批准实施由国家教委提出的旨在为"星火计划""丰收计划"培养农业技术人才、推进农村教育改革的"燎原计划"。这一计划于当年8月正式部署实施，标志着全国性的农村教育综合改革正式启动。

从1989年开始，中央和国家有关部门大力推动农村教育综合改革的全面开展，促使农村教育综合改革进入蓬勃发展阶段。1989年4月，国家教委成立农村教育综合改革试验领导小组，成员包括国家教委、农业部、中国人民银行等部门的有关负责人。其主要任务是制定农村教育综合改革试验的方针政策和发展战略，协调各方力量参与支持农村教育综合改革，对实施过程及结果进行指导、检查和监督。为协调和领导农村教育综合改革，1989年8月，农业部牵头成立了全国农科教结合协调领导小组。

1992年2月12日，《国务院关于积极实行农科教结合推动农村经济发展的通知》指出："实行农科教结合，即在政府的统筹协调下，使农、科、教等各有关方面形成强大合力，以促进农业和农村经济发展为目标，以推广先进农业科学技术为动力，以加强农村教育特别是职业技术教育和适用技术培训为基础，实现农业和农村经济的全面振兴。"①从 1989 年到 1994 年，国家教委每年召开一次全国性的现场经验交流会或工作会议，还加强了对农村教育综合改革试验县干部的培训工作，先后两次在北京举办全国农村教育综合改革试验县县长和各省（区、市）主管处长培训班。

为了给农民减负，1993 年，《中共中央办公厅　国务院办公厅关于切实减轻农民负担的紧急通知》将农村教育集资的审批权从县级提高到了省级。1999 年，《全国人大常委会执法检查组关于检查〈中华人民共和国义务教育法〉实施情况的报告》中提到，"农村教育费附加的征收率，1998 年只有 50％左右，有的县只能征到 20％"。

1994 年，"分税制"改革进一步减少了地方财政收入。在财政资源日益短缺的情况下，乡镇不得不把"压力"转嫁给村级组织和农民，导致基层政府与乡村社会的关系紧张，农村群体性事件频发。在这种情况下，"地方负责、分级管理"的问题逐渐暴露。贫困地区乡镇政府、村委会和学校在推动"普九"达标的过程中，依靠政策性举债来进行教学及辅助用房、学生生活用

---

① 《国务院关于积极实行农科教结合推动农村经济发展的通知》，载《中华人民共和国国务院公报》，1992(4)。

房、校园维修建设、教学仪器设备购置等工作，造成了全国普遍存在的"普九"欠债问题。

1999年6月，《中共中央　国务院关于深化教育改革全面推进素质教育的决定》提出，进一步推进农科教结合，全面推进农村教育综合改革，促进农村普通教育、成人教育和职业教育的统筹协调发展，使农村教育切实转变到主要为农村经济和社会发展服务上来。

2001年，《国务院关于基础教育改革与发展的决定》提出，实行在国务院领导下，由地方政府负责、分级管理、以县为主的体制。这一改革将发展农村义务教育的责任从乡镇转到区县，在一定程度上解决了教育经费困难问题，但加大了教育的区域差距。

这一时期，随着市场经济体制的建立，民营经济快速发展，人口流动幅度不断加大，农村教育改革逐渐面临着危机。在城乡关系变化的前提下，我国农村教育依旧以强调"为农"为基调是农村教育陷入困境的原因。农村教育亟须打破传统上封闭、保守的限制，丰富自身内涵。

3. 统筹调整期(2002—2012年)

随着经济的发展、人口流动性的增强以及高校扩招政策的持续推进，我国城乡二元的体制结构逐渐被打破。原有城乡相对封闭状况下的以农村内部教育改革为指向确立的农村教育办学方向开始发生变化。

2002 年，江泽民在党的十六大会议上作了题为《全面建设小康社会，开创中国特色社会主义事业新局面》的报告。报告指出，要坚持全面建成小康社会，坚持以经济建设为中心，全面繁荣农村经济，加快城镇化进程。这一报告标志着农村教育开始转向以服务经济建设为中心。

这一时期农村教育综合改革需要优先解决办学方向转变的问题。2003 年，国务院颁布的《关于进一步加强农村教育工作的决定》明确了农村教育作为教育工作的重中之重的地位，农村教育要坚持为"三农"服务的方向。2004 年 3 月，《国务院批转教育部2003—2007 年教育振兴行动计划的通知》指出，深化农村教育改革，发展农村职业教育和成人教育，推进基础教育、职业教育和成人教育"三教统筹"和农科教结合。可以说，农村教育综合改革的初衷之一就是解决农村教育片面追求升学率，脱离农村生产、生活实际的问题。

2002 年，党的十六大提出，要统筹城乡经济社会发展。2003 年，党的十六届三中全会提出，要按照统筹城乡发展、统筹区域发展、统筹经济社会发展、统筹人与自然和谐发展、统筹国内发展和对外开放的要求，最大限度地发挥市场在资源配置中的基础性作用，为全面建设小康社会提供强有力的体制保障。2004 年，在党的十六届四中全会上，胡锦涛提出了关于

"两个趋向"的论断："纵观一些工业化国家的发展历程，在工业化初始阶段，农业支持工业、为工业提供积累是带有普遍性的趋向；但在工业化达到相当程度以后，工业反哺农业、城市支持农村，实现工业与农业、城市与农村协调发展，也是带有普遍性的趋向。"①

2005年，《国务院关于深化农村义务教育经费保障机制改革的通知》提出，逐步将农村义务教育全面纳入公共财政保障范围，建立中央和地方分项目、按比例分担的农村义务教育经费保障机制，使得农村义务教育的经费进一步得到了保障。同年，《中共中央、国务院关于推进社会主义新农村建设的若干意见》提出，要加快发展农村义务教育，大规模开展农村劳动力技能培训，强调"提高农民整体素质，培养造就有文化、懂技术、会经营的新型农民，是建设社会主义新农村的迫切需要"。

2006年，党的第十六届六中全会通过的《中共中央关于构建社会主义和谐社会若干重大问题的决定》提出，要逐步扭转城乡发展差距扩大的趋势，建立覆盖城乡居民的社会保障体系，逐步实现公共服务均等化。2007年，党的十七大提出，要走中国特色发展一体化新道路，并提出要"优化教育结构，促进义务教育均衡发展"。至此，建立城乡经济社会发展一体化的工作目

---

① 《国是建言》编辑组：《国是建言第十一辑 全国政协十届五次会议·大会发言精选》，7页，北京，中国文史出版社，2007。

标确定下来，以促进城乡教育特别是义务教育均衡发展为主要目的的城乡教育综合改革受到中央和地方的重视。

2010 年，《国家中长期教育改革和发展规划纲要（2010—2020 年）》提出，要加强省级政府对区域内各级各类教育的统筹；推进教育综合改革，促进教育区域协作，提高教育服务经济社会发展的水平；加快发展面向农村的职业教育；把加强职业教育作为服务社会主义新农村建设的重要内容；加强统筹基础教育、职业教育和成人教育，促进农科教结合。不管是城乡教育发展的区域统筹，还是加快发展面向农村职业教育的提出，都已突破了农村教育综合改革的区域限制。

2011 年 9 月，习近平在天津调研时强调："推进新型城镇化与新农村建设互动发展、共同提高。"[①]新型城镇化建设的现实需求与城镇化进程加快导致的农村人口不断下降的现实，使农村学生生源不断减少，"空壳学校"不断出现，推动了新一轮农村学校布局调整的启动。

---

① 王振川：《中国改革开放新时期年鉴（2011 年）》，802 页，北京，中国民主法制出版社，2015。

第三章 | 中国共产党领导的各级各类教育的发展（上）

在改革开放和社会主义现代化建设新时期，经过短暂的恢复和调整，我国各级各类教育事业在中国共产党的领导下，步入了持续、快速、健康发展阶段。在世界九个发展中人口大国中，我国率先实现了九年义务教育，高中教育进入普及化阶段，高等教育实现了大众化，为改革开放事业提供了重要的人力资源。本章主要论述在中国共产党的领导下，我国学前教育、义务教育、高中教育、高等教育、职业教育、特殊教育、师范教育的发展。

一、学前教育的发展

（一）学前教育的整顿与发展

1978 年 12 月，党的十一届三中全会召开，学前教育迎来了新的发展机遇。党中央高度重视学前教育发展，多次就学前教育发展做出指示和规划。1978 年，教育部恢复撤销近 20 年的幼儿教育处，托儿所仍归卫生部门管理。1979 年 6 月 18 日，五届全国人大二次会议的《政府工作报告》指出："要十分重视发展托儿所、幼儿园，加强幼儿教育。"[①]1979 年，国务院召开全国托幼工作会议，陈慕华担任组长。1981 年 3 月 14 日至 17 日、5 月 14 日至 17 日，中共中央书记处两次召开儿童和少年工作座谈会，提出"全党、全社会都要重视儿童和少年的健康成长"，"对儿童和少年培养教育得怎样，直接关系到党和国家的前途和命运"，"全国妇联应把抚育、培养、教育 3 亿以上的儿童和少年，作为自己工作的重点；要积极解决少年儿童需要的托儿所、幼儿园、儿童剧场、玩具、画报、读物、娱乐场所、医院等问题"。[②] 1981 年 12 月，五届全国人大四次会议的《政府工作报告》指出："要培养大批合格的幼儿教师，使更多的学龄前儿童能够进入幼儿园，并且

---

① 魏礼群：《当代中国社会大事典（1978—2015）》第三卷，126 页，北京，华文出版社，2017。

② 王振川：《中国改革开放新时期年鉴（1981 年）》，212 页，北京，中国民主法制出版社，2015。

能够受到适应他们身心特点的教育。"[1]改革开放初期，党和政府大力加强对学前教育的领导和管理，采取了一系列行之有效的措施，推动了学前教育事业的恢复、发展、整顿、提高。

1. 召开全国托幼工作会议

1979 年 7 月 24 日至 8 月 7 日，经中央批准，教育部、卫生部、国家劳动总局、中华全国总工会和全国妇女联合会召开全国托幼工作会议，通过了《全国托幼工作会议纪要》。方毅讲话，陈慕华出席会议。会议分析了托幼工作情况，交流了经验，讨论了托幼工作的领导与分工合作以及经费、保教队伍等问题。

1979 年 10 月 11 日，《中共中央、国务院转发〈全国托幼工作会议纪要〉的通知》，从国家和民族发展的高度肯定了婴幼儿保健和教育工作的重要性，明确指出："中央和国务院认为教育部、卫生部、国家劳动总局、全国总工会和全国妇联联合召开的全国托幼工作会议，是开得好的，同意这个会议纪要。""加强对婴幼儿的保健和教育工作，培养体魄健壮、品德良好和智力发达的后一代，是关系到国家和民族前途的根本大计。各级党委和各级政府应关怀和重视托幼事业，积极抓好这项工作。"[2]

《全国托幼工作会议纪要》分析了"文化大革命"后我国学前

---

① 唐淑：《学前教育史》，209 页，北京，人民教育出版社，2009。

② 何东昌：《中华人民共和国重要教育文献（1949 年～1997 年）》，1739 页，海口，海南出版社，1998。

教育事业发展面临的困难与问题。虽然各地在积极恢复学前教育，但是当时托幼工作还存在不少问题，主要是园所数量少，保教质量低，远远不能满足幼儿入所入园的需要。造成这些问题的原因，主要是"托幼工作还未受到应有的重视，没有纳入国家计划，缺乏统一的领导，托幼经费特别是民办园所的经费来源，没有切实的保证"①。

《全国托幼工作会议纪要》指出："做好婴幼儿的保健和教育工作是党和国家的一项战略任务。一个人的健康成长，儿童时期是个奠基的时期。对婴幼儿的早期教养，是为培养人才打基础的工作，也是极大地提高整个中华民族的科学文化水平所必须。今天的婴幼儿到 2000 年正是建设社会主义现代化强国的主力军。发展托幼事业，培养具有体魄健壮、品德良好和智力发达的祖国幼苗，是关系到国家和民族前途的根本大计。在孩子身上舍得下功夫，花必要的人力、物力和财力，是一项重要的建设事业，是为未来投资。办好托幼事业，也是党和国家关心群众疾苦，调动职工、社员大干社会主义积极性的一个重要方面，是做好计划生育工作的重要保证，是妇女彻底解放的一个必要条件，是社会主义制度优越性的具体体现。那种认为托幼工作无关紧要，甚至把托幼工作同发展生产对应起来的思想是

---

① 何东昌：《中华人民共和国重要教育文献（1949 年～1997 年）》，1739 页，海口，海南出版社，1998。

错误的。"①这些认识以超前的战略眼光明确了婴幼儿教育的重要性，彰显了党和国家领导人的远见卓识。

全国托幼工作会议确定了托幼工作的统一领导和分工合作体制，决定在国务院设立托幼工作领导小组，由陈慕华担任组长，领导小组成员由教育部、卫生部、财政部、民政部、中华全国总工会、全国妇女联合会、中国人民保卫儿童全国委员会等 13 个部门的负责人组成；托幼工作领导小组下设办公室，各省、区、市设立相应的托幼工作领导小组。这样就形成了从中央到地方的托幼工作管理体制。托幼工作领导小组的任务为：贯彻执行党中央、国务院有关托幼工作的方针、政策和指示；研究、制定托儿所、幼儿园的发展规划，推动托幼事业发展；研究解决托幼工作中的重大问题，督促有关部门贯彻执行；推动有关部门加强托幼工作的宣传，表彰先进；进行调查研究，定期检查托幼工作，组织交流经验；调查了解未入园所的婴幼儿的情况，宣传科学育儿知识，加强卫生保健和教育工作。②

全国托幼工作会议还分析研究了全国城乡的托幼工作现状及存在的问题，讨论了托幼工作如何适应社会主义建设新时期的需要和迫切需要解决的问题，各有关部门如何分工协作以促进托幼

---

① 何东昌：《中华人民共和国重要教育文献（1949 年～1997 年）》，1740 页，海口，海南出版社，1998。

② 同上。

工作的开展。在托幼教育事业上，会谈提出要"坚持'两条腿走路'的方针，恢复、发展、整顿、提高各类托幼组织"；要积极恢复和发展卫生部门、教育部门办的示范性托儿所、幼儿园，有条件的地方也可以办实验性园所；从目前我国的实际情况出发，为了满足群众普及托幼组织的要求，应继续提倡机关、部队、学校、工矿、企事业等单位积极恢复建立哺乳室、托儿所、幼儿园；要扶植、巩固城镇民办园所，农村大力发展农忙托幼组织。

　　这次会议是我国学前教育史上非常重要的一次会议，是新中国成立以来第一次由国务院副总理率领有关部门协商托幼事业的发展和分工问题，体现了党和政府对学前教育事业的关怀。它把学前教育纳入了政府的重要议事日程，确定了学前教育事业的发展方针，对改革开放初期我国学前教育体制机制的建立以及明确各级政府和政府各职能部门对发展与管理学前教育的责任起到极其重要的作用。

　　2. 规范办学行为

　　在党中央的领导下，教育部、卫生部陆续发布托幼工作相关政策规范。这些文件都是改革开放初期推进学前教育恢复、发展、整顿、提高的引领性文件，有力推动了我国学前教育事业的恢复、发展。

　　针对幼儿园的主要集中地——城市，教育部和卫生部首先颁布了有关城市托幼机构的政策性文件。1979 年 11 月，教育部颁布《城市幼儿园工作条例（试行草案）》。该文件共六章三十条，内容包括：总则，卫生保健和体育锻炼，游戏和作业，思想品德教育，教养员、保育员和其他工作人员，组织、编制及设备等。[①] 这是粉碎"四人帮"后的第一个专项学前教育政策。1980 年 11 月，卫生部颁布《城市托儿所工作条例（试行草案）》。该文件共五章二十八条，内容包括：总则，婴幼儿卫生保健工作，婴幼儿的教养工作，组织、编制及工作人员职责，房屋和设备等。[②] 这两个文件对婴幼儿教育发展方针、教育目标、教育内容和管理体制做出了详尽规定。

为使托幼机构的教育工作有所依据，1981 年 1 月，卫生部妇幼卫生局颁布《三岁前小儿教养大纲（草案）》，提出托儿所教养工作的任务：培养小儿在德、智、体、美几方面得到发展，为造就体魄健壮、智力发达、品德良好的社会主义新一代打下基础。[③] 1981 年 10 月，教育部发出《关于试行〈幼儿园教育纲要（试行草案）〉的通知》，这是对 1952 年颁行的《幼儿园暂行教学纲要（草案）》的正式修订，针对幼儿的年龄特点，格外突出了幼

---

① 何东昌：《中华人民共和国重要教育文献（1949 年～1997 年）》，1753～1755 页，海口，海南出版社，1998。

② 《妇女工作手册》编写组：《妇女工作手册》，203～210 页，北京，中国妇女出版社，1992。

③ 中华人民共和国卫生部妇幼卫生司：《中国妇幼卫生工作法规性文件汇编》第一辑，210 页，中华人民共和国卫生部妇幼卫生司，1989。

儿园的"教育"职能。《幼儿园教育纲要（试行草案）》的出台，使幼儿园教育工作有了科学依据，推动了幼儿园教育质量的提升。根据《幼儿园教育纲要（试行草案）》的精神，教育部组织编写了一套教材。这是新中国成立以来第一套全国统编的幼儿园教材，于 1982 年由人民教育出版社陆续出版。

针对农村学前教育发展缓慢的问题，相关部门颁布了两个有关农村幼儿教育的文件。1983 年 9 月，教育部颁布《关于发展农村幼儿教育的几点意见》；1985 年，卫生部印发《托儿所、幼儿园卫生保健制度》。1986 年 6 月，国家教委颁布的《关于进一步办好幼儿学前班的意见》指出，举办学前班是现阶段发展农村学前教育的一种教育形式，要大力推动农村学前教育发展。该文件对规范学前班的建立意义重大。

（二）学前教育管理体制探索

1985 年 5 月，《中共中央关于教育体制改革的决定》提出："在实行九年制义务教育的同时，还要努力发展幼儿教育。"在教育体制改革的大背景下，在党的领导下，国务院及相关部门首次明确了学前教育管理体制，将学前教育重新纳入国家教育行政管理体系，制定了关涉学前教育发展的法规，使学前教育事业发展更加科学化、规范化。

1987 年 10 月 12 日，国家教委等部门召开全国幼儿教育工作会议，讨论了关于幼儿教育事业的发展方针、政策和措施以及师资队伍建设等问题。会议明确提出："幼儿教育是社会主义教育事业的重要组成部分，是我国学校教育的预备阶段，同时又是一项社会公共福利事业，各级政府都应重视幼儿教育事业的改革和发展。"①这次会议是教育部门召开的第一次有关幼儿教育的专门会议，对理顺关系、明确分工、加强领导、积极发展幼儿教育具有极为重要的意义。

1989 年 8 月 20 日，国务院批准了新中国第一个学前教育行政法规——《幼儿园管理条例》，明确了地方人民政府发展和管理学前教育的职责，对开办幼儿园的基本条件和审批程序、幼儿园的保教工作、行政事务及奖励处罚做出了明确规定。

《幼儿园工作规程(试行)》和《幼儿园管理条例》指明了国家对幼儿园的基本要求和管理的基本原则，是举办、管理、评价幼儿园的基本依据，标志着学前教育迈向法制化的新里程，推动了幼儿教育的健康发展和管理工作的科学化。

(三)学前教育转向社会化发展

"九五""十五""十一五"期间，国家深入推进经济体制改革，

---

① 中国学前教育研究会：《中华人民共和国幼儿教育重要文献汇编》，260页，北京，北京师范大学出版社，1999。

加快推行国有企事业单位剥离教育职能。1992 年，党的十四大明确提出我国经济体制改革的目标是建立社会主义市场经济体制。1997 年，党的十五大报告进一步巩固了市场在国家宏观调控下对资源配置所起的基础性作用。2000 年 10 月，党的十五届五中全会通过《中共中央关于制定国民经济和社会发展第十个五年计划的建议》，指出社会主义市场经济体制初步建立，要进一步深化改革，完善社会主义市场经济体制。从 20 世纪 90 年代中后期一直到 21 世纪初，伴随着社会主义市场经济体制改革的逐步推进，国有企事业单位开始逐渐转变经营机制，逐步剥离教育职能。我国教育事业不可避免地受到经济体制改革的影响。学前教育在应对经济、社会和政治改革的努力前行中，逐步探索与社会转型相适应的发展体制。

1. 企业办幼儿园转制

1993 年 2 月，中共中央、国务院颁发的《中国教育改革和发展纲要》指出："随着经济体制、政治体制和科技体制改革的深化，教育体制改革要采取综合配套、分步推进的方针，加快步伐，改革包得过多、统得过死的体制，初步建立起与社会主义市场经济体制和政治体制、科技体制改革相适应的教育新体制。"①

---

① 《中共中央　国务院关于印发〈中国教育改革和发展纲要〉的通知》，载《中华人民共和国国务院公报》，1993(4)。

学前教育属于非义务教育。随着市场经济体制改革的深入，计划经济体制下的依靠单位福利供给的学前教育办学模式面临较大挑战，尤其是企业幼儿园的发展受到很大冲突。1994年的统计显示，企业办园在园幼儿326万人，约占全国在园幼儿总数的12.4%。在"九五"期间，国有企业幼儿园转制，原为职工举办的福利性幼儿园停办、出租或拍卖的情况十分普遍，这是幼儿园减少的重要原因。[①]

1995年1月11日至14日，八届全国政协常委会第九次会议在北京召开。李瑞环就基础教育的重要性、目前存在的困难和问题以及如何按照《中国教育改革和发展纲要》发展基础教育，发表了题为《全社会都要关心和支持基础教育》的讲话。同年1月16日，国家教委召开1995年度教育工作电话会议。朱开轩谈到了企业办幼儿园等社会关注的教育热点问题。他指出："在社会服务体系尚未健全起来，政府和社会承接企业中小学还缺乏各种必要的准备和配套措施的情况下，目前国有企业仍有办好所属中小学、幼儿园的责任，务必防止出现大的波动，影响基础教育的发展，影响所在地区的'普九'工作和社会的稳定。"[②]国家教委于1995年8月21日在山东召开企业幼儿园体制

① 王化敏：《关于幼儿教育事业发展状况的调查报告》，载《早期教育》，2003(5)。

② 《中国教育年鉴》编辑部：《中国教育年鉴(1996)》，44～45页，北京，人民教育出版社，1997。

改革研讨会，总结了青岛、广州、武汉、哈尔滨等城市企业办幼儿园体制改革的成功经验，并决定有计划地采取多种形式加以推广。

1995 年 9 月 19 日，国家教委、国家计委、民政部、国家建设部、经贸委、中华全国总工会、全国妇联发布《关于企业办幼儿园的若干意见》，指出要探索在新形势下发展幼儿教育事业的有效途径，继续强调"坚持依靠社会力量发展幼儿教育的方针，有条件的企业应继续办好幼儿园"，"改革现行幼儿园收费制度，鼓励企业幼儿园向社会开放，逐步改变幼儿园经费由企业全部包揽的做法，提高企业办园的效益"。该文件还特别指出："深化改革，积极稳妥地推进幼儿教育逐步走向社会化。对于部分确不具备独立办园条件和具备了分离幼儿园条件的企业，本着平稳过渡的原则，可在政府统筹下，将所办的幼儿园交给当地教育行政部门规划，以多种形式继续办好，或由社区办，或由具备条件的团体、个人承办。"①各级政府和教育行政部门要加强对企业办园的业务指导，在城市规划建设中安排好幼儿园规划和建设，加强社区对幼儿教育的扶持与管理，以在企业转换经营机制过程中保证幼儿教育事业健康发展。随着这一文件的出台，企业办幼儿园快速转制、撤销，幼儿教育的单位福利性

---

① 何东昌：《中华人民共和国重要教育文献(1949 年～1997 年)》，3877 页，海口，海南出版社，1998。

逐渐消失。

1997 年 7 月，国家教委印发的《全国幼儿教育事业"九五"发展目标实施意见》重申了幼儿园办园体制改革的方向是社会化，"随着经济体制改革的深化，应积极稳妥地进行幼儿园办园体制改革，进一步明确各级政府的责任，探索适应社会主义市场经济的办园模式和内部管理机制，逐步推进幼儿教育社会化。幼儿教育发展方向应该是建立以社区为依托的、适应当地经济和社会发展的、正规与非正规相结合的组织形式"①。虽然文件重申"在社会保障制度尚未健全，社区服务体系尚不配套的地区，主办单位不能将幼儿园一步推向社会"，但是由于幼儿园在企业内部或单位内部定位不清，没有获得明确的教育属性确认，因此不同单位采取的改革措施不一，有相当一部分企事业幼儿园被推向社会或遭遇停办、变卖。这一文件的出台加速了幼儿教育社会化和市场化的进程，各种营利性幼儿园数量快速增加。

这一时期，计划经济模式下的单位办园格局受到很大冲击，加上社区办园并未跟上，导致国家整个学前教育事业发展受到相当大的冲击。"九五"时期，我国学前教育事业发展没有完成既定规划目标。截至 2002 年，全国仅剩 9549 所部门办园，在园幼儿的比例从 1992 年的 15.32％下降到 9.29％。1995—2001

---

① 何东昌：《中华人民共和国重要教育文献(1949 年～1997 年)》，4243 页，海口，海南出版社，1998。

年，全国幼儿园数、在园幼儿数、幼儿入园率呈逐年下降趋势，幼儿园由 18 万余所减少到 11 万余所，在园幼儿数从 2711.2 万人减少到 2021.8 万人，3～6 岁幼儿园入园率从 41％下降到 34％，学前教育出现明显滑坡。[1]

2. 鼓励社会力量办园

为了探索、建立与社会转型相适应的学前教育事业发展体制，解决当时学前教育事业发展的困难与问题，教育部于 2001 年在青岛召开全国学前教育工作会议，就推动"十五"期间学前教育事业发展提出了改革思路。王湛在 2001 年全国学前教育工作会议上发表讲话，指出"要解决这些问题，必须坚持积极发展，深化教育改革，重要的是进一步统一思想，增强对发展幼儿教育事业重要性的认识"，"推动'十五'期间我国幼儿教育事业提高到一个新水平"。他指出，公办和民办共同发展、正规和非正规形式相结合的发展方针能够有效地促进幼儿教育事业的发展，符合中国国情，是我们在"十五"期间和今后一个时期要继续予以坚持的。[2]

为了解决学前教育发展中的问题，国务院办公厅于 2003 年 3 月转发教育部等部门颁发的《关于幼儿教育改革与发展的指导

---

[1]　董洪亮：《学前教育为何滑坡（科教文卫·聚焦）》，载《人民日报》，2002-04-05。

[2]　王湛：《发展幼儿教育，政府有义不容辞的责任——在全国幼儿教育工作座谈会上的讲话》，载《幼儿教育》，2002(1)。

意见》，明确学前教育的发展方向，强调各级政府在学前教育事业发展中的责任。《关于幼儿教育改革与发展的指导意见》指出："目前我国幼儿教育总体水平还不高，地区之间、城乡之间发展不平衡，与经济、社会、教育的发展和人民群众日益增长的需求还不相适应；幼儿教育事业投入不足；一些地方对幼儿教育的重要性认识尚不到位，简单套用企业改制的作法，将幼儿园推向市场，减少或停止投入，甚至出售；有的地方幼儿教育管理力量薄弱。"《关于幼儿教育改革与发展的指导意见》强调，"形成以公办幼儿园为骨干和示范，以社会力量兴办幼儿园为主体，公办与民办、正规与非正规教育相结合的发展格局"，明确了今后 5 年幼儿教育改革与发展的目标——学前三年儿童受教育率达到 55％，学前一年儿童受教育率达到 80％；大中城市普及学前三年教育；全面提高 0～6 岁儿童家长及看护人员的科学育儿能力。《关于幼儿教育改革与发展的指导意见》还提出，要实现上述目标，要从 5 个方面着手：进一步完善学前教育管理体制和机制；加强管理，保证学前教育事业健康发展；全面实施素质教育，提高学前教育质量；加强师资队伍建设，努力提高幼儿教师素质；加强领导，保证学前教育改革与发展顺利进行。① 此后，集体办园和企事业单位办园急剧减

---

① 《国务院办公厅转发教育部等部门（单位）关于幼儿教育改革与发展指导意见的通知》，载《中华人民共和国国务院公报》，2003(12)。

少，公民个人办园增加，学前教育的办园体制和格局发生逆转。

2004 年 2 月 10 日，教育部发布的《2003—2007 年教育振兴行动计划》指出："多渠道、多形式地发展幼儿教育，逐步建立以社区为基础的学前教育服务网络，加强幼儿教师队伍建设，提高幼儿教育质量。"①这一文件首次提出了学前教育服务供给的新的发展方向。

"十五"初期，在一系列政策的影响下，我国学前教育事业发展水平在连年下降后得到了一定的回升。以在园幼儿人数为例，在园幼儿人数连年减少，2003 年降到了 10 年来的最低水平（2004 万人）。这种下降趋势到 2004 年开始得到扭转，2005 年快速回升到 1996 年的水平。2005 年，全国幼儿园数达到 12.44 万所，比上年增加 55.5%；在园幼儿人数 2179 万人，比上年增长 4.3%；学前三年毛入园率达到 41.4%，学前一年入园率为 72.7%。"九五"末与"十五"末比较，学前三年毛入园率增加 3.3%，学前一年入园率下降了 2.7%。虽然我国学前教育事业滑坡趋势已经得到扭转，但是按照国务院 2003 年 13 号文件规划中"2007 年学前三年入园率达到 55%"的目标预测，到 2005 年学前三年毛入园率只达到 47%，"十五"期间国家学前教育规

---

① 《国务院批转教育部 2003—2007 年教育振兴行动计划的通知》，载《中华人民共和国国务院公报》，2004(14)。

划目标没有实现。[1]

3. 学前教育重获重视

"重视学前教育。"胡锦涛在党的十七大报告中发出了铿锵有力的号召，这也是中央文件第一次提及学前教育，体现了党和国家大力发展学前教育的决心。

2007 年，教育部颁布《国家教育事业发展"十一五"规划纲要》，提出"全面建设小康社会要求坚持教育优先发展"。这一文件在"发展思路"中首次提出"以办好让人民群众满意的教育为宗旨。坚持教育的社会主义性质和公益性原则，把促进教育公平作为国家基本教育政策，加大对困难群体的扶持力度，认真解决社会关心的教育热点难点问题，保障人民享有接受良好教育的机会"。在发展目标上，《国家教育事业发展"十一五"规划纲要》提出，2006—2010 年学前教育事业的发展目标是"学前三年毛入园率达到 55％以上"，具体要求是欠发达地区学前教育规模稳步扩大，中等发达地区学前教育进一步发展，发达地区学前三年毛入园率要达到 85％以上，建立起较为完善的城乡一体化教育体系。[2]

"十一五"期间，我国学前教育在改革创新中不断前进，

---

① 庞丽娟：《中国教育改革 30 年：学前教育卷》，18 页，北京，北京师范大学出版社，2009。

② 《国务院批转教育部国家教育事业发展"十一五"规划纲要的通知》，载《中华人民共和国国务院公报》，2007(18)。

展现出强劲的发展势头，使"九五""十五"期间入园幼儿总量连续 7 年递减的情况得到总体扭转，幼儿入园率得到提高，城镇学前教育事业得到一定发展，农村学前教育下滑的情况得到控制。但受发展基础薄弱等因素影响，此时学前教育发展的总体水平还不高，城区之间、城乡之间发展很不平衡，与人民群众日益增长的需要和教育协调发展的要求不相适应，未能完成《国家教育事业发展"十一五"规划纲要》提出的总目标。①

(四)学前教育跨越式发展

在 2010 年之后，学前教育事业迎来了跨越式发展。这缘于党中央、国务院高度重视学前教育。胡锦涛专门批示，在贯彻落实《国家中长期教育改革和发展规划纲要（2010—2020 年）》时，专题研究学前教育问题，首先解决"入园难"问题。2011 年"六一"前夕，胡锦涛专程到湖北十堰柳林幼儿园亲切看望小朋友和教师，再次强调要高度重视学前教育，把其作为教育改革发展的突破口，进一步增加财政投入，充分调动社会资源，加快建立学前教育公共服务体系，努力使每个适龄儿童都能接受良好的学前教育。温家宝多次做出重要批示，要求制定切实可

---

① 郑凤霞：《学前教育从业人员伦理学》，6 页，哈尔滨，黑龙江大学出版社，2011。

行的规划和措施，将大力发展学前教育作为贯彻落实《国家中长期教育改革和发展规划纲要（2010—2020 年）》的一项紧迫任务，下决心解决人民群众关心的"入园难"问题。温家宝先后两次主持召开国务院常务会议，专门研究部署学前教育工作。刘延东亲自深入北京、浙江、贵州、湖北等地开展实地调研，听取一线教职工和专家的意见，多次召开专题会议，协调学前教育重大政策问题。

1.《国家中长期教育改革和发展规划纲要（2010—2020 年）》关于大力发展学前教育的重大决策

《国家中长期教育改革和发展规划纲要（2010—2020 年）》首次把学前教育摆在国计民生的重要位置，将学前教育作为未来十年教育改革发展的八大任务之一，专列一章对学前教育进行规划和部署，描绘了学前教育改革发展的美好蓝图；确立到2020 年，"学前三年毛入园率达 70％"，"积极发展学前教育，到 2020 年，普及学前一年教育，基本普及学前两年教育，有条件的地区普及学前三年教育"。这是党中央在全面普及九年义务教育之后，为实现更高水平的普及教育做出的又一重大决策，是落实教育优先发展战略的一项重大举措，开启了普及学前教育的伟大历史征程。

《国家中长期教育改革和发展规划纲要（2010—2020 年）》进一步明确了各级政府发展学前教育的职责，对完善学前教育投入体制、建设学前教育资助制度、加强幼儿园师资队伍建设、开展学前教育督导、发展残疾儿童学前教育和加快学前教育立法等提出了明确要求。

2."国十条"全面部署学前教育事业发展

为贯彻落实党的十七届五中全会、第四次全国教育工作会议的精神和《国家中长期教育改革和发展规划纲要（2010—2020年）》的要求，积极发展学前教育，着力解决存在的"入园难"问题，满足适龄儿童的入园需求，促进学前教育事业科学发展，2010年11月，国务院印发《国务院关于当前发展学前教育的若干意见》，对我国学前教育事业进行了全面部署与系统设计，提出了十条强有力的政策措施（简称"国十条"）。这是以国务院名义出台的第一个落实《国家中长期教育改革和发展规划纲要（2010—2020年）》的文件，也是第一个以国务院名义出台的学前教育工作文件，在学前教育发展史上具有重要的里程碑意义。"国十条"做出了如下决策。

（1）进一步明确了学前教育的性质定位和发展方向

"国十条"把学前教育摆在国计民生的重要位置，用"三个是""三个关系"深刻阐释了学前教育的性质定位和重要意义，指出"学前教育是终身学习的开端，是国民教育体系的重要组成部分，是重要的社会公益事业"；"办好学前教育，关系亿万儿童的健康成长，关系千家万户的切身利益，关系国家和民族的未来"。①

2010年12月，全国学前教育工作电视电话会议在国务院小礼堂举行。刘延东指出，学前教育"直接涉及人民群众最关心、最直接、最现实的利益"。"随着经济社会的快速发展和人民生活水平的提高，家长对教育的需求进一步向早期教育延伸，学前教育已成为人民群众对教育公平的新诉求，成为事关千家万户利益的重大民生问题。""每一个孩子的健康成长都寄托着几代人的期盼，每一个家庭都希望孩子享有公平的机会，接受科学的学前教育。大力发展学前教育，对于保障和改善民生，促进社会和谐稳定具有重大现实意义。"②党中央明确了学前教育的基本性质，强化了公益性这一核心属性，明确了公益普惠的发展方向。在党中央的领导下，各级政府将大力发展学前教育作为社会主义和谐社会的重大民生工程，将其纳入政府工作的重要议事日程，通过一系列政策、一揽子重大项目推进学前教育发展。

(2)明确了运用多种形式丰富学前教育资源供给方式

针对城乡普惠性学前教育资源短缺的现状，"国十条"有针对性地提出了运用多种形式丰富普惠性资源的具体措施。

---

① 杨莉君、陈建榕、谢欢等：《学前教育政策法规汇编》，34页，长沙，湖南师范大学出版社，2018。

② 中国教育科学研究院：《教育强国之道：改革开放以来重大教育决策研究》，287页，北京，教育科学出版社，2018。

第一，大力发展公办幼儿园，提供"广覆盖、保基本"的学前教育公共服务。通过四种方式进行推进，分别为：在公办资源短缺的城乡地区，新建一批公办园；利用中小学布局调整的富余资源和其他富余公共资源，优先改建幼儿园；鼓励优质公办幼儿园通过举办分园或合作办园的方式扩大公办资源；制定优惠政策，支持街道、农村集体举办幼儿园。

第二，积极扶持民办幼儿园，特别是面向大众、收费较低的普惠性民办幼儿园。通过一系列优惠方式扶持民办幼儿园，包括通过保证合理用地、减免税费等方式，支持社会力量办园；采取政府购买服务、减免租金、以奖代补、派驻公办教师等方式，引导和支持民办幼儿园提供普惠性服务；公办民办一视同仁，强调民办园在审批登记、分类定级、评估指导、教师培训、职称评定、资源认定、表彰奖励等方面与公办园具有同等地位。

第三，建好、用好和管好城镇小区配套幼儿园。"国十条"把小区配套幼儿园作为增加城市学前教育资源、缓解城市"入园难"的主要渠道，明确要求没有配套幼儿园的城镇小区要按照国家有关规定配套建设幼儿园；新建小区配套幼儿园要与小区建设同步规划、同步建设、同步交付使用，建设用地按照国家有关规定予以保障；未按规定安排配套幼儿园建设的小区规划不予审批，建成后的幼儿园要由当地政府统筹安排，办成公办园或委托办成普惠性民办幼儿园，保证为小区适龄儿童提供普惠性服务。

第四，加快发展农村学前教育。加快构建县、乡、村学前教育服务网络。在乡镇和大村独立建园，小村设分园或联合办园，人口分散地区配专职巡回指导教师。各级政府加大对农村学前教育的投入。国家实施学前教育重大项目，重点支持中西部农村地区。地方各级政府在农村幼儿园园舍建设、师资队伍、公用经费、资助困难群体等方面加大投入。

除此，"国十条"还对学前教育师资队伍建设、投入、管理、收费、组织机制等提出了要求：多途径加强幼儿园教师队伍建设；多渠道加大学前教育投入；加强幼儿园准入管理，强化幼儿园安全监管；规范幼儿园收费管理；完善工作机制，加强组织领导。[①]

通过一系列政策措施的支持，学前教育发展迎来了改革开放后的第二个春天，实现了跨越式发展。据统计，2012 年，全国幼儿园总数达到 18.13 万所，比 1978 年的 16.40 万所增加了 1.73 万所，比 2010 年的 15.04 万所增加了 3.09 万所，比 2011 年的 16.68 万所增加了 1.45 万所（见图 3-1）。全国学前教育资源增量显著。学前教育资源的有效扩充为广大适龄儿童提供了越来越多的入园机会。2012 年在园幼儿 3685.8 万人，比 1978

---

① 杨莉君、陈建榕、谢欢等：《学前教育政策法规汇编》，34～38 页，长沙，湖南师范大学出版社，2018。

年的 787.7 万人增加了 2898.1 万人，比 2010 年的 2976.7 万人
增加了 709.1 万人（见图 3-2）。在园幼儿总量增加的同时，学前
三年毛入园率也得到了提高。2011 年，全国学前三年毛入园率
达到 62.3%，比上年增长了 5.7 个百分点，比 2009 年增长了
11.4 个百分点。2012 年学前教育每十万人口在园幼儿数增加至
2736 人（见图 3-3）。

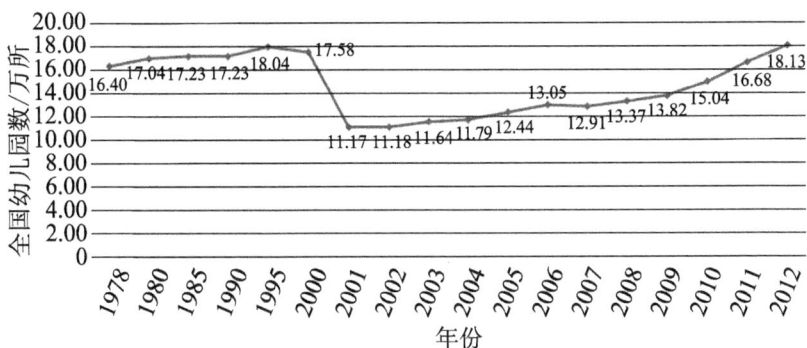

注：统计数据来自《中国教育统计年鉴》。

图 3-1　1978—2012 年全国幼儿园数变化

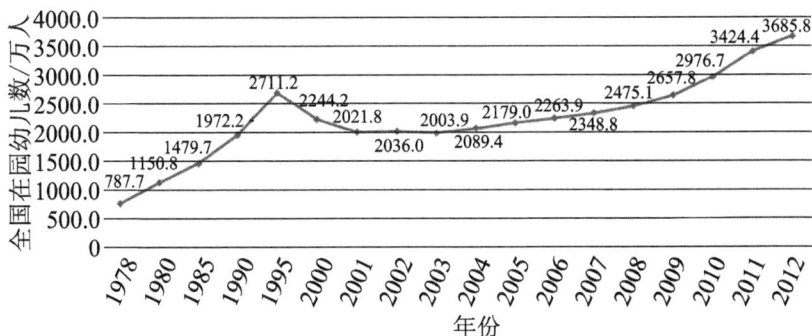

注：统计数据来自《中国教育统计年鉴》。

图 3-2　1978—2012 年全国在园幼儿数变化

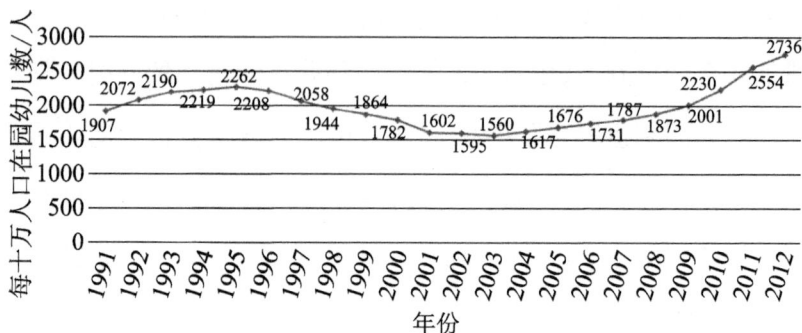

注：统计数据来自《中国教育统计年鉴》。

图3-3 1991—2012年学前教育每十万人口在园幼儿数变化

从全国学前教育专任教师数量来看，2012年专任教师数量为147.9万人，比1978年的27.7万人增加了120.2万人，比2010年的114.4万人增加了33.5万人（见图3-4）。教师队伍壮大是确保幼儿园有效运转和提升质量的核心人力资源。

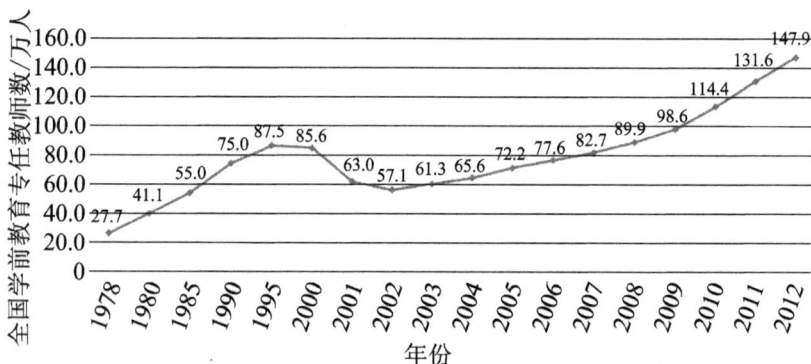

注：统计数据来自《中国教育统计年鉴》。

图3-4 1978—2012年全国学前教育专任教师数变化

二、义务教育的发展

在改革开放和社会主义现代化建设新时期，特别是从 20 世纪 80 年代到 2000 年，中国共产党领导我国教育发展的主要着力点是普及九年义务教育。从 1985 年《中共中央关于教育体制改革的决定》提出实施九年义务教育，1986 年《中华人民共和国义务教育法》颁布，到 2001 年 1 月 1 日江泽民在全国政协新年茶话会上向全世界庄严宣布"中国如期实现了基本普及九年义务教育和基本扫除青壮年文盲的战略目标"，再到 2011 年全国所有县级行政单位、所有省级行政区划全部通过了普及义务教育的国家验收，党领导中国教育事业实现了历史性的大飞跃，铸就了彪炳史册的世纪伟功，创造了发展中人口大国普及义务教育的经典范例。

（一）普及九年义务教育目标的提出

1. 把人口负担转变为人力资源

普及义务教育是中华民族复兴的百年梦想。清朝末年、北洋政府时期、国民党统治时期，一些有识之士提出普及初等义务教育的口号，但是在政治腐败、经济落后、民不聊生的时代，普及义务教育只是空头设想，根本不可能实现。至 1949 年，我国适龄儿童入学率只有 20％，文盲率高达 80％。新中国成立伊始，百废待兴、百业待举，党和国家把提高民族素质、普及义务教育、扫除文盲作为义不容辞的责任，提出了普及义务教育的奋斗目标。1949 年 9 月，中国人民政治协商会议第一届全体会议通过的《中国人民政治协商会议共同纲领》提出："有计划有步骤地实行普及教育。"①1956 年 9 月，《中国共产党中央委员会向第八次全国代表大会的政治报告》提出："必须用极大的努力逐步扫除文盲，并且在财政力量许可的范围内，逐步地扩大小学教育，以求在十二年内分区分期地普及小学义务教育。"②党中央与国务院的文件中多次提出普及义务教育的奋斗目标，普及教育被提上了党和国家的重要日程。这充分体现了老一辈革命家的远见卓识。

改革开放初期，面对经济要发展、人民要摆脱贫困、国家要增强综合国力等诸多问题，抓改革、促发展工作千头万绪。如何把人口众多的劣势转变为人力资源的优势，如何通过发展教育加速国家的发展，成为党中央着力思考的问题。

20 世纪 80 年代中期，全国尚有约占人口 1/4 的经济落后地区未普及小学教育，初中教育普及率在农村很低。社会上存在一种担忧，认为普及义务教育的目标提出得过早。中央最高领导层总揽全局，运筹帷幄，从国家发展的长远战略出发，坚定

---

① 全国人大常委会办公厅、中共中央文献研究室：《人民代表大会制度重要文献选编》，84 页，北京，中国民主法制出版社，2015。

② 何东昌：《中华人民共和国教育史》，229 页，海口，海南出版社，2007。

认为普及九年义务教育，对于提高国民整体素质，把沉重的人口负担转化为巨大的人力资源优势，促进社会主义现代化建设，实现中华民族伟大复兴具有基础性、先导性、全局性的重要作用。1985 年，邓小平在第一次全国教育工作会议上的讲话指出："我们国家，国力的强弱，经济发展后劲的大小，越来越取决于劳动者的素质，取决于知识分子的数量和质量。一个十亿人的大国，教育搞上去了，人才资源的巨大优势是任何国家比不了的。"①如果不普及义务教育，基础教育落后，那么后果就是我国有两亿三千万文盲、半文盲；再不重视、不采取切实措施，还会继续产生新的文盲、半文盲。这一阶段中央的一些文件和重要决策都把发展教育最主要的着力点放在普及义务教育上，鲜明地提出了"基本普及九年义务教育"的要求。

2. 确立普及九年义务教育目标

20 世纪 80 年代中期以来，党明确将义务教育作为全国教育事业发展的重中之重，采取一系列重大战略举措加快义务教育普及进程。普及九年义务教育是这一时期我国教育发展的一个重要指导思想。

1980 年 10 月，中共中央书记处召开会议，主要研究小学教育问题，指出"要实现四化，最根本的一条是要提高我们民族的文明程度和科学文化程度；而提高科学文化程度的基础是办好

---

① 《邓小平文选》第三卷，120 页，北京，人民出版社，1993。

小学教育"①。1980年12月，中共中央、国务院颁布《关于普及小学教育若干问题的决定》，明确指出教育事业在"四化"建设中具有重要作用，"我们的社会主义现代化建设，不仅要建设高度的物质文明，还要建设高度的精神文明。没有文化教育事业的充分发展，就不可能有完全的社会主义"②。党中央把重视教育事业列为调整的重要内容，对普及小学教育十分重视，指出小学教育是整个教育的基础，要提高教育质量，提高全民族的科学文化水平，必须从小学抓起。鉴于这样的认识，党中央提出了普及小学教育的任务，"在80年代，全国应基本实现普及小学教育的历史任务，有条件的地区还可以进而普及初中教育"，"经济比较发达、教育基础较好的地区，应在1985年前普及小学教育，其他地区一般应在1990年前基本普及"。③

1982年12月，五届全国人大五次会议通过的新修订的《宪法》明文规定："中华人民共和国公民有受教育的权利和义务"，"国家举办各种学校，普及初等义务教育"。这是第一次以国家根本大法的形式对普及义务教育做出明确规定。

1985年5月，《中共中央关于教育体制改革的决定》指出：

① 何东昌：《中华人民共和国重要教育文献(1949年～1997年)》，1868页，海口，海南出版社，1998。

② 王振川：《中国改革开放新时期年鉴(1980年)》，975页，北京，中国民主法制出版社，2015。

③ 同上。

"教育必须为社会主义现代化建设服务，社会主义建设必须依靠教育。"邓小平对基础教育尤为重视，语重心长地说："现在小学一年级的娃娃，经过十几年的学校教育，将成为开创二十一世纪大业的生力军。中央提出要以极大的努力抓教育，并且从中小学抓起，这是有战略眼光的一着。如果现在不向全党提出这样的任务，就会误大事，就要负历史的责任。"①1985 年，中央讨论《中共中央关于教育体制改革的决定》时，胡耀邦提出要将普及九年义务教育写进《中共中央关于教育体制改革的决定》。时任教育部基础教育司负责人回忆："《决定》的前四稿是教育部起草的，这四稿中并没有提出普及九年义务教育，直至第五稿送到中央，当时的中共中央总书记胡耀邦提出普及九年义务教育一定要写进《决定》。"②

1985 年 5 月，改革开放后第一个教育改革纲领性文件《中共中央关于教育体制改革的决定》指出："义务教育，即以法律规定适龄儿童和青少年都必须接受，国家、社会、家庭必须予以保证的国民教育，为现代化生产发展和现代社会生活所必需，是现代文明的一个标志。"《中共中央关于教育体制改革的决定》根据我国经济和社会发展的新形势，明确提出了在全国有计划、

---

① 《邓小平文选》第三卷，120～121 页，北京，人民出版社，1993。

② 改革开放 30 年中国教育改革与发展课题组：《教育大国的崛起(1978—2008)》，131 页，北京，教育科学出版社，2008。

有步骤地普及九年义务教育的任务，"现在，我们完全有必要也有可能把实行九年制义务教育当作关系民族素质提高和国家兴旺的一件大事，突出地提出来，动员全党、全社会和全国各族人民，用最大的努力，积极地、有步骤地予以实施"。① 这是中央文件中首次提出实行九年义务教育。在文件出台后不久，为了推动这些目标的实现，党中央决定成立国家教委，强力推动教育事业的发展与改革。

1986年4月12日，六届全国人大四次会议通过了《中华人民共和国义务教育法》，普及义务教育有了专门的法律保障。国家实行九年义务教育从此成为法定任务，标志着我国基础教育发展到一个新阶段。《中华人民共和国义务教育法》以国家最高权力机关立法的形式将党和政府关于实施义务教育的决策转化为国家的统一意志，正式确立中国实施九年义务教育，将普及义务教育纳入法制轨道。这对于保障义务教育稳定、持续发展具有深刻的现实意义和重大的历史意义。从此，"教育优先发展"和"科教兴国"思想由国家意志发展成为全民意志。

1986年9月，国务院办公厅批转《关于实施〈义务教育法〉若干问题的意见》。1992年3月，经国务院批准，国家教委正式发布《中华人民共和国义务教育法实施细则》。国家逐步加大财政

---

① 《中共中央　国务院关于印发〈中国教育改革和发展纲要〉的通知》，载《中华人民共和国国务院公报》，1993(4)。

投入，各级政府积极行动，社会各界广泛动员，着力推进普及九年义务教育。1981 年至 1991 年，国家财政拨款 357 亿元，社会捐资 700 多亿元，共修缮、新建、改建中小学校舍 6.7 亿平方米，使全国中小学危房占比由 15.9％下降到 1.6％，全国基本实现了"一无两有"。到 1991 年，全国 90％左右人口所在地区普及了小学教育，小学学龄人口入学率达到 97％左右，城市和部分农村地区普及了初中教育。①

整个 20 世纪 80 年代，正是改革开放初期国家大发展的时期，各方面都需要资金。中央最高决策层始终对普及义务教育充满信心，始终坚持不渝把推动义务教育普及工作作为教育改革的重大任务。在资金受限的情况下，克服困难，创造条件强力推进普及义务教育，体现了中国共产党的远见卓识。

(二)确立"两基"在教育工作中重中之重的地位

1993 年到 2000 年是实现"两基"(基本实施九年义务教育和基本扫除青壮年文盲)的最为关键的时期。当时，面对青壮年中存在大量的文盲，人口素质、劳动力素质低下的情况，党中央提出扫盲的问题，明确以"两基"为战略重点，推进教育事业发

---

① 《国家教委发布多渠道筹措教育经费改善办学条件公告》，载《人民教育》，1992(10)。

展。1992年10月12日，党的十四大报告提出发展目标，"到本世纪末，基本扫除青壮年文盲，基本实现九年制义务教育"。1993年2月13日，中共中央、国务院发布《中国教育改革和发展纲要》，正式把实现"两基"作为到20世纪末中国教育事业发展的奋斗目标之一，提出到2000年年底，全国85％以上人口所在地区普及九年义务教育。同年年底，"九个人口大国全民教育首领会议"在印度新德里召开，李岚清代表中国政府签署了《德里宣言》，对2000年实现"两基"这一目标向全世界做出了庄严承诺。

1994年7月，中共中央、国务院召开第二次全国教育工作会议，确立将"两基"作为我国教育工作的重中之重。江泽民在会上指出："财政再困难，也必须舍得投资把义务教育办好，这是提高全民素质的奠基工程。"[1]会议明确了普及九年义务教育的"双八五"目标，即占全国总人口85％的地区普及九年义务教育，初中阶段的入学率达到85％，确定了三片地区"三步走"的实施方法，真正把"两基"工作提上了议事日程，并将其作为重大工程来实施。这一阶段，完成"普九"和"两基"工作是国家义务教育的历史性任务，我国义务教育进入了快速发展的时期。从1985年提出"普九"到逐步确定"两基"的目标、规划等，并把

---

① 柳菊兴：《"三个代表"重要思想概论》，63页，武汉，华中师范大学出版社，2004。

它们落实到每一个县、乡，使之成为全民行动，历时 9 年之久。这充分说明，20 世纪末在全国实现"两基"是党和国家根据社会主义政治、经济和社会发展的客观需要，总结国内外现代化建设的经验教训，经过多年探索，适时做出的科学决策。①

1996 年，八届全国人大四次会议审议通过的《国民经济和社会发展"九五"计划和 2010 年远景目标纲要》明确将"2000 年全国基本普及九年义务教育，基本扫除青壮年文盲"作为社会发展的主要指标，列入"九五"规划。1997 年，党的十五大站在历史和时代高度，把实施"两基"作为落实"科教兴国"和"可持续发展"战略的重要组成部分，再次提出要发挥各方面的积极性，大力普及九年义务教育，扫除青壮年文盲。"两基"被写入党的文件，写入国家法规，成为全党全国关注的大事。1999 年 6 月 15 日，江泽民在第三次全国教育工作会议上发表题为《教育必须以提高国民素质为根本宗旨》的讲话。讲话中提出："普及九年义务教育，满足基本学习需要和提高劳动者的整体素质，要作为教育工作的首要目标，努力提高绝大多数人的教育水准。"②2000 年 2 月，江泽民专门就教育问题发表了重要讲话，进一步强调实施"科教兴国"战略必须首先落实到义务

①　教育部离退休干部局：《亲历教育 40 年：纪念改革开放 40 周年文集》，18 页，北京，高等教育出版社，2018。

②　教育部：《跨世纪中国教育》，21 页，北京，高等教育出版社，2002。

教育上来。

党中央、国务院始终将"两基"作为教育工作的重中之重，并制定了一系列重大方针和政策，大力推进"两基"目标的完成。在党中央、国务院的领导下，在各级党委、政府及有关职能部门的重视下，经过广大教育工作者和人民群众共同努力，"两基"工作取得显著成绩。到 2000 年年底，全国范围内如期实现了国家规定的"两基"目标，书写了中华民族教育史上的壮丽篇章。截至 2000 年年底，共有 2541 个县级行政单位通过"两基"验收，全国 85％以上人口所在地区普及了九年义务教育，全国累计有 11 个省份完成了"两基"任务，2385 个县实现了"两基"目标，青壮年文盲率降到 4.8％。①

1985 年，全国小学在校生 13370.2 万人，小学适龄儿童入学率为 95.9％。2000 年，全国小学在校生 13013.25 万人，小学适龄儿童入学率为 99.11％，小学毕业生升学率由 68.4％上升到 94.89％。15 年间小学毕业生升学率提高了 26.49 个百分点。1985 年，全国普通初中在校生 3964.83 万人，初中生毛入学率为 36.76％。2000 年，全国普通初中在校生 6167.7 万人，初中生毛入学率为 88.6％。15 年间初中生毛入学率提高了 51.84 个百分点。1985 年，全国青壮年非文盲率为 80％，文盲

---

① 教育部：《中国普及九年义务教育和扫除青壮年文盲报告》，4 页，北京，人民教育出版社，2012。

率为 20％。2000 年，全国青壮年非文盲率在 95％以上，文盲率在 5％以下。1999 年，中国首次在人均受教育年限上超过世界平均水平，党的十四大提出的"到本世纪末普及九年义务教育"的目标如期完成。

当时没有新闻发布制度，教育部向中央建议，在 2001 年 1 月 1 日全国政协召开的迎新会上，由江泽民发表讲话，正式宣布我国基本实现"两基"目标。李岚清强调："中央确定把基础教育作为整个教育工作的重点，把基本普及九年义务教育和基本扫除青壮年文盲即'两基'作为 20 世纪 90 年代教育发展的'重中之重'，这是我国教育发展的一个重要指导思想，是贯彻落实科教兴国战略的重大措施。90 年代，基础教育的普及程度和质量优劣，关系到'奔小康'和'三步走'战略目标的实现，关系到社会主义物质文明建设和精神文明建设的未来进程，关系到社会全面进步的程度，关系到人的全面发展。"①

(三)全面实现"普九"目标

2000 年，我国仅实现了"双八五"的规划目标，其余 15％"两基"未达标的地区大多为"老、少、边、穷"地区。这些地方经济落后，很多地区尚未彻底解决温饱问题，实现"两基"目标更加艰难；而且，即使已经通过"两基"验收的一些地方，也

_____

① 李岚清：《李岚清教育访谈录》，235 页，北京，人民教育出版社，2003。

仅仅是达到了基本要求，仍面临着基础弱、水平低、巩固难等问题。进入 21 世纪，在基本实现"两基"目标后，党中央根据国家全面建设小康社会的社会经济发展目标，从建立社会主义和谐社会的角度出发，以更加宏大的气魄朝着更高的目标迈进。党中央将发展目标调整为到 2010 年全面普及九年义务教育和全面提高义务教育质量；在工作重点上，着力帮助中西部尚未完成"两基"任务的地区，把农村教育作为教育工作的重中之重，力争用 5 年时间完成西部地区"两基"攻坚任务。在 21 世纪前 10 年，巩固"两基"成果、使西部完成"两基"攻坚任务，成为我国推进义务教育改革与发展的基础性工作。

为帮助西部地区尽快实现"两基"，2003 年 12 月，温家宝主持召开国家科教领导小组会议。会议审议通过了教育部、国家发改委、财政部、国家西开办联合制定的《国家西部地区"两基"攻坚计划（2004—2007 年）》。2004 年 2 月，国务院办公厅转发教育部等部门的《国家西部地区"两基"攻坚计划（2004—2007 年）》，决定用 4 年时间帮助西部 372 个县（市、区）以及新疆生产建设兵团的 38 个团场实现"两基"。2004 年 3 月，温家宝在十届全国人大会议所做的《政府工作报告》中宣告："今年要启动西部地区'两基'攻坚计划，到 2007 年使西部地区基本普及九年义务教育，基本扫除青壮年文盲，中央财政将为此投入 100 亿元。"①国务院成立西部地区"两基"攻坚领导小组，陈至立亲任组长。

西部"两基"攻坚工作开展后，在党中央的领导下，国家又相继实施了一系列重大工程，如"中西部农村初中校舍改造工程""农村寄宿制学校建设工程""中西部特殊教育学校建设工程""全国中小学校舍安全工程""农村义务教育薄弱学校改造计划""农村义务教育学校教师特岗计划"等系列工程，有力地推进了"两基"攻坚任务中的重点难点项目。2005 年 3 月，温家宝在十届全国人大三次会议上郑重宣布："从今年起，免除国家扶贫开发工作重点县农村义务教育阶段贫困家庭学生的书本费、杂费，并补助寄宿学生生活费；到 2007 年全国农村普遍实行这一政策，使贫困家庭的孩子都能上学读书，完成义务教育。"②这是我国政府第一次在《政府工作报告》中明确表示对农村义务教育开始实行免费政策，此后义务教育免费政策逐步扩大范围。

义务教育普及率不断提高。2007 年年底，实现"两基"验收的县（市、区）累积达到 3022 个，占全国总县数的 98.5％；"两基"人口覆盖率达到 99％。到 2011 年，最后 42 个贫困县通过"两基"验收。全国所有县级行政单位、所有省级行政区划全部

---

① 改革开放以来的教育发展性成就和基本经验研究课题组：《改革开放 30 年中国教育重大历史事件》，96 页，北京，教育科学出版社，2008。

② 周洪宇：《教育的信念与追求》，25 页，武汉，武汉出版社，2008。

普及了九年义务教育，人口覆盖率达到100％，初中阶段毛入学率超过100％。全面普及九年义务教育是中国教育发展的历史丰碑，是中华民族伟大复兴道路上绚丽的教育篇章。

全面"普九"大大提高了我国义务教育的办学水平，改善了我国义务教育阶段学校的办学条件，尤其是西部地区的办学条件得到了根本性改善，大幅提升了我国国民素质和人力资源开发水平。从人口素质上来看，我国初中及以上学历人口比例从1982年的24.87％提高到2010年的61.75％，全国人口平均受教育年限从20世纪80年代初的不足5年提高到2010年的9.5年。人民群众文化素质不断提升，为我国社会发展和经济腾飞提供了必备的人力资源。

(四)推进义务教育均衡发展成为新主题

在解决了"有学上"的问题后，"上好学"成为我国义务教育面临的重大问题。党和国家高瞻远瞩，适时将均衡发展作为我国义务教育发展的新目标。

进入21世纪后，不少地方开展了义务教育均衡发展的实践探索。《人民教育》2002年第3期刊发了山东寿光教育均衡发展经验的长篇报道。[1] 王湛对寿光市基础教育均衡发展的成果给

---

① 李振村、梁伟国：《为了每一个孩子的幸福成长——山东省寿光市教育均衡发展透视》，载《人民教育》，2002(3)。

予了高度评价。他在批示中说："读后颇受鼓舞。均衡发展是基础教育的本质要求，也是社会主义教育事业的本质要求。希望有更多的地区能够像寿光市这样坚持基础教育的均衡发展；希望《人民教育》和其他教育报刊能报道更多的促进和实现教育均衡发展的典型。"①3月10日，《人民教育》与山东省教育厅在北京联合召开促进教育均衡发展座谈会，教育部领导以及有关专家就教育均衡发展发表了意见。以此为标志，教育界展开了对教育均衡发展的探讨和争鸣。

2005年，《教育部关于进一步推进义务教育均衡发展的若干意见》提出把义务教育的工作重心进一步落实到办好每一所学校和关注每一个孩子健康成长上来，有效遏制城乡之间、地区之间和学校之间教育差距扩大的势头，积极改善农村学校和城镇薄弱学校的办学条件，逐步实现义务教育的均衡发展。2006年，教育部在成都召开首次推进全国义务教育均衡发展现场经验交流会。2006年6月，全国人大常委会新修订的《中华人民共和国义务教育法》第六条明确规定："国务院和县级以上地方人民政府应当合理配置教育资源，促进义务教育均衡发展。""促进义务教育均衡发展"成为国家的法律要求，成为党中央、国务院确立的我国在新的历史时期推进义务教育发展的战略方针。

---

① 高明山：《辉煌与困窘》，99页，西安，陕西人民出版社，2009。

2007 年 10 月，党的十七大报告明确提出："优化教育结构，促进义务教育均衡发展。"①这是党的政治报告中第一次提出"义务教育均衡发展"思想，使推进义务教育均衡发展成为全党工作的重要目标。

2008 年 8 月，温家宝主持召开国家科教小组第一次会议，审议并原则通过《国家中长期教育改革和发展规划纲要（2010—2020 年）》制定工作方案，正式启动研究制定工作；成立了《国家中长期教育改革和发展规划纲要（2010—2020 年）》编制领导小组，温家宝亲任组长，国家科教领导小组成员单位和有关单位主要领导同志为成员；成立了《国家中长期教育改革和发展规划纲要（2010—2020 年）》编制工作小组，刘延东任组长，领导小组成员单位有关负责人为工作小组成员。2009 年，教育部在邯郸召开第二次全国义务教育均衡发展现场经验交流会。《国家中长期教育改革和发展规划纲要（2010—2020 年）》列专章对促进义务教育均衡发展做出战略部署。2011 年，"普九"全面实现后，全国转入推进义务教育均衡发展的新阶段。2012 年，《国务院关于深入推进义务教育均衡发展的意见》印发。2012 年，胡锦涛在党的十八大报告中，再次要求"促进义务教育均衡发展"。2012 年，第二十八个教师节到来之际，全国教师工作暨

---

① 中央教育科学研究所教育督导评估研究中心：《义务教育均衡发展报告·2010》，5 页，北京，教育科学出版社，2010。

"两基"工作总结表彰大会召开。胡锦涛在贺信中指出，经过全党全社会的不懈努力，我国已经全面实现"两基"目标。

改革开放以来，党和国家把普及九年义务教育作为教育改革发展的重中之重，始终"咬定青山不放松"，经过三十多年的奋斗，我国义务教育发展可谓沧桑巨变。

1. 义务教育普及程度迅速提高

从 1978—2012 年我国义务教育入（升）学率变化（见图 3-5）可知，我国小学学龄儿童净入学率、小学升学率、初中升学率总体上都呈上升趋势。其中小学学龄儿童净入学率始终保持高位，1980 年处于最低值 93.9％，在 1985 年时上升到 96.0％，到 2012 年达到 99.9％，比 1978 年的 95.5％增加了 4.4 个百分点。小学升学率在 1985 年至 1996 年增长迅速，从 1985 年的 68.4％逐年增长到 1996 年 92.6％，增幅明显，之后始终保持在高位。2012 年小学升学率为 98.3％，比 1985 年的 68.4％增长

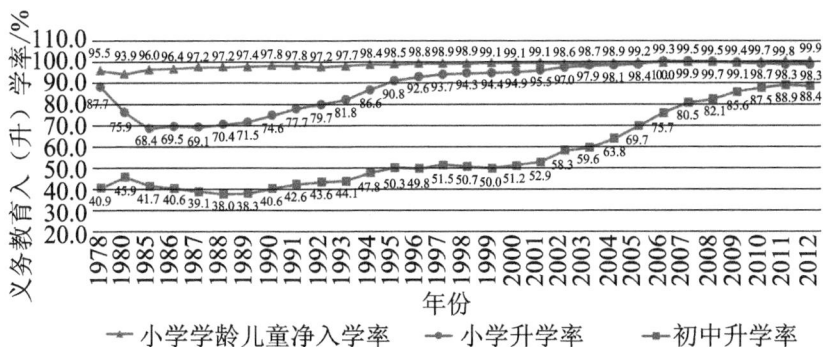

注：统计数据来自《中国教育统计年鉴》。

图 3-5　1978—2012 年我国义务教育入（升）学率变化

了29.9个百分点。初中升学率从1978年的40.9%增长到2012年的88.4%，增长了47.5个百分点，这意味着大部分初中毕业生都有接受高中教育的机会。

2. 义务教育学校规模变化

以1978—2012年我国义务教育学校数（见图3-6）为例，受计划生育政策、适龄儿童数量与学校布局调整的影响，我国义务教育学校数量持续下降，在校学生数呈起伏变化趋势（见图3-7）。我国普通小学数量从1978年的949323所调整到2012年的228585所，初中学校数量从1978年的113130所调整到2012年的53216所。受人口政策影响，1978年至2012年，我国义务教育在校学生数量多有起伏变化，2012年普通小学在校学生数为1570.8万人，初中在校学生数为1714.7万人。

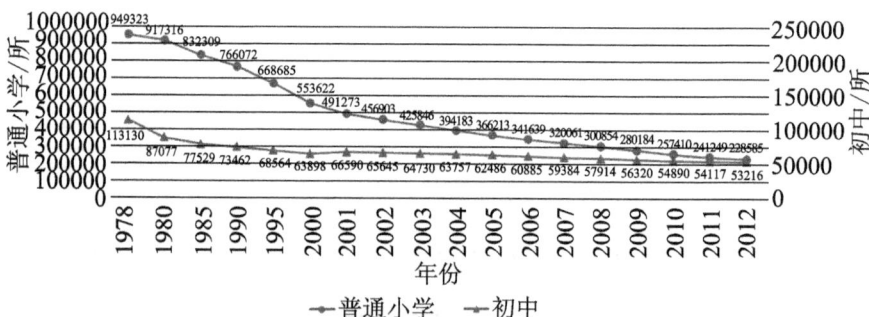

注：统计数据来自《中国教育统计年鉴》。

图3-6 1978—2012年我国义务教育学校数变化

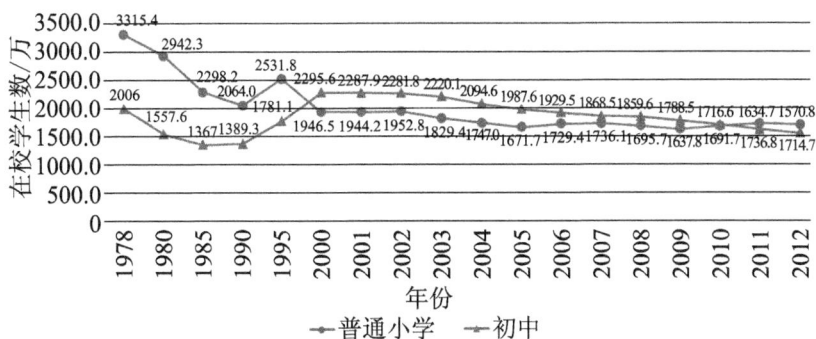

注：统计数据来自《中国教育统计年鉴》。

图 3-7　1978—2012 年我国义务教育在校学生数变化

3. 义务教育教师队伍的结构和素质发生了根本性变化

专任教师数量稳步上升，生师比持续优化，教育质量不断提高。就教师数量来看，从 1978 年到 2012 年，我国义务教育专任教师数量稳步增加，2012 年普通小学专任教师数为 568.5 万人，初中专任教师数为 350.4 万人，比 1978 年分别增加了 45.9 万人、106.3 万人（见图 3-8）。2012 年普通小学生师比为 17.36∶1，初中为 14.59∶1（见图 3-9）。生师比持续优化，教育教学质量不断提高。从 1985 年到 2001 年，全国小学教师的学历合格率由 60％上升到 96.8％，初中教师的学历合格率由 27.5％上升到 88.8％。广大教师忠于教育事业，热爱学生，勤奋敬业，不断提高教学能力，保证了义务教育的实施和义务教育阶段的教学质量。

全面实现"两基"是我国教育发展史上的重要里程碑，对于促进教育公平、提高国民整体素质、推动经济社会又好又快发

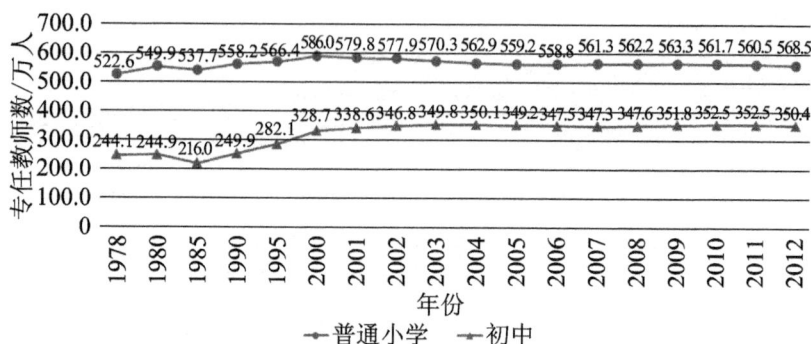

注：统计数据来自《中国教育统计年鉴》。

图 3-8 1978—2012 年我国义务教育专任教师数变化

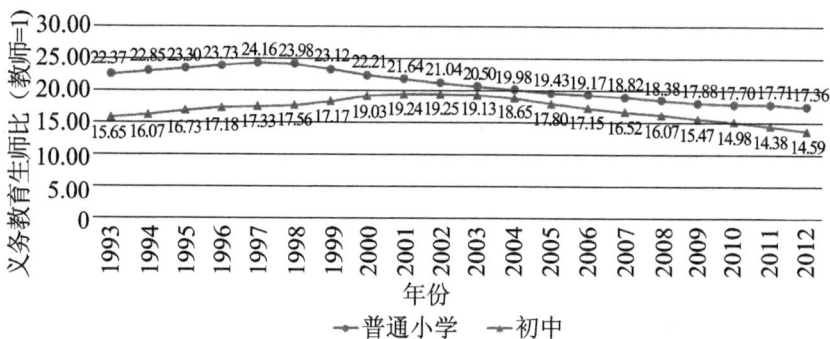

注：统计数据来自《中国教育统计年鉴》。

图 3-9 1993—2012 年我国义务教育生师比变化

展都具有重要意义。正如温家宝在全国教师工作暨"两基"工作总结表彰大会上的讲话所言："教育公平是社会公平的基石。在我们这样一个发展中的大国，让每个孩子都有学上、上得起学，保障他们平等接受教育、平等发展的权利，充分体现了社会主义制度的优越性。这不但成就了亿万孩子的人生梦想，而且对于提高全民素质、改善民生、缩小城乡差距等，都具有十分深远的意义。这是我国教育发展史上的重要里程碑，也是中华民族伟大复兴道路上浓墨重彩的绚丽篇章。"①

三、高中教育的发展

(一)高中教育的恢复与发展

1. 结构调整与发展起步

1980 年至 1981 年，教育部贯彻落实党中央提出的中等教育结构"调整、改革、整顿、提高"的方针，压缩普通高中数量，增加初中数量，调整学校布局，从而使教学力量相对集中，办学条件有所改善，教育质量有所提高。

在我国提出普及九年义务教育战略目标以后，普通高中与初中相对分离，由此，普通高中成为一个相对独立的教育类型和学段。整体来说，在改革开放初期到 2000 年，由于党和政府将主要精力放到义务教育普及工作上，高中教育发展虽有所推进，但相对滞后。直到 20 世纪 90 年代，高中教育才真正进入发展起步阶段。

1992 年，《全国教育事业十年规划和"八五"计划要点》强调，20 世纪 90 年代是我国教育事业发展的关键时期，继续将教

---

① 温家宝：《在全国教师工作暨"两基"工作总结表彰大会上的讲话》，载《人民日报》，2012-09-10。

育放到优先发展的战略地位，使教育同经济协调发展并适当超前。国家确定的普通高中发展目标为：在有条件的大城市市区试行普及高中阶段教育；未来十年普通高中教育事业发展目标是普通高中在校生将达到 800 万人，十年增加 80 万人左右。普通高中教育发展任务是，现有总规模原则上稳定，着重提高教育质量。对于已经普及初中的大城市，普通高中规模偏小的可以适当发展。普通高中办得过多和经济落后的地区，应适当缩减规模，或实行高三分流，坚持抓好升学制度改革，继续扭转片面追求升学率和偏科的现象。

1996 年，《全国教育事业"九五"计划和 2010 年发展规划》提出"适当扩大普通高中教育规模"。全国高中阶段各类在校生达到 2125 万人，年递增率为 5.2％。大城市和沿海经济发达地区努力普及高中阶段教育。普通高中随着高等教育规模的扩大适度发展，在校生达到 850 万人，比 1995 年增加 136.8 万人，年递增率为 3.6％。

教育部的相关文件中也明确了高中教育发展的目标和要求。1995 年，国家教委印发《关于大力办好普通高级中学的若干意见》。该意见是针对高中教育专门制定的，第一条是"高度重视普通高中在社会主义现代化建设中的地位和作用"，体现了国家对高中教育的重视。该意见提出，20 世纪 90 年代乃至 21 世纪初，我国普通高中教育改革与发展的总体思路为：在普及九年义务教育的基础上和继续调整中等教育结构的进程中，坚持分区规划、分类指导，适度发展事业规模；增加收入，加强师资队伍建设，改善办学条件；深化体制改革，促进办学模式多样化，加大教育教学改革力度，全面提高教育质量，初步形成能够适应社会主义现代化建设和社会主义市场经济需要的、面向21世纪的普通高中教育体制。

从改革开放初到世纪之交，是我国高中教育事业的调整、发展起步期。从数量上看，普通高中从1978年的49215所下降至1995年的13991所，在1995年达到十几年以来的最低值；之后有所提升，到2000年增加到14564所（见图3-10）。

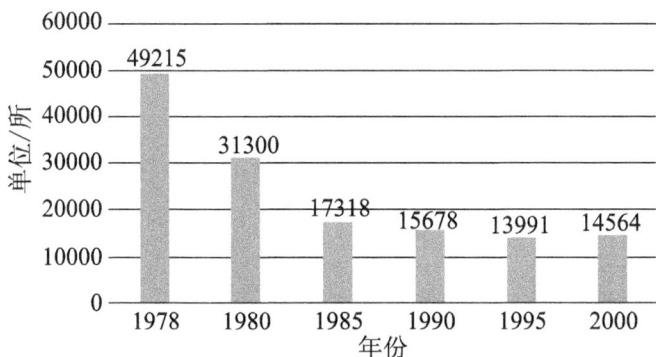

注：统计数据来自《中国教育统计年鉴》。

图3-10 1978—2000年全国普通高中学校数变化

普通高中在校学生数在1978至1995年呈逐年下降趋势，其中1978年为1553.1万人，1985年减少近一半。最低值在1995年，为713.2万人。2000年，在校学生数增加至1201.3万人（见图3-11）。

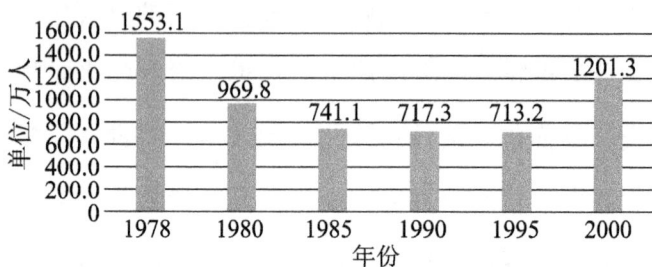

注：统计数据来自《中国教育统计年鉴》。

图 3-11 1978—2000 年普通高中在校学生数变化

2. 恢复和加强重点高中建设

改革开放后，在"早出人才、快出人才、出好人才"思想的指导下，我国实行重点高中政策。邓小平谈到"尊重知识、尊重人才"问题时指出："办教育要两条腿走路，既注意普及，又注意提高。要办重点小学、重点中学、重点大学。要经过严格的考试，把最优秀的人集中在重点中学和大学。"[1]他在 1978 年全国教育工作会议上提出："为了加速造就人才和带动整个教育水平的提高，必须考虑集中力量加强重点大学和重点中小学的建设，尽快提高它们的教学水平和教学质量。"[2]

为了更好地贯彻中央关于办好重点学校的指示，尽快提高教育质量，适应社会主义现代化建设的需要，教育部进行了系列工作。1978 年 1 月，经国务院批准，教育部颁发了

---

[1] 《邓小平文选》第二卷，40 页，北京，人民出版社，1994。

[2] 《中国教育年鉴》编辑部：《中国教育年鉴(1949—1981)》，169 页，北京，中国大百科全书出版社，1984。

《关于办好一批重点中小学的试行方案》。文件指出："切实办好一批重点中小学，以提高中小学的质量，总结经验，推动整个中小学教育革命的发展。"该文件的颁布直接推动了重点高中的快速发展。教育部办的重点中学与重点小学共有20所。

1980 年 8 月 4 日，教育部召开了全国重点中学工作会议，张承先在会上做了《贯彻全面发展方针　提高教育质量》的主题报告。[①] 他的报告在当时起到了重要的指导作用。报告指出，办好重点中学，是党和政府历来一贯的重要决策。抓住重点，带动一般，是符合教育事业发展规律的。首先，集中力量办好重点学校，快出人才，出好人才，是"四个现代化"建设的迫切需要；其次，为了迅速恢复发展我国的教育事业，需要办好一批重点中学。在当前形势下，只有集中力量办好一批重点中学，才能较快地提高教育质量，为高等学校输送高水平的合格新生，使高等学校有较高的起点，为各行各业提供较强的劳动后备力量，并带动一般中学前进。报告明确提出重点中学的任务：重点中学仍然属于普通中学性质，其任务是进行基础教育，既要为高等院校培养、输送合格的新生，又要为各行各业培养较强的劳动后备力量。办重点中学的目的是出人才、出经验。报告

---

① 张承先：《贯彻全面发展方针　提高教育质量——在全国重点中学工作会议上的讲话（摘要）》，载《人民教育》，1980(9)。

强调，要明确办好重点中学的初衷：一是模范地贯彻执行全面发展的方针，二是按照教育规律办事，三是培养的学生质量要高。

1980年10月，教育部印发了经国务院批准的《〈关于分期分批办好重点中学的决定〉的通知》，要求进一步规范和推动重点高中发展。《中共中央关于教育体制改革的决定》要求，全社会各级政府结合张承先在全国重点中学工作会议上的报告，从实际情况出发，研究并执行教育部颁发的《中共中央关于教育体制改革的决定》。《中共中央关于教育体制改革的决定》认为，重点中学是中学教育的骨干，办好重点中学是迅速提高中学教育质量的一项战略措施。这对于更快更好地培养人才，总结、积累经验起到了示范作用；对于带动一般学校前进，以适应社会主义现代化建设的迫切需要具有重要意义。因此，必须首先集中力量办好一批重点中学。《中共中央关于教育体制改革的决定》反映了当时改革开放初期国家百废待兴，教育领域集中资源保重点的时代主题。国家对重点中学的支持力度非常大，造成实践中重点中学与一般中学在发展中获取的资源差距非常大。[1]

面对社会上一些批评声音和质疑，教育部门多次出台文件，强调规范和纠正违背政策精神的各种不良行为。1983年，《教

---

[1] 张承先：《关于办重点中学的回顾与前瞻》，载《中国教育学刊》，1997(2)。

育部关于进一步提高普通中学教育质量的几点意见》提出的重点
中学应成为模范地贯彻党的教育方针，教育质量较高，具有示
范性、实验性的学校。在 20 世纪 90 年代中期，教育部门对"重
点校"的提法改为"示范校"。1994 年，国务院颁发的《关于〈中
国教育改革和发展纲要〉的实施意见》提出，到 2000 年普通高中
在校生要达到 850 万人左右，每个县要面向全县重点办好一两
所中学，全国重点建设 1000 所左右实验性、示范性高中。在此
背景下，各地积极开展示范性高中建设，加大对普通高中教育
的投入。一批教育教学质量高、师资和办学条件好、办学有特
色、管理水平高、获得社会广泛好评的普通高中学校脱颖而出，
为社会提供了更多优质教育资源。改革开放之后，"重点高中"
"示范性高中"等普通高中的建设思路持续下来，对今天的高中
教育发展格局产生了重大的影响。

（二）世纪之初的普通高中教育大发展

在 1999 年高校扩招之后，受高校招生的直接拉动，加之我
国"两基"目标的完成，我国普通高中发展的问题急剧凸显。

1999 年 6 月，《中共中央　国务院关于深化教育改革全面推
进素质教育的决定》强调，要在确保"两基"的前提下，积极发展
包括普通教育和职业教育在内的高中阶段教育，为初中毕业生
提供多种形式的学习机会。经济发达地区要有步骤地普及高中

阶段教育。

1999 年，《教育部关于积极推进高中阶段教育事业发展的若干意见》提出了积极发展高中阶段教育事业的意义："对于提高国民受教育水平，适应普及九年义务教育后人民群众对高中阶段教育日益增长的需求，缓解初中升学压力，创造全面推进素质教育的良好环境，提高民族素质，落实科教兴国战略具有十分重要的意义；同时，也是增加居民消费，带动与教育相关产业的发展，减轻就业压力，稳定社会的重要举措。"文件中提出了七条建议，其中前两条是高中教育发展的主要思路。一是"各地教育行政部门要在确保实现'两基'目标和巩固提高的基础上，重视发展高中阶段教育事业，积极发展包括普通教育和职业教育在内的高中阶段教育，为初中毕业生提供多种形式的学习机会。城市和经济发达的地区要有步骤地普及高中阶段教育，满足初中毕业生接受高中阶段教育的需求。已经基本普及高中阶段教育的地方，要优化教育机构和教育资源配置，进一步提高教育质量和办学效益"。二是"积极发展高中阶段教育要处理好改革、发展与稳定的关系，要以改革为先导，促进事业发展，要从维护社会稳定的大局出发，周密制定改革和发展措施，平稳操作；要处理好速度、规模和质量、效益的关系，在加快发展、扩大规模的同时，要努力提高教育质量和办学效益，避免发生盲目追求速度和规模，忽视质量和效益的倾向"。①

2001 年，《国务院关于基础教育改革与发展的决定》提出了"积极进取、实事求是、分区规划、分类指导"的基础教育发展原则，将全国高中阶段教育发展分为三类地区：未实现"两基"的贫困地区，适度发展高中阶段教育；已实现"两基"的农村地区，高中阶段教育有较大发展；大中城市和经济发达地区，基本满足社会对高中阶段教育的需求。文件提出了"大力发展高中阶段教育，促进高中阶段教育协调发展"的政策。"有步骤地在大中城市和经济发达地区普及高中阶段教育。挖掘现有学校潜力并鼓励有条件的地区实行完全中学的高、初中分离，扩大高中规模。鼓励社会力量采取多种形式发展高中阶段教育。保持普通高中与中等职业学校的合理比例，促进协调发展。鼓励发展普通教育与职业教育沟通的高级中学。支持已经普及九年义务教育的中西部农村地区发展高中阶段教育。"②这份文件是 21世纪前 10 年我国普通高中教育发展和改革的纲领与指南。

2002 年，教育部在天津召开全国高中发展与建设工作经验交流会，对加快普通高中发展与建设提出了一系列政策措施。国务院批转教育部制定的《国家教育事业发展"十一五"规划纲

---

① 何东昌：《中华人民共和国重要教育文献(1998～2002)》，338 页，海口，海南出版社，2003。

② 《国务院关于基础教育改革与发展的决定》，载《中华人民共和国国务院公报》，2001(23)。

要》，提出到 2010 年，高中阶段教育普及程度明显提高，在校生规模达到 4510 万人，毛入学率达到 80％左右，中等职业教育与普通高中规模基本相当。

在鼓励普通高中规模扩张的同时，党中央也意识到了优质普通高中教育发展的重要性。李岚清在 2002 年全国高中发展与建设工作经验交流会上明确指出，要进一步加快高中发展与建设，丰富优质高中教育资源。他谈道："中考难带来的问题就不只是缺乏优质教育资源的问题，而是整个高中资源不足的问题。……2001 年，教育部和国家计委共同提出了一个扶持优质高中扩建和新建的方案，拿出 15 亿元国债资金，在全国开展扩建、新建高中的工程。据不完全统计，到 2002 年底，全国扩建和新建高中 862 所、共 632 万平方米的教学设施，增加招生规模约 60 万人。这次无论是扩建还是新建，都是按优质高中的要求高起点、高要求来进行的。"[1]在上述政策的指导和推动下，普通高中教育在 21 世纪之初取得了规模上的大发展。

(三)推行普通高中课程改革

1999 年，《中共中央　国务院关于深化教育改革全面推进素质教育的决定》提出，要培养数以亿计的高素质劳动者、数以千万计的专门技术人才，还要培养一大批拔尖创新人才。党中

---

① 李岚清：《李岚清教育访谈录》，279～280 页，北京，人民教育出版社，2003。

央、国务院召开第三次全国教育工作会议，要求全面推进素质教育。

2001 年，为了贯彻落实全国第三次教育工作会议精神，国务院出台了《关于基础教育改革与发展的决定》，召开了改革开放以来首次全国基础教育工作会议。教育部制定了《面向 21 世纪教育振兴行动计划》，决定实施"跨世纪素质教育工程"，将"整体推进素质教育，全面提高国民素质和民族创新能力"当作重要任务。

2001 年秋季，国务院批准《基础教育课程改革纲要（试行）》，标志着我国基础教育课程改革全面启动。教育部启动第八次课程改革，颁布义务教育各学科课程标准 20 个。2001 年，38 个试验区开始实行并稳妥推进基础教育课程改革，到 2006 年 9 月，全国所有的小学和初中都进行了课程改革，10 个省份的高中推进了课程改革。2003 年，教育部颁布了《普通高中课程方案》和 18 个学科的课程标准。2004 年，在义务教育改革试点的基础上，广东、山东、海南和宁夏 4 地率先进行了普通高中新课程改革。

我国高度关注创新人才培养，特别强调实践能力和创新精神的培养。实施素质教育很重要的着力点就是课程改革。提高学校办学质量和人才培养质量的核心是课程。课程实际上是一个国家人才培养的蓝图。国家期望培养什么人才、准备怎样培养人才，集中体现在课程上。所以课程的设置、实施是国家意志的集中体现。①

教育部制定的《基础教育课程改革纲要（试行）》是课程改革的纲领性文献。这一轮普通高中课程改革的特点和主要内容可概括为以下几个方面。②

第一，确立三维目标。把原来目标单一（知识与技能）的课堂转变为目标多维（知识与技能、过程与方法、情感态度与价值观）的课堂。过去强调"两基"——基础知识、基本技能。但只有"两基"不够，还要强调过程和方法。学生"两基"的获得不是靠死记硬背、机械训练，还要讲究过程和方法。这些都是课程改革提出的一些新理念。此外还有情感、态度、价值观。这就是课程改革的三维目标。

三维目标的提出对素质教育的实施有很大的推动作用。教师应根据这个目标来进行课程结构的设计、课程内容的编排和组织，然后实施课程。

第二，开设综合课程。大力提倡课程的综合化，设置跨学科的综合课程。《基础教育课程改革纲要（试行）》把一些专门的学科合并为综合科。例如，一至九年级的音乐、美术合并为艺

---

① 王湛：《世纪之交"两基"的实现与基础教育的改革发展》，载《中国教育学刊》，2016(8)。

② 同上。

术；七至八年级的历史与地理合并为历史与社会；生物、物理、化学合并为科学。新课程从小学三年级起开设综合实践活动课，这是必修课。学生可以自主选择感兴趣的专题，主要内容是信息技术教育、研究性学习、社区服务、社会实践活动与劳动技术教育。

第三，实行弹性课程管理。为了培养学生的创新精神和实践能力，满足每个学生的发展需要，新课程具有弹性和选择性。实行弹性课程管理，可以使教师真正发挥积极性、主动性、创造性。

第四，推进"一纲多本"的教材政策。新课程改革结束了"一个大纲、一套教材"的历史。

第五，开发地方课程。课程改革建立了国家、地方、学校三级课程管理政策。地方不同，学校不同，课程也不同。各级教材首次出现了"百花齐放、百家争鸣"的新局面。

经过多年的发展，我国高中教育事业发展取得了很大的进展。从普通高中学校数量来看，1978 年高中学校数量是 49215 万所，经过中等教育结构调整后，普通高中学校数量减少，教育质量提升。在世纪之交，高中学校规模出现了扩大并基本保持平稳的现象。高中教育事业发展变化直接体现在 1978 年至 2012 年普通高中在校学生数变化方面。1978 年至 1995 年，普通高中在校学生数呈现持续减少趋势，到 1995 年达到最低值

713.2万人。在世纪之交普通高中大发展时期，在校学生人数迅速增加。2001年普通高中在校学生人数为1405万人，比1995年的713.2万人增加了约1倍。2012年普通高中在校生人数为2454.8万人（见图3-12和图3-13）。

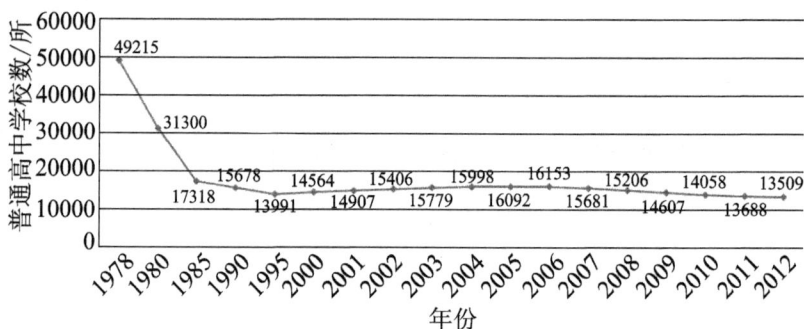

注：统计数据来自《中国教育统计年鉴》。

图 3-12　1978—2012 年普通高中学校数变化

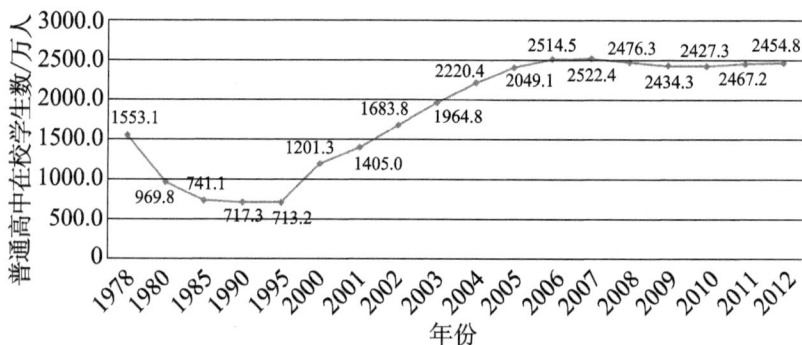

注：统计数据来自《中国教育统计年鉴》。

图 3-13　1978—2012 年普通高中在校学生数变化

30多年来，我国普通高中专任教师数基本保持稳步增长趋势。1985年普通高中专任教师数为49.2万人，2012年普通高中专任教师数为159.5万人，普通高中专任教师数量增长了约

2.24 倍（见图 3-14）。从生师比来看，生师比在 2004 年高中大发展时达到顶峰 18.65∶1，之后逐年下降，到 2012 年下降到 15.47∶1（见图 3-15）。

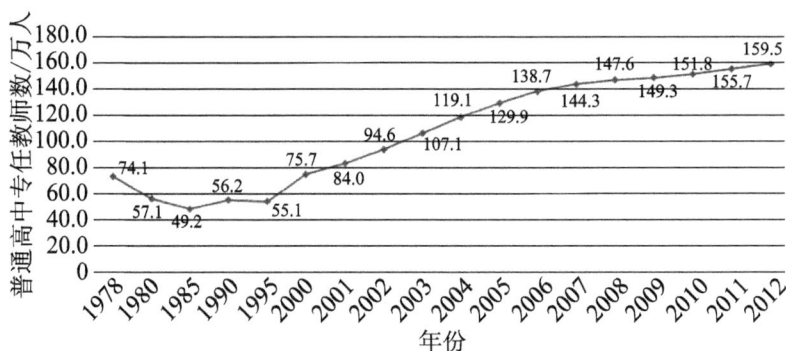

注：统计数据来自《中国教育统计年鉴》。

图 3-14　1978—2012 年普通高中专任教师数变化

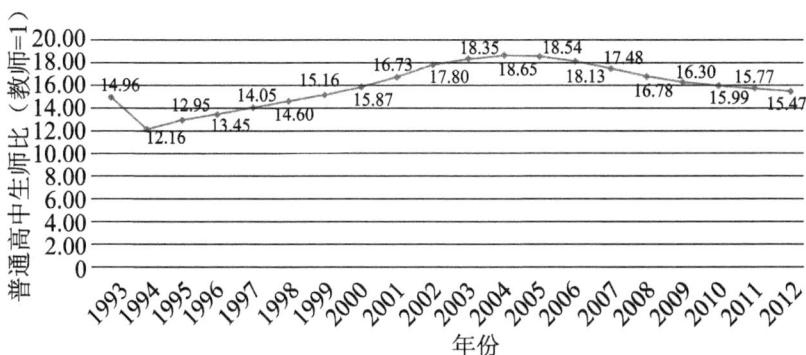

注：统计数据来自《中国教育统计年鉴》。

图 3-15　1993—2012 年普通高中生师比变化

高中阶段每十万人口在校学生数是反映一个国家人力资源储备的重要指标。从 1991—2012 年高中阶段每十万人口在校学生数变化可知，我国高中阶段每十万人口在校学生数大体呈逐年增长趋势，从 1991 年的 1355 人发展到 2012 年的 3411 人（见图 3-16），国家整体劳动力素质得到了极大的提升。

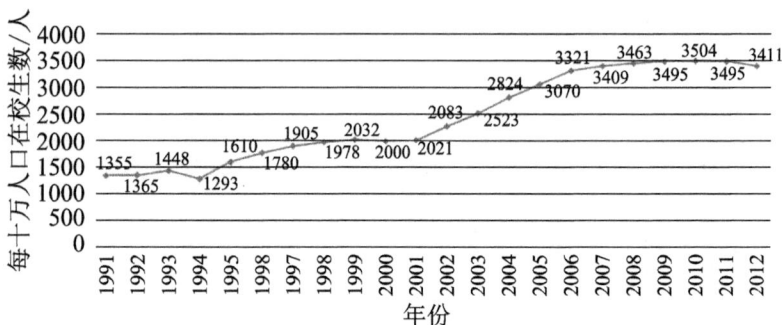

注：统计数据来自《中国教育统计年鉴》。

图 3-16　1991—2012 年高中阶段每十万人口在校学生数变化

四、高等教育的发展

(一)高等教育的恢复与发展

1978 年 4 月，邓小平在全国教育工作会议上提出："开始在科学和教育领域进行全面拨乱反正。关于学校和科学研究单位培养、选拔人才的问题，要建立学位制度，也要搞学术和技术职称。"①我国高等教育逐步走上了调整、恢复和发展的正常轨道。

---

① 《邓小平文选》第二卷，224 页，北京，人民出版社，1994。

1. 恢复高考制度

"文化大革命"结束后，国家急需大量的人才，高等学校缺乏合格的学生，恢复高考是早出人才、快出人才的历史要求。1977 年 5 月 24 日，邓小平同王震、邓力群谈话，强调："要经过严格考试，把最优秀的人集中在重点中学和大学。"[①]7 月 23 日，邓小平同张文峰、高勇谈话，提出大学招生的设想，即除工农兵大学生外，重点大学可以从应届高中毕业生中招生。"教育要两条腿走路，要有重点。大学要从工农兵中招生，重点学校可以从应届高中毕业生中招。""不管招多少大学生，一定要考试，考试不合格不能要。"[②]

1977 年 6 月 29 日至 7 月 29 日，教育部在太原召开了 1977 年高等学校招生工作座谈会。由于当时思想尚未解放，因此招生意见没有做出根本性的改变，引起了到会代表的不满。7 月 29 日，邓小平在听取方毅、刘西尧等汇报教育工作时指出："最近准备开一个科学和教育工作座谈会，找一些敢说话、有见解的，不是行政人员，在自然科学方面有才学的，与'四人帮'没有牵连的人参加。……有几个问题要提出来考虑：第一，是否废除高中毕业生一定要劳动两年才能上大学的做法？第二，

---

① 《邓小平文选》第二卷，40 页，北京，人民出版社，1994。
② 中共中央文献研究室：《邓小平决策恢复高考讲话谈话批示集》，2 页、4 页，北京，中央文献出版社，2007。

要坚持考试制度，重点学校一定要坚持不合格的要留级。对此要有鲜明的态度。第三，要搞个汇报提纲，提出方针、政策、措施。教育与科研两者关系很密切，要狠抓，要从教育抓起，要有具体措施，否则就是放空炮。"①

8月4日至8日，邓小平主持召开科教座谈会。会议进行到第三天时，武汉大学代表查全性的讲话使其他代表纷纷响应，引起了邓小平的高度重视。他立刻表态："今年就要下决心恢复从高中毕业生中直接招考学生，不要再搞群众推荐。从高中直接招生，我看可能是早出人才、早出成果的一个好办法。"②这就是"八八讲话"。会议将过去招生的十六字方针，改为"自愿报考、统一考试、择优录取"十二字方针。

8月13日至9月25日，遵照邓小平的指示，教育部在北京重开1977年高考招生工作座谈会。由于仍然受到"两个凡是"的束缚，会议经过30多天的激烈争论仍久拖不决。教育部提交了《关于1977年高等学校招生工作的意见》的送审稿。对这个送审稿，邓小平很不满意，在召见教育部主要负责同志时再次强调应该从应届高中毕业生中直接招收大学生。"……教育部不要成为阻力。教育部首要的问题是思想一致。赞成中央方针的，就

① 中共中央文献研究室：《邓小平年谱(1975—1977)》，166～167页，北京，中央文献出版社，2004。

② 《邓小平文选》第二卷，55页，北京，人民出版社，1994。

干；不赞成的，就改行。""你们起草的招生文件写得很难懂，太繁琐。关于招生的条件，我改了一下。政审，主要看本人的政治表现。政治历史清楚，热爱社会主义，热爱劳动，遵守纪律，决心为革命学习，有这几条，就可以了。总之，招生主要抓两条：第一是本人表现好，第二是择优录取。"①教育部按照邓小平的指示迅速修改招生意见并呈报给国务院。10 月 5 日，中共中央政治局会议讨论教育部的"招生意见"。10 月 7 日，邓小平审阅教育部按照 10 月 5 日中共中央政治局批示修改后的关于 1977 年高等学校招生工作的文件，并批示："我看可以。"10 月 12 日，国务院批转教育部《关于 1977 年高等学校招生工作的意见》，同意应届高中毕业生可以直接上大学，恢复考试制度，政治审查主要看本人政治表现。10 月 21 日，新华社发通告，公布了恢复高考的消息。至此，高考从制度上正式恢复。高校招生原来是"从有实践经验的工人、农民中选拔学生"。恢复高考后改为：上山下乡和回乡知识青年、应届高中毕业生都可以报名；具有高中毕业的文化程度才可以报名，而且必须通过大学入学考试；政治审查主要看本人表现，破除"唯成分论"；德、智、体全面考核，择优录取。

1977 年的高考没有全国统一试卷，命题权在各个省（自治区、直辖市），考试时间也不一样。11 月至 12 月，全国各省

---

① 《邓小平文选》第二卷，68、69 页，北京，人民出版社，1994。

（自治区、直辖市）陆续举行高等学校招生考试，全国 570 万人报名。录取工作在 1978 年 1 月进行，原计划招生 21.5 万人，后增加了 6.3 万人，共录取新生 27.8 万人。

1978 年 3 月，邓小平在全国科学大会上指出："今天，党中央这样关注科学和教育事业，这样着力于培养选拔人才，我们可以预见，一个人才辈出、群星灿烂的新时代必将很快到来。"①4 月 22 日至 5 月 8 日，教育部召开 1978 年高等学校招生工作会议。6 月 6 日，国务院批转教育部《关于 1978 年高等学校招生工作的意见》，决定恢复全国统一考试，全国统一命题，由各省份组织考试。1978 年，全国 610 万人报名，计划招生 29.3 万人，后增加了 11 万人，共招生 40.3 万人，比原计划增加 37.5%。②

高等学校统一招生考试制度的恢复，是教育领域在邓小平的指导和帮助下拨乱反正、全面恢复的一个重要标志。它不仅对于提高高校的新生质量、恢复正常的教育教学秩序、调动广大教师和青少年的积极性、加速培养国家现代化建设所需的专门人才、促进社会风气的转变产生了深远影响，而且对其他领域拨乱反正、全面恢复工作也起到了巨大的促进

---

① 《邓小平文选》第二卷，95 页，北京，人民出版社，1994。
② 教育部考试中心：《难忘 1977：恢复高考的历史实录》，12 页，天津，天津人民出版社，2007。

作用。①

2. 建立研究生学位制度

改革开放以后，高等教育领域首先恢复了高考制度，随后恢复了研究生学位制度。党中央对研究生教育非常重视，1977年10月12日，国务院批转了教育部《关于高等学校招收研究生的意见》。从此，长期中断的招收、培养研究生工作得以正式恢复。1978年，我国高校恢复招收研究生。1979年3月，中共中央书记处做出关于我国建立学位制度的决策，并指定教育部牵头起草学位条例。1979年11月1日，邓小平在中国科学院成立三十周年纪念会提出"要建立学位制度"②。

根据邓小平"要建立学位制度"的指示，1979年3月，教育部会同国务院科技干部局联合组成了学位小组，由蒋南翔担任工作组组长，着手研究学位制度的重建工作。工作组先后向中国科学院、中国社会科学院和国务院科技干部局等单位征求意见。1980年2月12日，五届全国人大常委会第十三次会议通过了《中华人民共和国学位条例》，决定于1981年1月1日施行。在会议上，蒋南翔作了题为《关于中华人民共和国学位条例的说明》的报告，指出学位是反映教育各个阶段所达到的

① 何东昌：《中华人民共和国教育史》，539页，海口，海南出版社，2007。
② 中共中央文献研究室：《邓小平论教育》，96页，北京，人民教育出版社，2004。

不同学术水平的称号，是评价学术水平的尺度。此后，国务院根据《中华人民共和国学位条例》的有关章程制定并颁布了《中华人民共和国学位条例暂行实施办法》等一系列配套文件。《中华人民共和国学位条例》的实施标志着我国学位法规的诞生，也标志着我国教育开始走向法制化道路。至此，我国正式建立了研究生培养制度和学位制度，我国研究生教育取得了举世瞩目的成就。①

《中华人民共和国学位条例》共有 20 条，规定我国学位分学士、硕士和博士级别。内容包括：建立学位制度的目的、学位的划分、学位获得者的条件、学位授予办法、学位授予机构及其职责、现有在职人员的学位授予、名誉博士学位、学位条例施行时间等。② 国务院学位委员会负责领导学位评定与授予工作。

1980 年 12 月，国务院批准成立国务院学位委员会。中央领导对此非常重视。方毅担任第一任主任委员，胡乔木担任第二任委员。第一届国务院学位委员会副主任委员为：中国社会科学研究院副院长周扬，教育部部长蒋南翔，国家科学技术委员会副主任武衡，中国科学院副院长钱三强，清华大学副校长张

① 何东昌：《中华人民共和国教育史》，572 页，海口，海南出版社，2007。
② 《中华人民共和国学位条例》，载《中华人民共和国国务院公报》，1980(2)。

光斗，教育部副部长黄辛任秘书长。

这年 12 月 15 日至 18 日，国务院学位委员会在北京召开第一次（扩大）会议。会议审定通过了《中华人民共和国学位条例暂行实施办法》和《国务院学位委员会关于审定学位授予单位的原则和办法》，研究制定了 1981 年实施《中华人民共和国学位条例》的工作部署，决定设立理学、工学、农学、医学、文学、历史学、哲学、经济学、法学和教育学 10 个学科评议组。

1981 年 11 月 3 日，国务院正式批准首批博士和硕士学位授予单位，共有 151 个博士学位授予单位，812 个学科、专业点，1155 名博士生导师；358 个硕士学位授予单位，3185 个学科、专业点。

此后，研究生教育走上了快速发展的道路，建立了布局基本合理、学科门类比较齐全、指导力量较强、科研条件较好的研究生培养基地。到 1991 年《中华人民共和国学位条例》施行 10 周年时，全国研究生招生人数增至 29679 人，与 1981 年的 9636 人相比增加了 2 倍多。[①] 2012 年全国研究生在校生数增至 171.98 万人，比 1978 年的 1.09 万人增加了 157 倍多（见图 3-17）。这一切都离不开《中华人民共和国学位条例》的保障。

---

① 王战军：《中国学位与研究生教育 40 年(1978—2018)》，4 页，北京，中国科学技术出版社，2018。

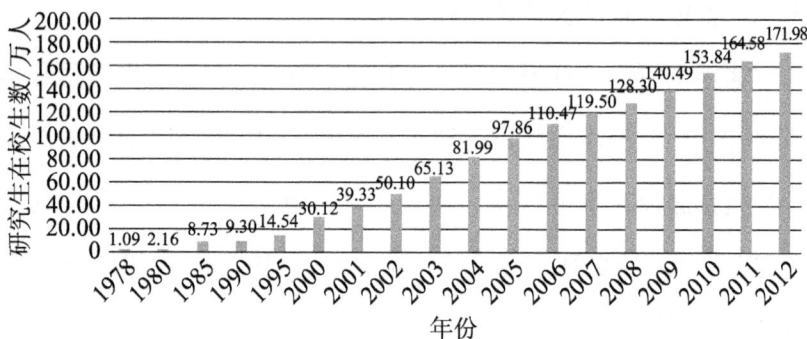

注：统计数据来自《中国教育统计年鉴》。

图 3-17 1978—2012 年研究生在校生数变化

(二)高等教育大扩招

1. 高校扩招的背景

高等教育资源供给与社会需求严重不相称，难以满足人民群众日益增长的接受高等教育的需要。中国高等教育规模在 1999 年以前基本上处于平稳发展状态，招生数量年平均增长率在 9% 左右。改革开放后，高等教育毛入学率从 1980 年的 1% 左右上升到 1990 年的 3.4%。从 1990 年到 1998 年，高等教育规模虽有较大扩大，全国普通本专科招生规模由 61 万人发展到 108 万人，同期在校生由 206 万人增加到 341 万人，但这个发展规模和速度还远远不能满足我国经济社会发展对于高等教育的需求。

在 1999 年全国教育工作会议上，中央政府决定大幅扩大高校招生规模，以适应经济社会发展对专门人才的需求，进一步解决人民群众上大学难的问题。李岚清在其教育访谈录中回忆："为什么作出这样的决定？有四个主要原因：一是我国持续快速发展的经济需要更多的高素质人才，这也是党的十五大所要求的。1998 年我国的大学生在校人数只有 780 万，占同龄人比例为 9.8％，不但大大低于发达国家的水平，也低于国际高等教育大众化最低标准 15％的水平。就平均每万人中大学生的比例而言，我国也比印度低许多。我们需要培养更多的大学生。二是广大群众普遍渴望子女都能受到高等教育，政府有责任尽量满足他们这种愿望。三是扩招也可以推迟学生就业，增加教育消费，是拉动内需、带动相关产业发展的重要举措。四是由于过去招生比例低，录取人数少，考大学难，迫使基础教育集中力量应付高难度的考试，因此影响了素质教育的全面推行。所以，高校大幅度地扩招是客观的必然，也是民心所向，势在必行。"①

2. 高校扩招政策的实施

1999 年 6 月中旬，中共中央、国务院召开全国教育工作会议，朱镕基宣布扩大高等学校招生规模。1999 年 6 月 24 日，国家计委、教育部联合召开新闻发布会，宣布在年初扩大招生规模的基础上，进一步扩大高等学校招生规模，计划 1999 年普通高校招生从 1998 年的 108 万人增加到 156 万人。由此，我国高

---

① 李岚清：《李岚清教育访谈录》，119 页，北京，教育科学出版社，2003。

等教育改变了适度发展的态势，转入大发展的轨道。以此为开端，国家连续三年进行大扩招，使我国高等教育规模得以迅速扩张。1999 年，普通高等学校招生 159.68 万人，比 1998 年增加了 51.32 万人，增幅约 47.4%。1999 年至 2001 年是改革开放以来我国高等教育发展速度最快的时期，招生人数和在校生数三年翻了一番多。1999 年以来，连续三年扩招无疑加快了中国高等教育发展进程，缩小了我国同世界的差距。根据 2003 年全国普通高等学校招生计划工作会议上的报告，2002 年，我国普通高等学校招生 320.5 万人。截至 2002 年秋季，全国各类高等学校在校生已达 1600 万人，比 1998 年翻了一番多。高等教育毛入学率由 1998 年的 9.8% 提高到 15%，历史性地跨入国际公认的高等教育大众化阶段（见表 3-1）。

表 3-1　1999—2006 年中国高等学校扩大招生一览

年份	普通本专科招生人数/万人	比上年增加人数/万人	增幅/%	在学人数/万人	毛入学率/%
1999	159.68	51.32	47.40	879.16	10.50
2000	220.61	52.79	31.45	1230.00	12.50
2001	268.28	47.67	21.61	1300.00	13.30
2002	320.50	52.22	19.46	1600.00	15.00
2003	382.17	61.67	19.24	1900.00	17.00
2004	447.34	65.17	17.05	2100.00	19.00
2005	504.00	56.66	12.67	2300.00	21.00
2006	540.00	36.00	7.00	2500.00	22.00

注：数据来自《中国人口统计年鉴》《中国教育统计年鉴》。

从扩招前后的总量看，2001 年至 2010 年各类高等教育毕业生合计 5107.1 万人，同 1991 年至 2000 年的 1492.2 万人相比，增长约 2.42 倍。2006 年至 2010 年毕业生增幅最大，除成人高校外，普通高校本专科生和所有类别研究生均超过前 15 年的毕业生总和。我国高等教育初步实现了由高等教育规模小国向高等教育规模大国的历史性转变。

超常规的发展必须有超常规的思路和举措。在高校扩招的过程中，中央政府、国务院采取了非常措施，加大了支持力度，从 1999 年开始，连续几年安排国债来支持教育，第一年安排 20 亿元，第二年安排 25 亿元，第三年安排 25 亿元。扩招前三年，中央财政累计安排国债 70 亿元用于支持高校扩招和发展，安排 20 多亿元维修费用用于改造中央部委所属高校的基础设施。"十五"期间，中央财政每年增加一个百分点用于增加教育投入，其中有很大一部分用于支持高校扩招；带动地方投入和部门投入教育 150 亿元，高等教育投入大约增长 200 多亿元。在当时来讲，这是中央在教育经费投入上的一个重大突破，史无前例。

3. 高校扩招的重大影响

高校扩招是中国教育史上具有里程碑意义的重大事件，是党和政府打破常规、审时度势做出的一项跨世纪的重大战略决策，是在极其困难和各种矛盾交错中开拓出的一条新路，体现和维护了最广大人民群众的根本利益，对增强综合国力、提高国民素质、促进经济发展和社会进步具有深远的意义。在全党全社会的共同努力下，我国高等教育各项改革在世纪之交取得了突破性进展，高等教育迈进了大众化阶段。这必将作为中国教育发展的辉煌篇章载入史册。

扩招引发了我国高等教育发展的指导思想的重大转变。以往我国对高等教育的发展一直定位在稳步和适度发展上，基调是"适度扩大高等教育规模，优化结构，进一步提高高等教育质量和办学效益"。党中央、国务院根据经济和社会发展形势的变化，审时度势地做出了扩大高等教育招生规模的决策，带动了高等教育发展的指导思想的重大变化。从以条件确定高等教育发展规模转变到按社会需求促进发展，通过发展促进条件的改善，这是我国高等教育发展指导思想的重大转变。

高校扩招加快了我国高等教育进入大众化的进程。在这方面，美国用了30年(1911—1941)成为世界上第一个实现高等教育大众化的国家；韩国用了14年(1966—1980)、日本用了23年(1947—1970)、巴西用了26年(1970—1996)实现了高等教育毛入学率从5%到15%的飞跃，达到了高等教育大众化的水平。我国大约用了10年时间，高等教育毛入学率就从1990年的3.4%提高到2002年的15%。

高校扩招促进了我国高等教育规模的扩大和高等教育结构的变化。高校扩招一半在高等职业院校，有力地推动了高等职业教育的大发展。从 1998 年到 2005 年，全国共增加普通高等学校 770 所，其中本科学校 110 所，专科学校（含职业技术学院）660 所。2007 年，全国高等职业教育招生 284 万人，比 1998 年增长了 6 倍，在校生达到 860 万人。为了适应扩招需要，地方政府还通过土地置换和利用金融贷款等方式建设新校园、新校区，拓宽办学空间。高校新校区由此逐渐建立，民办高校大量增加。高校扩招增强了教育为社会培养人才的能力：一是为国家实施科技创新、转变经济增长方式培养了一批高素质人才；二是人民群众接受高等教育的机会大幅度增加，高考升学压力降低；三是促进了中华民族整体素质的提高。

（三）建设世界一流大学和高水平大学

建设世界一流大学和高水平大学是党的重大决策，对于增强高等教育的综合实力、提高我国国际竞争力具有重要意义。我国发展高等教育的基本思路和策略，是在推进高等教育大众化的同时对一批国家重点大学提出新的和更高的要求，即下决心建设一批重点学科和若干所世界一流大学，并确定了发展目标和一系列具体政策，即通过"211 工程"和"985 工程"等重点建设项目，推动高水平大学的发展。

1. 实施"211 工程"

"211 工程"是新中国成立以来高等教育领域规模最大的重点建设工程。其建设目标为：面向 21 世纪，集中精力，重点建设 100 所左右的高等学校和一批重点学科，使其总体上处于国内先进水平，其中一部分重点高等学校和重点学科接近或达到国际同类学校和学科的先进水平。大部分学校办学条件得到明显改善，在人才培养、科学研究、学科建设、管理水平、办学效益上取得了较好的成绩，适应了国家、地区和行业发展需要，起到了骨干和示范作用。

为迎接世界新技术革命和日益激烈的国际竞争的挑战，促进我国高等教育发展，提高高等学校的教育和科研水平，"211 工程"在 1991 年《关于国民经济和社会发展十年规划和第八个五年计划纲要的报告》中被正式提及。1991 年 12 月，国家计委、国家教委、财政部联合发文，提出面向 21 世纪要集中各方面的力量"办好 100 所左右重点大学"。1993 年 2 月，党中央、国务院颁布的《中国教育改革和发展纲要》提出，集中各方面力量办好 100 所左右重点大学和一批重点学科及专业。随后国家教委颁布了《关于重点建设一批高等学校和重点学科点的若干意见》，积极落实《中国教育改革和发展纲要》提出的原则和方针。该文件与《关于〈中国改革和发展纲要〉的实施意见》将《中国教育改革和发展纲要》提出的"建设 100 所重点大学"调整为"重点建设 100

所大学"。"211 工程"被提到党和政府决策的高度，使中国在世纪之交开始了创建世界一流大学的伟大航程。1994 年 6 月，全国教育工作会议召开，李鹏和李岚清在讲话中指出，要面向 21世纪，重点建设好我国的 100 所大学。1995 年 5 月，《中共中央国务院关于加速科学技术进步的决定》提出，要"坚定不移地实施科教兴国战略"，"充分发挥高等教育及其他各类教育在培养科技人才方面的主渠道作用"。同年 11 月，国务院批准《"211 工程"总体建设规划》，并将实施"211 工程"作为教育领域唯一的国家重点建设项目列入"九五"计划。1999 年 6 月，在国务院的指导下，教育部先后批准对 101 所高校开展预审工作。这 101所高校集中了全国高校 84％的博士生、69％的硕士生和 32％的本科生，覆盖面很大。

"211 工程"的建设内容主要包括学校整体条件、重点学科和高等教育公共服务体系建设三大部分。学校整体条件建设是基础；重点学科建设是核心，是体现教学和科研水平的重要标志，是带动学校整体水平提高的有效途径；高等教育公共服务体系建设以重点建设的学校为依托，按照资源共享、服务全国的原则，从整体上提高高等学校的办学水平和办学效益。具体内容如下。

学校整体条件建设：造就一大批学术造诣较深、在国内外有一定影响力的学术带头人和骨干教师，特别应加速对青年学术带头人的培养，建设一支政治业务素质优良、结构合理、人员精干、相对稳定的教师队伍和管理干部队伍；深入进行教育改革，优化学科（专业）结构，促进学生德、智、体全面发展，确保教育质量有较大提高；加强教学、科研所必需的基础设施建设、实验室建设等，为培养及吸引优秀人才创造必需的条件；提高办学规模效益；加强科学研究工作，努力实现科研成果产业化，加快科学技术转化为现实生产力的步伐；推进办学体制改革，深化学校内部管理体制改革；加强高等学校国际交流与合作，提高我国高等教育在国际上的影响力。

重点学科建设：主要是增强对科技前沿领域高层次人才培养的能力。在部分有条件的学校中选择一些对国家经济建设、科技进步、社会发展和国防建设等领域产生重大影响，能够解决本领域的重大科技问题，并有望取得突破性成果的重点研究基地，改善人才培养条件，拓宽学科面，形成一批学科基础相关、内在联系紧密、具有特色和优势的学科群、学科基地，以持续培养本领域高水平的骨干人才，努力形成覆盖我国经济建设和社会发展主要行业和领域、带动学科和科技发展、分工合理、相互配套的重点学科体系。

高等教育公共服务体系建设：主要包括中国教育和科研计算机网、图书文献保障系统、现代化仪器设备共享系统等建设内容。中国教育和科研计算机网将连接全国主要高等学校，并与国际网络联网一起为我国教育、科技和社会各界提供信息服务。图书文献保障系统以中国教育和科研计算机网为依托，设立全国综合文献中心和一批学科文献中心，与国内外文献系统广泛联网，建立文献信息子网。根据地区优势，在全国高等学校比较集中的中心城市，结合高等学校重点学科的建设，设立现代化仪器设备共享系统，提高设备的使用效率。①

"211 工程"是一个以重点资金为保障实现重点办学、有选择地发展高等教育事业的工程，显示了中央政府在公共经费投入上的政策导向性，是新中国成立以来我国在高等教育领域进行的规模最大的重点建设工程。截至"十五"规划末期，"211 工程"共安排建设资金 292.94 亿元，其中中央专项资金 87.55 亿元。

实施"211 工程"是国家推进高等教育发展所采取的重要举措，是促进高等教育与经济社会发展相适应的重要措施，是为实施我国经济和社会发展战略培养高层次人才的重要决策。这一工程的实施将对提高我国高等教育水平，加快国家经济建设，促进科学技术和文化发展，增强综合国力和国际竞争能力，实现高层次人才培养具有极为重要的意义。"211 工程"是一项跨世纪的战略工程，是我国高等教育"面向现代化，面向世界，面

---

①　本书编委会：《高等教育振兴行动计划实施纲要》，935～936 页，长春，吉林电子出版社，2004。

向未来"，上水平、上质量、促改革、增效益的工程。

"211 工程"从总体上高质量地实现了预期目标，取得了一批重大科研与教学成果，收获了明显的社会效益。"211 工程"实现了重点建设、推动整体发展的战略构想，建设了一批重点院校和重点学科，有效带动了高等教育整体水平的提高，成为有力落实"科教兴国"战略的基础性工作和创建世界一流大学的启动工程，较大程度地改善了高等学校的办学条件。一批重点学科已成为国家知识创新、技术创新和高层次人才培养的主要基地，提高了中国高等教育信息化程度。[①]

2. 实施"985 工程"

1999 年启动的"985 工程"是中央政府主动应对世界科技革命和综合国力竞争，加快推进重点高校发展，建设世界一流大学的重要探索。

(1)"985 工程"实施的背景

世纪之交，世界进入以信息技术为标志的高科技和新经济时代，国际上对高层次人才的争夺日趋激烈，科学技术水平成为国家综合国力的重要标志。建设世界一流大学和高水平大学，是推动中国高等教育整体水平提升、实现跨越式发展的重要举措，是实施"科教兴国"战略和"人才强国"战略的重要途径。

---

① 胡松柏：《中华人民共和国教育发展全史(1949—2009)》，760 页，南宁，广西教育出版社，2009。

1997 年 12 月 9 日，中国科学院向党中央、国务院提交了《迎接知识经济时代，建设国家创新体系》报告。其制定的 2019 年的总体目标包括要"建设一批国际知名的国家知识创新基地"。1998 年 2 月，国务院批准"知识创新工程"试点的申请。同年年底，财政部发布《关于核定中国科学院知识创新工程试点专项经费的通知》，安排相关经费 48.02 亿元。

（2）"985 工程"的政策内容

1998 年 5 月 4 日，江泽民在北京大学百年校庆的讲话中宣告："为了实现现代化，我国要有若干所具有世界先进水平的一流大学。这样的大学，应该是培养和造就高素质的创造性人才的摇篮，应该是认识未知世界、探求客观真理、为人类解决面临的重大课题提供科学依据的前沿，应该是知识创新、推动科学技术成果向现实生产力转化的重要力量，应该是民族优秀文化与世界先进文明成果交流借鉴的桥梁。"①

2001 年，江泽民在庆祝清华大学建校 90 周年大会上的讲话进一步阐述了建设世界一流大学的目标："一流大学应该坚持正确的办学思想，注重形成优秀的办学传统，形成鲜明的办学风格，发展优势学科，努力建设一支高素质、高水平的教师队伍，为国家和民族的兴旺发达作出贡献。一流大学应该站在国际学

---

① 何东昌：《中华人民共和国重要教育文献（1998～2002）》，89 页，海口，海南出版社，2003。

术的最前沿，紧密结合先进生产力的发展要求，依托多学科的交叉优势，努力进行理论创新、制度创新、科技创新，特别要抓好科技的源头创新，并推动科技成果加速转化为现实生产力。一流大学应该成为继承传播民族优秀文化的重要场所和交流借鉴世界进步文化的重要窗口，成为新知识、新思想、新理论的重要摇篮，努力创造和传播新知识、新理论、新思想，不断促进社会主义文化的发展。一流大学应该成为培养人才的重要基地，不断为祖国为人民培养出具有正确的世界观、人生观、价值观，具有创造精神和实践能力的全面发展的人才。"①

　　为贯彻落实"科教兴国"战略和江泽民的号召，1998 年 6 月 25 日，国家科技教育领导小组正式成立。10 月 28 日，在第二次工作会议上，领导小组审议并原则通过了教育部报送的《面向 21 世纪教育振兴行动计划》，明确将"建设世界一流大学"作为具有重大战略意义的教育改革发展目标。《面向 21 世纪教育振兴行动计划》提出重点支持将北京大学、清华大学等部分高等学校创建为世界一流大学和高水平大学。

　　为了促进一流大学的创建，中央政府决定自 1998 年起，在中央本级财政教育经费占本级财政支出比例年增长 1% 的经费中设专项资金，重点支持若干所大学进入国际先进行列；依据国

---

　　① 何东昌：《中华人民共和国重要教育文献(1998～2002)》，859 页，海口，海南出版社，2003。

务院及国家教委多年管理高等教育的经验，逐步将专项建设资金分别拨付给三十几所国内重点大学。1999 年 1 月 13 日，国务院批准了教育部《面向 21 世纪教育振兴行动计划》，开始以"2＋X"模式实施"985 工程"。"985 工程"确定的院校更为集中和有限，一期工程最后确定了 34 所，二期工程确定了 38 所，多数入选院校都经历过"211 工程"的建设过程。国家在支持力度上有了大幅度增加，一期投入 255 亿元，二期投入 426 亿元，三期投入约 200 亿元。

"985 工程"调整和优化了高等学校的学科结构与方向，形成了一批高水平的综合性研究型大学，增强了高校的创新人才培养能力、科研能力、创新能力和为经济社会发展服务的能力，提高了高水平大学的人才培养质量，凝聚了一大批国际知名专家、学者和高水平师资，承担了大量的国家重大科研项目和课题，获得了一批具有标志性、突破性和对经济社会发展具有重大意义与推动作用的成果，拓展了国际交流与合作的领域，学术交往更加活跃，在国际学术界的影响力和知名度不断提高，为中国改革开放和现代化建设做出了重大贡献，促进了综合国力的全面提升。建设世界一流大学和高水平大学是党中央、国务院的一项重大战略决策。

在党中央的领导下，经过几十年的努力，我国高等教育事业取得了巨大的成就。

第一，高等教育学校数量大幅增加。2012 年全国共有普通高等学校 2442 所（含独立学院 303 所），比 1978 年增加 1844 所（见图 3-18）。2012 年全国共有培养研究生单位 811 个，其中高等学校 534 个，科研机构 277 个。

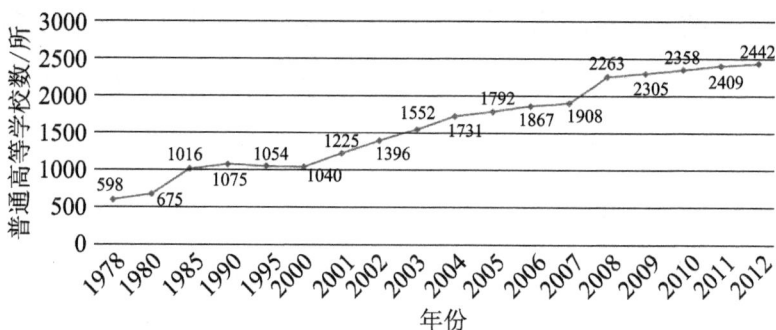

注：统计数据来自《中国教育统计年鉴》。

图 3-18　1978—2012 年普通高等学校数变化

第二，各类教育总规模扩大。2012 年，全国各类高等教育总规模约 3156 万人，高等教育毛入学率达到 30%。普通高等学校学历教育在校生数量创新高，其中普通专科占比 31%，普通本科占比 45%，成人本科占比 8%，硕士与博士分别占比 4%、1%（见图 3-19）。经过多年的发展，我国普通本专科在校生数呈现持续增长态势，2012 年普通本专科在校生数为 2391.3 万人，约是 1978 年 85.6 万人的 28 倍（见图 3-20）。高等教育的发展极大地提升了我国人力资源素质，普通高等学校每十万人口在校生数从 1991 年的 304 人增长到 2012 年的 2335 人（见图 3-21）。高等教育的快速发展为我国经济方式转变和经济结构战略性调整提供了强有力的人才支持，有效提升了我国从业人员的科学文化素质，加快了人力资源结构的调整，增强了我国的国际竞争力。

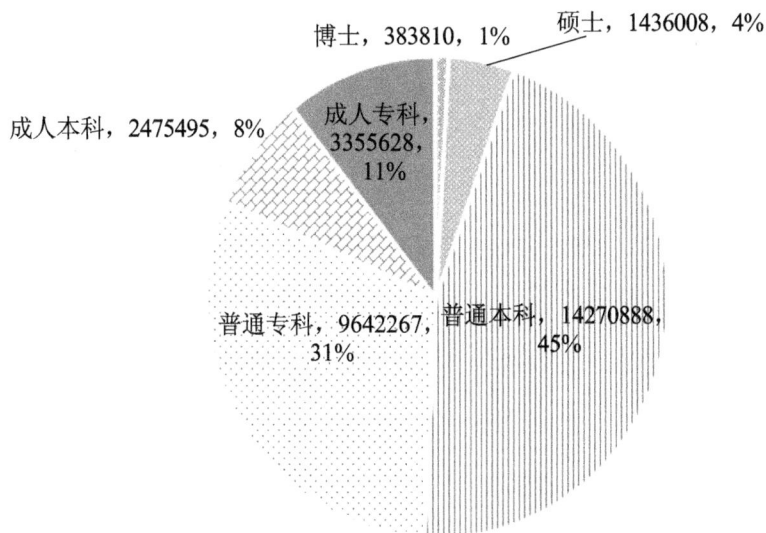

注：统计数据来自《中国教育统计年鉴》。

图 3-19　2012 年普通高等学校学历教育在校生数

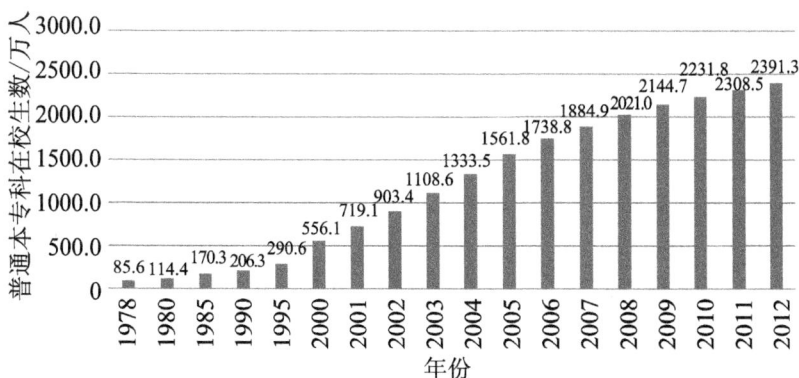

注：统计数据来自《中国教育统计年鉴》。

图 3-20　1978—2012 年普通本专科在校生数变化

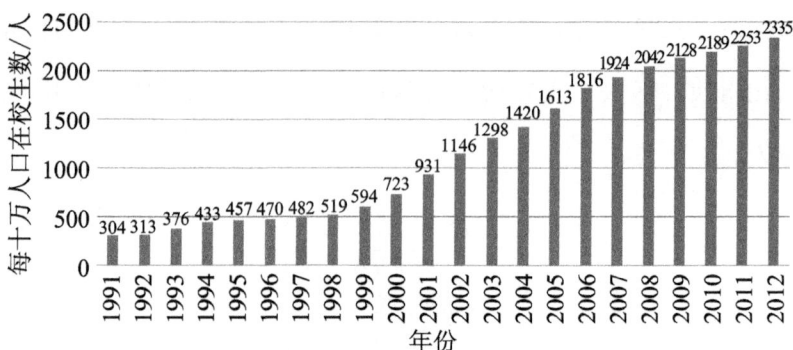

注：统计数据来自《中国教育统计年鉴》。

图 3-21　1991—2012 年普通高等学校每十万人口在校生数变化

第三，普通高等学校专任教师数持续增长。1978 年我国普通高等学校专任教师数仅为 20.6 万人，随着高等教育事业的发展，2012 年专任教师数量增加为 144.0 万人，约增加了 6 倍（见图 3-22）。2012 年普通高等学校生师比为 17.52：1（见图 3-23），教育教学质量不断提升，高等教育改革发展的重点正转向优化结构与提高质量。

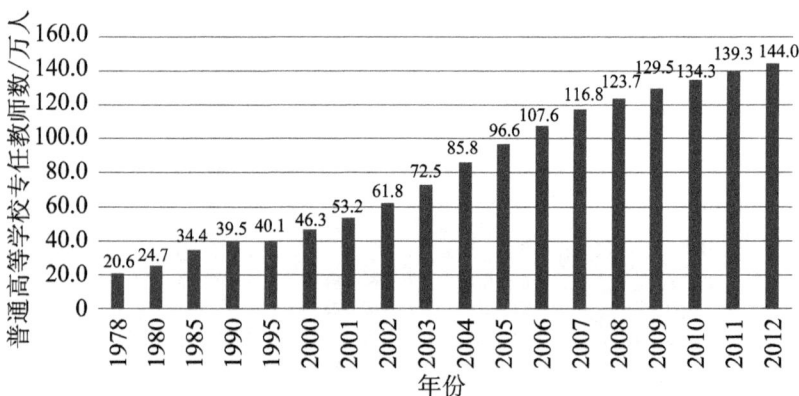

注：统计数据来自《中国教育统计年鉴》。

图 3-22　1978—2012 年普通高等学校专任教师数变化

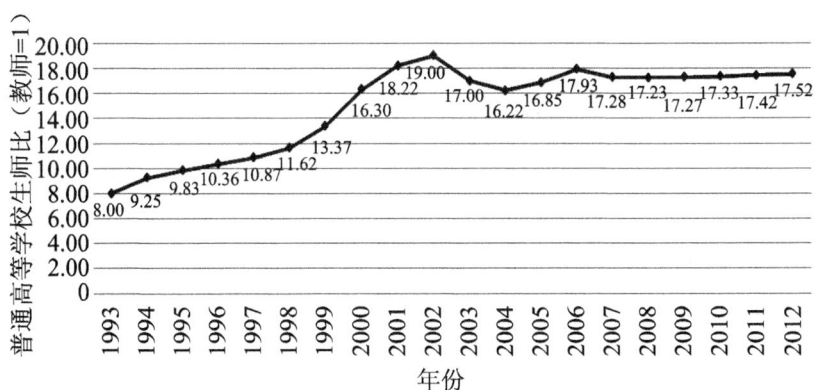

注：统计数据来自《中国教育统计年鉴》。

图 3-23 1993—2012 年普通高等学校生师比变化

第四，高等教育质量持续提升。通过实施一系列卓有成效的政策措施，高等教育质量得到了质的提升。实践证明，"集中资源、率先突破、带动整体"的重点建设道路，充分发挥了社会主义制度集中力量办大事的优越性，迅速缩小了我国与高等教育强国之间的差距，为进一步建设世界一流大学和一流学科打下了很好的基础。

五、职业教育的发展

(一)职业教育的恢复与发展

从 20 世纪 70 年代末期到 90 年代中后期，我国职业教育尤其是中等职业教育得到快速恢复与大力发展，中等教育结构调整取得了良好成效，中等职业教育乃至整体职业教育的改革与发展进程不断推进。

1. 调整教育结构，加快发展中等职业教育

改革开放后，无论是发展生产、恢复经济、加快社会主义现代化建设，还是促进人们就业、改善人民生活，都对各级各类职业技术教育的改革与发展提出了要求。

邓小平在 1978 年全国教育工作会议上的讲话中指出："今后国家将努力开辟新的途径，增加新的行业，以便更有效地为四个现代化服务。我们制订教育规划应该与国家的劳动计划结合起来，切实考虑劳动就业发展的需要。"[①]

1979 年，五届全国人大二次会议的《政府工作报告》指出，中等教育要有计划地多举办各种门类的中等职业教育，这是社会主义建设的迫切需要，也有利于解决大量中学毕业生的就业问题。

1980 年，中共中央在批转全国劳动就业会议文件《进一步做好城镇劳动就业工作》时指出，有步骤地改革现行的教育制度，改变中等教育单一化、与经济建设严重脱节的情况。要把职业教育作为教育体系的重要组成部分，逐步建立职业教育网络。

1980 年，国务院批转的《关于中等教育结构改革的报告》指出，普通高中毕业生，每年有数百万人需要劳动就业，但又没有任何专业知识和技能。改革中等教育的结构，发展职业技术

---

① 《邓小平文选》第二卷，108 页，北京，人民出版社，1994。

教育，适应"四化"建设的需要，是当前亟待解决的问题。各级人民政府、各部门都要予以高度的重视，切实加强领导。

1983 年，中共中央、国务院颁发了《关于加强和改革农村学校教育的若干问题的通知》，对改革农村中等教育结构，发展职业技术教育的重要意义、奋斗目标、原则、办学形式、师资建设以及毕业生安置等问题都做出了政策规定。

1983 年，教育部、劳动人事部、财政部、国家计委联合颁发了《关于改革城市中等教育结构，发展职业技术教育的意见》，明确了改革城市中等教育结构，发展职业技术教育的方向、途径和要求；对落实在国家统筹规范和指导下，实行劳动部门介绍就业、自愿组织起来就业、自谋职业相结合的"三结合"就业方针和择优录用的招工政策，以及解决好经费、师资、教材和领导等问题做出了规定。

总体来看，从 1980 年到 1984 年，我国中等职业教育得到了快速恢复与发展，取得了显著成效。据统计，到 1984 年年底，全国城乡职业中学发展到 7002 所，比 1981 年增加 4347 所；在校生达 174.48 万人，比 1981 年增加 126.41 万人。加上中专、技工学校在校生，接受中等职业技术教育的人数达 370 万人，已占整个高中阶段在校生总数的 34.9%。[1]

---

[1] 《中国教育年鉴》编辑部：《中国教育年鉴（1982—1984）》，95 页，长沙，湖南教育出版社，1986。

职业教育的发展开始呈现出办学形式多样化、以面向第三产业为主、发展缓慢地区加快步伐、兴办职业教育中心等特点。国家拨给职业教育开办补助费、推广地方创办职业教育的经验、有计划地培养专业课师资、培训职业教育管理干部、联合组织编写专业教材、召开小型座谈会进行研讨和交流经验等职业教育改革与发展的基本措施也逐步实施起来。

可以说，在20世纪80年代初期的几年，随着我国中等职业教育以及整体职业教育事业的逐步恢复与发展，中等教育结构过度单一化的状况得到了有效缓解，进而对我国经济社会的整体发展起到了推动作用。

2. 推进高中阶段职业教育和普通高中教育的协调发展

1985年，《中共中央关于教育体制改革的决定》明确提出了调整中等教育结构、大力发展职业技术教育的要求，强调社会主义现代化建设不但需要高级科学技术专家，而且迫切需要千百万受过良好职业技术教育的技术人员、管理人员、技工和其他受过良好职业培训的城乡劳动者。没有这样一支劳动技术大军，先进的科学技术和设备就不能转化为现实的社会生产力。

《中共中央关于教育体制改革的决定》指出，我国职业技术教育多年来难以真正走出发展困境的重要原因，在于长期以来对就业者的政治文化和技术准备缺乏应有的要求，在于历史遗留的鄙薄职业技术教育的陈腐观念根深蒂固。因此，《中共中央关于教育体制改革的决定》提出，要在全党和全社会进行教育，树立行行光荣、行行出状元的观念，树立劳动就业必须有一定的政治、文化和技能准备的观念，并且在改革教育体制的同时改革相关的劳动人事制度，实行"先培训，后就业"的原则。今后各单位招工，必须首先从各种职业技术学校的毕业生中择优录取。一切从业人员，首先是专业性、技术性较强的从业人员，都要像汽车司机考试合格取得驾驶证后才能开车那样，必须取得合格证书才能走上工作岗位。有关部门应该制定法规，逐步实行这种制度。

《中共中央关于教育体制改革的决定》强调，要通过实施学生分流的方式，一般从中学阶段开始分流，力争用五年左右的时间，使大多数地区各类高中阶段职业技术学校招生数与普通高中招生数相当，从而扭转中等教育结构不合理的状况。①

在《中共中央关于教育体制改革的决定》的指引下，我国职业技术教育坚持必须为社会主义现代化建设服务的方向，改革教育体制，调整中等教育结构，在数量上和质量上都有了显著提高。据统计，到 1986 年，全国中等职业技术教育招生数占高中阶段总招生数的 41.4%，京、津、沪三市已与普通高中招生数相当。职业技术教育正在对经济、社会发展发挥着积极的作用。②

---

① 《中共中央关于教育体制改革的决定》，载《中华人民共和国国务院公报》，1985(15)。

② 《中国教育年鉴》编辑部：《中国教育年鉴(1985—1986)》，685 页，长沙，湖南教育出版社，1988。

到 1992 年，我国中等教育结构已发生了根本转变。据统计，1992 年各类中等职业学校（含中师）高中阶段在校生为 686.82 万人，占高中阶段在校生总数的 49%，比 1991 年增加 2.3 个百分点；招生数为 273.56 万人，占高中阶段招生总数的 54%，比 1991 年增加 5 个百分点。[①] 这标志着经过 8 年努力，我国实现了《中共中央关于教育体制改革的决定》确定的各类高中阶段职业技术学校招生数与普通高中招生数相当的目标，中等教育结构调整取得了重大进展。1997 年，全国高中阶段的职业学校（职业高中、普通中等专业学校、技工学校、成人中等专业学校）在校生总数为 1355.89 万人，占高中阶段在校生总数的比重达到 60.36%。在职前高中阶段，各类中等职业技术学校（职业高中、普通中等专业学校、技工学校）招生数和在校生数占职前高中阶段教育的比重分别为 56.31% 和 56.17%。[②] 这说明，从 20 世纪 80 年代中后期开始到 90 年代中后期，我国中等教育结构调整不断深入，呈现出了良好态势。

总体而言，从"文化大革命"结束直至 20 世纪 90 年代中后期，我国职业教育的改革与发展始终以如何有效破解中等教育结构过度单一化的难题，进而更好地为社会主义现代化建设服

---

① 《中国教育年鉴》编辑部：《中国教育年鉴（1993）》，136～137 页，北京，人民教育出版社，1994。

② 《中国教育年鉴》编辑部：《中国教育年鉴（1998）》，107 页，北京，人民教育出版社，1999。

务作为重要的目标导向。这一目标导向的设定，是由这一时期我国经济与社会发展的现实情况决定的。取得的丰硕成果充分体现了在中国共产党领导下我国教育改革发展的蓬勃活力，展现了我国社会主义制度的优越性。

(二)建设中国特色职业教育体系的探索

从 20 世纪 80 年代初期到 21 世纪初期，我国职业教育体系的建设经历了一系列改革与发展过程，其实质是中国特色职业教育体系建设逐步完善和不断推进的探索过程。

1. 完善职业教育体系的探索与实践

早在 1985 年，《中共中央关于教育体制改革的决定》就强调，发展职业技术教育要以中等职业技术教育为重点，发挥中等专业学校的骨干作用，积极发展高等职业技术院校，优先对口招收中等职业技术学校毕业生以及有本专业实践经验、成绩合格的在职人员入学，逐步建立起一个从初级到高级、行业配套、结构合理又能与普通教育相互沟通的职业技术教育体系。[①]

1993 年，《中国教育改革和发展纲要》指出，职业技术教育是现代教育的重要组成部分，是工业化和生产社会化、现代化的重要支柱。各级政府要高度重视，统筹规划，充分调动各部

---

① 《中国教育年鉴》编辑部：《中国教育年鉴(1982—1984)》，5 页，长沙，湖南教育出版社，1986。

门、企事业单位和社会各界的积极性，形成全社会兴办多种形式、多层次的职业技术教育的局面。各级各类职业技术学校要主动适应当地建设和社会主义市场经济的需要；要在政府的指导下，提倡联合办学，走产教结合的路子，更多地利用贷款发展校办产业，增强学校自我发展的能力，逐步做到以厂（场）养校。《中国教育改革和发展纲要》还要求，高中阶段职业技术学校在校学生人数应有较大幅度的增加，未升学的初中和高中毕业生应普遍接受不同年限的职业技术培训，使城乡新增劳动力在上岗前都能得到必需的职业技术训练。①

1994年，江泽民在全国教育工作会议上所做的题为《振兴民族的希望在教育》的讲话中指出："我们的基本国情之一，是在经济比较落后的条件下办大教育，我们必须立足于这个实际，深化教育改革，使我们的教育结构和教育体制适应社会主义市场经济发展和社会全面进步的要求。……多办一些各类职业学校，培养大量各种初级中级人才。这既有利于学生的分流，又能满足当前经济社会发展多方面的需要。"②

1995年，我国职业教育体系建设取得重要进展。国家教委成立了高等职业教育协调领导小组，就什么是高等职业教育、

---

① 《中共中央　国务院关于印发〈中国教育改革和发展纲要〉的通知》，载《中华人民共和国国务院公报》，1993(4)。

② 《中国教育年鉴》编辑部：《中国教育年鉴(1995)》，3～4页，北京，人民教育出版社，1995。

要不要发展高等职业教育、怎样发展高等职业教育、如何管理高等职业教育等重大问题提出了意见；在总结职业学校兴办十几年实践经验的基础上，第一次下发《关于职业大学改革和建设的意见》和《关于开展建设示范性职业大学工作的通知》，推动了高等职业教育的改革和发展。

1995 年 5 月，国家教委印发了《关于普通中等专业教育（不含中师）改革与发展的意见》。文件指出，改革中专学校的办学体制，分别实行地方为主、部门（行业）为辅，部门（行业）为主、地方为辅，企业为主、政府支持等多种办学体制，在主要依靠部门（行业）、企业办学的同时积极推动部门（行业）与地方、部门（行业）间、企业间、学校间联合办学，鼓励和支持社会力量办学。

《关于普通中等专业教育（不含中师）改革与发展的意见》强调，中专学校要改变单纯依靠国家财政拨款办学的状况，在坚持以国家财政拨款为主渠道的同时，多渠道筹措办学经费。学校要大力兴办校办产业，产教结合，促进学校发展。各级政府要合理确定学校的基本办学经费，并建立按适当比例逐年增长的拨款制度。①

党和国家在推进我国职业教育体系建设的过程中，始终抓

---

① 《中国教育年鉴》编辑部：《中国教育年鉴（1996）》，161 页，北京，人民教育出版社，1997。

住经济社会发展对劳动力的需求与产教结合这两个关键环节。前者是对职业教育体系建设外部需求的考量，后者是对职业教育体系建设内在逻辑的呼应。两者相辅相成，互为支撑，缺一不可。

2. 出台《中华人民共和国职业教育法》，确立职业教育的法律地位

1996年，八届全国人大常委会第十九次会议通过了《中华人民共和国职业教育法》。《中华人民共和国职业教育法》的具体内容包括总则、职业教育体系、职业教育的实施、职业教育的保障条件以及附则，共五章四十条。

《中华人民共和国职业教育法》第二章专门就职业教育体系建设做出法律规定。其中，第十二条规定："国家根据不同地区的经济发展水平和教育普及程度，实施以初中后为重点的不同阶段的教育分流，建立、健全职业学校教育与职业培训并举，并与其他教育相互沟通、协调发展的职业教育体系。"第十三条规定："职业学校教育分为初等、中等、高等职业学校教育。初等、中等职业学校教育分别由初等、中等职业学校实施；高等职业学校教育根据需要和条件由高等职业学校实施，或者由普通高等学校实施。其他学校按照教育行政部门的统筹规划，可以实施同层次的职业学校教育。"第十四条规定："职业培训包括从业前培训、转业培训、学徒培训、在岗培训、转岗培训及其

他职业性培训，可以根据实际情况分为初级、中级、高级职业培训。职业培训分别由相应的职业培训机构、职业学校实施。其他学校或者教育机构可以根据办学能力，开展面向社会的、多种形式的职业培训。"

《中华人民共和国职业教育法》规定了职业教育体系建设的目标、国家职业教育的层次结构和职业培训的层次结构，标志着我国职业教育体系在法律上真正得到确立，为加快我国职业教育事业发展、健全我国职业教育体系提供了坚实的法律保障。①

《中华人民共和国职业教育法》颁行后，全国各地迅速掀起宣传、学习与贯彻该法的高潮。

1997年，各地通过多种形式，宣传、学习、贯彻《中华人民共和国职业教育法》，并开展自查活动，以扩大职业教育在全社会的影响。辽宁、广东、广西、福建、山东和山西召开了宣传贯彻《中华人民共和国职业教育法》的座谈会，印发了《中华人民共和国职业教育法》及有关职业教育知识的宣传品。卢钟鹤在广东电视台发表讲话，宣传《中华人民共和国职业教育法》。广西壮族自治区人大教科文卫委员会等七个部门联合发文，要求全区认真学习、宣传、贯彻《中华人民共和国职业教育法》。辽

---

① 《中华人民共和国职业教育法》，载《中华人民共和国国务院公报》，1996（16）。

宁、河南、北京、山西、吉林出台了《职业教育法实施办法》。湖南、吉林、宁夏等 12 个地区颁布了《中华人民共和国职业教育法》实施意见。①

3. 推进现代职业教育体系建设

江泽民在 1999 年第三次全国教育工作会议上所做的题为《教育必须以提高国民素质为根本宗旨》的讲话中指出："对于不能进入高等教育行列进行学习的城乡学生和其他群众，应该通过大办各级各类职业技术学校，广泛吸收他们学习和掌握一门或几门生产技术和管理、服务方面的技能，而不要使未能进入高等学校学习的普通中学生只具有一般的语文和数理化知识。如果能学到一门或几门实用的专业技能，就拓宽了他们立业创业之路，对农村和城市的发展和稳定将会起到重要推动作用。因此，努力办好各级各类职业技术教育，是一篇大文章。现在，中等职业技术教育虽然已经有了发展，但总体来说，还刚刚开始做。各地各部门要狠狠抓它十年、二十年，必会大见成效。"②

2002 年，《国务院关于大力推进职业教育改革与发展的决定》颁布，提出在我国加入世界贸易组织和经济全球化迅速发展

---

① 《中国教育年鉴》编辑部：《中国教育年鉴(1998)》，147 页，北京，人民教育出版社，1999。

② 《江泽民文选》第二卷，333 页，北京，人民出版社，2006。

的新形势下，要狠抓职业教育，抓出成效；力争在"十五"期间初步建立起适应社会主义市场经济体制，与市场需求和劳动就业紧密结合，结构合理、灵活开放、特色鲜明、自主发展的现代职业教育体系。① 这是为了有效应对我国经济发展已经与全球经济发展实现深度融合的新形势和新需求，对职业教育的改革与发展目标做出的新设计和新谋划。《中共中央关于教育体制改革的决定》首次将职业教育体系的建设冠之以现代职业教育体系之名，这标志着我国职业教育体系建设进入了一个新的发展阶段。

2005 年，《国务院关于大力发展职业教育的决定》印发，提出进一步建立和完善适应社会主义市场经济体制，满足人民群众终身学习的需要，与市场需求和劳动就业紧密结合，校企合作、工学结合，结构合理、形式多样，灵活开放、自主发展，有中国特色的现代职业教育体系。② 这标志着党和国家对于现代职业教育体系的建设有了更加明确的定位，其实质就是要在职业教育体系的建设中确立中国特色社会主义的本质属性和本体地位。

2010 年，《国家中长期教育改革和发展规划纲要（2010—2020 年）》提出，发展职业教育是推动经济发展、促进就业、改

---

① 何东昌：《中华人民共和国重要教育文献（1998～2002）》，1324 页，海口，海南出版社，2003。

② 何东昌：《中华人民共和国重要教育文献（2003～2008）》，867 页，北京，新世界出版社，2010。

善民生、解决"三农"问题的重要途径，是缓解劳动力供求矛盾的关键环节，必须摆在更加突出的位置。职业教育要面向每个人，面向社会，着力培养学生的职业道德、职业技能和就业创业能力。

《国家中长期教育改革和发展规划纲要（2010—2020年）》强调，到2020年，形成适应发展方式转变和经济结构调整要求、体现终身教育理念、中等和高等职业教育协调发展的现代职业教育体系，满足人民群众接受职业教育的需求，满足经济社会对高素质劳动者和技能型人才的需要。[1]

总体而言，在世纪之交，我国职业教育的改革与发展迈入了一个崭新的阶段，职业教育体系更加完善，中等职业教育和高等职业教育得到了快速发展，对经济社会发展的支撑力度越来越大。

1980年至2011年，从我国职业教育学校数量看，我国职业中学随着经济社会发展，始终处于布局结构的不断调整之中。一是我国职业中学数总体上呈现出先升后降的变化特征（见图3-24）。1980年，我国共有职业中学3314所，在1994年达到增长峰值的10217所后，从1995年降至10147所开始，到1998年下降到了10074所。此后，直至2011年，除其间2007年的

---

① 中共中央、国务院：《国家中长期教育改革和发展规划纲要（2010—2020年）》，载《人民教育》，2010(17)。

6191 所，较之 2006 年的 6100 所增长了 91 所外，其余年份均呈下降趋势，直至 2011 年下降为 4856 所，这一数字与 1994 年时的峰值相比，减少了 5361 所。二是职业学校的办学规模不断扩大，办学效益越来越高。据统计，我国职业学校（含职业技术学校、职业中学、农业中学）招生数在 1980 年时为 30.7 万人。[①] 到 1994 年，我国各类中等职业技术学校（含中等技术学校、职业高中、技工学校）招生数为 213.65 万人[②]，较之 1980 年增长约 6 倍。到 2011 年，我国中等职业学校（含普通中专、成人中专、职业高中、技工学校）招生数为 808.99 万人[③]，较之 1994 年增长约 3 倍。

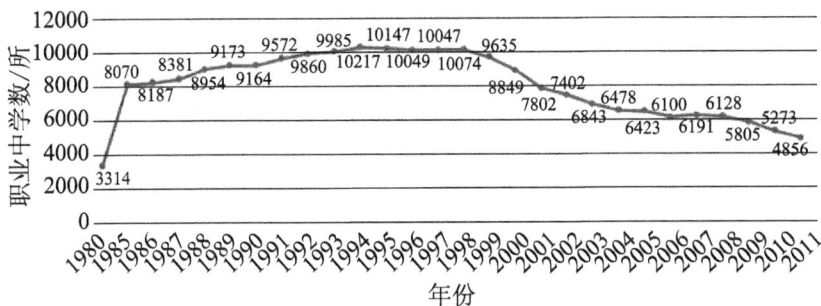

注：统计数据来自《中国教育统计年鉴》。

图 3-24　1980—2011 年职业中学数变化

① 《中国教育年鉴》编辑部：《中国教育年鉴（1949—1981）》，182 页，北京，中国大百科全书出版社，1984。

② 《中国教育年鉴》编辑部：《中国教育年鉴（1995）》，173 页，北京，人民教育出版社，1995。

③ 《中国教育年鉴》编辑部：《中国教育年鉴（2012）》，196 页，北京，人民教育出版社，2013。

1980 年至 2011 年，我国职业中学在校生数总体上呈现出不断增长的变化特征，但其间在若干年份，在校生数有不同幅度的变化(见图 3-25)。1980 年，我国职业中学在校生数为 45.4 万人，至 1985 年达到 229.5 万人，较之 1980 年净增了 184.1 万人，增长了 4 倍多。1985 年后，在校生数逐年增长。到 1998 年，在校生数为 541.6 万人，此后几年逐年有所下降，至 2001 年降到 466.4 万人。2002 年至 2009 年，在校生数又逐年上升，从 2002 年的 511.5 万人增长至 2009 年的 785.7 万人。此后至 2011 年，这一数字逐年下降，至 2011 年降到 683.6 万人。

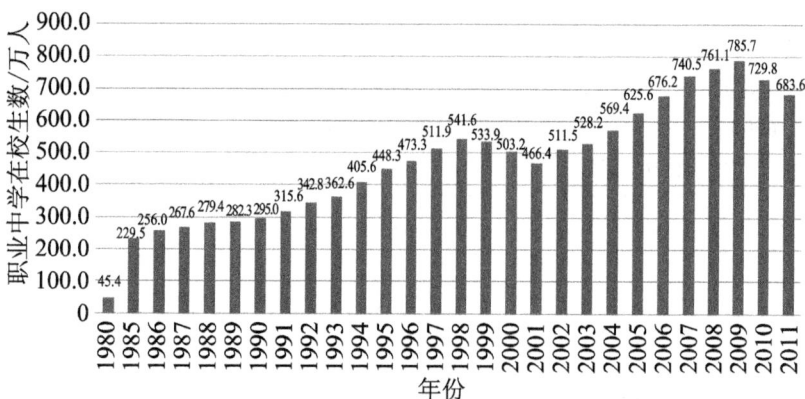

注：统计数据来自《中国教育统计年鉴》。

图 3-25　1980—2011 年职业中学在校生数变化

可以看到，从改革开放初期到 21 世纪初期，职业中学在校生数有大规模的增长，从 1980 年的 45.4 万人增长到 2011 年的 683.6 万人，30 余年净增了 638.2 万人，增长了 14 倍多，标志着中等职业教育的发展取得了显著成效，为促进我国中等教育结构不合理状况的调整和改善做出了突出贡献。

1985 年 7 月，经国家教委批准，我国试办了三所五年制高等技术专科学校。这三所学校的试办是贯彻落实《中共中央关于教育体制改革的决定》的一项具体行动，是适应教育改革、建立职业技术教育体系的需要。① 1978 年至 2012 年，我国职业教育结构不断完善，职业教育体系不断健全，全国高等职业教育院校的发展规模不断扩大。

(三)职业教育教师队伍的建设与发展

"文化大革命"结束后，我国职业教育事业恢复和发展中的一个核心问题就是教师队伍的建设与发展，尤其是中等职业学校教师队伍的建设与发展始终处于重中之重的地位。从改革开放初期至 21 世纪初期，我国职业教育教师队伍建设经历了一个漫长又艰辛的发展过程，走出了一条独具特色的中国职业教育教师队伍建设与发展道路。

1. 从系统挖潜到有计划地培养

1979 年 2 月，国家劳动总局颁发《技工学校工作条例(试行)》。同年，国家批准建立了 4 所技工师范学院，专门为全国技工学校培养合格的教师。《技工学校工作条例(试行)》要求学校必须认真落实党的知识分子政策，加强对教师的培养工作，

---

① 《中国教育年鉴》编辑部：《中国教育年鉴(1985—1986)》，688 页，长沙，湖南教育出版社，1988。

有计划地组织教师在职学习或离职进修，鼓励教师参加学术研究活动。学校还必须定期做好教师的考核工作，并且根据国家的有关规定做好教师工资级别的评定和调整工作。优秀教师可以越级提升，不受学历、教龄的限制。为了充分调动广大教师的积极性，不断提高教学质量，1981年8月，国家劳动总局在大连召开了全国技工学校先进教师代表经验交流会，表彰先进教师。

1980年10月，国务院批转教育部、国家劳动总局《关于中等教育结构改革的报告》。该报告提出，由各业务部门和劳动部门举办的职业（技术）学校、技工学校的师资，由办学单位自行解决，教育部门给予协助；由普通中学改为职业（技术）学校、职业中学的专业课师资，由有关业务部门和协作单位帮助解决，也可聘请一定的兼课教师。教育部门、劳动部门和有关业务部门要有计划地为发展职业技术教育培养师资。省、市、自治区应积极筹办职业技术师范学院。各地师范院校和各级教育学院（教师进修学校）应开办专业课教师培训班。今后各地分配大中专院校的毕业生时，要照顾到职业（技术）学校、技工学校、职业中学、农业中学的需要。

据统计，1980年，全国职业（技术）学校、职业中学、农业中学的专任教师数为2.3万人，到1981年，增长为2.9万人。①

---

① 《中国教育年鉴》编辑部：《中国教育年鉴（1949—1981）》，182页，北京，中国大百科全书出版社，1984。

1982 年以来，江苏省在华东工程学院（现南京理工大学）、华东水利学院（现河海大学）、苏州蚕桑专科学校（现并入苏州大学）、扬州工业专科学校（现并入扬州大学）等大专院校和部分条件较好的中专学校设立了职业中学师资班，实行定向招生，定向培养专业课师资。1983 年招生 500 多人，1984 年招生 680 多人，1985 年招生 800 多人。

吉林、辽宁、北京、河北、江苏、上海、江西等地区还办有高等职业技术师范院校。有些地区在高等学校设置了职业技术师范系，有计划地为职业中学培养专业课师资，使专业课师资有了一个稳定的来源。

1983 年 5 月，教育部颁发《关于编报 1983—1985 年培养职业学校专业课师资计划的通知》，要求各省、自治区、直辖市教育厅（局）必须从现在起，通过各种途径，对专业课师资进行有计划的培养；抓紧与有关高等院校协商，提出 1983 年至 1985 年培养专业课师资的计划，分别报学校主管部门审批，并报教育部、国家计委，纳入高等学校统一招生计划，向社会统一招生，毕业后分配到职业学校任教。1979 年和 1980 年，经国务院批准，吉林技工师范学院（现吉林工程技术师范学院）和天津职业技术师范学院（现天津职业技术师范大学）先后成立。1984 年以后，经国家教委和有关省、直辖市人民政府批准，又有 12 所职业技术师范学院成立。①

"文化大革命"结束后，我国职业教育发展面临的最大困难就是师资匮乏。为了满足需要，突破师资匮乏的局面，国家一方面鼓励办学单位自行解决困难；另一方面通过专门的职业教育师资培养院校，加强对在职教师的培训、考核与表彰等相关工作。这些做法为加强我国职业教育教师队伍建设积累了经验。

2. 逐步建立职业教育师资培养体系

1985 年，《中共中央关于教育体制改革的决定》指出，师资严重不足，是当前发展中等职业技术教育的突出问题。各单位和各部门办的学校要首先依靠自身力量解决专业技术师资问题，可以聘请外单位的教师、科学技术人员兼任教师，还可以请专业技师、能工巧匠来传授技艺。要建立若干职业技术师范院校，有关大专院校、研究机构都要担负培训职业技术教育师资的任务，使专业师资有一个稳定的来源。中等职业技术教育主要由地方负责。中央各部门办的这类学校，地方也要予以协调和配合。②

1986 年，为了贯彻落实《中共中央关于教育体制改革的决定》的精神，突破我国职业教育发展的短板，加快职业教育教师

---

① 《中国教育年鉴》编辑部：《中国教育年鉴(1991)》，259 页，北京，人民教育出版社，1992。

② 《中共中央关于教育体制改革的决定》，载《中华人民共和国国务院公报》，1985(15)。

队伍建设，国家教委颁发了《关于加强职业技术学校师资队伍建设的几点意见》。这是改革开放以来我国全面加强职业教育教师队伍建设的第一个重要政策文件。

《关于加强职业技术学校师资队伍建设的几点意见》强调，各地职业技术师范院校或师资培养中心担负培养空白、短线专业及需要量大的通用专业师资，同时成为职业技术教育科学研究、教学研究、信息交流的中心。专业课教师主要依靠相关普通高等院校培养。中央有关部委和地方各主管分配大专毕业生的部门，要从应届高等学校毕业生总数中划出一部分指标，分配给中等职业技术学校，不得截留。

《关于加强职业技术学校师资队伍建设的几点意见》提出，要重视兼职教师的作用，聘请既有丰富实践经验又有教学能力的专业技术人员到校兼课，以加强教学与实践的联系，做到专兼结合、以专为主。

《关于加强职业技术学校师资队伍建设的几点意见》要求，对农村职业学校教师，要根据实际情况，制定鼓励措施。对于兼职教师中的工程技术人员，应当保留原单位的职务和原有的技术职称，提供原有的福利待遇。原单位调资、提干和晋升职称，可根据其教学成绩评定。[1]

---

[1]　《中国教育年鉴》编辑部：《中国教育年鉴（1985—1986）》，687 页，长沙，湖南教育出版社，1988。

　　总之，《关于加强职业技术学校师资队伍建设的几点意见》将建立健全职业技术教育师资培养体系作为解决专业师资培养培训问题的关键举措，要求各地加快建立职业技术师范院校或职业技术师资培养中心以及相关普通高等院校。其中，职业技术师范院校与职业技术师资培养中心承载的是集师资培养、科学研究、教学研究和信息交流等为一体的多重任务，其地位和作用在整个培养体系中显得举足轻重。

　　自此，我国职业教育师资培养体系建设驶入了"快车道"。1989年，本专科在校生达1.3万多人。1989年，国家教委批准成立了天津大学职业技术教育学院（现天津大学教育学院）、浙江大学职业技术教育学院（现浙江大学继续教育学院），委托湖南农学院（现湖南农业大学）、河北农业技术师范学院（现并入河北师范大学）为农村职业技术学校培训教师和干部，初步建成了一批师资培养培训基地。到1990年年底，我国共办培训班20期，培训1029人。山东、辽宁、广东等地建立了职业技术教育师资培训中心，黑龙江等地建立了技工教师进修学院，上海等地建立了高级技工培训中心等。有的地区依托现有的职业技术师范学院或其他高等院校、中等专业学校等建立职业教育师资培训机构，各业务部门也积极筹建师资培训机构。

　　经过多年努力，我国职业教育师资培养体系逐步健全，职业技术教育师资队伍建设不断加强。1990 年，全国中等专业学校专任教师 17.6 万人，技工学校专任教师 13.55 万人，职业中学专任教师 22.4 万人，分别比 1989 年增加了 0.51 万人、0.63 万人、1.02 万人。全国有 160 所高等院校开设了职业技术教育师范系、师范专业或师资班，1989 年在校生已达 21000 多人，当年招生 6700 多人，毕业 6100 多人。普通高校也分配了一部分非师范专业毕业生到校任教。全国职业中学共有兼任教师 18933 人，占专任教师的 8.5%。①

职业技术教育教师队伍不断发展壮大，有力地推动了我国劳动和技术后备人才培养工作的开展。

3. 加强中等职业学校教师队伍建设

2001 年，《教育部关于"十五"期间加强中等职业学校教师队伍建设的意见》指出，在实施"科教兴国"战略的过程中，中等职业教育肩负着培养数以亿计的高素质劳动者和中初级专门人才的光荣历史使命。要完成这一历史使命，基础在于大力发展高质量的中等职业教育，关键在于建设一支高素质的教师队伍。

《教育部关于"十五"期间加强中等职业学校教师队伍建设的意见》强调，受社会观念和历史的影响，中等职业教育在整个教

---

① 《中国教育年鉴》编辑部：《中国教育年鉴(1991)》，259 页，北京，人民教育出版社，1992。

育中仍然是个薄弱环节，教师队伍建设也存在着不少问题和困难：教师队伍总体素质亟待进一步提高，专业课教师学历达标率低，实践教学能力弱仍是突出问题；教师队伍结构不够合理，专业课教师和实习指导教师比例偏低，骨干教师和专业带头人缺乏；师资培养培训支撑体系有待健全，培训制度有待进一步完善；一些地方和学校主管部门对中等职业学校教师队伍建设不够重视，未能将其纳入整个教师队伍建设的总体规划，因此存在管理体制不完善、政策和经费支持不足等问题。上述问题制约了中等职业教育的发展和质量的提高。

《教育部关于"十五"期间加强中等职业学校教师队伍建设的意见》要求，全面贯彻落实《中华人民共和国教师法》《中华人民共和国职业教育法》，推进中等职业学校教师工作的制度建设；加强教师队伍的思想政治工作，把教师职业道德建设放在队伍建设的突出位置；进一步加强中等职业学校骨干教师建设工作；进一步加强中等职业教育师资培养培训基地建设，努力构建中等职业教育师资培养培训体系；继续加强对现有独立设置的职业技术师范学院的建设；多渠道解决中等职业学校教师来源问题；加强教师继续教育工作，提高教师业务素质；改革中等职业学校用人制度，依法完善教师聘任制度；加强对教师履职的考核，进一步健全和完善中等职业学校教师考核制度；建立和完善中等职业学校人事争议调解制度；采取措施，进一步提高中等职业学校教师社会地位和待遇等。①

《教育部关于"十五"期间加强中等职业学校教师队伍建设的意见》充分肯定了改革开放以来我国中等职业学校教师队伍建设工作取得的成效、积累的经验，明确了"十五"期间中等职业学校教师队伍建设的具体目标、主要措施和重点工作等，是指导我国职业教育教师队伍建设的一份重要文件，对推动和加强我国职业教育教师队伍建设发挥了重要作用。

"十一五"期间，按照国家加强职业教育基础能力建设的要求，教育部、财政部组织实施了中等职业学校教师素质提高计划。截至 2010 年，组织完成了 5650 名专业骨干教师国家级培训和 2 万名教师省级培训，选派了 250 名教师出国进修；完成了几十个重点专业师资培训方案、课程和教材开发项目成果验收；资助近 1300 所中等职业学校聘请了 4100 多名兼职教师。同年 12 月 23 日至 24 日，教育部、财政部在天津举办中等职业学校素质提高计划成果展，全方位、立体化地展示了计划取得的丰硕成果。②

经过多年努力，我国中等职业学校教师队伍的建设工作取得了明显成效，教师队伍在数量与质量方面均有显著提升，教师队

---

① 何东昌：《中华人民共和国重要教育文献（1998～2002）》，1046～1048 页，海口，海南出版社，2003。

② 《中国教育年鉴》编辑部：《中国教育年鉴（2011）》，240～241 页，北京，人民教育出版社，2012。

伍的整体素质水平获得了有效提高，对推进与深化我国职业教育的整体改革与发展起到了推动作用。据统计，2011 年，全国中等职业学校专任教师 87.99 万人，生师比 24.97∶1，比 2010 年的 25.69∶1 有所降低；专任教师本科及以上学历占 85.39％，"双师型"教师占 23.71％（不含技工学校数据）。①

1980 年至 2011 年，我国职业中学专任教师数总体上呈现出不断增长的特征（见图 3-26）。1980 年，专任教师数为 2.3 万人，此后逐年增长，到 1998 年与 1999 年时，达到峰值 33.6 万人，增长了近 14 倍。1999 年后，专任教师数除在 2003 年、2004 年降至 30 万人以下，其余年份均在 30 万人以上。至 2011 年，专任教师数为 31.7 万人。

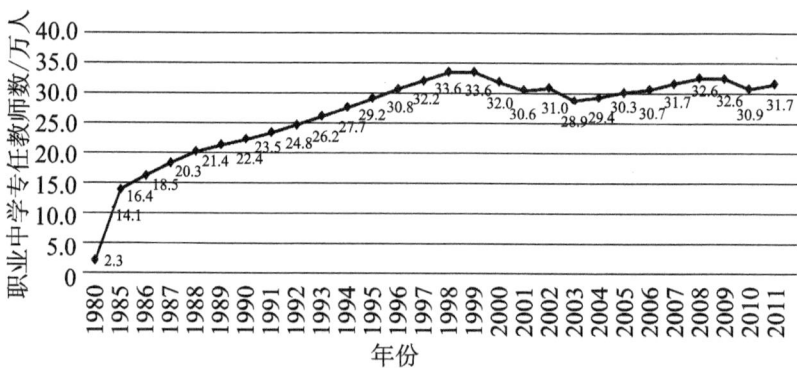

注：统计数据来自《中国教育统计年鉴》。

图 3-26　1980—2011 年职业中学专任教师数变化

---

① 《中国教育年鉴》编辑部：《中国教育年鉴（2012）》，196 页，北京，人民教育出版社，2013。

1993 年至 2012 年，我国中等职业学校生师比总体上呈现出偏高增长的变化特征（见图 3-27）。1993 年，我国中等职业学校生师比为 13.42∶1，此后到 2002 年为 16.58∶1。虽然其间若干年份的生师比有小幅变化的情况，但整体上处于一个较为合理的发展状态。从 2003 年开始，生师比从 17.63∶1 逐年提高，至 2010 年达到峰值 25.69∶1。之后的两年间虽逐年下降，但到 2012 年仍高达 24.19∶1。

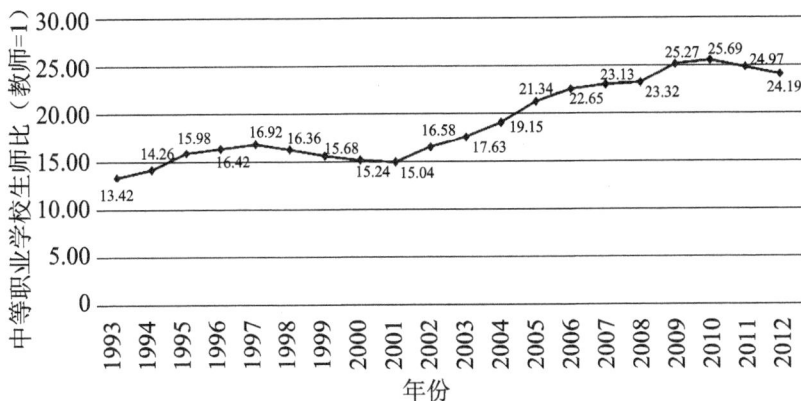

注：统计数据来自《中国教育统计年鉴》。

图 3-27　1993—2012 年中等职业学校生师比变化

综上所述，我国中等职业学校专任教师数量在改革开放初期到 21 世纪初期有了大幅度的增长，专任教师数从 1980 年的 2.3 万人增长到 2011 年的 31.7 万人，净增了 29.4 万人，增长了近 13 倍，体现出此时期我国中等职业学校专任教师队伍建设工作是卓有成效的。但我国中等职业学校的生师比自 2005 年之后，偏高增长的趋势日渐明显。至 2012 年，几年间的年均生师比都在21∶1以上，仍有较大的改善空间。

（四）职业教育教学改革

中等职业教育教学改革是我国职业教育改革的重要组成部分，党和国家对中等职业教育教学改革工作一直重视有加。随着职业教育体系建设的不断完善，高等职业教育教学改革工作的重要价值逐渐凸显。从 20 世纪 90 年代末期开始，我国职业教育教学改革进入全面深化的新阶段。职业教育教学改革对于提高我国职业院校办学水平和人才培养质量发挥了重要作用。

1. 启动职业教育教学改革

职业学校的工种（专业）是根据工农业生产和人民生活的实际需要以及保持工种（专业）相对稳定的要求开设的。1981 年，18 个地区共设置了 385 个工种（专业）。其中，工科 220 个、农林 52 个、医科 22 个、财经 39 个、政法 2 个、体育 5 个、文教 13 个、艺术 24 个、旅游服务 8 个。

1981 年 1 月，教育部转发辽宁省人民政府批转省计委等 6 单位《关于中等教育结构改革情况和今后意见的报告》，提出要编写适合本地特点、符合当代先进技术要求的各类职业技术专业教材。各地要积极抓好教材编写工作。各级教育学院要设专门机构或有专人组织研究这项工作。

为了搞好生产实习教学，1982 年 3 月，国家经济委员会和国家劳动总局颁发《关于加强技工学校生产实习教学工作的几点意见》，进一步强调实习教学的重要性。

针对不少技工学校存在的实习场地狭小、设备短缺、产品供销困难、师资力量薄弱等问题，《关于加强技工学校生产实习教学工作的几点意见》提出要采取兴建实习工厂、建立实验室、组织学生下厂实习等各种形式和方法，全面落实生产实习教学计划。组织学生下厂实习要定学时、定岗位、定师父、定期考核、定期轮换工作位置。各主管部门应采取措施，帮助学校解决生产实习场地、厂房、设备、原料、产品供销等方面存在的实际困难，加强对生产实习教师的领导和管理，改变忽视或变相取消生产实习的现象。文化、技术理论教师要注意培养学生的独立思考能力，组织好课堂教学，把课题基本内容讲解清楚，加强对学生学业成绩的考核，建立和健全考核制度。各门课程都必须加强平时考查，认真组织学期考试和毕业考试，及时评定学生成绩。①

1987 年 8 月 10 日至 15 日，国家教委在北戴河召开了有 15 个部委和 15 个省市中专（职教）处长以及全国中专课程组组长等参加的中专教育改革座谈会。会议期间，何东昌到会并发表讲话。

会议认为，中专教育改革的方向，就是要随着我国经济和政治体制改革的深入发展，切实转变办学思想，使学校教育始

---

① 《中国教育年鉴》编辑部：《中国教育年鉴（1949—1981）》，189 页，北京，中国大百科全书出版社，1984。

终能自觉地、主动地适应经济和社会的发展，使学校培养人的全过程始终与社会发展的需要保持密切联系，从而使中专教育更好地为社会主义现代化建设服务。中等专业学校要把教学、技术服务（社会服务）、生产实践相结合作为办学的基本路子，在教学上处理好理论与实践、文化基础与专业知识的关系，扭转重理论、轻实践的倾向，引导学生广泛地接触社会，在实践中增长才干，加强对学生的思想品德和职业道德的培养，不断提高教育质量。

会议指出，当前改革的重点，一是要继续推进中专教育管理体制改革，充分发挥地方统筹职业技术教育的作用，大力支持学校广泛开展联合办学，尽可能地挖掘潜力，扩大学校的服务范围；二是要从分配环节入手，认真研究与试验改革招生和分配制度，提高学生学习的积极性和用人单位选择用人的积极性；三是要把加强实践教学作为教学改革的突破口，推动整个教学过程、教学内容和教学方法的全面改革。会议强调，必须充分认识教学改革是一项政策性、思想性、学术性很强的工作，必须有组织、有领导、有步骤地进行，重大改革必须先行试验。①

1993年5月，国家教委印发《关于职业技术教育教材规划工

---

① 《中国教育年鉴》编辑部：《中国教育年鉴(1988)》，258页，北京，人民教育出版社，1989。

作的意见》等 3 个文件，就搞好教材建设提出由国家和省两级规划、建立教材两级审定制度、加强对学校选用教材的管理和改进教材信息服务等意见。

1993 年，在国家教委的协调下，中央业务部门管理中专教材的职责分工进一步明确，以中央业务部门为主的中专教材管理机制初步形成。国家教委在吸取各地职业高级中学教材建设经验的基础上，组建了以江苏、上海、北京、四川等地牵头的建筑、商业、服装、旅游和电子五大类全国性职高专业教研组，摸索以地方教育部门为主、中央业务部门指导、国家教委统筹协调的职高教材建设新路子。1991 年至 1995 年，国家教委规划教材选题达 400 余种，约占职业技术教育教材总数的 5％。[①]

综上所述，从 20 世纪 80 年代初期到 90 年代初期，随着我国经济与政治体制整体改革的不断深入，职业教育教学改革不断深化。整个专业设置和教材编写以适应经济社会生产发展需要和满足人民实际生活需求为指引，教学改革以加强实践教学为突破口，特别强调生产实习教学的重要性，不断改善实习教学条件，努力把学校教学与社会服务和生产实践有机结合起来。

2. 深化中等职业教育教学改革

2008 年，《教育部关于进一步深化中等职业教育教学改革

---

① 《中国教育年鉴》编辑部：《中国教育年鉴（1994）》，131 页，北京，人民教育出版社，1995。

的若干意见》指出，要适应市场需求，灵活设置专业；要面向就业市场，根据产业结构调整的实际，建立符合行业企业人力资源需求、与区域经济结构相适应的专业结构。

《教育部关于进一步深化中等职业教育教学改革的若干意见》强调，各级教育行政部门要选择一批基础条件好、特色鲜明、办学水平和就业率高的专业点进行重点建设，优先支持在工学结合等方面优势突出的专业点。确定一批精品专业点、特色专业点，形成国家、省、学校三级重点专业建设体系。

《教育部关于进一步深化中等职业教育教学改革的若干意见》指出，要深化课程改革，努力形成就业导向的课程体系。推动中等职业学校教学从学科本位向能力本位转变，以培养学生的职业能力为导向，调整课程结构，合理确定各类课程的学时比例，规范教学。积极推进多种模式的课程改革，促进课程内容综合化、模块化，提高现代信息技术在教育教学中的应用水平。中等职业学校公共基础课程，要按照培养学生基本科学文化素养、服务学生专业学习和终身发展的功能来定位。

《教育部关于进一步深化中等职业教育教学改革的若干意见》强调，要加强学生职业技能培养。要高度重视实践和实训教学环节，突出"做中学、做中教"的职业教育教学特色。加大专业技能课程的比重，专业技能课程（含顶岗实习）的学时一般占总学时的三分之二。要按照相应职业岗位（群）的能力要求，采用基础平台加专门化方向的专业课程结构，设置专业技能课程。课程内容要紧密联系生产劳动实际和社会实践，突出应用性和实践性。进一步推进学生在取得学历证书的同时获取职业资格证书的工作。广泛开展职业院校技能竞赛活动，使技能竞赛成为促进教学改革的重要抓手和职业教育制度建设的一项重要内容。

《教育部关于进一步深化中等职业教育教学改革的若干意见》强调，要在职业生涯教育和职业指导中加强创业教育，突出对学生创业精神、创业意识和创业实践能力的培养。有条件的学校要开设创业教育和创业实训相关课程。

《教育部关于进一步深化中等职业教育教学改革的若干意见》指出，要适应人才培养模式改革的需要，深化教学管理、教学组织和学籍管理等制度改革。积极推行弹性学习制度，继续推动以学分制为核心的教学制度改革，建立"学分银行"，鼓励工学交替，允许学生分阶段完成学业，为实行工学结合、校企合作、顶岗实习提供制度保障。

《教育部关于进一步深化中等职业教育教学改革的若干意见》强调，要加快建立就业导向的教学质量评价检查制度。坚持以就业为导向、以能力为本位的教学质量评价观，改进考试考核方法和手段，建立具有职业教育特点的人才培养与评价的标准和制度，建立和完善定期评价检查制度。

《教育部关于进一步深化中等职业教育教学改革的若干意见》指出，要加强中等职业教育教材建设，保证教学资源基本质量。建立健全教材编写、选用与审定机制，加强精品课程和教材开发。教育部将组织评选 1000 门精品课程和 2000 种左右精品教材。要积极开发实训课程与实际操作指导教材。大力推动仿真、多媒体课件等数字化教学资源开发，积极组织各类选修课程的开发。

《教育部关于进一步深化中等职业教育教学改革的若干意见》指出，要加强中等职业学校实训基地建设，不断改善实习实训基地条件。积极推进校内生产性实训基地建设，满足实习实训教学的需要。要加强校企合作，充分利用企业的资源优势，共建实训基地。

《教育部关于进一步深化中等职业教育教学改革的若干意见》强调，地方各级教育行政部门和中等职业学校要切实加强对教学工作的领导，强化教学管理和制度建设，加大并优先保证教学投入。要把教学质量作为考核教育行政部门和中等职业学校工作业绩的重要指标。

《教育部关于进一步深化中等职业教育教学改革的若干意见》认为，工学结合、校企合作、顶岗实习乃是中国特色职业教育人才培养模式和中等职业学校基本教学制度所在，当前的重点工作是建立行业、企业、学校共同参与的机制，并进一步完善学生到企业顶岗实习的制度，努力形成以学校为主体，企业和学校共同教育、管理、训练学生的教学模式。[①]

总之，《教育部关于进一步深化中等职业教育教学改革的若干意见》从专业设置、课程改革、教材建设以及教学、实习、实训等人才培养环节，到教育教学质量考核评价，做出了全面系统的政策安排和制度设计，是我国中等职业教育教学改革的全面升级和职业教育人才培养模式的创新发展。

3. 推进高等职业教育教学改革

自 2009 年起，中央财政设立高等职业教育专业教学资源库建设项目，按照服务产业发展、校企共建共享的思路，通过资源建设与共享应用，有效满足了全国高等职业院校同类专业的共性需求，为学生自主学习提供了优质、丰富、多样化的资源和个性化服务，整体提升了职业教育人才培养质量和社会服务能力。

2011 年，我国批准立项了 17 个建设项目，安排资金启动了园林技术、高速铁道技术、药物制剂技术、软件技术、工程测量技术、印刷与数字印刷技术、电子商务、特警、数字校园学习平台 9 个专业的建设工作。同年 6 月，在天津市召开的高等职业教育服务产业发展暨国家示范高职院校建设 4 周年成果展

---

① 何东昌：《中华人民共和国重要教育文献（2003～2008）》，1697～1698页，北京，新世界出版社，2010。

示会上，设置了专业教学"资源云"和"未来课堂"展区，生动地展示了已立项的 11 个专业教学资源库的建设及应用成果。①

截至 2012 年年底，中央财政对高等职业教育专业教学资源库建设项目累计投入专项资金 1.698 亿元，立项建设了 28 个专业教学资源库。2012 年年底，教育部对 2010 年立项的 11 个专业资源库进行了验收。

2012 年，中央财政继续支持职业教育实训基地建设，共计投入 45640 万元，立项建设 234 个高等职业教育实训基地，使中央财政支持的高等职业教育实训基地总数达 1302 个，覆盖近 70％的高等职业学校。

2012 年，高等职业学校专业骨干教师国家级培训共批复 748 个培训项目，其中国内培训项目 500 个，企业顶岗培训项目 214 个，境外培训项目 34 个。截至 2012 年年底，我国共完成国内培训 3636 人次，企业顶岗培训 1342 人次，境外培训 235 人次。②

总体而言，自 21 世纪初期以来，我国高等职业教育教学改革工作在中央财政的持续大力支持下，不断得到加强，在诸如高等职业教育的专业教学资源库建设、实训基地建设、专业骨

---

① 《中国教育年鉴》编辑部：《中国教育年鉴（2012）》，198 页，北京，人民教育出版社，2013。

② 《中国教育年鉴》编辑部：《中国教育年鉴（2013）》，230 页，北京，人民教育出版社，2014。

干教师国家级培训等重点工作方面，均取得了一系列丰硕成果，这对于我国职业教育教学改革的整体发展起到了良好的推动作用。

4. 全面深化职业教育教学改革

1998 年，国家教委印发《面向二十一世纪深化职业教育教学改革的原则意见》，明确提出应培养适应二十一世纪我国社会主义现代化建设要求的高素质劳动者和专门人才。这样的专门人才应具备综合职业能力，是直接在生产、服务、技术和管理第一线工作的应用型人才。

《面向二十一世纪深化职业教育教学改革的原则意见》对关涉职业教育的教学、课程、教材、教师等提出了加快发展与深化改革的一系列基本要求，强调职业教育应确立以能力为本位的教学指导思想；职业教育教学工作必须贯彻产教结合的原则；课程开发须以社会和经济需求为导向，从劳动力市场分析和职业岗位分析入手，科学合理地进行；教材内容要密切联系实际，反映新知识、新技术、新工艺和新方法；提高教师素质，发挥教师作用等。[1]

《面向二十一世纪深化职业教育教学改革的原则意见》的印发和实施，标志着我国职业教育教学改革迈进了速度更快、程

---

[1]　何东昌：《中华人民共和国重要教育文献(1998～2002)》，25～26 页，海口，海南出版社，2003。

度更深的新阶段。

2002 年，《国务院关于大力推进职业教育改革与发展的决定》提出，职业学校和职业培训机构要适应经济结构调整、技术进步和劳动力市场变化，及时调整专业设置，积极发展面向新兴产业和现代服务业的专业，增强专业的适应性，努力办出特色。

《国务院关于大力推进职业教育改革与发展的决定》强调，积极推进课程和教材改革，开发和编写反映新知识、新技术、新工艺和新方法，具有职业教育特色的课程和教材。

《国务院关于大力推进职业教育改革与发展的决定》指出，加强实践教学，提高受教育者的职业能力。职业学校要把教学活动与生产实践、社会服务、技术推广及技术开发紧密结合起来，把职业能力培养与职业道德培养紧密结合起来，保证实践教学时间，严格要求，培养学生的实践能力、专业技能、敬业精神和严谨求实作风；改善教学条件，加强校内外实验实习基地建设，加强与相关企事业单位的合作，利用其设施、设备等条件开展实践教学。

《国务院关于大力推进职业教育改革与发展的决定》强调，加强职业教育信息化建设，推进现代信息技术在教育教学中的应用。积极发展现代远程职业教育，开发职业教育资源库和多媒体教育软件，为职业学校和学生提供优质教育资源。

《国务院关于大力推进职业教育改革与发展的决定》指出，坚持学历教育与职业培训并重，实行灵活的办学模式和学习制度。职业学校要实行学历教育与职业培训相结合、全日制与部分时间制相结合、职前教育与职后教育相结合，努力办成面向社会的、开放的、多功能的教育和培训中心；要根据不同专业、不同教育培训项目和学习者的实际需要，实行灵活的学制和学习方式，推行学分制等弹性学习制度，为学生半工半读、工学交替、分阶段完成学业等创造条件。

《国务院关于大力推进职业教育改革与发展的决定》强调，加强中等职业教育与高等职业教育，职业教育与普通教育、成人教育的衔接与沟通，建立人才成长"立交桥"。扩大中等职业学校毕业生进入高等学校，尤其是进入高等职业学校继续学习的比例，适当增加高等职业教育专科毕业生接受本科教育的比例。适度发展初中后五年制高等职业教育，在高中阶段开展职业教育与普通教育相沟通的综合课程教育试验，建立中等职业教育与高等职业教育相衔接的课程体系。高等职业学校可单独组织对口招生考试，优先招收中等职业学校优秀毕业生，注重对专业知识、职业技能的考核，对取得相应中级职业资格证书的中等职业学校毕业生可以免除技能考核。[1]

---

[1]　何东昌：《中华人民共和国重要教育文献（1998～2002）》，1325 页，海口，海南出版社，2003。

综上所述，《国务院关于大力推进职业教育改革与发展的决定》从诸如调整专业设置、增强专业适应性，开发和编写新课程与新教材，加强实践教学，加强职业教育信息化建设，实行灵活的办学模式和学习制度，建立职业技术人才成长"立交桥"等方面着眼，对大力推进职业教育教学改革工作提出了明确要求，并做出了具体规划，对于全面深化职业教育教学改革工作具有重要指导意义。

2010 年，《国家中长期教育改革和发展规划纲要（2010—2020 年）》提出，把提高质量作为重点；以服务为宗旨，以就业为导向，推进教育教学改革；实行工学结合、校企合作、顶岗实习的人才培养模式；坚持学校教育与职业培训并举，全日制与非全日制并重；制定职业学校基本办学标准。

《国家中长期教育改革和发展规划纲要（2010—2020 年）》强调，要增强职业教育的吸引力，完善职业教育支持政策；逐步实行中等职业教育免费制度，完善家庭经济困难学生资助政策；改革招生和教学模式；积极推进学历证书和职业资格证书"双证书"制度，推进职业学校专业课程内容和职业标准相衔接；完善就业准入制度，执行"先培训、后就业""先培训、后上岗"的规定；制定退役士兵接受职业教育培训的办法；建立健全职业教育课程衔接体系；鼓励毕业生在职继续学习，完善职业学校毕业生直接升学制度，拓宽毕业生继续学习渠道；提高技能型人才的社会地位和待遇；加大对有突出贡献的高技能人才的宣传表彰力度，形成"行行出状元"的良好社会氛围。①

　　总体而言，《国家中长期教育改革和发展规划纲要（2010—2020 年）》凸显了对实行"工学结合、校企合作、顶岗实习"这一中国特色职业教育人才培养模式的一以贯之的坚持，对职业教育以"提高质量为重点、服务为宗旨、就业为导向"等核心问题做了进一步强调，对加强职业教育的吸引力、深化职业教育教学改革的一系列重要制度化改革举措做出了进一步要求。可以说，《国家中长期教育改革和发展规划纲要（2010—2020 年）》的颁布和实施，将我国职业教育教学改革事业推向了巩固提高、创新发展的新阶段。

六、特殊教育的发展

（一）特殊教育的逐步恢复与发展

　　"文化大革命"结束后，我国召开了数次中国盲人聋哑人全国代表会议。会上提出的有关恢复特殊教育发展与推进特殊教育改革的一系列规划和意见，推动了我国特殊教育事业逐步恢

---

　　①　中共中央、国务院：《国家中长期教育改革和发展规划纲要（2010—2020 年）》，载《人民教育》，2010(17)。

复，并迈入正常发展的轨道。此后直至 20 世纪 90 年代初，随着《中共中央关于教育体制改革的决定》的颁布、全国特殊教育工作会议的召开以及《全国残疾儿童少年义务教育工作"八五"实施方案》的印发等，我国特殊教育的改革与发展得以全面推进，改革与发展成效日益凸显。

1. 提出盲聋哑教育五年规划

新中国成立后，我国的特殊教育事业一度获得较大发展。在 1980 年召开的中国盲人聋哑人第三届全国代表会议上，蒋南翔指出，在"文化大革命"前的十几年间，我国盲聋哑学校由中华人民共和国成立前的 40 余所发展到 266 所，学生由 3000 余人发展到 2.28 万人，教育教学质量也有很大提高。截至 1980 年，全国共有盲聋哑学校 289 所，学生 32281 人。学校招生人数逐年增加，学校的教学质量得到了逐步恢复和提高。

蒋南翔提出了发展盲聋哑教育的五年规划：第一，把盲聋哑教育纳入普及教育规划，首先在经济条件较好的地区有重点、有步骤地发展盲聋哑学校；第二，举办特殊教育师资短期训练班，并筹办一所全国性的特殊教育师范学校，为全国各地培养特殊教育师资；第三，各大城市逐步举办盲人聋哑人的中等技术教育、职业教育，并对有才能的盲人聋哑人进行培养，造就出盲人聋哑人专业人才；第四，建立特殊教育科研机构，逐步开展特殊教育科学研究，要对我国的特殊教育理论、教学方法、教学设备进行总结、研究，进一步提高我国盲聋哑教育水平；第五，加强对盲聋哑教育的领导，提高学校管理水平，逐步改善办学条件。[1]

总之，五年规划的设计思路充分考虑了各地经济发展水平与创办盲聋哑学校的关系、特殊教育师资的培养与培训、盲聋哑人的职业技术教育与专业人才培养、特殊教育科学研究机构的创立与相关活动的开展以及特殊教育的领导与管理一系列重要问题，并提出了相应的具体实施方案，有力地推动了我国特殊教育事业的恢复发展与改革进程。

中国盲人聋哑人第三届全国代表会议召开后，我国特殊教育的改革与发展工作取得了重要成效。据统计，1981 年全国共有盲聋哑学校 42 所，聋哑学校 251 所，盲校 9 所，合计 302 所；学生 33497 人，专职教师 4861 人。其中属教育部门办的学校 269 所，学生 30476 人，专职教师 4668 人；属民政部门和厂矿企业办的学校 33 所，学生 3001 人，专职教师 463 人。[2]

2. 把盲聋哑教育纳入普及教育规划

1984 年，教育部办公厅转发了教育部负责人在中国盲人聋哑人第四届全国代表会议上关于发展特殊教育的讲话，对发展特殊教育提出了以下意见：第一，提高认识，切实把特殊教育

---

[1]　何东昌：《中华人民共和国重要教育文献（1949 年～1997 年）》，1800～1801 页，海口，海南出版社，1998。

[2]　《中国教育年鉴》编辑部：《中国教育年鉴（1949—1981）》，385～386 页，北京，中国大百科全书出版社，1984。

摆到工作日程上来；第二，认真落实把盲聋哑教育纳入普及教育规划的要求；第三，适应"四化"需要，发展职业教育；第四，抓好师资队伍建设。[①]

从以上几点意见可知，中国盲人聋哑人第四届全国代表会议延续了第三届会议的精神要求和规划安排，再度强调了切实开展特殊教育工作的重要意义和作用，并对将盲聋哑教育纳入普及教育规划、发展盲聋哑人的职业教育以及抓好特殊教育师资队伍建设等若干特殊教育改革与发展的重要问题提出了明确要求，这为之后我国特殊教育事业的改革与发展指明了基本方向与具体路径。

3. 明确特殊教育发展的方针

1985年，《中共中央关于教育体制改革的决定》要求，在实行九年义务教育的同时，还要努力发展幼儿教育，发展盲、聋、哑、残人和智障儿童的特殊教育。

1988年，国家教委、民政部、中国残疾人联合会在北京联合召开全国特殊教育工作会议，对我国特殊教育的改革和发展做了研究和部署。第一，切实保障残疾儿童受教育的权利。第二，确定了发展特殊教育的方针政策。根据我国的经济条件和特殊教育现状，在当前和今后一个时期，发展特殊教育的基本

---

① 何东昌：《中华人民共和国重要教育文献(1949年～1997年)》，2250～2251页，海口，海南出版社，1998。

方针为着重抓好初等教育和多种形式的职业技术教育，积极开展学前教育，逐步发展中等教育和高等教育。第三，设立了发展特殊教育的目标与任务。到 2000 年，力争使全国多数盲、聋和智障学龄儿童能够入学。第四，明确了发展残疾儿童教育的经费与师资。实行多渠道筹措办学经费和基建投资。①

1992 年，国家教委、中国残联印发《全国残疾儿童少年义务教育工作"八五"实施方案》，其中提到六条主要措施：制定和执行残疾人教育法规，积极筹措残疾儿童、少年义务教育经费，加强师资和管理人员的培训工作，加强课程建设和教具、学具的研制、配备，加强残疾儿童、少年教育的教学研究和科学研究，评估。②

这六条主要措施基本涵盖了特殊教育改革与发展的法规、经费、师资、管理、课程、教学、学习、研究与评估等一系列重要问题，指明了关乎特殊教育改革与发展的一般途径。

据统计，1992 年，全国已有盲、聋、智障学校 1077 所，在普通小学附设特殊教育班 1555 个，在校学生达 12.94 万人。全国聋儿语训机构已发展到 1280 个，已训和在训聋儿达 3 万人左右；视力和智力残疾儿童的早期教育也已在一些地区开展。全

---

① 《中国教育年鉴》编辑部：《中国教育年鉴（1989）》，117～118 页，北京，人民教育出版社，1990。

② 何东昌：《中华人民共和国重要教育文献（1949 年～1997 年）》，3330 页，海口，海南出版社，1998。

国残疾人职业培训机构已发展到 393 所，培训人员近 2 万名。除 4 所专门招收残疾人的院校（专业）外，普通高校招收残疾青年已达 6000 多人。在特殊教育师资培训方面，全国已有 5 所高等师范院校设立了特殊教育专业，中等特殊教育师资培训机构已达 24 所。①

（二）特殊教育的改革与发展

20 世纪 90 年代，特殊教育的经费保障和支持力度逐步增强，残疾儿童少年随班就读工作有序展开，特殊教育法制化进程渐次推进，残疾儿童少年义务教育工作日益加强，我国特殊教育整体事业的改革呈现出不断深化的良好态势。

1. 建立特殊教育经费保障机制

1993 年，《中国教育改革和发展纲要》提出，各级政府要把残疾人教育作为教育事业的组成部分，采取单独举办残疾人学校或普通学校招收残疾人入学等形式，发展残疾人教育事业；逐步增加特殊教育经费，鼓励社会力量办学、捐资助学；要对残疾人学校及其校办产业给予扶持和优惠。②《中国教育改革和发展纲要》主要对特殊教育经费的问题予以了重点规定和说明。

---

① 《中国教育年鉴》编辑部：《中国教育年鉴（1993）》，132 页，北京，人民教育出版社，1994。

② 《中共中央 国务院关于印发〈中国教育改革和发展纲要〉的通知》，载《中华人民共和国国务院公报》，1993(4)。

1996 年，国家教委、中国残疾人联合会印发的《残疾儿童少年义务教育"九五"实施方案》对经费保障的问题做出了特别规定和说明：各级地方政府应将残疾儿童少年义务教育事业费、基建费列入当地财政预算，并按"三个增长"的原则逐年增加，这是残疾儿童少年义务教育经费来源的主渠道，必须予以保证；已征收的教育费附加以及为"普九"新开征的税费的使用，应有用于残疾儿童少年义务教育的安排；各地政府要积极扶持特殊教育学校开展勤工俭学活动，以弥补学校经费不足。

《残疾儿童少年义务教育"九五"实施方案》强调，各地社会福利有奖募捐委员会和残疾人福利基金会，应从募集的资金中拨出一部分用于特殊教育；中央设立的边远、贫困地区义务教育和师范教育专项补助费，应包括残疾儿童少年义务教育和中等特殊师范教育；财政部、国家教委、民政部、中国社会福利有奖募捐委员会和中国残疾人福利基金会，在"八五"期间设立的残疾人教育专项补助费，"九五"期间继续设立，并根据事业发展需要和物价上涨因素适当增加。各省（自治区、直辖市）及市（地）设立的特殊教育补助费，也应按此精神予以安排。"希望工程""春蕾工程"和其他社会助学活动，都应核定一部分经费，专项用于帮助残疾儿童少年入学或复学。①

---

①　何东昌：《中华人民共和国重要教育文献（1949 年～1997 年）》，3981 页，海口，海南出版社，1998。

2. 开展残疾儿童少年随班就读工作

1994 年，国家教委颁布的《国家教委关于开展残疾儿童少年随班就读工作的试行办法》提到，开展残疾儿童少年随班就读工作，是发展和普及我国残疾儿童少年义务教育的一种主要办学形式，是建立适合我国国情的残疾儿童少年义务教育新格局的需要。实践证明，这是对残疾儿童少年进行义务教育的行之有效的途径。残疾儿童少年随班就读有利于残疾儿童少年就近入学；有利于提高残疾儿童少年的入学率；有利于残疾儿童与普通儿童互相理解、互相帮助，促进特殊教育和普通教育有机结合、共同提高。

残疾儿童少年随班就读的对象主要是指视力（包括盲和低视力）、听力语言（包括聋和重听）、智力（轻度，有条件的学校可以包括中度）等类别的残疾儿童少年。随班就读班级的任课教师应当由热爱残疾学生、思想道德水平和业务水平较高的教师担任。他们应当具备特殊教育基础知识和基本技能，了解随班就读班级教育教学的基本原则和方法。[1]

随班就读对于促进残疾儿童接受更加公平合理的教育而言具有特殊意义。《国家教委关于开展残疾儿童少年随班就读工作的试行办法》的颁布和实施对于特殊教育事业的整体改革与发展

---

[1] 何东昌：《中华人民共和国重要教育文献（1949 年～1997 年）》，3676～3677 页，海口，海南出版社，1998。

起到了有效的保障和推动作用。

3. 出台《中华人民共和国残疾人教育条例》

1994 年，《中华人民共和国残疾人教育条例》提出，为了保障残疾人受教育的权利，发展残疾人教育事业，根据《中华人民共和国残疾人保障法》和国家有关教育的法律，制定本条例。实施残疾人教育，应当贯彻国家的教育方针，并根据残疾人的身心特性和需要，全面提高其素质，为残疾人平等地参与社会生活创造条件。《中华人民共和国残疾人教育条例》的制定和颁行是根据相关法律做出的必要举措，在贯彻国家教育方针的前提下，充分保障了残疾人的教育权利，为其平等参与社会生活创造了有利条件。

《中华人民共和国残疾人教育条例》指出，发展残疾人教育事业，实行普及与提高相结合、以普及为重点的方针，着重发展义务教育和职业教育，积极开展学前教育，逐步发展高级中等以上教育。残疾人教育应当根据残疾人的残疾类别和接受能力，采取普通教育方式或者特殊教育方式，充分发挥普通教育机构在残疾人教育中的作用。

《中华人民共和国残疾人教育条例》强调，残疾儿童少年接受义务教育的入学年龄和年限，应当与当地儿童少年接受义务教育的入学年龄和年限相同；必要时，"其入学年龄和在校年龄可以适当提高"。适龄残疾儿童少年可以根据条件，通过下列形式接受义务教育：在普通学校随班就读，在普通学校、儿童福利机构或者其他机构附设的残疾儿童少年特殊教育班就读，在残疾儿童少年特殊教育学校就读。地方各级人民政府应当逐步创造条件，对因身体条件不能到学校就读的适龄残疾儿童少年，采取其他适当形式进行义务教育。

《中华人民共和国残疾人教育条例》对特殊教育的体系构建提出了明确意见，这一体系覆盖从学前教育到高等教育各个教育阶段，以普及教育为重点，采取普通教育与特殊教育相结合的教育方式。这种结合方式主要包括普通学校随班就读以及普通学校附设的特殊教育班，其目的在于充分发挥普通教育对残疾人教育的作用。

《中华人民共和国残疾人教育条例》对特殊教育教师的培养、培训、待遇、师德以及专业能力等方面做出了明确规定。各级人民政府应当重视从事残疾人教育的教师的培养、培训工作，并采取措施逐步提高他们的地位和待遇，改善他们的工作环境和条件，鼓励教师终身从事残疾人教育事业。从事残疾人教育的教师，应当热爱残疾人教育事业，具有社会主义的人道主义精神，关心残疾学生，并掌握残疾人教育的专业知识和技能。[1]

可以说，《中华人民共和国残疾人教育条例》的制定和实施

---

① 何东昌：《中华人民共和国重要教育文献(1949年～1997年)》，3683～3684页，海口，海南出版社，1998。

以残疾人相关法律为依据，对特殊教育改革与发展的一系列重要问题做出了明确规定与说明，对于依法保障残疾人应享有的教育平等权利、促进教育公平的实现以及充分彰显我国社会主义教育制度的优越性等具有重要价值和意义。

4. 印发《残疾儿童少年义务教育"九五"实施方案》

国家教委、中国残疾人联合会于 1996 年印发的《残疾儿童少年义务教育"九五"实施方案》指出，"九五"期间，各级政府要认真贯彻执行《中华人民共和国教育法》《中华人民共和国残疾人保障法》《中国教育改革和发展纲要》及《中华人民共和国残疾人教育条例》，采取有力措施实施本方案，使残疾儿童与其他儿童同步接受义务教育。

《残疾儿童少年义务教育"九五"实施方案》提出了明确的任务指标。第一，可以接受普通教育的残疾儿童少年入学率努力达到与当地其他儿童少年同等水平。第二，到 2000 年，视力、听力言语和智力残疾儿童少年的入学率全国平均分别达到 80％左右，并依各类地区实现基本普及九年义务教育的先后，达到如下指标。1996 年年底前基本普及九年义务教育的地区，三类残疾儿童少年入学率分别达到 90％左右。1998 年年底前基本普及九年义务教育的地区，三类残疾儿童少年入学率分别达到 80％左右。2000 年年底前基本普及九年义务教育的地区，三类残疾儿童少年入学率分别达到 65％左右。2000 年年底前普及小学五、六年级的地区，三类残疾儿童少年入学率分别达到60％左右；普及小学三、四年级的地区，达到50％左右。

《残疾儿童少年义务教育"九五"实施方案》强调，普遍开展随班就读，乡（镇）设特教班，30万以上人口、残疾儿童少年较多的县设立特殊教育中心学校，基本形成以随班就读和特教班为主体、以特殊教育学校为骨干的残疾儿童少年义务教育格局。

《残疾儿童少年义务教育"九五"实施方案》在师资队伍建设方面做出了明确规定与说明。

在师资培养问题上，《残疾儿童少年义务教育"九五"实施方案》提出，充实、调整师范大学特殊教育专业，增设专科及函授；对中等特殊教育师资培训机构，要加强领导，理顺关系，落实经费，充实师资、设备，提高办学水平；各级普通师范院校增设特殊教育课程或在有关课程中增加特殊教育内容，使学生从教后能够适应工作的需要。

在师资培训问题上，《残疾儿童少年义务教育"九五"实施方案》提出，各地教育行政部门应将在职特殊教育师资培训工作纳入当地教师培训计划，不断提高他们的特殊教育专业水平和教学能力；特殊教育学校要积极开展教学研究活动；对调配到特殊教育学校工作的普通学校教师及应届师范毕业生，实行"先培训，后上岗"的制度。

在教师资格制度问题上，《残疾儿童少年义务教育"九五"实施方案》提出，制定特殊教育学校（班）教师资格条件，实行教师任职资格制度。"九五"期间，使 90％以上的小学特殊教育师资和 80％以上的初中特殊教育师资达到国家规定的学历合格标准，80％左右的中小学教师基本达到国家规定的特殊教育任职资格标准。

在改善教师待遇问题上，《残疾儿童少年义务教育"九五"实施方案》提出，国家改善教师工资待遇、社会福利、住房条件和公费医疗的各项政策措施，均应包括特殊教育学校（班）教师和职工，并给予其适当优待。对特殊教育学校（班）教职工的特殊教育补贴，各地在可能的条件下，可给予提高。①

总之，《残疾儿童少年义务教育"九五"实施方案》紧紧围绕如何在"九五"期间有效提升残疾儿童少年义务教育水平，对提高残疾儿童少年义务教育入学率，普遍开展随班就读工作，特殊教育学校的适量建设以及特殊教育教师的培养、培训、任职和待遇等相关制度与政策问题等，做出了设计与部署，体现出我国残疾儿童少年义务教育改革日趋深化。

（三）全面推进特殊教育的改革与发展

进入 21 世纪，我国特殊教育事业的整体改革与发展在努力

---

① 何东昌：《中华人民共和国重要教育文献（1949 年～1997 年）》，3980～3981 页，海口，海南出版社，1998。

巩固已取得成绩的基础上继续向前稳步迈进，具体表现为：逐步加强中西部地区特殊教育学校建设工作，不断深化特殊教育改革，通过特殊教育促进残疾人全面发展，帮助残疾人更好地、更全面地融入社会，提高残疾学生的综合素质，加强对其职业技能和就业能力的培养等。

1. 加强中西部地区特殊教育学校建设

2007 年，教育部、国家发改委印发的《"十一五"期间中西部地区特殊教育学校建设规划（2008—2010 年）》指出，近年来，在中央和地方政府以及社会各界的关心与支持下，特殊教育事业取得长足发展，办学条件得到较大改善，特殊教育学校数量不断增加，入学人数稳中有升，办学体系进一步完善，教育质量进一步提高，残疾儿童少年受教育权利进一步得到保障。从 1989 年起，国家设立特殊教育学校建设投资专项，用于补助地方特殊教育学校校舍建设，改扩建校舍总面积近 40 万平方米。"十五"期间，中国残疾人联合会和教育部相继开展了"中西部盲童入学项目""扶残助学项目""彩票公益金助学项目"等，累计投入近 1.2 亿元，共资助贫困残疾学生 5 万余人次。地方各级政府普遍加大了特殊教育的经费投入，社会各界开展了多种形式的扶残助学活动，形成了支持特殊教育发展的合力。

《"十一五"期间中西部地区特殊教育学校建设规划（2008—2010 年）》指出，特殊教育学校覆盖范围有限，总量尚显不足，区域差距较大。2006 年，全国特殊教育学校 1605 所（其中中西部 1012 所），特殊教育学校在校学生 14 万人（其中中西部 8 万人）。除北京、上海、天津 3 个直辖市和西藏自治区外，全国现有的 326 个地级市（州、盟）中尚有 74 个未建立特殊教育学校，约占地级市总数的 22.7%；其中中西部 65 个，约占未建立特殊教育学校地级市总数的 88%。全国现有县（市、旗）1934 个（不含市辖区），人口在 30 万以上的 1246 个，尚有 493 个未建立特殊教育学校，约占 30 万人口以上的县总数的 39.57%；其中中西部 405 个，约占 30 万人口以上未建立特殊教育学校县总数的 82%。

《"十一五"期间中西部地区特殊教育学校建设规划（2008—2010 年）》指出，全国特别是中西部地区，受历史和经济条件制约，现有特殊教育学校存在较多问题。一是目前 60% 以上的特殊教育学校设在县镇或农村，校舍建设标准较低，小、旧、陋、破以及教学生活设施不完善等问题较为突出，存在较多安全隐患；二是现有特殊教育学校多数是由原普通中小学校改造的，不仅校舍使用年限较长，而且在使用功能及设施上不能满足残疾儿童少年心理、生理及行为特征的特殊要求，与国家发布实施的特殊教育学校建设标准和建筑设计规范要求有较大差距；三是特殊教育学校办学成本较高，部分专用教学仪器设备价格昂贵，必备的教学康复训练设施配置困难，现代信息技术教育设施设备严重缺乏，在一定程度上影响了学生正常的学习、生活以及康复训练活动。根据中西部部分省份特殊教育学校实地调研情况和教育事业统计数据分析测算，70%左右的学校需要进行校舍建设，配置必备教学、康复训练设施，其中中西部约680所。

《"十一五"期间中西部地区特殊教育学校建设规划（2008—2010年）》对预期建设目标也做出了明确规定和说明。

(1)特殊教育学校结构布局趋于合理

"十一五"期间，通过实施工程项目，整合特殊教育资源，调整布局结构，扩大特殊教育学校的辐射及覆盖范围，中西部特殊教育事业得到了有效发展。总体规划目标实现后，中西部特殊教育学校数量将由2006年的1012所增加到近1500所，从而实现特殊教育学校基本辐射中西部地区所有地（市、州、盟）和30万人口以上的县（市、旗），学校结构布局趋于合理。

(2)特殊教育学校办学条件明显改善

"十一五"期间，中西部地区预计新增65所左右特殊教育学校，改建或扩建125所左右现有特殊教育学校，项目学校达到或基本达到国家发布的特殊教育学校建设标准和设施配备要求，初步缓解中西部地区残疾儿童少年入学需求矛盾。总体规划目标实现后，中西部地区预计新增470所（增加46.4%）特殊教育学校，近70%原有特殊教育学校（680所左右）按实际需求进行改建或扩建。学校办学条件得到明显改善，与残疾儿童少年康复、教育相匹配的专业功能教室及设备配置基本齐全，教学质量稳步提高，基本实现区域内特殊教育的均衡发展。

（3）特殊教育学校在校生数量显著增加

"十一五"期间，特殊教育学校在校生总数预计由 2006 年的 8 万人增加到 10.8 万人，增长 35%，净增 2.8 万人（不包括普通中小学校随班就读生），受益学生 3.8 万人。总体规划目标实现后，中西部地区特殊教育学校在校生总数将由 2006 年的 8 万人增加到 25.6 万人，增长 220%，净增 17.6 万人（不包括普通中小学校随班就读生），受益学生 23 万人，基本满足中西部地区适龄残疾儿童入学需求。①

2. 谋划中长期特殊教育事业发展

2010 年，《国家中长期教育改革和发展规划纲要（2010—2020 年）》提出，特殊教育是促进残疾人全面发展、帮助残疾人更好地融入社会的基本途径；提高残疾学生的综合素质；注重潜能开发和缺陷补偿，培养残疾学生积极面对人生、全面融入社会的意识和自尊、自信、自立、自强精神；加强残疾学生职业技能和就业能力培养。

《国家中长期教育改革和发展规划纲要（2010—2020 年）》对各

---

① 何东昌：《中华人民共和国重要教育文献（2003～2008）》，1483～1484 页，北京，新世界出版社，2010。

级各类特殊教育发展的数量与质量提出了明确要求，鼓励和支持各级各类学校接受残疾人入学，不断扩大随班就读和普通学校特教班规模；全面提高残疾儿童少年义务教育普及水平，加快发展残疾人高中阶段教育，重视职业教育，加快推进残疾人高等教育发展；因地制宜发展残疾儿童学前教育；大力开展面向成年残疾人的职业培训；加大对特殊教育的投入力度；鼓励和支持接收残疾学生的普通学校为残疾学生创造学习生活条件；加强特殊教育师资队伍建设，采取措施落实特殊教育教师待遇；在优秀教师表彰中提高特殊教育教师比例；加大对家庭经济困难残疾学生的资助力度；逐步实施残疾学生免费高中阶段教育。①

据统计，2010 年，特殊教育学校已达到 1706 所；学生数量不断增长，达到 42.56 万人。其中，在普通学校特教班和随班就读的残疾学生已占义务教育阶段全部在校残疾学生的 62%，随班就读已经成为在残疾儿童少年中普及义务教育的主要形式。特殊教育教师队伍不断扩大，全国特殊教育学校专任教师达到 39650 人。② 2011 年，全国共有特殊教育学校 1767 所，比 2010 年增加 61 所；特殊教育学校共有专任教师 4.13 万人。普通小学、初中随班就读和附设特教班招收的学生 3.64 万人，在校生

---

① 《中国教育年鉴》编辑部：《中国教育年鉴（2011）》，9 页，北京，人民教育出版社，2012。

② 同上书，229 页。

22.52 万人，分别占特殊教育招生总数和在校生总数的 56.76%
和 56.49%。①

从 1978 年至 2012 年，我国特殊教育学校数总体上呈现不
断增长的变化特征（见图 3-28）。1978 年，我国特殊教育学校数
为 292 所，至 1980 年一直保持稳定，没有变化；此后除 2001
年略有下降外，其余年份均保持逐年增长的变化态势，到 2012
年增长至 1853 所。学校数较之 1978 年净增了 1561 所，增长了
5 倍多。

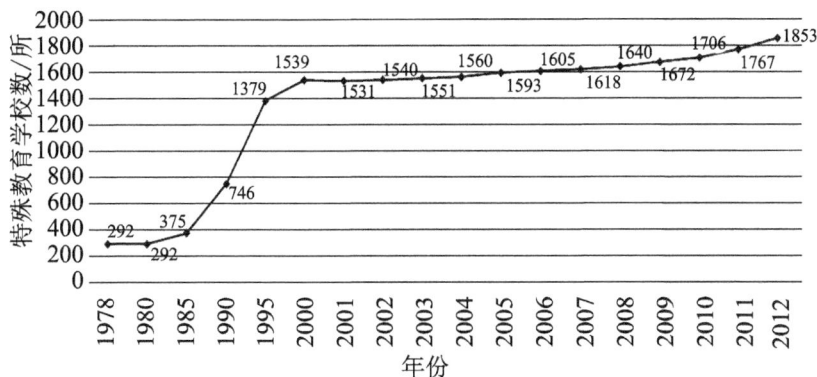

注：统计数据来自《中国教育统计年鉴》。

图 3-28　1978—2012 年特殊教育学校数变化

1978 年至 2012 年，我国特殊教育专任教师数总体上呈现出
不断增长的变化特征（见图 3-29）。1978 年，我国特殊教育专任
教师数为 0.4 万人。此后除在 2000 年至 2003 年有小幅减少或

———————

① 《中国教育年鉴》编辑部：《中国教育年鉴（2012）》，69 页，北京，人民教
育出版社，2013。

保持稳定不变的情况外，其余均保持逐年增长态势，至 2012 年增长到 4.4 万人。专任教师数较之 1978 年净增了 4 万人，增长了 10 倍。

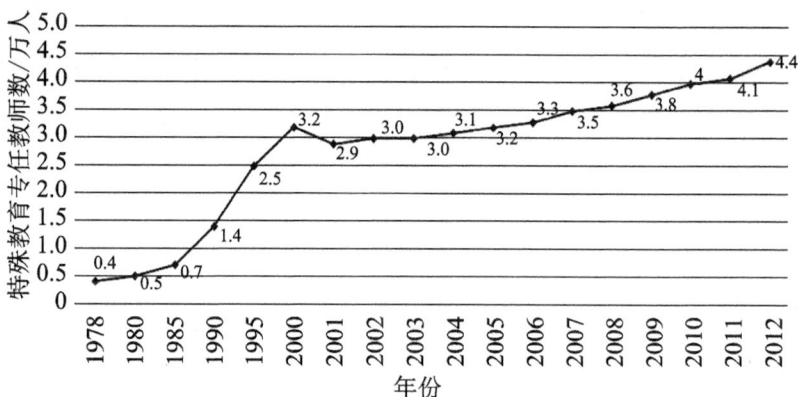

注：统计数据来自《中国教育统计年鉴》。

图 3-29　1978—2012 年特殊教育专任教师数变化

1978 年至 2012 年，我国特殊教育在校学生数总体上呈现出 2001 年之前迅速增长、2001 年之后基本保持稳定的变化特征（见图 3-30）。1978 年，我国特殊教育在校学生数为 3.1 万人，此后逐年增长，至 2001 年增长到 38.6 万人，2001 年之后的几年，略有升降起伏的波动情况，但基本保持稳定。至 2009 年，在校学生数增长到峰值 42.8 万人，此后略有下降，2012 年为 37.9 万人，较 1978 年净增了 34.8 万人，增长了 11 倍多。

综上所述，从改革开放初期到 21 世纪初期，我国特殊教育事业的改革与发展不断取得新成就。无论是特殊教育学校数、特殊教育专任教师数，还是特殊教育在校学生数，总体上均呈

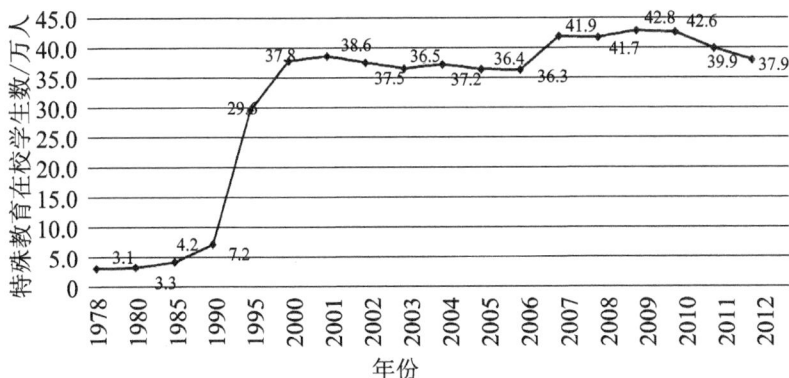

注：统计数据来自《中国教育统计年鉴》。

图 3-30　1978—2012 年特殊教育在校学生数变化

现出不断增长的良好发展态势，标志着我国特殊教育事业在更好地保障教育公平与惠及民生福祉方面做出了巨大贡献。

七、师范教育的发展

"文化大革命"结束后，如何恢复和加强师范教育，保障我国教育事业的发展，成为摆在党和国家面前的一项艰巨又重大的现实课题。1978 年，邓小平在全国科学大会与全国教育工作会议上的讲话，为我国师范教育的改革与发展指明了方向，成为推动我国师范教育恢复和发展的强大动因。

从 20 世纪 80 年代初至 90 年代初，我国师范教育完成了全面恢复工作。师范教育的改革与发展进程不断加快，师范教育网络逐步构建起来。师范教育作为教育事业"工作母机"的作用得到充分发挥，在整个教育事业发展中的战略地位也逐步得以确立。

（一）师范教育的恢复与重建

在 1978 年召开的全国科学大会上，邓小平指出："科学技术人才的培养，基础在教育。我们要全面地正确地执行党的教育方针，端正方向，真正搞好教育改革，使教育事业有一个大的发展，大的提高。教育事业，决不只是教育部门的事，各级党委要认真地作为大事来抓。各行各业都要来支持教育事业，大力兴办教育事业。人民教师是培养革命后代的园丁。他们的创造性劳动，应该受到党和人民的尊重。要确实保证教师的教学活动时间，要关心他们的政治生活、工作条件和业务学习。对于在教学工作中作出突出贡献的教师，应该给以表扬和奖励。"[①]

在 1978 年召开的全国教育工作会议上，邓小平指出："一个学校能不能为社会主义建设培养合格的人才，培养德智体全面发展、有社会主义觉悟的有文化的劳动者，关键在教师。""我们要提高人民教师的政治地位和社会地位。不但学生应该尊重教师，整个社会都应该尊重教师。我们提倡学生尊敬师长，同时也提倡师长爱护学生。尊师爱生，教学相长，这是师生之间

---

① 《邓小平文选》第二卷，95 页，北京，人民出版社，1994。

革命的同志式的关系。对于优秀的教育工作者，应该大张旗鼓地予以表扬和奖励。"①

邓小平的"两个讲话"强调，我国现代化的关键在科技，科技现代化的基础在教育，发展教育的关键在教师。他要求，全党全社会都应当尊重教师，要提高教师的政治地位与社会地位，关心教师的工作、生活与学习，对于优秀教师要予以表扬和奖励。这些思想主张的提出，为我国师范教育事业的改革与发展指明了基本方向。

1. 恢复和加强教师管理工作

1978 年 3 月，国务院批转了教育部《关于高等学校恢复和提升教师职务问题的请示报告》。同年 9 月 17 日至 21 日，教育部在北京召开高等学校确定与提升职称工作座谈会。会议确定，在两三年内逐步妥善地解决十多年来积压的职称问题。从此，中断多年的教师职称评定工作首先在高等学校开展起来。到 1981 年，高等学校中原有的教授、副教授、讲师和助教都恢复了职称。

1978 年 10 月，教育部、国家计委制定了《关于评选特级教师的暂行规定》。《关于评选特级教师的暂行规定》经国务院批转同意后，于当年 12 月 17 日下发。到 1982 年 1 月月底（26 个省、自治区、直辖市）共评选出特级教师 1113 名。

---

① 《邓小平文选》第二卷，108、109 页，北京，人民出版社，1994。

1977 年，教育部在召开中小学教师培训工作座谈会的基础上，于当年 12 月颁发了《关于加强中小学在职教师培训工作的意见》，向全国部署了教师培训工作。在短短两年时间内，全国就恢复和建立了省级教育学院、教师进修学院和函授学院近 30 所，地、市级教育学院、教师进修学院和县级进修学校（包括中师函授部）2000 多所，举办高师函授或为中学教师办轮训班的高等师范院校 50 多所。

1978 年，国务院批转下达教育部提出的《关于加强中小学教师队伍管理工作的意见》。《关于加强中小学教师队伍管理工作的意见》要求，中小学公办教师的管理、调配工作由县以上各级教育行政部门负责，师范院校毕业生应全部分配到教育战线工作，公办教师的自然减员应由教育部门于当年如数从民办教师中选择补充，各级行政部门不得占用教育事业编制。此外，还要求加强对民办教师的管理。

1979 年 11 月，教育部颁布了《关于高等学校教师职责及考核的暂行规定》，分别对助教、讲师、副教授和教授提出了不同的职责要求，规定从政治表现、业务水平和工作成绩三个方面定期考核教师，并将考核结果存入教师的业务档案，将其作为奖励的依据。

2. 恢复师范教育

1978 年，教育部印发《关于加强和发展师范教育的意见》。

《关于加强和发展师范教育的意见》指出，"大力发展和办好师范教育，建设一支又红又专的教师队伍，是发展教育事业、提高教育质量的基本"；必须用很大的力量建设中小学教师队伍，大力发展师范教育。该文件从明确中小学教师培训的要求，统筹规划，建立师范教育网，加强领导，认真办好师范教育等方面提出了具体要求。①

同年，教育部发出通知：经国务院批准，恢复和增设 169 所普通高等学校，其中师范院校 77 所，约占恢复和增设学校总数的 45.6％，师范院校总数达到 157 所。到 1980 年增加 15 所师范院校，总数达到了 172 所，相当于 1977 年 59 所的近 3 倍。其中 17 所是高等民族师范院校，以适应少数民族教育事业的发展。为了给中等职业学校、技工学校提供师资，1979 年 2 月，国家劳动局和教育部联合发出通知，经国务院批准，在天津、山东、河南、吉林设立 4 所技工师范学院。②

1980 年，教育部颁发的《关于师范教育的几个问题的请示报告的通知》指出，到 1979 年年底，全国高等师范院校共有 161 所，在校学生 31 万多人；中等师范学校 1000 多所，在校学生 48 万多人。比"文化大革命"以前均有成倍增加，但质量还没有

①　何东昌：《中华人民共和国重要教育文献(1949 年～1997 年)》，1648～1650 页，海口，海南出版社，1998。

②　何东昌：《中华人民共和国教育史》，549～550 页，海口，海南出版社，2007。

恢复到新中国成立以来的最高水平。师范教育是教育事业中的"工作母机"，是造就培养人才的人才基地。为了使我国的教育事业在20世纪80年代有一个大的发展，以适应社会主义现代化建设的需要，我国必须重视师范教育，办好师范教育，摆正和提高它在整个教育事业中的地位。师范教育不是可办可不办的，而是一定要努力办好。我国要继续进行调整、改革、整顿、提高，在提高质量的基础上稳步发展，建立一个健全的师范教育体系，使之成为培养各类中等、初等学校和幼儿园合格师资的基地。①

"文化大革命"结束后，短短两三年的时间，党和国家下大力气抓师范教育和教师队伍建设，采取措施迅速恢复教师职称制度，建立教师荣誉称号授予制度，加强教师队伍的管理工作，特别是恢复和加强教师培训工作，建立师范教育网等，确立了师范教育在教育事业中"工作母机"的地位和作用。这一系列工作为改革开放之初我国教育事业的快速恢复与重建提供了师资保障。

(二)师范教育战略地位的确立

1. 要求把师范教育提高到发展教育事业的战略地位上来

1985年，《中共中央关于教育体制改革的决定》提出，建立

---

① 何东昌：《中华人民共和国重要教育文献(1949年~1997年)》，1850页，海口，海南出版社，1998。

一支有足够数量的、合格而稳定的师资队伍，是实行义务教育、提高基础教育水平的根本大计。为此，要采取特定的措施提高中小学教师和幼儿教师的社会地位与生活待遇，鼓励他们终身从事教育事业。与此同时，必须对现有的教师进行认真培训和考核，把发展师范教育和培训在职教师作为发展教育事业的战略措施。①

1986年，《国家教委关于加强和发展师范教育的意见》提出了八条举措：第一，真正把师范教育提到发展教育事业的战略地位；第二，坚持为中小学服务的办学思想，明确各级师范学校的培养任务；第三，适应基础教育需要，加强薄弱环节；第四，积极进行教育和教学改革，不断提高师范教育质量；第五，改革师范学校招生制度和分配制度；第六，加强师范学校师资队伍建设；第七，努力改善师范学校的办学条件；第八，加强领导，改革师范教育的管理体制。②

《中共中央关于教育体制改革的决定》把教师队伍建设摆在促进教育事业整体发展的根本大计的高度，要求把教师培养和培训工作作为发展教育事业的战略举措来抓。《国家教委关于加强和发展师范教育的意见》首次明确了师范教育在发展教育事业

---

① 《中国教育年鉴》编辑部：《中国教育年鉴(1985—1986)》，993页，长沙，湖南教育出版社，1988。

② 同上书，1005～1007页。

中的战略地位。这是对师范教育是教育事业"工作母机"思想的新发展，标志着国家对师范教育在整个教育事业发展中的战略地位有了新认识。

2. 提高教师的地位和待遇

20 世纪 90 年代，全方位保障、支持和加强教师队伍建设乃是我国师范教育改革与发展中的核心要题，教师队伍建设被摆在教育整体改革与发展的根本大计位置。随着《中华人民共和国教师法》的颁布和实施，教师队伍建设的规范化与法制化进程日益加快。

1993 年，《中国教育改革和发展纲要》明确提出，振兴民族的希望在教育，振兴教育的希望在教师。建设一支具有良好政治业务素质、结构合理、相对稳定的教师队伍，是教育改革和发展的根本大计。要下决心采取政策和措施，提高教师的社会地位，大力改善教师的工作、学习和生活条件，努力使教师成为最受人尊重的职业。

《中国教育改革和发展纲要》强调，师范教育是培养中小学师资的"工作母机"，各级政府要努力增加投入，大力办好师范教育，鼓励优秀中学毕业生报考师范院校。进一步扩大师范院校定向招生的比例，建立师范毕业生服务期制度，保证毕业生到中小学任教。其他高等院校也要积极承担培养中小学和职业技术学校师资的任务。要制订教师培训计划，促进教师特别是中青年教师不断进修提高，使绝大多数中小学教师更好地胜任教育教学工作。

《中国教育改革和发展纲要》对教师工资待遇的改革问题进行了设计与规划，提出要建立符合教育特点的工资制度和正常的工资增长机制，切实保证教师的工资水平随国民收入的增长逐步提高。要贯彻按劳分配原则，克服平均主义、论资排辈的倾向，使贡献大的、教学质量高的教师有更高的工资收入。改革过于集中统一的工资管理体制，在国家宏观调控的前提下，使地方、部门和学校享有自主权。国家规定教育系统工资制度的基本原则和基本工资标准，由各省（自治区、直辖市）政府和中央主管部门在不低于基本工资标准的前提下确定具体工资标准，不搞全国"一刀切"。学校具有调整内部工资关系、增加工资和学校基金分配的自主权。[①]

《中国教育改革和发展纲要》对加强我国教师队伍建设具有重要的战略指导意义。它首次提出振兴民族的希望在教育，振兴教育的希望在教师；要求进一步扩大定向师范生的培养，建立师范生服务期制度；要求提高教师的社会地位，建立教师工资正常增长机制。这些思想和制度，对我国师范教育和教师队伍建设产生了深远影响。

---

① 何东昌：《中华人民共和国重要教育文献（1949 年～1997 年）》，3472 页，海口，海南出版社，1998。

3. 明确教师队伍建设的法律地位

1993 年，八届全国人大常委会第四次会议通过了《中华人民共和国教师法》。《中华人民共和国教师法》分为总则、权利和义务、资格和任用、培养和培训、考核、待遇、奖励、法律责任、附则，共九章四十三条。

《中华人民共和国教师法》对加强和保障我国教师队伍建设具有重大意义。

一是在第一章总则部分明确了教师职业的"专业人员"定位，强调"为了保障教师的合法权益，建设具有良好思想品德修养和业务素质的教师队伍，促进社会主义教育事业的发展，制定本法"。"教师是履行教育教学职责的专业人员，承担教书育人，培养社会主义事业建设者和接班人、提高民族素质的使命。教师应当忠诚于人民的教育事业。"

二是在第三章明确了教师资格制度，强调"中国公民凡遵守宪法和法律，热爱教育事业，具有良好的思想品德，具备本法规定的学历或者经国家教师资格考试合格，有教育教学能力，经认定合格的，可以取得教师资格"。

三是在第四章培养和培训部分，要求"各级人民政府和有关部门应当办好师范教育，并采取措施，鼓励优秀青年进入各级师范学校学习。各级教师进修学校承担培训中小学教师的任务。非师范学校应当承担培养和培训中小学教师的任务。各级师范学校学生享受专业奖学金"。①

《中华人民共和国教师法》有利于用法律保障教师的社会地位和物质待遇的提高，维护教师的合法权益，调动广大教师教书育人的积极性。

《中华人民共和国教师法》是继《中华人民共和国学位条例》《中华人民共和国义务教育法》之后第三个教育法律。《中华人民共和国教师法》是以教师为对象的法律，具有特殊的地位和作用。以教师为对象立法，涉及教育内部和外部的一系列关系。《中华人民共和国教师法》的通过，在教育体系中确定了教师的重要地位和作用，也为今后在教育立法中处理教育内部和外部的关系提供了成功的经验，对于加速做好教育立法工作具有重要的作用。

可以说，《中华人民共和国教师法》第一次以法律形式明确了教师在我国社会主义现代化建设中的重要地位，对教师的权利、义务、任用、考核、培训和待遇等方面做了全面的规定，从根本上确立了我国教师的法律地位，是我国教师队伍建设走向法制化、规范化的根本保障。一方面，《中华人民共和国教师法》将改革开放以来我国教师队伍建设的成功经验上升为法律规定，巩固了教师队伍建设的成果；另一方面，一系列新思想、

① 何东昌：《中华人民共和国重要教育文献（1949 年～1997 年）》，3570～3571 页，海口，海南出版社，1998。

新规定、新政策将极大地促进了我国师范教育的发展，推动了我国教师队伍建设进入新阶段。

1994 年，江泽民在全国教育工作会议上对学习贯彻《中华人民共和国教师法》提出了明确要求。他强调指出："要认真贯彻执行《教师法》，维护教师的合法权益，按照规定保证和提高他们的待遇，为他们创造工作、学习、生活的必要条件。现在，不少省区市党委和政府每年都要为教师办几件实事，这个做法很好，应该大力提倡。各个部门、各条战线、各行各业都要满腔热情、积极主动地关心和支持教育工作，尊重教师的劳动，使我们中华民族尊师重教的优良传统发扬光大。"[①]

(三)大力推进教师教育的综合改革

1. 建设开放灵活的教师教育体系

1999 年，江泽民在第三次全国教育工作会议上作了题为《教育必须以提高国民素质为根本宗旨》的讲话。他强调，高质量教育的发展以及社会主义精神文明的传播和建设等，都是系于高素质教师队伍建设的。各级党政领导要维护教师的合法权益，多为教师办实事，努力改善教师的待遇。全社会应积极弘扬尊师重教的优良传统，大力促进尊师重教的良好风尚的形成。教师自身应不断提高教书育人的水平，并在思想政治上、道德

---

① 《江泽民文选》第一卷，371 页，北京，人民出版社，2006。

品质上和学识学风上以身作则，自觉率先垂范，真正做到为人师表。①

2002 年，江泽民在庆祝北京师范大学建校一百周年大会上作了题为《不断推进教育创新》的讲话，他指出："贯彻党的教育方针，推进教育创新，培养大批高素质人才，离不开教师的辛勤工作。我国广大教师要率先垂范，做先进生产力和先进文化发展的弘扬者、推动者，做青少年学生健康成长的指导者、引路人，努力成为无愧于党和人民的人类灵魂的工程师。要进一步建立和完善适应我国教育发展需要的、开放灵活的教师教育体系，努力造就一支献身教育事业的高水平的教师队伍。全国各级各类师范院校，都要适应新形势新任务的要求，深化改革，锐意进取，为建设有中国特色教师教育体系作出新的贡献。"②

江泽民的上述"两个讲话"，对推进我国教师队伍建设具有重要指导意义。一是他明确要求，要站在高质量教育的发展以及社会主义精神文明建设的传播和建设的高度来加强教师队伍建设；二是他明确提出了推进我国教师教育体系建设的战略目标，就是"建立和完善适应我国教育发展需要的、开放灵活的教师教育体系，努力造就一支献身教育事业的高水平的教师队

---

① 《江泽民文选》第二卷，337～338 页，北京，人民出版社，2006。
② 《江泽民文选》第三卷，501 页，北京，人民出版社，2006。

伍"。可以说，江泽民的上述"两个讲话"，为今后一个时期加快我国教师教育事业的改革与发展、大力推进教师教育综合改革提出了明确要求，指明了具体方向。

1999年，《教育部关于师范院校布局结构调整的几点意见》指出："从我国国情出发，坚持独立设置师范院校主体作用，同时进一步拓宽中小学教师来源渠道，鼓励一批高水平综合大学参与培养中小学教师，通过实施教师资格制度逐步实现中小学教师补充与人才市场接轨，中小学教师来源多样化，优化师资队伍结构。"①

2002年，《教育部关于"十五"期间教师教育改革与发展的意见》指出，"十五"期间教师教育改革与发展的主要任务为："基本完成教师教育的结构调整，进一步完善教师教育制度。按照基础教育事业发展目标，依据国家有关规定，确定合理的师范院校培养规模、结构，初步形成以现有师范院校为主体，其他高等学校共同参与，培养培训相衔接，体现终身教育思想的开放的教师教育体系。"②

2003年，教育部在北京师范大学召开教师教育专家委员会成立大会，袁贵仁出席会议并讲话，顾明远主持了会议。会议认为，当前中国教师培养模式正由定向性向非定向性转变，师

---

① 何东昌：《中华人民共和国重要教育文献(1998～2002)》，241页，海口，海南出版社，2003。

② 同上书，1147页。

范院校综合化和综合大学举办教师教育是这一时期的主要
特征。①

据统计，2011 年，全国有本专科层次的师范院校 144 所，
其中部属师范大学 6 所，省属师范大学 34 所，师范学院 68 所，
师专 36 所。举办教师教育的非师范院校有 383 所，其中综合性
大学 55 所，地方综合性学院 142 所，高职高专 128 所，独立学
院 41 所，其他院校 17 所。2011 年，全国普通院校师范类毕业
生总计 56.33 万人，其中本科 30.69 万人，专科 20.02 万人，
中师 5.62 万人。非师范院校本专科师范毕业生约占 47.3%。②

综上所述，进入 21 世纪之后的 10 年左右时间内，综合性
大学等非师范类院校举办教师教育的规模不断扩大，非师范院
校本专科师范毕业生占全国普通院校师范类毕业生总数比例已
接近一半，我国开放灵活的教师教育体系构建已取得显著成效。

2. 推动"三级"师范向"二级"师范过渡

2002 年，教育部印发的《教育部关于"十五"期间教师教育
改革与发展的意见》提出，教师教育是我国教育的重要组成部
分，是基础教育师资来源和质量提高的重要保证。教师教育是
在终身教育思想的指导下，按照教师专业发展的不同阶段，对

---

① 《中国教育年鉴》编辑部：《中国教育年鉴（2004）》，261 页，北京，人民
教育出版社，2004。
② 《中国教育年鉴》编辑部：《中国教育年鉴（2012）》，265 页，北京，人民
教育出版社，2013。

322 | 中国共产党领导下的百年教育◎第三卷（1978—2012）

教师的职前培养、入职教育和在职培训的统称。加快教师教育的发展，提高教师教育水平，对建设一支高素质的教师队伍，扎实推进素质教育，具有重大的战略意义。

《教育部关于"十五"期间教师教育改革与发展的意见》强调，各地在省级人民政府的统筹规划、宏观指导下，积极稳妥、因地制宜地推进各级各类师范院校的布局、层次和类型等方面的调整，实现本省（自治区、直辖市）师范院校和其他承担教师教育机构的合理整合，使教师教育机构的办学层次由"三级"向"二级"适时过渡，明显提高教师教育一体化程度。在各地高等学校布局调整中，不得削弱教师教育；在教师教育结构调整中，不得削弱在职教师培训；在教师教育资源重组中，不得流失优质教师教育资源。①

基于"建设中国特色教师教育体系"以及"把加强教师队伍建设作为教育事业发展最重要的基础工作来抓"的要求，《教育部关于"十五"期间教师教育改革与发展的意见》对于促进教师教育一体化发展提出了明确要求，强调教师教育机构的办学层次逐步从以"中专、大专、本科"为主的"三级"向以"大专、本科"为主的"二级"适时过渡。

《教育部关于"十五"期间教师教育改革与发展的意见》的印

---

① 何东昌：《中华人民共和国重要教育文献（1998～2002）》，1146～1147页，海口，海南出版社，2003。

发与实施，有力地推动了教师教育改革与发展的进程。据统计，从 1995 年到 2004 年，普通高等师范本专科院校规模有较大扩展，学校数由 236 所减少到 195 所，校均规模由 2470 人提高到 9365 人；过大的中师办学规模合理收缩，学校数由 897 所减少到 282 所，教育学院由 242 所减少到 83 所。从 1995 年到 2004 年，全国高等师范院校培养了本专科毕业生约 237 万人，培养了教育硕士约 7 万人。中等师范学校培养了中师毕业生约 245 万人。[1]

3. 加强师范院校教师队伍建设

《教育部关于"十五"期间教师教育改革与发展的意见》强调，师范院校教师应具有高尚师德、优良教风、敬业精神和高度的责任心，应具有现代教育观念、创新精神和指导中小学教育教学改革的能力。高等师范学校的主讲教师一般应有硕士学位或高级专业技术职务，其中一定比例的教师取得博士学位。教师培训机构和中等师范学校的教师应具有本科及以上学历，其中一定比例的教师具有硕士学位。建立专业技术职务和年龄结构合理的专业教师梯队，把加强中青年教师队伍建设放在重要位置，有计划、有目的地培训中青年教师。鼓励优秀骨干教师到国外进修学习。吸收一部分中小学优秀教师担任教育类课程的

---

① 胡松柏：《中国教育改革与发展六十周年辉煌历程》，785 页，北京，中国教育出版社，2009。

教学和教育实践的指导工作。培训机构的教师队伍应做到专兼结合，以兼职为主。所有从事教师教育的教师应积极主动地深入中小学，研究中小学教育。[①]

《教育部关于"十五"期间教师教育改革与发展的意见》对于从事教师教育的教师队伍的学历层次、师德标准、梯队建设以及业务能力等方面提出了明确要求。《教育部关于"十五"期间教育改革与发展的意见》对于加强师范院校从事教师教育的教师队伍的建设具有重要意义，发挥了重要作用。

4. 深化教师教育课程与教学改革

教师教育课程与教学改革是教师教育整体改革与发展体系中的重要组成部分，推进和深化教师教育课程与教学改革是大力加快教师教育综合改革与发展进程的应有之义和必然之举。

2005年10月10日至12日，教育部在北京召开了教师教育课程改革研讨会。全国教师教育院校有关领导、专家和学者共40多人参加。袁贵仁出席会议并讲话。会议就"教师教育课程改革工程"的指导思想、原则、目标、内容和措施等进行了研讨，对"教师教育课程改革工程实施方案""教师教育国家精品课程资源建设计划"等提出了修改意见。此次会议标志着"教师教育课程改革工程"全面启动。

---

① 何东昌：《中华人民共和国重要教育文献(1998～2002)》，1148页，海口，海南出版社，2003。

袁贵仁作了题为《大力推进教师教育课程改革，全面提高教师教育质量》的讲话。他指出：教师教育课程改革要以先进的教育理念为指引，以服务基础教育为方向，以改革创新为动力，以突出实践为取向，统筹规划，全面协调发展。实施"教师教育课程改革工程"，要改变教师教育课程过于强调学科本位、结构单一、缺乏整合的现状；要改变教师教育课程长期以来存在的理论脱离实际，脱离中小学现实教育生活，内容"空、繁、旧"的现状；要改变教师教育课程设置与实施中过于偏重理论知识内容、以教师为中心的传统和以教师所教授的学科知识为中心的倾向。通过实施"教师教育课程改革工程"，初步建立起符合我国经济社会发展趋势和基础教育改革发展需要、适应不同教育阶段和不同学科教师发展需要、教师培养与培训相衔接的教师教育课程新体系；将学科前沿知识和教育改革与教育科学研究中的最新成果引入教育教学过程，全面提高教师教育质量；培养具有先进教育理念、良好职业道德素养和综合知识基础，掌握现代教育技术，自主学习与创新能力强，具备实施素质教育能力的高素质专业化的中小学教师。[1]

"教师教育课程改革工程"的设计与实施，重在解决我国基础教育领域的一些现实重点问题，具有鲜明的实践创新特色。

---

[1]　《中国教育年鉴》编辑部：《中国教育年鉴（2006）》，272页，北京，人民教育出版社，2006。

该工程的实施力求有效改变教师教育课程旧体系中存在的一系列问题，初步建立起教师教育课程的新体系。这个教师教育课程新体系要能够促进教师教育质量的全面提高，切实提升中小学教师队伍的整体素质和专业化水平，从而更好地推进素质教育的实施。

(四)努力造就高素质专业化教师队伍

伴随各级各类教育事业的快速发展，全党和全社会尊师重教水平切实提高，努力造就高素质专业化教师队伍的工作稳步推进。教师教育课程与教学改革程度日益加深。我国教师教育综合改革不断深化，改革成效日渐显现。

2010年，胡锦涛在全国教育工作会议上作了题为《推动教育事业科学发展》的讲话。他强调："教育大计，教师为本。要把加强教师队伍建设作为教育事业发展最重要的基础工作来抓，充分信任、紧密依靠广大教师，进一步激发和保护他们投身教育改革创新、推动教育事业发展的积极性、主动性、创造性，着力提升教师素质、优化队伍结构，着力加强中青年教师和创新团队建设，健全教师管理制度，努力造就一支师德高尚、业务精湛、结构合理、充满活力的高素质专业化教师队伍。要采取更有力的措施，提高教师地位，维护教师权益，改善教师待遇，加强教师培训，关心教师身心健康，依法保证教师平均工资水平不低于或者高于国家公务员平均工资水平并逐步提高，落实教师绩效工资，对长期在农村基层和艰苦边远地区工作的教师实行倾斜政策，落实和完善教师社会保障政策，为教师解决后顾之忧，为教师发展成长创造更多机会、提供更有利的条件。要吸引优秀人才从事教育工作，支持和鼓励他们长期从教、终身从教。要在全社会大力弘扬尊师重教的优良传统，宣传优秀教师先进事迹，使教师成为最受社会尊重的职业。要加强学校领导者、管理者队伍建设，加强辅导员、班主任队伍建设，提高队伍整体素质。要完善绩效考核，发扬良好校风、教风、学风，力戒浮躁，形成全面提高教育质量的良好氛围。"①

　　这个讲话对重视教师作用、加强教师队伍建设、保障和提高教师地位等一系列教师教育的重要问题提出了明确要求，充分体现了党和国家对我国教师队伍建设工作的莫大关切和高度重视。

　　2010年，中共中央、国务院印发的《国家中长期教育改革和发展规划纲要（2010—2020年）》强调，教育大计，教师为本。有好的教师，才有好的教育。保障教师地位，维护教师权益，提高教师待遇，使教师成为受人尊重的职业。严格要求教师资质，提升教师素质，努力造就一支师德高尚、业务精湛、结构合理、充满活力的高素质专业化教师队伍。《国家中长期教育改

① 《胡锦涛文选》第三卷，425～426页，北京，人民出版社，2016。

革和发展规划纲要（2010—2020 年）》对如何建设高素质教师队伍，做出了一系列战略部署。

——全面加强师德建设。加强教师职业理想和职业道德教育，增强广大教师教书育人的责任感和使命感。教师要关爱学生，严谨笃学，淡泊名利，自尊自律，以人格魅力和学识魅力教育感染学生，做学生健康成长的指导者和引路人。将师德表现作为教师考核、聘任（聘用）和评价的首要内容。

——提高教师地位待遇。不断改善教师的工作、学习和生活条件，吸引优秀人才长期从教、终身从教。依法保证教师平均工资水平不低于或者高于国家公务员的平均工资水平，并逐步提高。落实教师绩效工资。对长期在农村基层和艰苦边远地区工作的教师，在工资、职务（职称）等方面实行倾斜政策，完善津补贴标准。建设农村艰苦边远地区学校教师周转宿舍。研究制定优惠政策，改善教师工作和生活条件。关心教师身心健康。落实和完善教师医疗养老等社会保障政策。国家对在农村地区长期从教、贡献突出的教师给予奖励。

——健全教师管理制度。完善并严格实施教师准入制度，严把教师入口关。国家制定教师资格标准，提高教师任职学历标准和品行要求。建立教师资格证书定期登记制度。省级教育行政部门统一组织中小学教师资格考试和资格认定，县级教育行政部门按规定履行中小学教师招聘录用、职务（职称）评聘、培养培训和考核等管理职能。[1]

2011 年，为了贯彻《国家中长期教育改革和发展规划纲要（2010—2020 年）》对建设高素质教师队伍的战略部署，教育部印发了《教育部关于大力推进教师教育课程改革的意见》。其中，关键措施如下：第一，创新教师教育课程理念；第二，优化教师教育课程结构；第三，改革课程教学内容；第四，开发优质课程资源；第五，改进教学方法和手段；第六，强化教育实践环节；第七，加强教师养成教育；第八，建设高水平师资队伍；第九，建立课程管理和质量评估制度；第十，加强组织领导和条件保障。[2]

这十条意见全面细致地指明了深化教师教育课程与教学改革的一系列重大课题，对于更加有力地推进教师教育课程与教学改革具有重要指导意义。

---

[1] 《中国教育年鉴》编辑部：《中国教育年鉴（2011）》，14～15 页，北京，人民教育出版社，2012。

[2] 《中国教育年鉴》编辑部：《中国教育年鉴（2012）》，1089～1090 页，北京，人民教育出版社，2013。

第四章 | 中国共产党领导的各级各类
教育的发展（下）

　　党的十一届三中全会重新确立了马克思主义的思想路线、政治路线、组织路线，实现了党和国家工作重点向社会主义现代化建设的转移，开启了改革开放和社会主义现代化建设的伟大征程。在此后几十年的改革开放进程中，在党的正确领导下，干部教育、民族教育、留学教育和终身教育得以迅速恢复，体制机制、政策制度得以不断创新，教育体系逐步健全完善，教育事业获得持续健康发展。

一、干部教育的发展

党的十一届三中全会恢复了实事求是的思想路线，实现了党和国家工作重点向社会主义现代化建设的转移，开始了改革开放这场新的伟大革命。十一届三中全会后，党中央把党和国家的工作重心转移到经济建设上来。面对社会主义现代化建设和改革开放的新任务，党内掀起了一次次学习热潮。干部教育进入全面发展时期。

（一）干部教育的恢复和发展

十一届三中全会之后，面对社会主义现代化建设和改革开放的新任务，面对干部队伍质量亟待提升的状况，党中央及时确立干部选拔任用与教育培训的基本方针，制定并颁发了一系列文件，对干部教育工作进行了部署；恢复了党校系统，新建了一批干部教育培训机构，完善了干部教育培训体系；加强了政治理论和专业知识培训，着力提高干部思想政治素质和文化水平。党中央采取的这一系列措施，使干部教育工作得到恢复、重建和发展。

1. 干部教育制度的恢复

十一届三中全会以前，各级党政领导干部总体学历水平不高，选拔大批优秀的年轻干部成为当时一项紧迫的政治任务。在这一背景下，党提出了干部队伍的"四化"方针。1980 年 8 月，邓小平在中共中央政治局扩大会议上说道："陈云同志提出，我们选干部，要注意德才兼备。所谓德，最主要的，就是坚持社会主义道路和党的领导。在这个前提下，干部队伍要年轻化、知识化、专业化，并且要把对于这种干部的提拔使用制度化。"①同年12月，邓小平在中共中央工作会议上指出："要在坚持社会主义道路的前提下，使我们的干部队伍年轻化、知识化、专业化，并且要逐步制定完善的干部制度来加以保证。提出年轻化、知识化、专业化这三个条件，当然首先是要革命化，所以说要以坚持社会主义道路为前提。"②1982年9月，中国共产党召开第十二次全国代表大会。大会通过了新的《中国共产党章程》，明确了干部队伍的"四化"标准，即革命化、年轻化、知识化、专业化，为干部队伍建设指明了方向。

干部队伍的现状和"四化"方针，对干部教育事业的恢复和发展提出了紧迫的需求。为推动党的干部教育工作迅速恢复，并尽快步入常态化、正规化的轨道，党中央在这一时期陆续出台了一系列文件，对干部教育工作进行了部署。

1980年2月，《关于加强干部教育工作的意见》指出，随着全党工作重点转移到社会主义现代化建设方面来，重新教育干部已成为当务之急。各级党委和各条战线的领导机关必须把干

---

① 《邓小平文选》第二卷，326页，北京，人民出版社，1994。
② 同上书，361页。

部教育工作当作实现"四个现代化"的根本大计，认真抓起来。
新时期干部教育方针为：以马列主义、毛泽东思想为指导，以
解决我国四化建设的问题为中心，学习有关的理论和实践知识，
培养一支懂得马克思主义基本知识和党在新时期的路线、方针、
政策，坚持社会主义道路，具有专业知识，富于艰苦创业精神
的干部队伍，并从中造就一大批各行业专家。在学习的内容和
要求上，要坚决改变对不同行业、不同程度的干部不加区别地
"一刀切"的做法，实行"干什么学什么、缺什么补什么"的原则。
各地区各部门都要在党的统一领导下，举办各种干训班、读书
班、研究班，分期分批抽调干部进行离职轮训，每期四个月左
右（地、县可适当缩短），争取三五年内把自己管理的干部轮训
一遍。轮训干部既要有全面的规划，又要抓住重点，在 1980 年
至 1981 年，要着重轮训县委和县级以上企事业单位的领导
干部。①

　　1982 年 10 月，《中共中央、国务院关于中央党政机关干部
教育工作的决定》要求，不失时机地抓紧培训干部，把干部教育
工作经常化、正规化、制度化，力争在三五年内使中央党政机
关干部队伍的政治、业务水平得到明显的提高。为使干部教育
工作经常化、正规化、制度化，文件还明确规定了相关政策和

——————

　　① 《干部教育培训工作手册》编委会：《干部教育培训工作手册》，1313～
1314 页，北京，红旗出版社，1996。

制度：一是干部教育应纳入国民教育计划；二是中央党政机关的所有干部，都要分批分期参加轮训，一般要做到每三年离职学习半年；三是把干部培训和干部任用结合起来。

1982 年，《宪法》规定"实行工作人员的培训和考核制度"。1982 年 9 月 6 日，党的十二大审议通过了《中国共产党章程》。《中国共产党章程》对全体党员、党的干部提出更加严格的标准，要求"党的干部必须接受党的培训，接受党的考察和考核"。这就将教育培训与考察考核结合了起来，有效激发了干部参加教育培训的积极性和主动性。

1983 年 10 月 5 日，中共中央组织部印发《1983—1990 年全国干部培训规划要点》，指出有计划、大规模地培训干部，提高干部队伍的素质，是现代化建设的需要，是继往开来、保证党的路线的连续性的迫切要求，具有重大的战略意义；要从干部现有的政治理论、业务知识水平、文化程度出发，进行定向培训，使干部队伍在革命化的前提下分两步（到 1985 年为第一步，到 1999 年为第二步）实现知识化、专业化。

1983 年 10 月 11 日，党的十二届二中全会通过《中共中央关于整党的决定》，这是党的历史上第四次大规模的党员教育活动。文件提出，在整党过程中，自始至终都要加强党员的思想教育，着眼于提高广大党员的思想觉悟；加强思想教育首先要学习，即学习中央规定的整党文件。通过整党活动，对全党进行马克思列宁主义、毛泽东思想教育，把我们党建设成为领导社会主义现代化事业的坚强核心。

1984 年 12 月 29 日，中共中央批转《关于加强干部培训工作的报告》。该报告指出："大规模地、正规化地培训在职干部，提高干部队伍的政治、业务素质和经营管理水平，是实现干部队伍革命化、年轻化、知识化、专业化的根本途径之一。"这一规定突出了干部教育培训"大规模""正规化"的发展要求，并从实现干部"四化"的高度强调了干部教育培训工作的战略地位。该报告还决定成立中央干部教育工作领导小组。

1989 年 12 月，中共中央下发《关于建立健全省部级在职领导干部学习制度的通知》，要求省（自治区、直辖市）党委、政府和中央、国家机关各部委的领导干部在每届任期内，须到中央党校进修一次，主要学习马克思主义基本理论、党的基本路线和党内政治生活的基本准则，运用马克思主义的世界观和方法论，联系实际，研究弄清一些重大问题，充实理论基础，提高理论水平；进修学习之外，每年还要至少拿出半个月时间，选读一些马克思主义理论著作和其他有关书籍。

1991 年 12 月，中共中央组织部印发的《1991—1995 年全国干部教育培训规划要点》提出，"要把马克思主义理论教育放在突出位置"，"干部培训的重点是县以上各级党政领导干部"，"要坚持理论联系实际的原则"，"要切实保证干部培训的质量"。

这一时期出台的政策法规，为党的干部教育事业指明了方向，做出了顶层设计和宏观部署，推动了干部教育向正规化、制度化迈进，为党的干部教育事业的快速恢复和进一步发展奠定了制度基础。

2. 干部教育机构体系的恢复和重建

随着干部教育制度的恢复，以党校为核心的干部教育机构体系也逐步得以恢复和重建，为干部教育事业的发展提供了重要的保障。

(1)党校系统的恢复和重建

1977年3月，中共中央政治局做出恢复中央党校的决定，由华国锋兼任中央党校校长，汪东兴兼任中央党校第一副校长，胡耀邦为中央党校副校长并主持工作。在胡耀邦的主持下，中央党校建立了新的领导班子和组织机构，设置了中共党史教研室、党建教研室、哲学教研室、政治经济学教研室、科学社会主义教研室等。

1977年9月，中央党校正式开学，并于10月举行了开学典礼。华国锋、叶剑英、邓小平、汪东兴等参加了开学典礼。华国锋、叶剑英、胡耀邦在会上讲话。叶剑英在讲话中指出，我们党之所以能取得胜利，集中到一点，就是有马列主义的普遍真理同革命的具体实践相结合的毛泽东思想。我们要坚持和发扬毛主席倡导的理论联系实际的学风，要研究和编写党史。胡耀邦在讲话中说，革命没有止境，学习也没有止境。时时意识到时代赋予自己的重担，才会认识到要更好地学习。①

1977 年 10 月，《中共中央关于办好各级党校的决定》明确指出，为了坚决贯彻党的十一大路线，适应我国社会主义革命和社会主义建设进入新的发展时期的需要，要切实办好各级党校。办好各级党校，有计划地分期分批抽调干部进行较系统的学习，是一种不可缺少的方法。"各省、市、自治区一级的党校，都应从速恢复，切实加强领导，纠正目前有些地方党的委员会不管党校的现象。地、市、州、盟一级的党校，也应力争早日恢复或者进行整顿。""各级党校最重要的课程，就是要有计划地阅读马列著作和毛主席著作，完整地、准确地领会和掌握毛泽东思想的体系，努力学习毛主席关于无产阶级专政下继续革命的伟大理论。"为了搞好党的理论工作，"各级党委要下决心，经过较长时期的努力，造就一支马克思主义的又红又专的理论队伍"。"各级党校也应该有计划地调配和训练一批理论教学干部，采取切实措施，不断提高他们的马克思主义理论水平，提高辅导质量。""各级办党校的同志，更应该身体力行，不但要把党校办成捍卫马列主义、毛泽东思想的一个坚强阵地，而且要把党校办成一个发扬光大我们党的优良传统和优良作风的模范。"②

---

① 谭宗级、叶心瑜：《共和国史记》第四卷，57 页，长春，吉林人民出版社，1999。

② 《中华人民共和国国史全鉴》编委会：《中华人民共和国国史全鉴·第五卷（1976—1988）》，5212～5214 页，北京，团结出版社，1996。

　　为了贯彻十一届三中全会精神，适应党和国家工作重点的转移，进一步办好各级党校，经党中央批准，1979年12月25日至1980年1月17日，中共中央组织部、中共中央宣传部、中央党校在北京联合召开全国党校工作座谈会。会议通过了《全国党校工作座谈会纪要》。中央审核批准后，将该文件转发到各地贯彻执行。会议认为，要实现四个现代化的伟大任务，一个必不可少的条件是要建立一支坚持社会主义道路、具有专业知识的宏大的干部队伍。要采取各种方式，加强对干部的定期轮训和培训，并使之成为制度。进一步办好党校，需要认真解决党校工作中普遍存在的八个问题：第一，党校是党委领导下的培训党的干部的学校，是宣传、捍卫马列主义、毛泽东思想的重要阵地，各级党委务必要重视和发挥党校的作用；第二，党校和各部委一样是党委领导下的一个重要部门，要切实加强党委对党校的领导；第三，党校的工作必须以教学为中心，各项工作都要围绕这个中心来进行；第四，各级党委的组织部、宣传部和党校应在党委的领导下密切配合，共同制订轮训和培训理论干部的计划；第五，要建立一支又红又专的教学和理论研究队伍；第六，各级党校的经费由各级财政部门作为事业费列入财政预算，妥善安排，予以保证；第七，上级党委和下级党校之间要建立一定的业务联系，各级党校应加强交流，互相学习，密切配合；第八，各级党校的全体工作人员必须忠诚于党的干部教育事业，树立为教学服务、为学员服务的思想，积极主动地做好工作。[①] 以上规定进一步推动了党校教育的恢复重建工作。各级党委普遍加强了对党校工作的领导，干部培训规模进一步扩大，各级干部提高了对马克思主义的认识水平。

这次座谈会是党校教育历史上一次非常重要的会议。会议总结了办校经验，明确了办校任务，对于办好各级党校起到了巨大的推动作用，标志着党校复校后党校工作逐渐走上正轨。这八个问题进一步明确了党校的性质、地位和作用，明确了教学在党校工作中的中心地位和基本内容，解决了党校的经费保障、教学人员的职称和待遇、上下级党校之间的业务指导关系等重要问题，对党校的长远发展具有十分重要的意义。

1983 年 5 月，中共中央颁发《关于实现党校教育正规化的决定》，强调各级党校要从以短期轮训干部为主，逐步转向以正规化培训干部为主，以适应社会主义现代化建设的需要，并对党校班次设置、招生工作、课程设置、教学原则、教材编审等做了原则规定，对党校教师队伍建设提出了要求，对党校的规模、党校的编制和经费、党校的基本建设投资等均做了相应的规定。[②]

---

① 吴林根：《中国共产党干部教育九十年》，358～359 页，上海，东方出版中心，2011。

② 同上书，368～371 页。

（2）其他干部教育机构的恢复或新建

在恢复党校系统的同时，国家行政学院、干部学院、社会主义学院等各类干部教育机构也纷纷恢复或新建，党领导下的行政干部教育、统战干部教育逐步得到恢复和发展。

《1983—1990 年全国干部培训规划要点》提出，在中国人民大学建立中央行政管理干部学院、中央经济管理干部学院，在北京农业大学建立中央农业管理干部学院。中央行政管理干部学院、中央经济管理干部学院、中央农业管理干部学院培养高级行政管理、经济管理、农业管理干部及其后备人员，同时担负行政管理、经济管理、农业管理干部院校师资的培训任务。有条件的省（自治区、直辖市）在 1985 年以前要建立行政管理干部学院和经济管理干部学院，培养县级行政管理和经济管理干部及其后备人员。

社会主义学院是中国共产党领导的统一战线性质的干部学院，是民主党派和无党派人士的联合党校，是统一战线人才教育培养的主阵地，是开展党的统一战线工作的重要部门，是党和国家干部教育培训体系的重要组成部分。社会主义学院创办40 多年来，培养了大批与中国共产党亲密合作的民主党派、无党派代表人士和统一战线其他方面的代表人士，为坚持和完善中国共产党领导的多党合作和政治协商制度做出了重要贡献。党的十一届三中全会召开以后，为适应统一战线系统党内外两支干部队伍建设亟待加强的新形势，1982 年 2 月，中共中央书记处决定，恢复中央社会主义学院。1983 年 11 月，中央社会主义学院举行复办后的首次开学典礼。中央社会主义学院恢复后，各省（自治区、直辖市）及一些地、市也相继恢复或创办了地方社会主义学院。地方社会主义学院有的是独立创建、接受中共同级党委的统战部门领导，有的与党校、行政学院、干部学院实行"一套班子两块牌子"的体制。

　　一些部门和行业系统分别建立本系统的干部教育培训机构，按照各自的职责，承担本部门本行业的干部教育培训工作。1983 年 5 月，《关于成立管理干部学院问题的请示》规定，"凡培训具有高中毕业以上文化程度的、学制在二年以上的、按大专院校课程进行教学的在职管理干部院校，称为××管理干部学院（如煤炭管理干部学院），以便有别于面向社会招收高中毕业生的普通高等学校"。在此政策背景下，当年全国即成立了 15 所管理干部学院，如中央少数民族管理干部学院（现中央民族干部学院）、中央财政管理干部学院（并入中央财经大学）、民政部管理干部学院（现民政管理干部学院）等。这些学院首批共招收了 1758 名干部学员，建立了一支由 800 多名教师组成的专业教学队伍。到 1985 年，全国有管理干部学院 80 多所，各级各类干部职工院校、培训中心 31467 所。干部教育教学和管理队伍发展迅速，专职教师 20 万人，兼职教师 10 万人，管理干部 19

万余。① 这一时期，公检法系统干部教育机构陆续组建。1985年，公安部管理干部学院创建；1985年和1988年，全国法院干部业余法律大学和中国高级法官培训中心成立；1989年，中国高级检察官培训中心创建，于1991年升格为中央检察官管理学院。

1987年10月，党的十三大提出要进行干部人事制度改革，建立国家公务员制度，抓紧制定国家公务员条例及相应配套措施，组建国家公务员管理机构，筹办国家行政学院。1988年3月，七届全国人大一次会议通过了开办国家行政学院的决定。1988年7月，李鹏主持国务院总理办公会议，具体研究国家行政学院的筹建事宜。会议确定了国家行政学院的建院方针和原则。11月，国家行政学院第一期培训班在北京举行开学典礼。宋平代表中共中央参加开学典礼并讲话。

在中央的大力推动下，全国各级党校和其他各级各类干部教育机构很快得以恢复、重建或新建，干部教育事业出现了新的局面。以党校、干部院校为主体，以普通高校等机构为补充的干部教育培训新格局逐渐形成。

3. 干部教育事业的健康发展

干部教育政策法规体系和机构体系的恢复，对党的干部教

---

① 吴林根：《中国共产党干部教育九十年》，347页，上海，东方出版中心，2011。

育事业的迅速恢复与发展起到了重要的推动作用和保障作用。在干部教育制度重建和机构恢复的基础上，党的干部教育培训进入健康发展的轨道。

(1)学历教育是这一时期干部教育的主要任务

针对全党干部队伍总体学历水平偏低的状况，提高干部队伍总体学历水平成为这一时期干部教育的重要任务。

1980年2月，中共中央宣传部、中共中央组织部颁发《关于加强干部教育工作的意见》，明确要求干部教育要以解决我国"四化"建设的问题为中心，学习有关的理论和实践知识，包括与本职工作密切相关的基本知识、管理知识、科学技术知识、技能以及外语等。文化程度低的干部，应当主要学习文化，包括语文、数学、史地和自然常识，凡有条件的都应争取在1982年达到初中或高中水平。

1982年10月，中共中央、国务院颁发的《关于中央党政机关干部教育工作的决定》提出，"中央党政机关里，现有文化程度不到初中毕业的干部，年龄在40岁以下的，必须在两三年内经过文化补课达到初中毕业文化程度；现有干部中已具有初中以上文化程度但缺少专业知识的，要在三五年内提高到中专、大专程度"。"中央设想，经过5年左右的努力，中央党政机关的干部，都具有高中或中专毕业以上的文化、业务水平；大专以上程度的干部比例逐年有相当的增长；部委、司局两级领导班子中，大专以上程度的干部占有较大的比重。"①为使干部教育工作经常化、正规化、制度化，中央中央提出干部教育应纳入国民教育计划。

1984年12月，中共中央批转《关于加强干部培训工作的报告》，要求对经营管理、法律、财会等方面的人才，要优先培养；对45岁以下、不到中专文化程度的干部，要采取有力措施，加快培训速度。②

从1982年到1987年，大专院校、党校、干部培训中心以及自学考试、电视学校、广播学校、业余学校等阵地，培训干部达734万人次，其中取得大专学历的有115万多人，取得中专学历的有62万多人，取得高中学历的有56万多人。这些培训学校和机构为我国社会主义建设培养了大批人才，充分发挥了干部教育培训在推进社会主义现代化建设中的重要作用。③

（2）社会主义理论学习是这一时期干部教育的重点内容

党的十一届三中全会后，党和国家实现了伟大历史转折，进入改革开放和社会主义现代化建设新时期。以邓小平为主要

---

① 何东昌：《中华人民共和国重要教育文献（1949年—1997年）》，2041～2042页，海口，海南出版社，1998。

② 关世雄：《成人教育辞典》，87页，北京，职工教育出版社，1990。

③ 中共中央组织部干部教育局：《干部教育工作学习读本》，44页，北京，党建读物出版社，2012。

代表的中国共产党人与时俱进，深刻总结正反两方面的历史经验，把工作重心转移到经济建设上来，实行改革开放，制定社会主义初级阶段的基本路线，并在实践中形成了一整套新的路线、方针和政策。1982 年，邓小平在党的十二大开幕词中明确提出"走自己的道路，建设有中国特色的社会主义"的历史性命题。①

为了使这一马克思主义中国化的理论创新成果成为全党的统一认识和行动指南，1983 年 7 月，《邓小平文选》（1975—1982 年）由人民出版社出版，并向全国发行。该书收录了邓小平 1975 年至 1982 年的重要讲话、谈话共 47 篇。这不仅是指导全党实现伟大历史性转变的重要文献，也是当时干部教育的主要教材。

1983 年 7 月 12 日，中共中央发出《关于全党学习〈邓小平文选〉的通知》，要求全党认真学习，各级党委要加强对学习的领导。该通知指出，《邓小平文选》系统地反映了以邓小平为代表的党的正确领导，认真学习《邓小平文选》能够帮助我们进一步认识党在伟大转折时期的历史，认识十一届三中全会路线的由来和发展，认识党的十二大提出的建设有中国特色社会主义的正确道路的主要内容和提出的主要保证，认识我们党在新的历

①　张士义、王祖强、沈传宝：《从一大到十九大：中国共产党全国代表大会史》，235 页，北京，东方出版社，2018。

史条件下坚持和发展毛泽东思想的新成果。

到1991年年底，各级党员、干部都比较系统地接受了一次社会主义理论教育。党政部门县级以上干部分期分批到党校学习了中央宣传部编写的《关于社会主义若干问题学习纲要（试用本）》和马克思主义有关著作，没有进党校学习的干部主要采取"小集中"办班的形式进行学习。各地还普遍加强了党委中心组的学习。这次大规模的集中培训统一了各级党员干部的思想，进一步坚定了广大党员和各级干部带领人民群众建设有中国特色的社会主义的信念。

（3）中青年干部是这一时期干部教育的重点对象

抓紧培养合格的社会主义事业建设者和接班人，是党的一项重大战略任务，也是一项十分紧迫的现实任务。我国能否顺利实现建设有中国特色的社会主义的宏伟目标，在很大程度上取决于能不能把干部队伍建设好，能不能培养造就出新一代可靠的接班人。

在这种背景下，1991年9月，《中共中央关于抓紧培养教育青年干部的决定》提出，"在今后五年内，要分期、分批、分层次地对各类青年干部进行理论培训。中央国家机关和省、自治区、直辖市以及地（市）机关中的县处级青年干部，要分别送到同级党校进行脱产轮训，每次轮训的时间不得少于三个月；其他青年干部，分别由各系统的干部学校或举办培训班进行培训。

企业、事业单位和群众团体的青年干部，分别由本系统组织进行脱产或业余培训。地（市）以上党校要开办青年干部政治理论培训班，专门培训青年干部"。"各系统、各部门、各单位要有计划地组织青年干部深入基层，深入群众，深入社会主义现代化建设和改革开放的实践，经受锻炼和考验。""对于有培养前途的青年干部，特别是四十岁左右的青年干部，要有目的地选派他们到基层去任职锻炼。"①

《中共中央关于抓紧培养教育青年干部的决定》颁布以后，中共中央组织部专门下发了《关于贯彻落实〈中共中央关于抓紧培养教育青年干部的决定〉的实施意见》，要求"从 1992 年起，用 5 年左右的时间，分期分批将各级各类青年干部普遍轮训一次"。该文件对中央党政机关中年轻的正副司（局）级和正副处级干部（年龄一般在 45 岁以下），省、自治区、直辖市党政机关中年轻的正副厅（局）级和正副处级干部（年龄一般在 45 岁以下），地、市、州、盟党政机关中年轻的正副处级干部和县、市、区、旗党政机关中年轻的正副科级干部（年龄一般在 35 岁以下），分别就其培训时间、培训地点和培训方式等提出了要求。

各地党组织按照《中共中央关于抓紧培养教育青年干部的决

---

① 中共中央文献研究室：《十三大以来重要文献选编》，1674 页，北京，人民出版社，1991。

定》的要求，大力加强青年干部教育工作。到 1993 年 7 月，全国县级以上党政机关共有 67 万多名青年干部参加了轮训，各省、自治区、直辖市的县级以上党政机关和中央国家机关先后组织 12 万多名青年干部下基层锻炼，全国还选调了 4000 多名优秀应届高校毕业生到基层锻炼，县级以上党政机关有 7 万多名青年干部进行了交流或轮岗。到 1994 年年初，在全国干部队伍中，45 岁以下的干部已经占到 70% 以上，26 万多名中青年干部走上了县级以上领导岗位。①

（二）干部教育的快速推进

党的十四大明确了建立社会主义市场经济体制的改革目标，我国社会主义现代化建设进入一个新的发展阶段，党的干部教育培训也进入了全面推进的新阶段。

1. 建立健全干部教育培训制度

中共中央组织部先后制定并印发了《1996 年—2000 年全国干部教育培训规划》《2001 年—2005 年全国干部教育培训规划》，对全国干部教育培训的指导思想、工作目标、工作原则、主要任务、具体措施等以 5 年为一个周期做了规划。这些文件的出台大大推动了干部教育的制度建设，特别是对于干部教育培训

---

① 陈凤楼：《中国共产党干部工作史纲（1921—2002）》，274 页，北京，党建读物出版社，2003。

原则的规定，标志着党的干部教育培训制度逐步完善。此后，干部教育培训的重大政策都对干部教育培训原则做出了明确规定。干部教育培训的原则在继承过去实践经验的基础上，逐渐明确，逐步完善。《1996年—2000年全国干部教育培训规划》明确提出，理论联系实际，分级分类培训，突出培训重点，保证培训质量。《2001年—2005年全国干部教育培训规划》明确要求"理论联系实际，注重培训质量，培训与使用相结合，坚持改革创新"，并强调以建设高素质干部队伍为目标，坚持对党政领导干部、年轻干部、国家公务员和党群机关等工作人员、国有企业经营管理者、专业技术人员、政法干部（法官、检察官、警官等）、基层干部、少数民族干部、非中共党员干部、妇女干部、西部地区干部等进行分级分类培训。1996年6月，国家人事部发布的《国家公务员培训暂行规定》指出："参加培训是国家公务员的权利与义务，国家公务员培训期间的学习成绩和鉴定作为任职、定级和晋升职务的重要依据之一。"[①]该文件从制度上规定了公务员参加教育培训的权利和义务。以上一系列文件的颁布和实施，健全了党的干部教育制度，丰富了党的干部教育理论，有力推动了干部教育的科学化、制度化、规范化。

---

① 《国家公务员素质工程全书》编委会：《国家公务员素质工程全书》，175页，北京，中国方正出版社，1998。

在推进制度建设与创新的同时，干部教育工作体系也得以大力完善。一是初步建立了干部教育管理体制框架。在这一时期，党的干部教育管理体制框架初步形成，即在党中央的领导下，建立了由中共中央组织部主管，中央和国家机关有关部委分工负责，中央、地方、部门分级分类管理的干部教育管理体制。二是建立了干部教育培训联席会议制度。联席会议由中共中央组织部牵头，根据需要召开有中央和国家机关有关部门参加的会议，通报情况，研究和协调干部教育工作。1997 年 12 月，全国干部教育联席会议第一次会议召开。此后，几乎每年召开一至两次例会，研究部署全国干部教育工作。三是建立党委（党组）中心组理论学习等制度。1998 年 6 月，《中共中央关于在全党深入学习邓小平理论的通知》要求各级领导干部带头学习邓小平理论，并提出要完善领导干部脱产进修制度，健全党委（党组）中心组理论学习制度，坚持领导干部在职自学制度，建立领导干部理论学习考核制度。① 以上内容共同构成了较为完善的干部教育培训制度体系，对党的干部教育培训的制度化建设起到了重要作用，为党的干部教育培训工作的深化与创新奠定了坚实的基础。

不同部门和行业系统的干部队伍既有共性，也有个性。在

① 王振川：《中国改革开放新时期年鉴（1998 年）》，615 页，北京，中国民主法制出版社，2014。

中央宏观干部教育培训制度的要求下，部门和行业系统结合自身实际，研究制定本部门和行业系统的干部教育培训制度，提高了干部教育培训的针对性和实效性。部分部门和行业系统颁布实施了较为系统完善的干部教育培训制度，既有总体性的实施方案，又有连续的五年规划文件。例如，司法部为贯彻落实《中共中央关于进一步加强政法干部队伍建设的决定》，全面提高司法行政系统干部队伍政治素质和业务素质，切实加强对司法行政系统干部教育培训工作的指导，不断完善和规范干部教育培训工作，于 2000 年 2 月发布《司法行政系统干部教育培训工作实施意见》，对司法行政系统干部教育培训工作的指导思想、基本原则、组织实施、培训内容、目标任务、培训要求等做出了规范；此外，还先后颁布了《1996 年—2000 年全国司法行政系统干部教育培训规划》《2001 年—2005 年全国司法行政系统干部教育培训规划》两个文件，分别对不同时期司法行政系统干部教育培训工作做出了总体部署。

2. 推进干部教育机构体系建设

这一时期干部教育事业发展的一个重要特点是适应新形势要求，建立多渠道的教育培训模式。为满足干部教育培训的多元化需求，在加强党校系统的干部教育职能的同时，我国建立了国家行政学院和地方行政学院，逐步形成行政学院机构体系，为公务员和专业干部培训提供了有力的保障。

（1）党校建设进一步完善

党校进行正规化建设以后，特别是党的十三届四中全会以后，党中央高度重视干部教育和党校教育工作，对党校教育工作做出了一系列重要部署。全国党校系统进行深入改革，各项事业得以长足发展。这一时期，中央出台了一系列文件，召开了一系列会议，以解决党校改革中的问题，指导、规范党校的发展。

1994年3月，全国党校工作会议召开。会议的主要任务为：以邓小平建设有中国特色社会主义理论和党的十四大、十四届三中全会精神为指导，研究在新形势下党校工作面临的新情况和新问题，统一认识，加强领导，全面深化党校教育改革，把党校教育事业推向一个新阶段。

1994年5月，《关于新形势下加强党校工作的意见》提出党校改革总的要求："以邓小平同志建设有中国特色社会主义的理论和党的基本路线为指导，以提高教学质量为中心，以强化科研为基础，更好地坚持理论联系实际的方针，密切联系改革开放和社会主义现代化建设的实践，正确认识和把握新时期党的干部教育工作的规律，逐步建立与完善具有中国特色的党校教学体制、科研体制、管理体制，进一步办好党校，更好地为党培养德才兼备的人才服务，为党的理论建设和党委、政府的科学决策服务，为改革开放和社会主义现代化建设服务。"①

　　1995 年 9 月，中共中央印发的《中国共产党党校工作暂行条例》明确提出："党校的教育方针是，以建设有中国特色社会主义理论和党的基本路线为指导，以研究社会主义现代化建设的实际问题为中心，坚持理论联系实际，培养忠诚于马克思主义、德才兼备的党员领导干部和理论人才。"该文件确定了党校工作的基本任务，明确了党校领导体制，规范了班次、学制，对教学和科研做出了相关的要求，对组织工作、队伍建设、后勤保障等其他方面的工作提出了具体的规定和要求，成为党校工作的纲领性文献，大大加快了党校正规化建设进程。②

　　《中国共产党党校工作暂行条例》适应了新形势下干部教育工作的需要，在党校工作和干部教育工作中发挥了重要作用。全国党校系统联系党校工作实际，迅速学习贯彻该文件的精神，对加强党对党校工作和干部教育工作的领导，推进党校工作的科学化、规范化、制度化和巩固党员领导干部教育的主渠道发挥了重要作用，有力地促进了党的干部教育事业的改革和发展。

　　2000 年 6 月 5 日，《中共中央关于面向二十一世纪加强和改

　　①　吴林根：《中国共产党干部教育九十年》，409 页，上海，东方出版中心，2011。

　　②　《干部教育培训工作手册》编委会：《干部教育培训工作手册》，1446～1451 页，北京，红旗出版社，1996。

进党校工作的决定》指出，加大对各级领导干部特别是跨世纪中青年领导干部的培训轮训力度，适度扩大党校办学规模；要以全面培养领导干部的政治家素质为目标，建立和完善党校教学新布局，深化教学改革，提高教学质量，切实加强和改善各级党委对党校工作的领导。

《中共中央关于面向二十一世纪加强和改进党校工作的决定》提出了进入21世纪后党校事业发展的一系列重大方针和举措。各级党校在各级党委和政府的领导与大力支持下，加大基础设施投入，积极推进各项改革；基础设施建设、队伍建设得以进一步长足发展；教育目标、功能、内容、方式、方法等诸多方面发生一系列重大转变，逐步形成"理论基础、世界眼光、战略思维、党性修养"的教学新布局；努力探索研究式教学的具体实现形式；电化教学、课件教学、远程网络教学等现代化手段运用于教学；走上了"教学立校、科研强校、人才兴校"的发展之路。在21世纪开端，党校教育事业获得前所未有的发展，创造和积累了丰富的经验。党校教育以新的面貌、新的气象迈进21世纪，进入一个新的发展阶段。[①]

以上一系列文件的颁布实施，健全了党的干部教育培训制度，丰富了党的干部教育培训理论，为推动干部教育培训工作

---

① 吴林根：《中国共产党干部教育九十年》，411～412页，上海，东方出版中心，2011。

的科学化、制度化、规范化提供了重要的制度保障。

（2）行政学院办学机构体系逐步健全

20 世纪 90 年代，地方行政学院相继建立和发展起来，如上海行政学院、河北行政学院、浙江行政学院（现中共浙江省委党校）和沈阳行政学院（现并入中共沈阳市委党校）、深圳行政学院（现并入中共深圳市委党校）。

自 1988 年确定创建国家行政学院以来，经过 6 年的筹备，国家行政学院于 1994 年 9 月 21 日正式成立。国家行政学院成立大会在中南海举行，李鹏、李岚清、李贵鲜、罗干等党和国家领导人出席，李鹏发表了讲话。1996 年 9 月 11 日，国务院批转了《国家行政学院办学工作的若干意见》，明确了国家行政学院的性质、地位、办学方针、培训对象、培训目标、主体班次、队伍建设、教材建设、科研工作、交流合作、教学保障、后勤服务等。同年 10 月 28 日，国家行政学院正式落成。

2001 年 5 月 15 日，国务院办公厅印发《国家行政学院职能配置、内设机构和人员编制规定》，对国家行政学院的职能调整、主要职责、内设机构以及人员编制进行了规定。经过职能调整，国家行政学院的主要职责如下：第一，承担省部级、司局级和处级公务员的培训，承担部分优秀中青年后备干部的培训，承担受香港特别行政区政府、澳门特别行政区政府委托为其培训公务员的工作，承担接受外国政府高、中级公务员来华培训的工作；第二，承担国有重要骨干企业领导人员的培训工作和各部门、各地方委托培训工作；第三，根据国家有关规定，逐步开展与本院主要学科有关的硕士、博士学位教育，接受外国留学生、进修生；第四，向中央国家机关和地方政府以及有关部门推荐优秀学员；第五，研究公务员培训教育工作中的重大问题，参与制定公务员培训的方针政策；第六，负责本院培训教材和有关参考资料的编写和编译工作；第七，围绕党和政府工作中的重大问题和教学需要开展科学研究，向党中央、国务院和有关部门提出政策咨询意见和建议；第八，对地方行政学院进行业务指导，承担为地方行政学院培训师资的工作；第九，开展与外国(地区)行政院校、公务员管理机构、有关国际组织和学术团体进行交流与合作；第十，承办党中央、国务院交办的其他事项。国家行政学院下设国家行政学院纪律检查委员会(副部级)和 25 个(司)局级机构。[1]

国家行政学院围绕党和政府的中心工作确定培训主题，安排培训内容。开设的主体班次有省部级领导干部专题研讨班，司局级公务员任职培训班、进修班、专题培训班和专门业务培训班，国有重要骨干企业领导人员培训班，公共管理硕士(MPA)专业学位班，青年干部培训班，港澳公务员研修班，

---

[1] 《国务院办公厅关于印发国家行政学院职能配置、内设机构和人员编制规定的通知》，载《中华人民共和国国务院公报》，2001(21)。

澳门特别行政区公共管理硕士专业学位班，国外公务员研修班等。

国家行政学院正式成立后，各地仿照党校机构建设体制，相继成立各级地方行政学院。我国形成了健全的行政学院办学机构体系，公务员培训体系逐步建立起来。

这一时期，社会主义学院和各部门、行业系统的干部教育机构建设也得到了稳步推进。1992 年 6 月，邓小平为中央社会主义学院题写了校名，江泽民为中央社会主义学院题写了"爱国、团结、民主、求实"的八字校风。1997 年，在全国法院干部业余法律大学和中国高级法官培训中心的基础上，国家法官学院成立。国家法官学院是最高人民法院直属事业单位，是中国法官教育培训机构，在全国法官教育培训工作中发挥龙头和主导作用。1998 年，中央检察官管理学院更名为国家检察官学院。国家检察官学院是最高人民检察院直属的成人高校，是我国培养高层次、高素质检察人才的最高学府。

3. 政治理论和能力培养成为这一时期干部教育的重点内容

为了适应国内外形势和时代发展的需要，培养干部的理论基础、世界眼光、战略思维和党性修养，我国除了重点组织干部学习马列主义、毛泽东思想和邓小平理论外，还加强了法律知识、现代管理、现代科技、财政金融、外经外贸等方面的培训。①

这一时期，政治理论教育仍是干部教育的重点，学习建设有中国特色的社会主义理论是政治理论教育的主体内容。《1991—1995 年全国干部培训规划要点》提出："在干部培训中，要把马克思主义理论教育放在突出位置。所有干部，特别是高中级领导干部，都要认真学习马列主义、毛泽东思想的基本理论和邓小平等老一辈无产阶级革命家的著作，学习建设有中国特色社会主义的理论、路线、方针和政策，掌握其精神实质，正确认识和把握中国国情，学会运用马克思主义的立场、观点与方法来观察、认识和处理现实问题，增强抵御各种错误思潮的侵蚀和反对和平演变的能力，提高解决建设和改革中各种实际问题的本领。"②《1996 年—2000 年全国干部教育培训规划》明确强调，干部培训的中心内容为："学习邓小平建设有中国特色社会主义理论。要围绕什么是社会主义、怎样建设社会主义这个基本问题，联系实际把握理论的科学体系，深入理解精神实质，坚持党的基本路线不动摇。"③《2001 年—2005 年全国干部教育培训规划》提出以理论基础、世界眼光、战略思维、党性锻

---

① 谢忠平、秦明月：《建国 60 年来干部教育培训的历程与基本经验》，载《中国浦东干部学院学报》，2009(6)。

② 杨建生：《用人要鉴》，634 页，北京，中国人事出版社，1997。

③ 《干部教育培训工作手册》编委会：《干部教育培训工作手册》，1480 页，北京，红旗出版社，1996。

炼、业务能力为教育培训内容的基本框架，"按照建设高素质干部队伍的要求，明确各级各类干部在理论素养、思想品德、业务能力、知识水平等方面的要求，有针对性地开展在职学习和脱产培训"。"继续把推进马列主义、毛泽东思想特别是邓小平理论的学习，提高干部的思想政治素质作为干部教育培训的首要任务。""经过努力，使广大干部掌握马列主义、毛泽东思想的基本原理，把握邓小平理论的科学体系，保持思想上的先进性，学会以科学理论为指导，解决改革开放和社会主义现代化建设中现实问题的本领。"[①]

　　1996 年 10 月，党的十四届六中全会审议通过《中共中央关于加强社会主义精神文明建设若干问题的决定》，要求对县处级以上领导干部集中进行一次以讲学习、讲政治、讲正气为主要内容的党性党风教育。1997 年，党的十五大提出："在县级以上领导干部中深入进行以讲学习、讲政治、讲正气为主要内容的党性党风教育。"[②]1998 年 11 月，《中共中央关于在县级以上党政领导班子、领导干部中深入开展以"讲学习、讲政治、讲正气"为主要内容的党性党风教育的意见》，要求通过"三讲"教育推动县级以上党政领导班子和领导干部深入学习邓小平理论和

　　①　中华人民共和国年鉴社编辑部：《中华人民共和国年鉴(2002)》，416 页，北京，中华人民共和国年鉴社，2002。

　　②　李学昌：《中华人民共和国事典(1949—2009)》，728 页，上海，上海世界图书出版公司，2009。

党的十五大精神。随后，全党范围内的"三讲"教育活动全面展开。

随着改革开放的不断深化和社会主义市场经济的深入发展，新情况、新问题、新任务不断摆到党和政府面前。新的形势对各级干部的专业知识和业务素质提出新的要求。面对新的要求，各级行政学院需要在继续加强干部政治理论教育的同时，将专业知识与能力的教育纳入干部教育重点内容；通过教育，使干部重点掌握社会主义市场经济知识、法律法规知识、现代管理知识、现代科技知识、计算机网络知识以及其他必备的知识，精通本职业务，提高工作水平和创新能力。《1991—1995年全国干部培训规划要点》提出，在学习和研究马克思主义哲学、社会主义政治经济理论、党的建设理论的同时，适当安排有关世界经济和政治、领导和决策理论、历史文化和科学知识等方面的学习。《1996年—2000年全国干部教育培训规划》提出："组织干部密切结合工作实际，学习中央的各项方针政策，学习发展社会主义市场经济的相关知识，加大法律知识培训的力度，积极开展现代管理、现代科技、财政金融、外经外贸、外语等方面的培训。县处级以上领导干部还应学习文学知识、学习领导科学知识。"①《2001年—2005年全国干部教育培训规划》强调："要重点学习社会主义市场经济知识、法律法规知识、现代

---

① 杨建生：《用人要鉴》，638页，北京，中国人事出版社，1997。

管理知识、现代科技知识等，还要学习和掌握计算机网络知识以及其他履行岗位职责必备的知识和技能。""为适应干部成长和社会发展的要求，还要学习历史、文学艺术等方面的基本知识，以开阔视野、陶冶情操，全面提高干部素质。""继续改善干部的文化和专业结构。"①

党的十五大以来，随着我国改革开放的逐步深入和依法治国方略的确立，中共中央先后举办了省部级主要领导干部和省部级干部金融、财税、国际形势与世界贸易组织等专题研究班28期，参加学习的省部级干部共1700人。1996年到2000年，全国共培训各级各类干部3700多万人次。其中，中共中央组织部会同有关部门共举办各类专题研究班、培训班160多期，培训省部级干部、地厅级干部和县处级干部约1.27万人，国有重点骨干企业领导干部1600多人。② 党外干部、少数民族干部、妇女干部和贫困地区干部的培训工作也得到了加强。

(三)干部教育的深化创新

2002年，党的十六大指出："按照革命化、年轻化、知识化、专业化方针，建设一支能够担当重任、经得起风浪考验的

---

① 《中共中央印发〈2001年—2005年全国干部教育培训规划〉》，载《新华每日电讯》，2001-05-11。

② 尚光文、秦明月、赵铁锁：《江泽民关于党的制度建设科学化的理论与实践研究》，189页，天津，南开大学出版社，2012。

高素质的领导干部队伍，特别是培养造就大批善于治党治国治军的优秀领导人才，是党和国家长治久安的根本大计。"①党中央从国家战略高度把干部教育工作放在更加突出的位置，提出大规模培训干部、大幅度提高干部素质的战略任务，做出了建设马克思主义学习型政党的重大部署，推动了党的干部教育事业不断深化与创新。

1. 干部教育进一步制度化、规范化、科学化

党的十六大以来，党中央强调要"联系实际创新路，加强培训求实效"，完成大规模培训干部、大幅度提高干部素质的战略任务，集中力量抓干部教育工作，开创了干部教育新局面。这一时期，我国已进入全面建设小康社会的关键时期，顺利实施"十一五"规划、全面推进中国特色社会主义伟大事业，迫切需要培养和造就一支规模宏大的高素质干部队伍，特别是能够全面贯彻落实科学发展观、善于治国理政的领导人才，这对干部教育培训工作提出了更高要求。面向未来，干部教育培训工作要实现新的发展，更好地为党和国家工作大局服务，就必须进一步推进科学化、制度化和规范化。这就要求干部教育在继承传统、总结经验的基础上，与时俱进，开拓创新。②

---

① 教育部：《贯彻十六大精神　努力开创教育改革发展新局面——学习十六大报告教育论述辅导读本》，172页，北京，人民教育出版社，2003。

② 本书编写组：《干部教育培训工作条例(试行)实施手册》，4～5页，北京，红旗出版社，2006。

（1）《干部教育培训工作条例（试行）》颁布实施

中共中央于 2006 年 1 月印发《干部教育培训工作条例（试行）》，第一次以法规的形式对干部教育工作的指导思想、基本原则、培训对象、体制机制、内容方式、考核评估等做出系统的规范，这些内容构成了完整的干部教育培训工作制度体系。《干部教育培训工作条例（试行）》提出，必须坚持以马克思列宁主义、毛泽东思想、邓小平理论和"三个代表"重要思想为指导，全面贯彻落实科学发展观，围绕党和国家工作大局，按照实事求是、与时俱进、艰苦奋斗、执政为民的要求，以增强执政意识、提高执政能力为重点，推动学习型政党、学习型社会建设，为全面建设小康社会、加快推进社会主义现代化提供思想政治保证、人才保证和智力支持。管理体制上，实行在党中央领导下，由中共中央组织部主管，中央和国家机关有关工作部门分工负责，中央和地方分级管理的体制。教育培训对象上，针对全体干部，重点是县处级以上党政领导干部及其后备干部。省部级、厅局级、县处级党政领导干部每 5 年应当参加党校、行政学院、干部学院或者经厅局级以上单位组织（人事）部门认可的其他培训机构累计 3 个月以上的培训。提拔担任领导职务的，确因特殊情况在提任前未达到教育培训要求的，应当在提任后 1 年内完成培训。其他干部参加脱产教育培训的时间，根据有关规定和工作需要确定，一般每年累计不少于 12

天。内容和方式上，根据经济社会发展需要，按照加强党的执政能力建设和先进性建设的要求，结合岗位职责要求和不同层次、不同类别干部的特点，以政治理论、政策法规、业务知识、文化素养和技能训练等为基本内容，并以政治理论培训为重点，综合运用组织调训与自主选学、脱产培训与在职自学、境内培训与境外培训相结合等方式，促进干部素质和能力的全面提高。干部教育机构建设上，要构建分工明确、优势互补、布局合理、竞争有序的干部教育培训机构体系。充分发挥党校、行政学院和干部学院在干部教育培训中的主渠道作用。文件还对干部教育的师资、教材、经费、考核和评估、监督和纪律等做了规定。①

《干部教育培训工作条例（试行）》的颁布实施是加强和改进干部教育培训工作的重要举措，对于培养和造就高素质的干部队伍，推动学习型政党、学习型社会建设，加强党的执政能力建设和先进性建设，具有十分重要的意义。党中央高度重视《干部教育培训工作条例（试行）》的实施，要求各级党委（党组）和有关部门要充分认识贯彻实施《干部教育培训工作条例（试行）》的重要性，并按照其要求，创新培训内容，改进培训方式，整合培训资源，优化培训队伍，提高培训质量，推进干部教育培训

---

① 中共中央文献研究室：《十六大以来重要文献选编》，225～235 页，北京，中央文献出版社，2011。

工作的科学化、制度化、规范化，真正把中央提出的大规模培训干部、大幅度提高干部素质的战略任务落到实处，为全面建设小康社会、加快推进社会主义现代化建设提供思想政治保证、人才保证和智力支持。中共中央组织部专门印发《关于组织系统学习贯彻〈干部教育培训工作条例(试行)〉的通知》，对组织系统学习贯彻《干部教育培训工作条例(试行)》提出了具体要求，做出了工作部署。

(2)《2006—2010年全国干部教育培训规划》颁布实施

为培养造就高素质干部队伍，推动"十一五"时期经济社会发展，根据《中华人民共和国国民经济和社会发展第十一个五年规划纲要》和《干部教育培训工作条例(试行)》，结合干部教育培训工作实际，2006年年底，中共中央颁布了《2006—2010年全国干部教育培训规划》。

《2006—2010年全国干部教育培训规划》明确指出，"十五"期间，围绕加强党的执政能力建设和先进性建设开展干部教育培训工作，有力地推动了干部队伍整体素质和能力的提高。但是，一些干部的思想政治素质、知识水平和工作能力还不能适应新形势、新任务的要求。特别是随着领导班子和干部队伍建设的推进，干部队伍状况发生了新的变化。一大批年轻干部走上领导岗位，他们一般具有较高的知识层次、较强的开拓创新精神，但在党性锻炼等方面还需要不断加强。其他干部也需要不断进行学习，接受教育。因此，进一步加大干部教育培训工作的力度，加快培养造就包括党政干部、企业经营管理人员、专业技术人员在内的规模宏大的高素质干部队伍，仍然是一项重大而紧迫的战略任务。

《2006—2010年全国干部教育培训规划》提出干部教育工作的指导思想：以马克思列宁主义、毛泽东思想、邓小平理论和"三个代表"重要思想为指导，全面贯彻落实科学发展观，紧紧围绕党和国家工作大局，按照实事求是、与时俱进、艰苦奋斗、执政为民的要求，以增强执政意识、提高执政能力为重点，联系实际创新路、加强培训求实效，大规模培训干部，大幅度提高干部素质，把提高干部教育培训质量摆在更加突出的位置，努力实现规模和质量、效益的统一，不断开创干部教育培训工作新局面，推动学习型政党、学习型社会建设，为实现"十一五"时期经济社会发展目标提供思想政治保证、人才保证和智力支持。

《2006—2010年全国干部教育培训规划》还对干部教育工作的总体目标、主要任务、主要对象、基础建设、学风建设、组织领导等做出了相应的规范。[1]

《干部教育培训工作条例（试行）》和《2006—2010年全国干部教育培训规划》的颁布实施，标志着党的干部教育法规体系基本建立。

---

[1]《2006—2010年全国干部教育培训规划》，载《人民日报》，2007-01-15。

（3）《公务员培训规定（试行）》颁布实施

为推进公务员培训工作科学化、制度化、规范化，建设高素质的公务员队伍，根据《中华人民共和国公务员法》《干部教育培训工作条例（试行）》和有关法律法规，2008 年 6 月，中共中央组织部、人力资源和社会保障部印发了《公务员培训规定（试行）》，对国家公务员的培训做了具体规定。文件提出，公务员培训应当根据经济社会发展和公务员队伍建设需要，按照职位职责的要求和不同层次、不同类别公务员的特点进行。公务员培训应当遵循理论联系实际、以人为本、全面发展、注重能力、学以致用、改革创新、科学管理的原则。公务员培训情况、学习成绩作为公务员考核的内容和任职、晋升的依据之一。中共中央组织部主管全国公务员培训工作。人力资源和社会保障部按照职责分工，负责指导协调全国行政机关公务员培训工作。中央机关各部门按照职责分工，负责相关的公务员培训工作，指导本系统公务员业务培训。地方各级党委组织部门主管本辖区公务员培训工作。政府人事部门按照职责分工，负责指导协调本辖区行政机关公务员培训工作。地方各级党委和政府各部门按照职责分工，负责相关的公务员培训工作。①

---

① 《公务员培训规定（试行）》，载《司法业务文选》，2008(39)。

（4）全国干部教育培训工作会议及相关文件颁布实施

为了贯彻党的十七大关于"继续大规模培训干部，大幅度提高干部队伍素质"的要求，2008年7月16日至17日，经中央批准，中共中央组织部在北京召开了全国干部教育培训工作会议。会议的主要任务是高举中国特色社会主义伟大旗帜，坚持以邓小平理论和"三个代表"重要思想为指导，深入贯彻落实科学发展观，回顾总结改革开放30年来干部教育培训工作的经验，根据党的十七大精神研究部署新一轮大规模培训干部工作。

习近平出席会议并发表讲话。他指出，干部教育培训工作是干部队伍建设的先导性、基础性、战略性工程，各级党委要进一步增强责任感和使命感，继续解放思想，坚持改革创新，更加扎实地工作，推动干部教育培训工作有新的大改进、大提高，努力为全面建设小康社会提供有力的思想保证、人才保证和智力支持。习近平在讲话中全面分析了干部教育培训工作面临的形势和任务，深刻总结了改革开放30年来的干部教育培训工作，对新一轮大规模培训干部工作提出了明确要求。他强调，从新的历史起点出发，今后几年干部教育培训工作的主要任务为：坚持用中国特色社会主义理论体系武装干部，深入进行邓小平理论和"三个代表"重要思想的教育培训，突出抓好科学发展观的教育培训，着力提高领导和推动科学发展的本领；坚持用党的路线方针政策和国家法律法规培训干部，着力提高科学执政、民主执政、依法执政的本领；坚持用改革开放的生动实践和新鲜经验培训干部，着力提高推动事业发展的开拓创新本领；坚持用各类业务知识和科学文化知识培训干部，着力提高履行岗位职责的本领；坚持用党的优良传统和作风教育干部，引导干部讲党性、重品行、作表率，增强忧患意识，切实做到为民、务实、清廉。在干部培训工作中，要以坚定理想信念、增强执政本领、提高领导科学发展能力为重点，把提高培训质量和效益摆在更加突出的位置，积极推进教育培训改革创新，坚持"干什么学什么、缺什么补什么"的原则，实施全覆盖、多手段、高质量的培训，促进学习型政党、学习型社会的建设，使干部教育培训工作更好地为干部健康成长服务，为科学发展服务。在干部教育培训中，理论教育是根本，知识教育是基础，党性教育是关键，良好的学风是教育培训质量的保证。①

　　会议讨论了《关于 2008—2012 年大规模培训干部工作的实施意见》和《关于在干部教育培训中进一步加强学风建设的若干意见》。

　　中共中央组织部颁发的《关于 2008—2012 年大规模培训干部工作的实施意见》提出了干部教育体制机制的改革创新措施。一是健全科学的管理体制。各级组织部门要积极转变管理职能，

---

　　① 《以改革创新精神做好新一轮大规模培训干部工作》，载《人民日报》，2008-07-17。

统筹安排培训任务，理顺管理关系，形成分级管理、分工负责、科学规范、有序高效的干部教育培训管理体制。二是建立开放竞争、优化统筹的办学体制。充分发挥党校、行政学院和干部学院在干部教育培训中的主渠道作用；建立干部教育培训机构准入制度，把高等学校、科研院所、社会培训机构等优质培训资源纳入干部教育培训体系，并引入竞争择优机制。三是深化干部教育培训机构教学改革。实行按需培训，改革班次设置方式，及时更新培训内容，创新培训方式和手段，从以课堂讲授式教学为主转向以研究式、案例式、体验式教学为主，推广网络培训、远程教育和在线学习。四是推行干部自主选学。把党和国家对干部的学习要求与干部的培训需求结合起来，建立自主选学与组织调训相结合的干部参训机制。五是建立健全考核激励机制。坚持客观公正、突出重点、重在激励、务求实效的原则，加强对领导班子和领导干部教育培训情况的考核。六是开展干部教育培训机构教学质量评估。以提高培训质量和效益为目标，以评促改、以评促建，稳步推进干部教育培训机构教学质量评估工作。七是形成专兼结合、对外开放的干部教育培训师资队伍。继续实行骨干教师培训计划，建立业务进修、实地调研、挂职锻炼相结合的知识更新机制，建立开放式的教学人才库，深化人事制度、管理制度和分配制度改革。八是推进培训资源优化整合。鼓励干部教育培训机构与高等学校、科研院所等建立协作办学关系，加强交流与合作，促进优势互补和资源共享。文件还提出干部教育的系列重点工程，包括"一把手"培训工程、后备干部培训工程、企业领导人员培训工程、创新型人才培训工程、基层干部培训工程，并要求切实抓好急需干部的培训，适度开展有针对性的境外培训。[①]

中共中央组织部颁发的《关于在干部教育培训中进一步加强学风建设的若干意见》指出，加强学风建设是党的优良传统和中央的一贯要求，是加强党的执政能力建设和先进性建设的客观需要。该文件根据《干部教育培训工作条例（试行）》和有关规定，就坚持理论联系实际、厉行勤俭节约等方面重新提出和重申进一步加强党风建设的各项要求。

（5）《2009—2013年全国党员教育培训工作规划》颁布实施

2009年7月，中共中央办公厅印发《2009—2013年全国党员教育培训工作规划》，部署推进全国党员教育培训工作。《2009—2013年全国党员教育培训工作规划》提出，高举中国特色社会主义伟大旗帜，以邓小平理论和"三个代表"重要思想为指导，深入贯彻落实科学发展观，按照加强党的执政能力建设和先进性建设的要求，适应建设学习型政党的需要，以学习贯彻中国特色社会主义理论体系和党章为重点，围绕党的中心任

---

① 中华全国总工会组织部：《全国工会组织工作文件汇编》一，530～533页，北京，中国工人出版社，2012。

务，大规模开展党员教育培训，全方位提高党员队伍素质，为构建社会主义和谐社会、全面建设小康社会、加快推进社会主义现代化提供坚强的思想政治保证和组织保证。

《2009—2013年全国党员教育培训工作规划》要求，从2009年起，用5年时间，在切实加强经常性教育的基础上，对未纳入各级党委干部教育培训范围的广大基层党员进行培训。通过教育培训，使广大党员的理想信念进一步坚定、党性观念进一步增强、优良作风进一步养成、工作能力进一步提高、先锋模范作用进一步发挥，不断增强党的创造力、凝聚力、战斗力。党员教育培训的主要内容为：始终把中国特色社会主义理论体系教育放在首位，对广大党员进行党章和党的基本理论、党的基本知识、党的历史、党的路线方针政策和形势任务教育，法律法规和党风党纪教育，业务知识和技术技能培训。

《2009—2013年全国党员教育培训工作规划》提出实施农村党组织书记培训工程、新党员培训工程、大学生"村官"党员培训工程、党员创业就业技能培训工程等重点工程。

《2009—2013年全国党员教育培训工作规划》要求，各级党委（党组）要高度重视党员教育培训工作，将其纳入党建工作责任制，列入重要议事日程，切实加强领导；要健全中央和地方各级党委党员教育培训联系会议制度，在党委统一领导下，由组织部门牵头，纪检机关、宣传部门、党校等为成员单位，负责党员教育培训工作的安排部署和督促检查。①

　　《2009—2013年全国党员教育培训工作规划》颁布以后，一些地区和部门也结合本地区本部门实际，制订并出台了本地区本部门党员教育培训工作规划。各地区各部门各单位持续大规模培训党员，全党重教育抓培训的氛围日益浓厚。

　　(6)《2010—2020年干部教育培训改革纲要》颁布实施

　　为进一步提高干部教育培训科学化水平，培养造就高素质干部队伍，推进马克思主义学习型政党的建设，根据党的十七大、十七届四中全会精神和《干部教育培训工作条例（试行）》，中共中央办公厅于2010年8月印发了《2010—2020年干部教育培训改革纲要》，这是党第一个全面部署干部教育培训改革的规划性文件。《2010—2020年干部教育培训改革纲要》确定了干部教育指导思想，"高举中国特色社会主义伟大旗帜，以邓小平理论和'三个代表'重要思想为指导，深入贯彻落实科学发展观，围绕推进马克思主义学习型政党建设，以建立健全中国特色干部教育培训体系为目标，以体制机制改革为重点，以提高培训质量为主线，不断提高干部教育培训科学化水平，全面落实大规模培训干部、大幅度提高干部素质的战略任务，努力培养造就一支政治上靠得住、工作上有本事、作风上过得硬、人民群

---

　　①　《中共中央办公厅印发〈2009—2013年全国党员教育培训工作规划〉》，载《人民日报》，2009-07-27。

众信得过的高素质干部队伍，为全面建成小康社会、基本实现现代化提供思想政治保证、人才保证和智力支持"。提出了干部教育主要目标，即"到 2020 年，建立健全与中国特色社会主义事业相适应，与建设马克思主义学习型政党要求相符合，与干部人事制度改革相衔接，更加开放、更具活力、更有实效的中国特色干部教育培训体系"。要求推进干部教育运行机制改革，完善体现培训需求的计划生成机制，建立激发干部教育培训机构办学活力的竞争择优机制，建立组织调训为主、自主选学为辅的干部参训机制，建立健全干部学习培训考核评价机制，完善干部学习培训激励约束机制，建立干部教育培训质量评估机制。《2010—2020 年干部教育培训改革纲要》还对干部教育的内容和方式改革、师资管理改革、宏观管理改革等做出了规划。①

《2010—2020 年干部教育培训改革纲要》根据党的十七大和十七届四中全会精神，对 2010 年至 2020 年干部教育培训改革做出了全面部署，是深化干部教育培训改革的重要指导性文件。《2010—2020 年干部教育培训改革纲要》的颁布实施，对于进一步增强干部教育培训的针对性和实效性，切实提高干部教育培训的科学化水平，扎实推进马克思主义学习型政党建设，更好地服务科学发展和干部成长具有十分重要的意义。

---

① 《2010—2020 年干部教育培训改革纲要》，载《人民日报》，2010-08-18。

（7）党外代表人士教育培训制度建设

2010 年，中共中央办公厅发布《2010—2020 年党外代表人士教育培训改革和发展纲要》，明确了未来十年党外代表人士教育培训改革和发展的指导思想、基本原则、目标任务和具体要求，科学回答了推进党外代表人士教育培训改革和发展的理论与实践问题。这是中国统一战线历史上中共中央首次专门颁发的指导党外代表人士教育培训工作的纲领性文件，与国家人才发展规划相衔接，与干部教育培训改革要求相一致。文件提出："党外代表人士是推进中国特色社会主义事业的重要力量，党外代表人士教育培训是统一战线的一项基础性、战略性工作。"文件第一次明确了党外代表人士队伍建设的目标要求，即"培养造就一支政治坚定、专业突出、群众认同的党外代表人士队伍"；提出坚持理论培训与实践锻炼相结合，坚持遵循规律与突出特色相结合，坚持普遍培训与重点培养相结合，坚持改革创新与推动发展相结合，是党外代表人士教育培训改革和发展必须遵循的基本原则。文件从队伍建设、体系建设、阵地建设、机制建设等方面提出党外代表人士队伍教育培训的主要任务，并要求建立各级党委统一领导，统战部门牵头协调，有关方面各司其职、密切配合的教育培训管理体制。[1]

---

[1]　杭元祥：《〈2010—2020 年党外代表人士教育培训改革和发展纲要〉的八个亮点》，载《中国统一战线》，2010(12)。

（8）部门和行业系统干部教育培训制度建设

这一时期，随着中央干部教育培训制度建设的制度化、规范化、科学化，部门和行业系统干部教育培训制度也得以不断推进完善。

《干部教育培训工作条例（试行）》颁布后，中华全国总工会根据文件精神，结合工会实际，下发《2006—2010 年全国工会干部教育培训规划》，提出工会干部教育培训工作的目标与培训重点，要求按照全面提高工会干部思想政治素质、科学文化素质、业务素质和工作能力的总体目标，用 5 年时间，将全国专兼职工会干部全部轮训一遍，重点抓好新任工会主席、工会专业人才和非公有制企业工会干部的培训。2011 年 6 月，中华全国总工会根据中央《2010—2020 年干部教育培训改革纲要》等文件，出台《2011—2015 年全国工会干部教育培训规划》，对全国工会干部教育培训的指导思想、基本原则、工作目标、培训任务、工作要求、保障措施等做出规划部署。

共青团中央于 2006 年 10 月颁布的《关于学习贯彻〈干部教育培训工作条例（试行）〉的实施意见》提出，深入学习领会《干部教育培训工作条例（试行）》精神，进一步明确团干部教育培训工作的目标任务，大力实施"百千万"教育培训工程，即对"百""千""万"三级团干部实施教育培训。其中，"百"是指各省级团委书记、副书记，副省级城市团委书记；"千"是指各团地（市）

委书记、副书记，团省（自治区、直辖市）委各部部长、副部长，国有大中型企事业单位、高等院校、城市社区、部分非公有制经济组织团委书记，省、地两级团校校长、副校长；"万"是指全国各乡镇团委书记。[①] 为培养造就高素质团干部队伍，服务"十一五"时期经济社会发展，共青团中央于 2007 年 2 月颁布的《2006—2010 年全国团干部教育培训规划》提出，适应共青团事业发展需要，进一步发挥团干部教育培训工作的战略性、基础性作用；以科学发展观为统领，明确团干部教育培训工作的指导思想和目标任务；以各级团的领导干部为重点，按照分级分类、全员培训的原则，整体推进"百千万"教育培训工程；坚持统筹兼顾、协调发展，大力提高团干部教育培训质量；坚持学以致用，大力弘扬理论联系实际的马克思主义学风；整体部署，强力推进，全面落实团干部教育培训的各项任务。[②]

司法部继颁布《1996 年—2000 年全国司法行政系统干部教育培训规划》《2001 年—2005 年全国司法行政系统干部教育培训规划》两个五年规划之后，于 2006 年 7 月 10 日颁布《2006—2010 年司法行政系统干部教育培训规划》，明确了未来 5 年司法行政系统干部教育培训的指导思想、基本原则、工作目标、主

---

① 共青团中央企业工作委员会：《制度汇编》，36 页，北京，中国经济出版社，2011。

② 《2006—2010 年全国干部教育培训规划》，载《人民日报》，2007-01-15。

要任务等。地方司法行政部门也结合本地区本部门实际，出台了本地区 2006 年至 2010 年司法行政系统干部教育培训规划。2011 年 10 月，为推进司法行政干部教育培训工作科学化、制度化、规范化，建设高素质司法行政干部队伍，促进司法行政工作科学发展，司法部依据《中华人民共和国公务员法》《干部教育培训工作条例(试行)》《公务员培训规定(试行)》和《2010—2020年干部教育培训改革纲要》，结合司法行政工作实际，制定了《司法行政干部教育培训工作实施办法》。该文件对司法行政干部教育培训工作的组织管理和工作机制、教育培训对象及种类、内容与方式、机构、师资、教材和经费保障以及考核评估和监督等均做出了规范。

2. 党的干部教育机构体系更趋完备

党的十六大以来，党校和行政学院系统改革继续深化，干部学院陆续组建，社会主义学院建设不断完善，高校干部培训基地建设快速推进，干部教育培训渠道得以大力拓展，我国逐步构建起以党校、行政学院、干部学院、社会主义学院为主渠道、主阵地的分工明确、优势互补、布局合理、竞争有序的干部教育培训机构体系。这个机构体系主要包括以下几类机构：党校、行政学院、干部学院和社会主义学院，部门和行业系统干部教育培训机构，承担干部教育培训任务的高等院校、科研院所、社会培训机构及部分境外培训机构。这些实体类培训基地外，还有网络学院、在线学习平台等虚拟类培训基地。

（1）党校和行政学院系统改革继续深化

党校、国家行政学院不断深化教学改革，教学水平、管理服务水平、社会影响力全面提升。

根据《中共中央关于面向 21 世纪加强和改进党校工作的决定》关于不同层级的干部在理论武装和知识掌握方面应该分层次、规范化的精神，2003 年，中共中央组织部、中共中央宣传部、中央党校联合印发《关于进一步深化中央党校教学改革的若干意见》，提出分类别、分层次安排教学内容，党校教育目标由素质培训转到素质和能力相结合的培训上来，以更好地完成大规模培训干部、大幅度提高干部队伍素质的战略任务。

党的十七大后，中央要求党校坚持以学习邓小平理论、"三个代表"重要思想、科学发展观等重大战略思想为中心，着眼于提高党员领导干部的领导素质和执政能力，以掌握理论创新的最新成果为重点夯实学员的理论基础，以把握时代特征和国家经济政治形势为重点拓展学员的世界眼光，以强化大局意识和应对复杂局面为重点培养学员的战略思维，以坚定理想信念、增强宗旨观念和改进作风为重点加强学员的党性修养。

为适应中国特色社会主义事业发展的要求，进一步完善中国共产党党校教育体系，推进党校工作的科学化、规范化、制度化，2008 年 9 月，党中央在修订 1995 年《中国共产党党校工作暂行条例》的基础上颁布了《中国共产党党校工作条例》，对党校的设置和领导体制、班次和学历、教学工作、科学研究工作、学员管理、队伍建设、机关党的工作、行政管理、后勤服务、经费保障以及执行与监督等问题做出了具体的规定，为推动干部教育培训工作的健康快速发展，确保干部教育培训为党的中心任务服务、为科学发展服务、为干部健康成长服务提供了制度保障。

2008年10月，中央召开全国党校工作会议，总结了"三个适应、三个促进"的党校教育基本规律：党校教育必须适应党和国家工作大局的要求，促进党的中心任务的落实；必须适应党的干部教育的要求，促进领导干部素质和能力的提高；必须适应党的理论建设的要求，促进理论创新和实践创新。

为适应我国改革开放和社会主义现代化建设新形势，推进行政学院工作的科学化、规范化、制度化，进一步发挥国家行政学院在党和国家事业发展中的作用，加快实现建成国际一流行政学院的目标，国务院颁布了《行政学院工作条例》和《关于加强和改进新形势下国家行政学院工作的若干意见》。

《行政学院工作条例》是指导全国行政学院工作的第一部行政法规，遵循了四个方面的原则：一是努力体现党中央、国务院对行政学院的工作要求，这既是对多年来行政学院发展规律的科学概括和总结，又为新形势下行政学院事业的发展指明了方向；二是努力体现新形势对行政学院改革发展的新要求，针对行政学院发展中需要解决的实际问题，提出规范性措施；三是努力体现全国各级行政学院多年来的办学经验，对这些经验进行概括、提炼，将其吸收到条例之中；四是努力体现行政学院的办学特色，以利于进一步发挥行政学院的优势和作用。①

《关于加强和改进新形势下国家行政学院工作的若干意见》提出："围绕建成国际一流行政学院的目标，完善教学、科研、咨询三位一体的办院体系，立足当前，放眼长远，统筹规划，合理布局，着力深化改革、促进科学发展；实施特色立院、质量兴院、人才强院战略，着力提升学院素质和办院水平；构建特色鲜明的教学培训体系，创新培训理念、培训内容和培训方法，着力培养善于治国理政的优秀人才；加强科研、咨询工作，着力提供高质量和有重要影响力的科研、咨询成果；加强人才的选拔培养和合理使用，着力建设国际一流水平的高素质教学、研究和管理人才队伍；坚持从严治院，严格制度，严格管理，着力营造良好院风，促进国家行政学院又好又快发展。"②

（2）"一校五院"的国家级干部教育培训体系形成

这一时期，中央加大了干部教育培训基地建设力度和教育

① 魏礼群：《回眸：在国家行政学院》，525 页，北京，国家行政学院出版社，2014。

② 同上书，1258～1259 页。

资源整合力度，干部教育总体布局得到进一步优化。一方面，中央继续加强各级党校、行政学院的建设，充分发挥其干部教育主渠道作用；另一方面，中央积极开拓其他形式的平台和渠道，先后创建了中国浦东干部学院、中国井冈山干部学院、中国延安干部学院和中国大连高级经理学院，"一校五院"的国家级干部教育培训体系正式形成，改革、开放、竞争、择优的干部教育培训新格局得以构建。

21世纪以来，我国干部队伍结构发生了新变化。特别是党的十六大以后，大批年轻干部走上领导岗位。这些新任领导干部总体学历较高，但政治理论素养有待提高，生活阅历不够丰富，党内政治生活经历比较缺乏，特别是执政意识和领导能力有待增强，干部教育事业面临的任务越来越重。2002年12月召开的全国组织工作会议，对中央干部教育战略做出了具体部署。会议提出，要对党的十六大以后新进入各级领导班子的党员干部特别是领导干部进行大教育、大培训；从2003年起，利用5年时间将全国县处级以上领导干部普遍培训一遍，每年有组织、有计划地培训省部级干部500人左右、地厅级干部8800人左右、县处级干部10万人左右。如此大规模的干部教育任务，仅靠党校和行政学院（校）难以有效承担。

在这一背景下，三所干部学院应运而生，其他形式的干部教育平台和渠道也陆续建立。2002年，党中央、国务院决定在浦东、井冈山、延安三地各建一所干部学院。三所干部学院在选址上都别有用意：浦东是中国改革开放的桥头堡，井冈山是中国革命的摇篮，延安是中国革命的圣地，后两者也是党的第一代领导人革命战斗的地方。2005 年 3 月 16 日，三所干部学院正式建成开学，胡锦涛专门发出贺信指出："在浦东、井冈山、延安建立干部学院，是党中央从推进中国特色社会主义伟大事业和党的建设新的伟大工程全局出发作出的一项重大决策。三所干部学院的建成，为干部教育培训提供了重要基地，对于我们继承和发扬党的优良传统和作风、提高领导干部领导社会主义现代化建设的本领，对于加强党的执政能力建设和先进性建设，将发挥重要作用。""切实把学院建设成为进行革命传统教育和基本国情教育的基地、提高领导干部素质和本领的熔炉以及开展国际培训交流合作的窗口，努力为党的干部教育培训事业作出自己的贡献。"① 为了加强对干部学院的领导，三所学院实行理事会领导下的院务委员会负责制，由中共中央组织部、中共中央宣传部等单位组成理事会，中共中央组织部部长兼任三所干部学院理事会理事长、学院院长。

2006 年，中国大连高级经理学院正式建立，开始对国有企业管理干部和后备管理人才开展大规模培训，"一校五院"的国

---

① 本书编写组：《干部教育培训工作条例（试行）实施手册》，81 页，北京，红旗出版社，2006。

家级干部教育培训体系正式形成。

中央党校是负责轮训党的高中级领导干部和马克思主义理论干部的最高学府，是学习、研究、宣传马列主义、毛泽东思想和中国特色社会主义理论体系的重要阵地，是党性锻炼的"熔炉"。国家行政学院是负责培养国家高中级公务员、高层次管理人员和政策研究人才，提供政府管理政策咨询，开展公共管理等领域理论研究的国务院直属事业单位。中国浦东干部学院主要进行改革开放意识、中国特色社会主义信念、现代化建设知识和能力教育以及开展国际培训交流合作。中国井冈山干部学院、中国延安干部学院主要依托其革命历史资源和地理位置，进行革命传统教育、基本国情教育和党性教育。这三所干部学院与中央党校、国家行政学院在功能上各有侧重、互为补充，在教学上实行衔接式、配套式和一体化、系列化模式，相当于建设了一条干部培训的"流水线"。中国大连高级经理学院主要致力于促进企业的改革与发展，培训国有重要骨干企业和金融机构现职的高级管理人员和后备领导人员、全国企业经营管理人员培训基地的领导成员及骨干教师，加强对外交流与合作，成为国际交流与合作的窗口与平台。

（3）社会主义学院建设不断完善

为建立适应全面建设小康社会、加快社会主义现代化建设以及巩固和发展新世纪新阶段的爱国统一战线的需要的社会主义学院教育体系，2003 年 5 月，经中共中央批准，《社会主义学院工作暂行条例》颁布实施。该条例共七章五十条，分别对社会主义学院的性质、任务、办学指导思想、培养目标、设置和领导体制、班次学制、队伍建设、后勤保障等做了系统的规定。

社会主义学院的基本任务为：教育培训民主党派和无党派人士，教育培训统一战线其他方面的代表人士，教育培训统战工作干部，学习、研究和宣传马克思列宁主义、毛泽东思想、邓小平理论和"三个代表"重要思想，学习、研究和宣传党的统一战线理论、方针和政策。社会主义学院通过开展教育培训，着重提高民主党派、无党派人士和统一战线其他方面代表人士的素质：具有自觉接受中国共产党的领导，坚持走中国特色社会主义道路的坚定信念；具有爱国主义精神，自觉维护民族团结、社会稳定、祖国统一的责任意识；具有适应坚持和完善中国共产党领导的多党合作和政治协商制度所需要的政治素质，了解和掌握新世纪、新阶段爱国统一战线的基本理论、方针、政策；具有与中国共产党合作共事和履行参政议政、民主监督职责的能力和胜任本职工作的组织领导能力。经中央批准，北京建立中央社会主义学院，各省、自治区、直辖市和副省级城市分别建立省、自治区、直辖市和副省级城市社会主义学院。统战工作任务较重，而且地方财力又具备条件的市（地、州、盟、区），经当地党委、政府批准，可建立社会主义学院。中央统战部领导中央社会主义学院党组，指导中央社会主义学院工作。省、自治区、直辖市、副省级城市和市（地、州、盟、区）社会主义学院分别由同级党委领导，党委统战部负责指导和管理。①

《社会主义学院工作暂行条例》总结了社会主义学院近半个世纪建设和发展的成功经验，反映了社会主义学院的办学特色和规律，体现了与时俱进的精神和时代要求，是社会主义学院建设和发展的纲领性文件。《社会主义学院工作暂行条例》的颁布和实施对于推进社会主义学院的发展，做好新世纪新阶段统一战线人才的教育培训工作，坚持和完善中国共产党领导的多党合作和政治协商制度，巩固和壮大新世纪新阶段爱国统一战线，具有十分重要的现实意义和深远的影响。②

2004年2月9日至10日，第一次全国社会主义学院工作会议在中央社会主义学院召开。会议的主要内容为：以邓小平理论和"三个代表"重要思想为指导，传达全国人才工作会议和全国统战工作会议精神，学习贯彻《社会主义学院工作暂行条例》，总结交流社会主义学院人才培养工作的经验，部署新世纪新阶段统一战线人才培训工作，研究加快社会主义学院正规化建设。

---

① 吴林根：《中国共产党干部教育九十年》，403～404页，上海，东方出版中心，2011。

② 同上书，406页。

2010 年 9 月，全国党外代表人士教育培训工作会议暨全国社会主义学院工作会议在北京召开。各民主党派、全国工商联、无党派人士代表，中央和国家机关有关部门，各省、自治区、直辖市、副省级城市和新疆生产建设兵团党委统战部、社会主义学院有关负责人，以及中央社会主义学院 2010 年秋季学期学员参加了会议。会议学习了中央颁布的《2010—2020 年党外代表人士教育培训改革和发展纲要》，讨论了《社会主义学院工作暂行条例》。

（4）建立和规范高校干部教育培训基地，积极利用境外优质培训资源

除党校、行政学院、干部学院、社会主义学院等干部教育培训机构外，中央还鼓励和规范高等学校、科研院所等承担干部教育培训任务。《中共中央组织部关于 2008—2012 年大规模培训干部工作的实施意见》提出，"充分发挥党校、行政学院和干部学院在干部教育培训中的主渠道作用，进一步明确其功能定位和职责分工"；"把高等学校、科研院所、社会培训机构等优质培训资源纳入干部教育培训体系，形成分工明确、布局合理、优势互补、相互促进的大教育、大培训的干部教育培训格局"。[1] 中央和各地区分别选定一批全国重点高校和一批高等学校

---

[1]　中华全国总工会组织部：《全国工会组织工作文件汇编》一，531 页，北京，中国工人出版社，2012。

作为干部教育培训基地，并适度利用境外优质培训资源开展合作培训。《2010—2020 年干部教育培训改革纲要》提出要"形成党校、行政学院、干部学院主渠道作用充分发挥，高等学校和其他培训机构积极参与，网络培训广泛运用，开放竞争、优势互补、充满活力的办学体制"①，强调这是干部教育培训改革的主要目标之一。

2009 年 10 月，中共中央组织部、教育部联合发布《关于建立和规范高校干部培训基地的意见》，将北京大学、清华大学、中国人民大学、北京师范大学、复旦大学等 13 所高校列为全国干部教育培训高校基地。这些高校多为综合性研究型大学，学术传统深厚，学科门类齐全，优势明显。各高校基地依托学科优势，以服务大局为中心，以干部需求为导向，以突出办学特色为重点，开发建设有前沿性、实践性和针对性的培训。高校干部培训基地的建立，不仅为干部开阔眼界和胸襟开辟了新阵地，完善了中国特色干部教育培训机构体系，而且促进了干部教育培训主阵地与高等院校的交流互动，形成了合作竞争的培训新格局。

党的十七大以来，在领导干部境外培训工作中，各地努力做到把中央要求、学员需求和学院特色结合起来，把境内培训

---

① 王振川：《中国改革开放新时期年鉴(2010 年)》，570 页，北京，中国民主法制出版社，2015。

和境外培训结合起来，将开阔视野、转变观念、提高能力作为目标，增强境外培训的针对性和实效性。国家外国专家局充分利用对外经贸、科技、教育、文化、友好城市等交往活动，积极开辟和发展干部教育培训渠道，并逐步建立起具有较高专业水平、相对稳定的培训基地。

3. 干部教育事业健康持续发展

党的十六大以来，干部教育培训工作紧紧围绕党和国家工作大局，以增强执政意识、提高执政能力为重点，联系实际创新路，加强培训求实效，大规模教育干部，大幅度提高干部素质，增强了各级领导干部以邓小平理论和"三个代表"重要思想为指导、深入贯彻落实科学发展观的自觉性，提高了他们的理论素养和工作能力。干部教育培训的统筹性、针对性和实效性显著增强，为推动经济社会发展提供了有力的思想政治保证和执政能力保证。

（1）干部教育培训内容进一步丰富和创新

这一时期，围绕党和国家工作大局，干部教育培训的内容随着经济社会的发展不断调整，培训内容的时代性和针对性不断增强。《干部教育培训工作条例（试行）》强调："干部教育培训应当根据经济社会发展需要，按照加强党的执政能力建设和先进性建设的要求，结合岗位职责要求和不同层次、不同类别干部的特点，以政治理论、政策法规、业务知识、文化素养和技能训练等为基本内容，并以政治理论培训为重点。"[1]

政治理论培训重点进行马克思列宁主义、毛泽东思想、邓小平理论和"三个代表"重要思想的教育，树立和落实科学发展观、正确政绩观的教育，党的历史、党的优良传统、党的纪律的教育，国情和形势的教育；引导干部坚定共产主义理想和中国特色社会主义信念，坚持马克思主义的世界观、人生观、价值观和正确的权力观、地位观、利益观，夯实理论基础，开阔世界眼光，培养战略思维，增强党性修养。中国共产党要应对日益复杂的国内国外形势，完成执政为民、执政兴国的历史使命，促进经济社会的健康发展和人民生活水平的提高，就要不断提高党政干部的理论水平。在党的十六大、十七大召开后，新一届中央委员、候补委员都参加了中央举办的学习"三个代表"重要思想和党的十六大精神、党的十七大精神的专题研讨班。

政策法规培训重点加强党的路线方针政策和国家法律法规的教育，进行党和国家在经济、政治、文化、社会、外交、国防等方面的重大部署和要求的培训，以提高各级干部科学执政、民主执政、依法执政的能力。为了增强培训的针对性和实用性，针对不同系统、不同层次的干部的政策法规培训各有侧重。

业务知识培训重点加强履行岗位职责所必备的知识的培训，

---

[1] 中华全国总工会组织部：《全国工会组织工作文件汇编》一，519页，北京，中国工人出版社，2012。

提高干部的实际工作能力。干部业务知识的培训主要包括以下几个方面的内容。一是经济理论知识。只有通过对广大干部进行教育培训，使他们学习更多的经济学理论知识，才能使他们更好地为市场经济的建设服务。二是社会管理知识。党的十七大报告提出要"建立健全党委领导、政府负责、社会协同、公众参与的社会管理格局"，社会管理创新是指导我们党精神文明建设的重要纲领。三是前沿形势知识。形势教育包括国际、国内的政治、经济、文化各方面的知识以及社会热点问题。

文化素养培训和技能训练按照完善干部知识结构、提高干部综合素质的要求进行。《干部教育培训工作条例（试行）》要求将能力培养贯穿干部教育培训的全过程，依照人事部制定的《国家公务员通用能力标准框架（试行）》，将政治鉴别能力、依法行政能力、公共服务能力、调查研究能力、学习能力、沟通协调能力、创新能力、应对突发事件能力和心理调适能力九种能力列为各级公务员的通用能力。不同的领导岗位对于职业能力素质的要求不同，对于不同级别的干部的培训也各有侧重。对司局级以上干部，着重于从思维能力、战略管理能力、决断能力、学习能力、知人善任能力等方面进行培训。对处级等干部，主要侧重于从组织管理能力、辅佐能力、解决问题能力、工作部署能力、沟通及人际关系能力进行培训。基层干部主要活跃在一线，对他们的培训主要在于专业技术能力、社会监督管理能力、与群众的沟通和协调能力方面。①

（2）干部教育培训方式进一步整合和创新

培训方式指的是在一定的教育思想、教育理论和学习理论的指导下，在某种环境中开展的教学活动的稳定结构形式。《干部教育培训工作条例（试行）》提出："综合运用组织调训与自主选学、脱产培训与在职自学、境内培训与境外培训相结合等方式。"这一时期，面对新形势、新要求，干部教育培训既对传统的教学方法和经验有所继承和发展，也在努力创新培训理念，完善培训过程，以适应大幅度提高干部素质的需要。

一是组织调训与自主选学相结合。组织调训是我党干部教育培训的一种传统方式，是指干部教育培训管理部门按计划抽调干部到指定的教育培训机构参加脱产学习。党的十七大以来，中共中央组织部大规模调训干部，各地也结合实际加强了专题培训。这些培训项目或研究重大问题、统一思想认识，或贯彻中央要求、推动基层落实，取得了良好的效果。在改革开放的新时期，在世情、国情和党情都发生深刻变化的时期，对广大党员干部实行积极的组织调训，是保持党的纯洁性和先进性、提高全党的战斗力、统一全党的意志和行动的一项基本政治性

① 中共中央组织部干部教育局：《干部教育培训研究 21 个专题报告》下，277～279 页，北京，党建读物出版社，2013。

要求。① 随着时代的发展，干部教育培训需求越来越具有个性化、差异化特点，传统的"教什么学什么"的培训方式已不能满足干部需要。为此，《干部教育培训工作条例（试行）》提出"推行干部自主选学"。干部自主选学是干部结合自身发展和岗位需求，根据组织部门认可的培训机构提供的菜单式培训内容，自主选择培训项目的一种培训方式。② 相对于组织调训而言，干部自主选学有三个主要特点：第一，自主性比较强，干部自主申请参加培训，培训机构自主组织实施培训；第二，选择性比较大，培训运用菜单形式，如课程菜单、培训机构菜单、培训师资菜单等；第三，借鉴了一些市场运作的方式，通过市场手段吸纳社会教育培训资源为干部教育培训服务。2009 年 6 月，中共中央组织部在呼和浩特召开了干部自主选学工作交流会，对干部自主选学工作进行了专门部署。从 2009 年 11 月至 2010 年年底，中共中央组织部会同中央直属机关工委和中央国家机关工委，组织中共中央统战部、工业和信息化部、人民日报社等 15 家单位 2100 多名司局级干部，在中央党校、国家行政学院、中国人民解放军国防大学、北京大学、清华大学、中国人民大学、北京师范大学 7 所院校开展干部选学试点。全年共举

---

① 黄峰：《中国共产党干部教育培训科学化研究》，157 页，北京，中国社会科学出版社，2019。

② 吴林根：《中国共产党干部教育九十年》，467 页，上海，东方出版中心，2011。

办专题班 43 个、讲座 41 个，培训司局级干部 5200 余人次。2011 年，中央和国家机关司局级干部选学在 101 个部委全面展开，省、自治区、直辖市干部选学向市、县延伸。

《干部教育培训工作条例（试行）》明确规定："省部级、厅局级、县处级党政领导干部每 5 年应当参加党校、行政学院、干部学院或者经厅局级以上单位组织（人事）部门认可的其他培训机构累计 3 个月以上的培训。"《2006—2010 年全国干部教育培训规划》指出，制订后备干部培训计划，每 3 年至少安排他们参加一次党校、行政学院、干部学院主体班次的培训。党的十六大以来，各地组织部门加大调训力量，组织干部有计划地参加各种脱产培训。据初步统计，从 2003 年到 2006 年，全国参加各类脱产培训的党政干部约 1900 万人次，企业经营管理人员约 1100 万人次，专业技术人员约 3300 万人次；全国 80％的县（处）级以上领导干部已达到 5 年内累计参加 3 个月以上脱产培训的要求。① 各级党政领导干部担负着繁重的行政领导工作，需要处理大量繁杂的政务工作和日常管理服务工作，全脱产的培训毕竟会在一定程度上影响工作，尤其是关键岗位的干部，不可能长时间脱离工作参加学习。开展干部在职自学，在不脱离本职工作岗位的情况下，参加所在单位平时组织的集体学习，

---

① 吴林根：《中国共产党干部教育九十年》，455 页，上海，东方出版中心，2011。

根据工作需要在工作期间或利用业余时间进行自学，实现自我教育、自我提高，是解决这种工学矛盾的理想途径。干部在职自学要同当前的工作需要紧密结合起来，重点学习中国特色社会主义理论体系、社会主义市场经济知识、法律法规知识、现代管理知识、现代科技知识、历史知识、文学艺术知识等；要把学习各种知识与研究解决实际问题结合起来，努力提高工作水平和创新能力。[①]

随着经济全球化的快速发展，学习和借鉴先进的管理方式与理念越来越重要。党政干部出国参加培训，就是要开阔视野，借鉴发达国家先进的科学技术，促进我国生产力的发展；借鉴国外优秀文明成果，促进我国先进文化的建设。在重视干部教育培训工作的形势下，在各方培训机构的参与下，干部在不同的成长阶段受到了不同培训模式的影响。不同的培训模式对于干部的成长具有不同的效果和作用。江苏省积极利用友好省份、友好城市以及驻外企业等资源，先后在美国马里兰大学、法国国立行政学院建立了领导干部培训基地，在新加坡建立了管理人才培训基地，在中国香港建立了专业技术人才培训基地，组织领导干部参加境外培训，学习借鉴发达国家或地区的先进经验，形成了省市县三级整体推进、专题培训与系统培训结合、

短期学制与中长期学制兼备、培训对象涵盖各级各类干部人才、合作伙伴遍及欧美亚几大洲的可喜局面，为江苏省走在全国科学发展前列提供了重要的智力支持和人才保证。新加坡南洋理工大学作为承接中国政府干部培训教育的重要基地之一，截至2012年已经和中国政府合作了20年，致力于为中国高级官员开发量身定制的公共管理课程，促进中新两国之间的人才交流和经验分享。各级领导干部通过参加境外培训，既学习借鉴了新加坡先进的社会发展经验和管理理念，促进了地区的经济社会发展，也开阔了视野，提升了自身的综合素质和管理水平。[1]

二、民族教育的发展

(一)民族教育的恢复与重建

中华人民共和国成立初期，少数民族教育十分落后，全国少数民族地区适龄儿童入学率很低，22个少数民族人口文盲率在九成以上，全国没有一所正规的少数民族高等学校。1950年的数据显示，全国高等学校、中专和中小学在校生总数中，少数民族学生分别仅占0.9%、0.4%和2%左右，远远低于同期

---

① 中共中央组织部干部教育局：《干部教育培训研究21个专题报告》下，275～276页，北京，党建读物出版社，2013。

少数民族人口占全国总人口 6％ 的比例。1952 年，全国各级各类学校中少数民族学生只有 242.39 万人，全国少数民族专任教师仅有 6.49 万人。中华人民共和国成立后的 17 年间（1949—1965 年），经过不断努力，我国初步建立了从基础教育的小学、初中、高中到高等教育的预科、专科、本科的少数民族教育人才培养体系。

1978 年，党的十一届三中全会召开，做出了实行改革开放的新决策。在此次大会召开以后，我国步入改革开放和社会主义现代化建设新时期。当时，民族教育体系如何恢复和重建，如何适应民族地区经济和社会发展的需要成为重大难题。面对这种境况，党中央、国务院高度重视，经过着力整顿，根据民族工作需要，规范了民族教育目标、主要内容和形式，使民族地区各级各类学校的正常教学工作得以恢复。1981 年，在第三次全国民族教育工作会议召开之前，民族地区小学数量增加到 131123 所，少数民族在校学生数量增加到 1980 年的 1701.73 万人，少数民族专任教师数量增加到 32.94 万人。初等教育规模迅速扩大，在减少文盲的工作上取得重大成就。随着改革开放步伐的加快，以扫盲教育与普及教育为主要目标的政策已经无法满足经济发展的需要。为增强国民素质，国家将义务教育年限从新中国初期初等教育的 6～12 岁扩展到了 6～15 岁，民族地区基础教育也相应地延长了学习年限。1985 年，中共中央明确提出"地方负责、分级管理"的以地方办学为主的教育管理体制，使教育管理权力下放至地方。在"人民教育人民办"的号召下，少数民族群众投身到兴办学校中来。但由于地方财力有限，兴办学校明显加重了群众重担。国家教委、国家民委对此做出了反应，出台了《关于从民族地区补助费中适当安排少数民族教育经费的建议》《国家教育委员会、国家民族事务委员会关于申请民族教育专项补助经费的请示》等文件。自 1989 年起，民族地区每年获得少数民族专项补助拨款 5000 万元，这在很大程度上解决了举办学校经费紧张的问题。在中央专项财政支持和这一时期内地民族班政策的共同推动下，少数民族义务教育得到发展。各民族地区纷纷开办适应本地域特点的民族师范学校、女子学校、女童班等。各民族地区的学校内部也开始分化，一批学校被改名为民族学校，另一些学校大多也招收民族地区的汉族子弟，成了民族地区的普通学校。为了保证民族地区教育事业持续发展，1980 年，教育部、国家民委颁布了《关于加强民族教育工作的意见》。《关于加强民族教育工作的意见》的主要内容包括加大力度发展民族师范教育，建立并办好一批民族师范院校，采取多种形式加大培训力度，提高在职民族教师教育教学水平等。在这之后，国家在少数民族地区建立了师范院校和教师培训中心，为少数民族学生开设师范专业课程，以培养优秀的民族教师。

　　经济发展的要求首先表现在对人才的直接需求上，这在高等教育领域表现得最为突出。1979 年，国家民委和教育部在《关于民族学院工作的基本总结和今后方针任务的报告》中明确了新时期各民族学院"必须把工作重点转移到社会主义现代化建设上来"，"大力培养四化所需要的具有共产主义觉悟的政治干部和专业技术人才，为少数民族地区的社会主义现代化建设服务"。这一时期的中心任务是搞经济建设，但少数民族地区人才极其匮乏，无法满足社会发展的要求。1978 年以来，国家先后出台了一系列倾斜性政策，大力支持民族教育和民族地区经济发展。教育部在 1962 年恢复少数民族学生"同等成绩、优先录取"的基础上，发布《关于一九八〇年在部分重点高等学校试办少数民族班的通知》，决定从 1980 年开始，有计划、有重点地在部分全国重点高等学校举办民族班。首先在北京大学、清华大学、北京师范大学、大连工学院（现大连理工大学）、陕西师范大学 5 所院校试办，共招收学员 150 人。这成为内地民族班发展的雏形。同年，《关于加强民族教育工作的意见》明确提出："高考招生，应对少数民族学生实行择优录取和规定比例适当照顾相结合的办法，在各民族自治地方，少数民族学生的录取的比例应力争不低于少数民族人口比例。"1981 年的高等学校招生工作做了进一步的规定，针对不同地区的少数民族考生，采取适当降分、优先录取等政策。同年，中山大学、华中师范学院

（现华中师范大学）等院校试办民族班，招生规模进一步扩大。截至 1983 年，全国共办了 32 个班，招收了蒙古族、藏族、维吾尔族、哈萨克族、回族、傣族等 20 多个民族的 1200 多名学生。1984 年 3 月，鉴于举办民族班的成绩显著，效果很好，满足了边疆民族地区的实际需要，教育部、国家民委联合发布《关于加强领导和进一步办好高等院校少数民族班的意见》，肯定了举办民族班的作用，规定高等院校民族班分预科、专科、本科三种，明确了民族班的培养目标和要求，加速了民族高等教育的发展。1984 年起，民族班招生逐步面向农村、山区、牧区和边远地区，实行定向招生、定向培养、定向分配，招收具有 2～3 年以上实践经验、高中毕业文化程度或同等学力的优秀少数民族青年入学。这些学生毕业后仍回原地区工作。到 1984 年 12 月，共有 3 省市筹建西藏学校和 16 省市举办西藏班，每年招收 1300～1500 名藏族学生。[①] 这些政策的实施为少数民族地区学生接受高等教育提供了更多的机会，在一定程度上缓解了少数民族地区高等教育人才匮乏的形势。民族班培养的学生毕业后一般回原地工作，为民族地区发展提供了有力的人才支持，为培养有觉悟、有文化、体魄健全的社会主义建设者打下了坚实基础。这一时期，我国在民族地区积极兴办民族中小学，恢复和新建高等教育中的民族院校，初步勾画了我国民族教育体系的基本轮廓。这

---

① 司永成：《民族教育政策法规选编》，41 页，北京，民族出版社，2011。

一探索相当艰难，它是在教育体系被破坏、少数民族群众素质亟待提高的基础上进行的，是一个从无到有的过程，开创性地建立了我国独立的民族教育体系。

（二）民族教育的初步探索与全面发展

1992年，全国民族教育工作会议召开。会议指出，必须依靠科技和教育，从培养人才、提高劳动者素质入手，把少数民族地区的经济搞上去，这是民族工作的根本任务。全国民族教育工作会议的召开，可以说是我国少数民族教育发展史上的一个重要里程碑。同年，党的十四大基于对改革开放以来伟大实践的基本总结，第一次明确提出了建立社会主义市场经济体制的目标，把社会主义基本制度和市场经济结合起来。为适应市场经济的发展，有计划地增加民族人才数量，提高民族人才科学文化素质，优化人才结构成为民族教育发展的新任务。

民族地区教育事业发展虽然已经取得了较大的进步，但与内地教育水平相比，有约占少数民族人口近2/3的地区存在明显差距，有约占少数民族人口近1/3的地区发展尤为困难。面对这种情况，为振兴民族地区经济，维护民族团结，根据邓小平南方谈话和中央民族工作会议精神，国家教委、国家民委出台了《关于加强民族教育工作若干问题的意见》。该文件指出，发展民族教育必须坚持从实际出发，充分考虑民族特点和地区特点；要大力发展基础教育，积极创造条件，实施九年义务教育；积极发展多层次、多种形式的职业技术教育和成人教育；优先办好民族师范学校，尽快提高民族教师队伍的水平。[①]

1992年，国家教委下发了《关于对全国143个少数民族贫困县实施教育扶贫的意见》。在该文件的指导下，我国开展对口支援协作，帮助和推动少数民族贫困县发展教育事业，转变观念，从实际出发，加快民族贫困县脱贫致富的步伐。此后两年多的时间里，全国对少数民族贫困地区的对口支援工作取得了很大的进展。绝大多数贫困县与有关内地经济发达县（市）结对，开展支援协作。

同年，国家教委印发《全国民族教育发展与改革指导纲要（试行）》。该文件规定，"要大力扫除文盲，把扫盲识字与学习科普知识、实用技术紧密结合起来"，"积极发展多种形式的职业技术教育和成人教育"，"因地制宜地搞好双语教学"。[②] 在这一文件的推动下，民族教育科研机构和民族高等院校将更多力量投入双语教学的实验研究之中。由于教育科学理论和专业人员的介入，双语教学的发展开始走上规范化、科学化的道路。此外，民族团结教育也取得新的进步，这直接为民族地区社会主义现代化建设提

---

① 司永成：《民族教育政策法规选编》，121～122页，北京，民族出版社，2011。

② 何东昌：《中华人民共和国重要教育文献(1949年～1997年)》，3407～3408页，海口，海南出版社，1998。

供了良好的外部环境支持。

1993 年 3 月，全国教育援藏工作会议召开。中央再一次直接向西藏投资 4100 万元，帮助西藏发展教育事业，加速各级各类人才培养。1993 年秋，第一批中专毕业生返乡参加建设，前期民族班培养的各类人才进一步发挥作用，近 600 名高中毕业生升入全国各地高等院校学习。

民族教育要发展，教育行政机构重新恢复和健全是关键。截至 1993 年年底，在省一级教育行政领导机构的厅、局中设立民族教育管理机构的有内蒙古自治区、黑龙江、吉林、辽宁、青海、甘肃、四川、云南、贵州、广西壮族自治区、湖南、海南等，地(州)、县级的教育行政部门也相应恢复了类似机构或指定专人负责民族教育工作，进一步加强了对民族教育工作的领导，这对发展少数民族地区的教育事业起到了积极的推动作用。①

在这一时期，系列优惠政策惠及民族地区教育的入学、招生、就读、分配等方面，学校教育规模迅速扩大，从幼儿教育、初等教育、中等教育到高等教育的学校教育体系全面建立，双语教育模式在不断探索中进一步完善。在当时的背景下，这些探索工作都切合了国情，民族地区的学校数及在校学生数不断增加，为民族地区各项事业的发展培养和储备了大量人才，在

---

① 吴德刚：《中国民族教育研究》，49 页，北京，教育科学出版社，2011。

为提高少数民族整体素质和服务少数民族地区事业培养干部方面做出了重要贡献。

此外，随着民族教育事业持续发展及经济全球化进程日益加快，民族教育开始由宏观的、外在的教育政策、教育制度的制定转向具体的、内部的双语教学、多元文化课程的特色化发展阶段。

总体而言，这一时期的民族教育进一步完善和健全了符合我国国情的、相对独立的民族教育体系。这一民族教育体系的建立是党和国家关于民族工作的重要组成部分，坚定了民族教育发展的方向，为民族教育在21世纪实现新发展奠定了比较坚实的基础。

（三）民族教育的体系完善与质量提升

进入21世纪，我国民族教育面临着基础教育薄弱，中等教育和高等教育质量偏低，教师队伍整体水平不高，民族教育整体不能满足经济发展的需要的严峻挑战。加快民族教育改革发展，健全民族教育体系，提高民族教育质量，成为我国民族教育的根本任务。

1. 基础教育体系不断健全，圆满实现"两基"目标

2000年，中国85％的地区已经实现"两基"目标，15％未普及义务教育的地区多数是少数民族地区。少数民族地区面临的

教育发展任务依然很重。

2001 年 6 月，教育部印发了《教育部关于实施"对口支援西部地区高等学校计划"的通知》，启动实施国家重点大学对口支援西部地区高校计划，随后又有针对性地开展了"对口支援新疆高等师范学校工作""援疆学科建设计划"和"内地高校对口支援西藏高校"等对口支援专项工作。

2004 年，国务院办公厅转发教育部等部门发布的《国家西部地区"两基"攻坚计划（2004—2007 年）》。该文件直指西部民族地区九年义务教育的普及与青壮年文盲的扫除，旨在推进西部大开发，维护民族团结。2006 年修订的《中华人民共和国义务教育法》提出"促进义务教育均衡发展"，民族地区城乡之间教育均衡发展的任务凸显出来。这一时期，积极发展民族教育，促进区域教育协调发展成为教育部门的重要攻坚目标。中共中央办公厅、国务院办公厅下发了《关于推动东西部地区学校对口支援工作的通知》，明确提出实施"东部地区学校对口支援西部贫困地区学校工程"和"西部大中城市学校对口支援本省（自治区、直辖市）贫困地区学校工程"。中央投入 100 亿元用于实施农村寄宿制学校建设工程，投入 111 亿元用于实施远程教育工程，设立专项资金，启动"农村义务教育阶段学校教师特设岗位计划"，招募高校毕业生到西部"两基"攻坚县农村学校任教，并从 2006 年春季学期开始免除西部地区农村义务教育阶段学生学杂费，继续对义务教育阶段家庭经济困难学生免费提供教科书，并补助寄宿生生活费。

在中央和地方的共同努力下，基础教育体系得到健全，促进了"两基"攻坚任务取得重要突破，西部地区"两基"人口覆盖率在 2007 年达到了 98％，比 2003 年初的 77％提高了 21 个百分点，超出计划目标(85％)13 个百分点。各省初中毛入学率超过90％。自 2004 年开始，仅用了 4 年时间，西部地区实现了"两基"的目标。

2. 教育法治体系和管理体系不断健全

1997 年，党的十五大召开，首次提出"依法治国，建设社会主义法治国家"的目标。在这一政策的指导下，各少数民族地区逐渐开展教育法制工作。2002 年，国务院发布《关于深化改革加快发展民族教育的决定》。《关于深化改革加快发展民族教育的决定》是中华人民共和国成立以来首次由国务院颁发的民族教育领域的综合性政策，对我国民族教育基本的问题，包括民族教育改革与发展的指导思想、基本原则、目标任务、政策措施等做出了明确的规定。各地方在《中华人民共和国教师法》《中华人民共和国教育法》《中华人民共和国职业教育法》《中华人民共和国高等教育法》颁布后，根据这些教育法律法规不断制定和完善地方性法律法规，为依法治教、实现教育管理体制法制化提供了法律依据。2011 年，国家制定《民族法制体系建设"十二五"规划（2011—2015 年）》，要求"全面提高依法管理民族事务的能力"。在该文件的指导下，民族工作的法制化水平进一步提高。地方根据法律政策制定了地方性法规，如经过多年的论证、调研，《云南省少数民族教育促进条例》于 2013 年 7 月 24 日由云南省第十二届人民代表大会第四次会议审议通过，当年 10 月 1 日起正式实施。

3. 双语教学稳妥推进，双语教育体系走向科学化

2007 年，《国家教育事业发展"十一五"规划纲要》提出大力培养双语教师，此后双语教师队伍规模不断扩大。这一时期，少数民族学校的双语教学工作有了积极进展，民族文字教材的编辑、审定、出版和发行工作取得了显著成绩①，大大缓解了少数民族教材紧缺的状况。2010 年，《国家中长期教育改革和发展规划纲要（2010—2020 年）》对推动我国民族地区从双语教学向双语教育过渡发挥了重要作用。该文件指出："全面开设汉语文课程，全面推广国家通用语言文字。尊重和保障少数民族使用本民族语言文字接受教育的权利。全面加强学前双语教育。"②这一时期双语教育体系不断完善。我国开始全面推广国家通用语言文字，全面加强学前双语教育。学前教育与中小学

---

① 《中国教育年鉴》编辑部：《中国教育年鉴（2003）》，10 页，北京，人民教育出版社，2003。

② 中共中央、国务院：《国家中长期教育改革和发展规划纲要（2010—2020 年）》，载《人民教育》，2010（17）。

教育紧密衔接，形成了国家课程为主导、地方课程为补充的课程体系。双语教材等教学资源不断丰富，双语教师培养培训工作积极开展，双语教学评价及督导机制得以完善。至此，双语教育向规范化、科学化、制度化阶段迈进。

4. 内地民族班办学规模不断壮大，质量迅速提升

2002 年，国务院颁布的《关于深化改革加快发展民族教育的决定》指出，按照上学年全国普通高等教育本科招生平均增长比例，确定当年国家部委及东中部地区所属高等学校民族班和民族预科班的招生规模。内地民族班支持性政策持续出台，财政投入持续增加。

2000 年，中央财政下拨 2000 万元经费用于改善办学条件。2002 年，国家拨付 8750 万元项目经费用于内地西藏班扩招、改造基础设施和购置仪器设备。2005 年，国家民委、教育部颁发的《关于进一步办好民族院校的意见》提出："要在提高办学质量、积累办学经验的基础上，逐步提高民族院校的办学层次，搞好本科生教育，积极发展研究生教育，同时做好预科生的培养工作。"教育部于 2010 年和 2011 年分别举办西藏和新疆内地中等职业教育班，这是国家利用内地优质职业教育资源为西藏和新疆培养高素质职业技能型人才和劳动者的有力举措。党和国家继续支持少数民族预科教育，帮助少数民族地区培养急需人才。各省市采取倾斜政策，加大投入力度。到

2010 年，内地西藏班初中、高中和高校年招生规模分别扩大至 1800 人、3000 人和 1500 人，培养的 3 万多名学生回西藏参加建设。2000 年，内地开始招收新疆高中班学生，经扩招后招生规模由 2004 年的 1540 人扩大到 2007 年的 5000 人，扩招后在校生总规模达到 20000 人。

在一系列政策的保障下，国家鼓励和支持设立少数民族预科教育基地，预科部转为民族预科教育学院或民族学院，预科教育的规模逐年扩大。高校预科的招生、教学和学籍管理、课程分层次管理等工作进一步规范，高校民族预科办学评估制度初步建立。

5. 高等教育规模迅速扩大

2005 年，教育部等五部委联合印发了《培养少数民族高层次骨干人才计划的实施方案》。该政策按照定向招生、定向培养、定向就业的要求，提出实行自愿报考、统一考试、适当降分、单独划线等特殊措施。2006 年，国家计划分别招收少数民族硕、博士研究生 2000 人和 500 人。2006 年至 2009 年，招生人数逐年增长。2007 年，国务院决定在教育部直属师范大学实施师范生免费教育，各地方也结合当地情况实施师范生免费教育。随后，新疆维吾尔自治区出台了相应的管理办法，从 2010 年开始招收免费师范生，还将 2008 年至 2009 年招收的在校师范生纳入免费师范生管理范围。2009 年后，每年计划招收博士学位的少数民族学生人数稳定在 1000 人左右；2010 年后，每年计划招收硕士学位的少数民族学生人数稳定在 4000 人左右。国家计划每年通过"少数民族高层次骨干人才计划"招收少数民族硕博士研究生的总人数稳定在 5000 人左右。这一人数约是 2006 年硕博人才培养规模的两倍。从 2000年到 2010 年，55 个少数民族中，大学专科及大学本科的占比差异在逐渐缩小。

6. 其他各级各类学校教育取得新进展

一是 2010 年国家第一期学前教育三年行动计划在全国范围实施，非常明显地提高了民族地区学前教育入园率，少数民族幼儿接受学前教育的人数不断增加；二是与民族团结教育相关的教材体系得以建立，并得到进一步修订和完善，内地学校与民族学校形成有机联结，相互间交流活动进一步增加，形式更加多样；三是随着民族地区义务教育均衡化措施的实行，普通高中阶段人数有了较为迅速的增加，2011 年普通高中学生人数已达 190.45 万人，2012 年进一步增至 200.97 万人；四是"十一五"时期，国家进一步健全职业教育体系，进一步加大财政投入，中央财政共安排资金 21 亿元，支持了 576 所职业学校建设，并设立国家助学金，少数民族职业高中教育规模扩大到2010 年的 37.92 万人；五是少数民族特殊教育在这一时期也有了一定发展，学生总数从 2011 年的 1.18 万人增长至 2012 年的

2.76万人，增加了1.58万人。

三、留学教育的发展

从改革开放到2012年，伴随着综合国力的提升，我国留学教育主要经历了逐步恢复（1978—1991年）、加速发展（1992—2000年）、全面发展（2001—2012年）三个阶段。

（一）留学教育的逐步恢复

1978年到1991年，我国留学教育的主要特征表现为：扩大派遣留学生规模；以培养高等学校师资为主，派出专业以自然科学为主，自然科学又以技术科学为主（"三个为主"）；增加数量的同时，注重保证质量；在选派方式上，呈现出国家公派、单位公派和自费留学齐头并进的新局面。

1. 增加派遣留学生的数量，以学习自然科学专业为主

1978年6月23日，邓小平做出了关于扩大派遣留学生规模的重要指示，他表示："我赞成留学生的数量增大，主要搞自然科学。留学生的管理方法也要注意，不能那么死。跟人家搞到一块，才能学到东西。这是五年内快见成效，提高我国水平的重要方法之一。要成千成万地派，不是只派十个八个。……要

千方百计加快步伐，路子要越走越宽。……今年派三千出去，怎么选派，派到哪里，要订好计划。可以分两种，一种是外语好，今年直接派出的，一种是预备班，先补习外语。"①他明确提出增加留学生人数，一方面派学生出国留学，另一方面提升国内高等教育水平，这样更便于将国内外高校进行比较，实现"早出人才、快出人才、出好人才"的目的，从而推动中国现代化建设事业的发展。邓小平的这一指示标志着中国留学教育进入新的历史阶段，掀起了改革开放后的第一波留学浪潮。

教育部于1978年8月4日发布《关于增选出国留学生的通知》。根据中央指示，1978年留学生（包括大学生、进修生、研究生）的名额达3000名以上，主要学习理、工科（包括农、医）的有关专业。② 1978年8月，教育部、外交部、科技干部局联合提交《关于改进出国留学人员工作的请示报告》，该文件经国务院批准正式施行。其中，有关留学选派的规定为：在确保质量的原则下，选派留学人员应以培养高等学校师资为主，派出专业应以自然科学为主，自然科学应以技术科学为主，学习方式应以进修人员和研究生为主。在这一时期，国家将自然科学

---

① 李滔：《中华留学教育史录(1949年以后)》，365～366页，北京，高等教育出版社，2000。

② 何东昌：《中华人民共和国重要教育文献(1949年～1997年)》，1624页，海口，海南出版社，1998。

尤其是应用学科作为留学教育的重点领域，充分反映了改革开放初期国家现代化建设对于人才尤其是自然科学和技术科学人才的迫切需求。

然而，1978 年，扩大留学教育规模的第一步便遇到了困难：一方面，国内缺少了解留学情况的专家，因而对美国、日本、加拿大以及西欧国家等留学目的国的学校、学制、学习内容等情况均不甚了解；另一方面，当时的世界正处于两极对峙的冷战时期，国内对于派遣学生到资本主义国家留学的质疑声很大。经过中美两国的多次谈判，最终双方达成口头谅解，"在 1978—1979 学年美方接受中方 500—700 名留学生、研究生和访问学者，中方接受美方 60 名留学生、访问学者"①。1978 年 12 月 26 日，我国第一批赴美访问的 52 名学者启程抵达美国，从此开启了我国留学教育的新篇章。

1978 年年底，随着十一届三中全会的召开，我国确定了改革开放的总方针，确定了"坚持改革开放，坚持四项基本原则，努力把我国建设成为富强、民主、文明的社会主义国家"的总路线。此外，我国逐步与世界上许多国家和地区建立起外交关系。外交活动的开展不仅建立了我国对外关系的新格局，而且为社会主义现代化建设创造了良好的国际环境，有力地推动了我国

①　教育部国际合作与交流司等：《出国留学工作 20 年》，207 页，北京，高等教育出版社，1999。

出国留学教育事业的恢复和快速壮大。

2. 按需派遣，保证质量

在派遣原则和方针方面，1980年1月，教育部、国务院科技干部局在北京联合召开全国出国留学人员工作会议。会议总结交流了此前选派出国留学人员的经验，研究确定了今后选派工作的方针、任务和方法，指出："派出留学人员不仅是现阶段为解决四化急需的高级科技和管理人才，加快缩短与世界先进水平差距的一项重要措施，也是今后必须长期坚持的一项方针。"今后，选派留学人员的方案为："在确实保证质量的前提下，根据国家的需要和可能，广开渠道，力争多派；充分发挥中央各部门和地方及基层单位在派出工作中的积极性。"会议将"三个为主"原则补充修正为选派留学人员应以培养高等教育师资为主，并兼顾其他方面的需要；派出专业应以自然科学为主，同时派人学习社会科学和外国语言；自然科学方面应以技术科学为主，但也不应忽视基础科学和应用技术的需要。[1]

1986年5月，国家教委组织召开留学生工作会议，对改革开放以来的留学教育工作再次加以全面总结。会议强调，"派遣出国留学人员要从我国四化建设的实际出发，密切结合我国生产建设、科学研究和人才培养的需要，以解决科研、生产中的

---

[1]　章开沅、余子侠：《中国人留学史》，609页，北京，社会科学文献出版社，2013。

问题和增强培养高级人才的能力。出国留学人员工作要做到按需派遣，保证质量"。至此，"按需派遣，保证质量"的选派方针得以正式确立。① 同年 12 月，国家教委发布《关于出国留学人员工作的若干暂行规定》，细化了这一方针，体现出留学生派遣不再急于扩大规模，相对更为注重实际需求和培养质量的指导原则。

1990 年 7 月，李铁映访问日本，在同我国留日学生座谈时明确表态："向国外派留学生的政策是我国改革开放总方针、总政策的一个重要组成部分。""今后我们将认真贯彻'按需派遣，保证质量，学用一致'的方针，继续向国外派遣留学人员。我国的改革开放政策不会改变，派留学生的政策也不会改变。"② 有关部门决定在北京举办全国首届留学回国人员科技成果展览会，参展成果是"我国派遣留学人员政策成果的一次大检阅，也是对各地、各部门留学人员管理工作的一次全面评估"③。可见，我国对留学生派遣的政策管理在不断趋向完善。

3. 广开渠道，力争多派

改革开放后，在出国留学的派遣方式上，我国留学教育一

---

① 蒋涵箴：《国家教委召开留学生工作会议　确定通过各种形式派遣留学人员》，载《人民日报》，1986-05-14。

② 于青：《李铁映在东京与我留日学生代表座谈　重申我留学生政策不变》，载《人民日报》，1990-07-03。

③ 赵卫：《我国留学政策成果的一次大检阅　留学回国人员科技成果展将举行》，载《人民日报》，1990-07-16。

改国家公派的单一派遣形式，按照"广开渠道，力争多派"的发展思路，逐步放宽了对单位公派和自费留学的既有限制，注重发挥地方政府和学校自主选派的积极性。

首先，在国家公派留学方面，从整体上收缩规模，提高派遣层次，规范公派留学的选拔机制。与1985年的4888人相比，1986年和1987年国家公派留学生分别为4676人和4703人，到1988年下降至3786人。[①] 1987年，国家教委发布《关于进一步贯彻中共中央出国留学人员工作方针的通知》，明确自当年起，"出国访问学者和进修人员要占国家公派出国留学人员总数的70％"，研究生层次的比重下调为25％。

在单位公派留学方面，1981年年底，国务院批准了《关于1982年选拔出国留学人员计划的请示报告》，提出要发挥各有关部门和省、自治区、直辖市的积极性，在教育部的统一组织下，有条件的单位可自行向外联系，广开渠道，加快派出速度。自此，单位公派留学人数逐步稳步递增。1986年，单位公派留学有5000多人，已超过同期国家公派规模，且呈不断增长趋势。

在自费留学方面，国家政策不断调整。1981年1月，国务院批转教育部等七部委《关于自费出国留学的请示》，承认"自费出国留学是培养人才的一条渠道，对自费留学人员和公费留学

---

① 章开沅、余子侠：《中国人留学史》，611页，北京，社会科学文献出版社，2013。

人员在政治上应一视同仁"。就自费留学生而言，1981 年，《关于自费出国留学的暂行规定》强调，允许具有高中或大学文化水平的学生申请自费出国留学。1982 年，教育部等部门颁布的《关于自费出国留学的规定》要求，除国外华侨、港澳同胞、外籍华人及其近亲不受限制外，其余高等学校的在校本科生、专科生和研究生均不准自费出国留学，必须毕业工作满两年后才能申请。1984 年年底，国务院颁布《关于自费出国留学的暂行规定》，取消高等学校在校生"不准自费出国留学"的规定，并缩短高校应届毕业生工作满两年后才能出国留学的时间限制。但在 1986 年，国家教委制定的《关于出国留学人员工作的若干暂行规定》对资格限制又有所加强。

(二)留学教育的加速发展

经历了改革开放初期十几年的积淀，中国留学教育规模不断扩大，呈现加速发展的态势。然而这一时期留学教育也面临一些问题和挑战，主要体现为如何在增加数量的基础上保证留学教育的规范化、制度化以及鼓励留学生回国发展方面。

1. 留学教育规范化、制度化

1992 年年初，邓小平南方谈话强调，"改革开放胆子要大一些，敢于试验"①。这对我国留学教育具有一定的启示意义：

---

① 《邓小平文选》第三卷，372 页，人民出版社，1993。

留学教育事业的推进需要不断解放思想，敢于创新，也需要稳步构建成熟的留学制度，保持政策的稳定性。邓小平南方谈话发表前后，国家教委在总结过去"按需派遣，保证质量"经验的基础上，初步形成了"加强和改进出国留学人员的选拔工作，使我国的出国留学政策不断得到完善"的变革倾向。①

1993年，《中国教育改革和发展纲要》特别指出，要"进一步扩大教育对外开放，加强国际教育交流与合作"，根据"支持留学，鼓励回国，来去自由"的方针，继续扩大派遣留学生的规模。1994年7月，国务院发布《关于〈中国教育改革和发展纲要〉的实施意见》，提出对留学教育全盘体制进行深入调整，范围包括"改革来华和出国留学生的招生管理办法"，建立国家留学基金管理委员会，"使来华和出国留学生的招生、选拔和管理走上法制化的轨道"。1995年，《中华人民共和国教育法》强调："国家鼓励开展教育对外交流与合作。教育对外交流与合作坚持独立自主、平等互利、相互尊重的原则。"这是我国第一次在教育基本法中对留学教育做出全面规定，不仅确立了教育开放的合法地位，有助于推动留学教育法制化进程，保障留学生的基本权益，而且表明了国家支持留学、鼓励回国的态度。

此外，关于选派程序，1995年2月，在全国出国留学选派

———————

① 《继续完善出国留学政策 四百多名归国学子获科研资助》，载《人民日报》，1992-01-06。

工作会议上，国家教委提出《改革国家公费出国留学选派管理办法的方案》，决定试行"公开选拔、平等竞争、专家评审、择优录取、签约派出、违约赔偿"的选拔制度。1996 年，我国成立了留学基金管理委员会。该委员会负责国家公派出国留学生的选派，开始实行"个人申请、专家评审、平等竞争、择优录取、签约派出、违约赔偿"的选派和管理办法，采用"申请受理机构初审、基金委复审、专家通讯评审和专家会议评审"的评审模式。1998 年，《中华人民共和国高等教育法》强调："高等学校按照国家有关规定，自主开展与境外高等学校之间的技术文化交流与合作。"这些法律法规的出台，既为自主选派和自费留学提供了法律依据，也保留了国家宏观调控的余地，推动了我国留学选派制度走向法制化和科学化。

2. 鼓励回国，来去自由

在鼓励出国留学的同时，国家对留学生的回国工作也非常重视，如在政策引导方面突出正面宣传，在舆论宣传方面树立归国模范，在工作安排方面注重专业对口，在科研经费上尽量予以保障，在生活待遇方面改善物质条件，在人事制度方面允许破格任用等。[1] 但即便是这样，人才外流的现象也难以避免。据统计，从 1978 年到 1991 年年底，我国共派出各类留学生约

---

[1] 章开沅、余子侠：《中国人留学史》，619 页，北京，社会科学文献出版社，2013。

15万人，同期回国的仅有5万人左右。①

面对人才外流的局面，留学生归国引导和管理迫在眉睫。邓小平于1992年1月发表了针对在外留学人员的讲话："希望所有出国学习的人回来。不管他们过去的政治态度怎么样，都可以回来。回来后妥善安排。这个政策不能变。告诉他们，要做出贡献，还是回国好。"②根据这一讲话精神，1992年8月23日和29日，李铁映两次表示，面对新的形势，我国留学生工作、出国留学总的指导思想就是三句话：支持留学，鼓励回国，来去自由。

1992年10月，江泽民在党的十四大报告中指出："我们热情欢迎出国学习人员通过多种方式关心、支持和参加祖国的现代化建设。"1993年2月，《中国教育改革和发展纲要》进一步表明："出国留学人员是国家的宝贵财富，国家要给予重视和信任。根据'支持留学，鼓励回国，来去自由'的方针，继续扩大派遣留学生；认真贯彻国家关于在外留学人员的有关规定，支持留学人员在外学习研究，鼓励他们学成归来，或采用多种方式为祖国社会主义现代化建设作出贡献。"③

---

① 《继续完善出国留学政策 四百多名归国学子获科研资助》，载《人民日报》，1992-01-06。

② 教育部国际合作与交流司、《神州学人》编辑部、国家留学基金管理委员会秘书处：《出国留学工作20年》，3页，北京，高等教育出版社，1999。

③ 章开沅、余子侠：《中国人留学史》，620页，北京，社会科学文献出版社，2013。

1993 年 11 月，《关于建立社会主义市场经济体制若干问题的决定》首次以中共中央文件的形式确立并肯定了"支持留学，鼓励回国，来去自由"的出国留学政策。自此，"支持留学，鼓励回国，来去自由"的指导路线被正式确立下来。这一出国留学路线的确立体现了国家对归国人才的重视和尊重：采用多种方式争取留学人员投身于国家现代化建设事业中，但又不强制要求他们回国。

（三）留学教育的全面发展

进入 21 世纪之后，伴随着世界一体化和教育国际化进程的不断推进，我国市场更大范围地对外开放，留学教育由此踏上了时代的顺风车。这一时期，留学教育规模迅速扩大，自费生比重显著提高。出国留学不仅反映了国家和社会的需求，而且是个人实现自我发展的重要选择。来华留学规模也显著扩大，体现了全球教育资源的互通互享。

1. 公派留学为主导，自费留学为主体

在选派留学生方面，国家逐步提升公派留学的层次。2001 年，国家留学基金委员会确定国家公派留学的导向为"积极配合我国十五计划和西部大开发战略，专业上将更侧重生物信息、电子技术等新兴学科，特别是中国加入世贸组织后经济管理人才的培养，同时进一步加大对西部地区的力度"①。2004 年，国家公派出国留学工作思路进一步确定为"提高层次，扩大规模，保证重点，增强效果"。在此基础上，教育部于 2005 年提出了"三个一流"的选派原则，即"选拔一流的人员，派到（国外）一流的学科专业，师从一流的导师"，进一步强调国家公派留学的质量。经国务院批准，2007 年教育部设立了"国家建设高水平大学公派研究生项目"，计划从 2007 年至 2011 年每年选派 5000 名博士研究生赴国外深造。这一政策进一步提高了国家公派留学的层次。

与此同时，自费留学政策也逐渐完善。我国加入世界贸易组织之后，教育部办公厅于 2003 年颁发了《关于简化大专以上学历人员自费出国留学审批手续的通知》。该文件明确指出："自 2002 年 11 月 1 日起，不再向申请自费出国留学的高等学校在校生以及具有大专以上学历但尚未完成服务期年限的各类人员收取'高等教育培养费'。"为奖励优秀自费留学生和鼓励他们回国工作，国家留学基金管理委员会于 2003 年专门设立"国家优秀自费留学生奖学金"项目，每年资助 500 人左右的自费留学生。在此背景下，自费留学生在出国留学生中的占比显著提升。

进入 21 世纪后，国家公派留学人数只是小幅上升，而自费

---

① 章开沅、余子侠：《中国人留学史》，749 页，北京，社会科学文献出版社，2013。

出国留学的人数则大幅增长。2000 年至 2011 年，中国海外留学生总数为 191.13 万人，自费留学生约占 91.3%，达到 174.57 万人。自 2001 年开始，自费留学生所占比例没低于过 89%，2009 年自费留学生所占比例达到 91.63%，2010 年达到 91.32%，2011 年达到 92.67%。[①] 在这一时期，我国基本形成公派留学为主导，自费留学为主体的留学格局。这主要得益于长期稳定的经济增长，使得国内居民生活水平提高，许多家庭能承担子女出国留学的费用。此外，自费留学人员的增多也反映出人们对改善教育环境和追求个人进步的美好愿望。

2. 出国留学与来华留学并驾齐驱

从 2001 年到 2012 年，伴随着国家进一步对外开放和促进国际教育交流，我国出国留学生人数从 8.39 万人增长到 39.36 万人，增长了将近 4 倍（见图 4-1）。

为适应新时期国内建设的需要，我国注重从政策层面推进海外高层次人才的引进工作。2005 年，人事部、教育部、科技部、财政部发布《关于在留学人才引进工作中界定海外高层次留学人才的指导意见》。2007 年，国家建设高水平大学公派留学生项目创立，进一步提出加强国家重点领域紧缺人才培养工作的意见。2008 年，中共中央办公厅转发《中央人才工作协调小组关于实施

---

① 上海市教育卫生系统思想政治工作研究会：《铸魂育人 领航青春：第十一届上海高校辅导员论坛优秀论文选》，253 页，上海，东华大学出版社，2015。

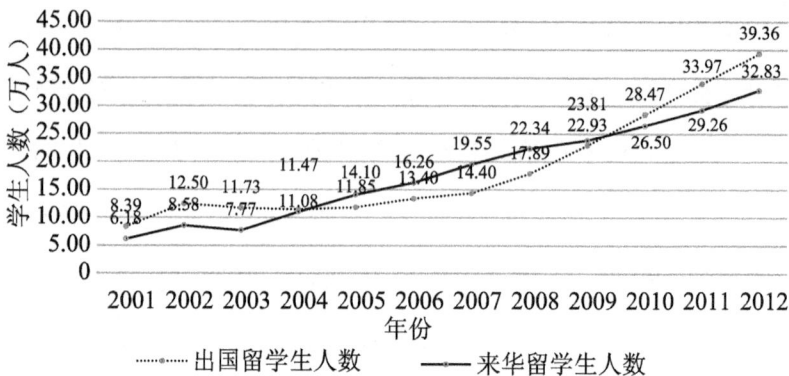

注：统计数据来自《中国教育统计年鉴》。

图 4-1　2001—2012 年中国出国和来华留学生人数

海外高层次人才引进计划的意见》，要求各地区、各部门做好海外高层次人才引进工作。2008 年 12 月 25 日至 28 日，中央人才工作协调小组召开海外高层次人才引进工作会议，明确要求积极引进海外高层次人才。温家宝在 2009 年《政府工作报告》中提出，要"积极引进海外高层次人才和智力"。在此期间，我国印发了《引进海外高层次人才暂行办法》《关于为海外高层次人才提供相应工作条件的若干规定》和《关于海外高层次引进人才享受特定生活待遇的若干规定》。

受这些优惠政策的吸引，特别是我国政治稳定、学费低廉、市场竞争优势凸显以及社会日益开放包容，我国高等教育受到越来越多外国学生的青睐。从 2001 年到 2012 年，来华留学生人数从 6.18 万人增长到 32.83 万人，增长了约 4.3 倍（见图4-1）。2001年以后，我国来华留学教育逐渐在国际教育服务贸易市场争得一席之地，成为我国教育国际化的重要途径和教育服务贸易的主要形式。来华留学教育进入大规模、高质量、系统化、产业化发展阶段。从 2001 年到 2010 年，我国累计接收来华留学人员 156 万人次，占改革开放以来我国接收来华留学人员总数的 80%。来华留学人数迅速增长，年均增幅超过两位数。[①]

这一时期来华留学生呈现出以下特点：首先，从学习期限上看，六个月以内的短期留学生稳定在来华留学生总数的四分之一左右；其次，从专业类别上来看，一半以上的来华留学生就读文科类专业，约占来华留学生总数的三分之二，尤其是汉语语言类专业比例较高；再次，从学历层次上来看，非学历生约占来华留学生总数的三分之二；最后，从国别来看，来自与中国文化相近的国家的来华留学生居多。[②] 这一时期出国留学和来华留学教育的迅速发展，彰显了我国教育国际化水平的逐步提升。

总体来说，从 1978 年到 2012 年，我国留学教育经历了逐步恢复、加速发展、全面发展三个阶段，留学教育从总体上呈现出以下特征：就留学人数来看，从数额有限到成倍增加（见图 4-2），留学教育覆盖面迅速扩大，留学事业取得显著成就；就留学目的来看，经历了从被动应对竞争到主动参与竞争，从满足国家需要到追求自我实现；就留学选派方式来看，从政府统

---

① 刘建丰等：《国际留学教育研究报告（2012）》，60～61 页，北京，教育科学出版社，2014。

② 董泽宇：《来华留学教育研究》，136～139 页，北京，国家行政学院出版社，2012。

一派遣到公费为主导、自费为主体；就学习的专业来看，从以学习自然科学专业为主到学习各类专业、注重全面发展。这一时期我国留学教育从缓慢恢复到全面发展，不仅体现了国家留学教育逐步制度化、规范化，也体现了我国教育国际化水平不断提高，在增加国际教育交流、促进我国高等教育发展等方面发挥了越来越大的作用。

注：统计数据来自《中国教育统计年鉴》。

图 4-2　1978—2012 年我国留学生教育人员数

四、终身教育的发展

(一)成人教育的恢复

"文化大革命"结束后，伴随着广播电视大学教育、高等学校函授教育与夜大学教育的恢复，我国成人教育开启了恢复和重建的艰辛历程。

1. 广播电视大学教育的恢复

1979 年，蒋南翔在中央广播电视大学七九级开学典礼上的讲话中指出："随着教学手段的不断改进，各种制度和办法的逐步完善，我们的广播电视大学将会办的更加多、快、好、省，不但参加学习的青年人数将会以空前的速度增长起来，而且还将为成年人的继续学习创造了前所未有的良好条件。……我们在 60 年代前期曾经试办过电视大学，北京的电视大学那时已经开办，老师热心地教，学生认真地学，学校办的很有成绩。我国电视教育的起步并不比外国晚。……现在重建我们的广播电视教育，一切要从头搞起，困难很多。"

为了办好电视大学，蒋南翔提出了三点希望。第一，必须树立明确的奋斗目标，就是要通过广播电视教育的方式培养出具有大学水平的各种专业人才，要多、快、好、省地为我国的高等教育创出一条新的路子。电视大学必须严格执行规定的教学计划，坚定不移地完成自己的培养目标，保证教学质量不断提高。入学学生应具有相当于高中毕业的文化水平，毕业学生应具有相当于同类大学毕业生的学习水平，不能降低要求。第二，要不断改进学校的管理工作。为了不断提高电视大学的教学质量，要积极改进现代化的教学手段以提高教学效果，严格考核，学以致用，这对于办好广播电视大学具有重要意义。对于广播电视大学中考核合格的毕业生，国家应承认他们的学历，给予相应的工作和待遇。第三，强调质量第一。广播电视大学这种办学方式的长处是数量大，但也容易忽视质量。应该看到，如果不能保证必要的质量，那么数量再多也是有名无实，没有实际意义。为了保证教育质量，广播电视大学还应当逐步建立起一支包括专职和兼职的教学辅导教师队伍。对于这支教学辅导教师队伍的建设，应该给予其和建设正规大学的师资队伍同样的重视。[1]

　　1979 年，国务院批转教育部、中央广播事业局《关于第二次全国广播电视大学工作会议的报告》。该报告提到，自 1978 年 11 月第一次全国广播电视大学工作会议召开之后，全国除西藏自治区外，28 个省、自治区、直辖市都建立了广播电视大学。连同中央广播电视大学，全国共办起了 29 所广播电视大学。1979 年 1 月，各地广播电视大学都进行了招生工作，共录取正式生 41.7 万余人。其中全科生 11.5 万余人，单科生 30.2 万余人。学生绝大多数是在职职工和中学教师。此外，还有试读生约 10 万人，再加上各地收听广播电视大学课程的大学分校学生，全国收听广播电视大学课程的有 60 多万人。自由收听的人数无法统计。[2] 据统计，全国广播电视大学在校生数，由

---

　　[1]　何东昌：《中华人民共和国重要教育文献(1949 年～1997 年)》，1665～1666 页，海口，海南出版社，1998。

　　[2]　同上书，1759 页。

1981 年的 268026 人上升到 1984 年的 663317 人，教职工人数由 1981 年的 14892 人上升到 1984 年的 23568 人。1982 年、1983 年、1984 年已为国家输送毕业生 17 万余人，单科结业生近 40 万人。①

显然，这一时期我国广播电视大学教育工作的恢复成绩斐然，鼓舞人心。

2. 高等学校函授教育与夜大学的恢复

1980 年，国务院批转了《教育部关于大力发展高等学校函授教育和夜大学的意见》。《教育部关于大力发展高等学校函授教育和夜大学的意见》强调，我国高等学校举办函授教育和夜大学，曾经有过一定规模，后受到"文化大革命"的影响，一度全部停顿。"文化大革命"结束后，这项工作逐步恢复，但还没有被纳入教育事业计划，缺乏统筹安排。不少地区、部门和高等学校在开展这项工作方面，重视程度不够，还存在着各种问题。

由此，教育部提出了七点意见：第一，高等学校的函授教育和夜大学要有一个大的发展；第二，把函授教育和夜大学纳入高等教育事业计划；第三，采取灵活多样的形式办学；第四，注意提高函授教育和夜大学的教学质量；第五，解决好人员编制和经费问题；第六，解决好毕业生的使用和待遇问题；第七，

---

① 《中国教育年鉴》编辑部：《中国教育年鉴(1982—1984)》，255 页，长沙，湖南教育出版社，1986。

切实加强对函授教育和夜大学的领导。①

此后几年间，我国高等学校函授教育的恢复发展工作取得了较好成效。据统计，1986 年举办函授教育的普通高等学校已由 1985 年的 331 所增至 371 所，占全国普通高校总数的31.4%；毕业人数 5.37 万，比 1985 年的 5.05 万增加 6%；在校生数已达 41.5 万人，比 1985 年的 36.5 万人增加了 5 万人，增长率为 13.7%。在校生数占成人高等教育在校生数的30.3%，占普通高等学校全部在校生数的 22%。②

(二)高等教育自学考试制度的探索与发展

1.试行高等教育自学考试制度

1981 年，国务院批转了教育部《关于高等教育自学考试试行办法》的报告。报告认为，高等教育自学考试在我国是一项新的工作，政策性很强，工作繁重、复杂，涉及劳动计划、工资待遇、干部管理等诸多方面，要认真做好这项工作。考虑到目前高等教育自学考试工作还没有经验，建议先在北京、天津、上海等少数地方试点，待取得经验后，再逐步推广。③

---

① 何东昌：《中华人民共和国重要教育文献(1949 年～1997 年)》，1842～1843 页，海口，海南出版社，1998。

② 《中国教育年鉴》编辑部：《中国教育年鉴(1985—1986)》，801 页，长沙，湖南教育出版社，1988。

③ 何东昌：《中华人民共和国重要教育文献(1949 年～1997 年)》，1890 页，海口，海南出版社，1998。

　　1982 年 3 月，教育部召开了高等教育自学考试制度试点工作座谈会，会后发了座谈会纪要，发至北京、天津、上海三市主管教育行政部门，高等教育自学考试委员会，各省、自治区、直辖市高教（教育）厅（局），国务院各部委，中国人民解放军总政治部，国防科委，有关高等学校，并抄报国务院。纪要指出，第一，试行高等教育自学考试制度是一项全新的工作，没有成规可循。因此必须由市委、市人民政府加强领导，有负责人亲自抓。高等教育自学考试委员会对每项重要决定要认真研究讨论。这是做好试点工作的根本保证。第二，要充分发挥普通高等学校的作用。除主考高等学校外，其他有关高等学校要积极协助配合。脱离普通高等学校或者不重视它的作用都是不行的。第三，自学考试制度的试点工作关系重大，既要大胆探索，又要细致踏实，无论大小问题，都必先调查研究，周密考虑，有切实的措施，要"摸着石头过河"，慎重从事。①

　　1991 年，《国家教委关于加强自学考试工作的意见》指出，自学考试开考十年来，在各级政府和教育行政部门的领导下，获得了较大的发展，为社会主义现代化建设造就和选拔了一批德才兼备的专门人才，促进了社会主义物质文明和精神文明建设，受到了社会的普遍欢迎，积累了不少经验，同时也面临着

---

　　①　《中国教育年鉴》编辑部：《中国教育年鉴（1949—1981）》，625 页，北京，中国大百科全书出版社，1984。

一些新的问题。

《国家教委关于加强自学考试工作的意见》强调，从我国目前的基本国情和教育事业的现状出发，"八五"期间自学考试工作要在总结十年经验的基础上，坚持"改革、完善、提高、发展"的工作方针，根据经济建设发展的需要，有计划、有步骤地开展应用型专科的自学考试工作，逐步调整开考专业结构，以专科学历考试为主；努力发展中专自学考试，积极探索开展非学历教育的多种资格考试，推进在职专业教育和大学后继续教育；严格考试管理，加强对考试理论和考试工作各环节的研究，提高科学管理水平和考试质量，积极稳妥地发展自学考试事业。

《国家教委关于加强自学考试工作的意见》指出，充分发挥自学考试的优势，正确引导考生个人自学、社会助学以及社会力量办学活动，在自学考试的基础上逐步建立功能较广的国家教育考试制度。积极探索自学考试与函授、广播电视教育的联系，建立自学考试与函授、广播电视教育等成人教育形式协调发展的有效机制，提高自学考试的综合效益。

《国家教委关于加强自学考试工作的意见》强调，充分发挥高等学校和中等专业学校的作用。主考学校和专业指导学校在保证考试质量方面起着十分重要的作用。自学考试工作是高等学校和中等专业学校任务的组成部分，这作为一条原则和成功经验必须坚持下去。要逐步建立和完善主考学校和专业指导学校工作制度。①

2. 深化高等教育自学考试社会助学工作

1995 年，为了充分发挥自学考试的教育功能，落实《中国教育改革和发展纲要》及《关于〈中国教育改革和发展纲要〉的实施意见》的要求，推动自学考试社会助学工作的开展，国家教委印发了《国家教委关于高等教育自学考试社会助学工作的意见》。

《国家教委关于高等教育自学考试社会助学工作的意见》提出，高等教育自学考试是个人自学、社会助学、国家考试相结合的高等教育形式，是我国高等教育体系的组成部分。在各级人民政府、教育主管部门和自学考试工作管理机构的积极倡导与组织下，个人自学蔚然成风，社会助学工作的开展呈现出主体多类、形式多样、受助地区和人员广泛的良好局面。

《国家教委关于高等教育自学考试社会助学工作的意见》强调，个人自学、社会助学是高等教育自学考试系统中的教育活动，是国家考试的基础和重要条件。

关于哪些可以归入高等教育自学考试社会助学的范畴，《国家教委关于高等教育自学考试社会助学工作的意见》给出了明确的界定和说明：凡按照高等教育自学考试专业考试计划和课程

---

① 何东昌：《中华人民共和国重要教育文献（1949 年～1997 年）》，3204～3205 页，海口，海南出版社，1998。

自学考试大纲的要求，采用面授、函授等形式帮助自学应考者学习的活动，均属于高等教育自学考试社会助学范畴。

《国家教委关于高等教育自学考试社会助学工作的意见》指出，"教考职责分离"是高等教育自学考试的基本原则，"办考者不办学，办学者不办考，命题者不辅导"。①

总体而言，作为中国终身教育体系重要组成部分的高等教育自学考试制度，是在改革开放初期我国社会主义教育制度整体改革下启动的一项全新探索工作，无经验可循，难度非常高。党和国家采用先做试点、逐步推进的方式来实施，是适合我国特殊国情与社会主义现代化建设切实需求的路径选择。实践证明，这一改革方略是正确的，为世界终身教育的改革与发展，尤其是为广大发展中国家终身教育的改革与发展提供了有益启示。

(三)深化成人教育改革

20世纪90年代，教育终身化发展的趋势越来越明显。我国加快成人教育的改革步伐，推进学习型社会建设，不断做出新探索，取得了新进展。

1. 完善成人教育制度

1993年，《中国教育改革和发展纲要》提出，成人教育是传

---

① 何东昌：《中华人民共和国重要教育文献(1949年～1997年)》，3894～3895页，海口，海南出版社，1998。

统学校教育向终身教育发展的一种新型教育制度，对不断提高全民族素质、促进经济和社会发展具有重要作用。20 世纪 90 年代，要适应经济建设、社会发展和从业人员的实际需要，积极发展；要本着学用结合、按需施教和注重实效的原则，把大力开展岗位培训和继续教育作为重点；重视从业人员的知识更新。国家要建立和完善岗位培训制度、证书制度、资格考试和考核制度、继续教育制度。

《中国教育改革和发展纲要》提出，成人学历教育要加强和普通学校的联系与合作，努力体现成人教育的特色，注重提高质量。不具备颁发学历文凭资格的各种成人教育机构，可以发给毕业生写实性学习证书；毕业生要取得国家承认的学历文凭，可以参加国家组织的文凭考试或自学考试。要完善和发展自学考试制度，鼓励自学成才。积极发展广播电视教育和学校电化教学，推广运用现代化教学手段。要抓好教育卫星电视接收和播放网点的建设，到 20 世纪末，基本建成全国电教网络，覆盖大多数乡镇和边远地区。

《中国教育改革和发展纲要》提出，积极发展广播电视教育，建设好全国电教网络，也是促进终身教育发展的必要方式和手段。①

———————————

① 《中共中央　国务院关于印发〈中国教育改革和发展纲要〉的通知》，载《中华人民共和国国务院公报》，1993(4)。

《中国教育改革和发展纲要》立足于顺应和推动成人教育终身化发展的必然趋势，努力加强成人教育与普通学校教育的合作，并综合运用岗位培训、继续教育、自学考试以及广播电视教育等多样化方式和途径来促进我国终身教育的全面进步。

1994年，国务院各部门中已有60％以上的行业（系统）制定了岗位规范，有的行业制定的规范达上千种。冶金、建设、石油天然气等行业基本建立了岗位培训制度；司法、建设、财政、外贸、统计、旅游等部门对一些涉及国计民生的和责任重大的关键岗位实行了岗位（职业）资格证书制度，农业部门实行了"绿色证书"制度。

1994年6月，全国教育工作会议提出："到2000年全国普通高等学校和成人高等学校本专科在校生达630万人左右。"①1994年，全国各类成人高校招生工作有以下特点：第一，招生人数增加，1994年经国家教委审定的全国各类成人高校招生总规模为82.4万人，比1993年增加2.4万人；第二，第二专业专科学历教育被纳入招生计划；第三，1994年成人高校招生考试成绩及最低控制分数线有较大幅度提高；第四，计算机管理在招生工作的各个环节得到了广泛应用。②

---

① 《中国教育年鉴》编辑部：《中国教育年鉴(1995)》，232页，北京，人民教育出版社，1995。

② 同上书，227、232页。

2. 面向农村开展现代远程教育

2004 年，教育部办公厅转发《中央广播电视大学关于广播电视大学进一步面向农村开展现代远程教育的若干意见》。

《中央广播电视大学关于广播电视大学进一步面向农村开展现代远程教育的若干意见》指出，党的十六大提出了全面建设小康社会的奋斗目标，并确定教育发展目标是要形成比较完善的现代国民教育体系，人民享有接受良好教育的机会，形成全民学习、终身学习的学习型社会，促进人的全面发展。实现全面建设小康社会及教育发展目标，重点和难点都在农村。现代远程教育作为构建学习型社会的重要手段，在农村有极为广泛的需求和广阔的发展空间。广播电视大学必须把进一步面向农村开展现代远程教育作为一项具有战略意义的工作重点抓实抓好。

《中央广播电视大学关于广播电视大学进一步面向农村开展现代远程教育的若干意见》强调，中央广播电视大学开放教育要把为"三农"服务的专科专业作为重点建设专业，根据农村经济建设和社会进步需要，通过全国广播电视大学系统的协作，加紧建设一批为"三农"服务的学历教育专业。在课程体系、教学内容、教学方法、教学手段等方面，要更加有效地适应"三农"的现实需求和发展需求，逐步形成广播电视大学教育直接为"三农"服务的品牌特色。

《中央广播电视大学关于广播电视大学进一步面向农村开展现代远程教育的若干意见》要求，适应农村城镇化的进程和农村劳动力向非农产业转移的需要，利用遍布全国的广播电视大学系统教学网络，为向非农产业转移的农村劳动力提供不同层次、不同形式的教育培训，重点是提高进城务工人员的思想文化素质和实际就业能力。

《中央广播电视大学关于广播电视大学进一步面向农村开展现代远程教育的若干意见》指出，广播电视大学远程教师教育的重点是面向农村边远地区的中小学教师实施本、专科学历教育和非学历培训。今后 5 年，中央广播电视大学开放教育专业每年接受 30 万名以上中小学教师注册学习。

《中央广播电视大学关于广播电视大学进一步面向农村开展现代远程教育的若干意见》要求，组织实施"西部地区百所县级电大援助计划"。中央广播电视大学分三年（2004 年至 2006 年）投资 1000 万元，援助西部地区 100 所县级广播电视大学，提升其教学现代化水平，推动远程开放教育向下延伸。省级广播电视大学投入等额配套援建资金，并协调当地县级政府进行等额配套资金投入或给予相应的物化条件支持。全国广播电视大学共同实施万名广播电视大学学子助学计划，设立"广播电视大学奖学金"，资助 10000 名贫困地区农村优秀广播电视大学学生完成学业。①

可以说，促进中西部农村地区终身教育改革与发展水平的有效提高乃是全面和切实促进我国终身教育整体事业改革与发展的关键举措。借助广播电视大学，通过现代远程教育，从中央到地方逐层逐级助力农村终身教育的改革与发展，是颇值得推广的应机务实之举。

（四）推进终身教育体系建设

1. 建设"人人皆学之邦"

1999 年，江泽民在第三次全国教育工作会议上作了题为《教育必须以提高国民素质为根本宗旨》的讲话。他强调指出："终身学习是当今社会发展的必然趋势。一次性的学校教育，已经不能满足人们不断更新知识的需要。我们要逐步建立和完善有利于终身学习的教育制度。学校要进一步向社会开放，发挥学历教育、非学历教育、继续教育和职业技术培训教育等多种功能。普通教育、职业教育、成人教育和高等教育要加强相互衔接和沟通，为学习者提供多种多次受教育的机会。要以远程教育网络为依托，形成覆盖全国城乡的开放教育系统，为各类社会成员提供多层次、多样化的教育服务。中华民族具有崇

---

① 何东昌：《中华人民共和国重要教育文献（2003～2008）》，293～295 页，北京，新世界出版社，2010。

尚教育的优良传统，二十一世纪的中国应该成为人人皆学之邦。"①

江泽民的讲话，向全党全社会发出了建立终身学习制度、建设终身学习体系、形成"人人皆学之邦"的号召；为构建以终身学习为核心表征的开放、多元、立体、畅通的终身教育体系，努力促进学习型社会的建设，不断满足全体社会成员日益增长的终身学习的需求指明了方向。

进入21世纪，成人教育的改革与发展继续稳步推进，不断取得良好成效。据统计，2004年，全国高等学校举办的各类成人非学历教育结业人数达318.40万人次，注册学生达242.74万人。各种非学历中等职业教育结业人数达6957.34万人次，注册学生达6198.35万人。其中，中等职业学校举办的各类成人非学历教育结业人数达780.35万人次，注册学生达450.21万人；职业技术培训机构共培训结业学员6176.99万人次，注册学生达5748.14万人。②

可见，我国成人教育体系在20世纪90年代已经逐步构建起来，成人教育的改革与发展体现出较为强劲的势头。

2. 健全终身教育体系

2007年，《中国成人教育协会第三届理事会工作报告》指

---

① 《江泽民文选》第二卷，336页，北京，人民出版社，2006。
② 顾明远：《21世纪初中国教育》，62页，武汉，湖北教育出版社，2015。

出，优先发展教育，当然要发展作为教育事业的重要组成部分的成人教育。开发人力资源，使我们这个人口大国成为人力资源强国，离不开作为劳动力的成人通过接受成人教育来提高科技文化和思想道德素质。成人在全民中占绝大多数，显然，成人教育在终身教育中、成人学习在全民学习中的重要性是不言而喻的。义务教育的均衡和公平，离不开成人扫盲（包括功能性扫盲）；普及高中阶段教育，离不开为失去高中阶段教育机会的成人提供受教育机会；发展职业教育包含发展职工的职业培训；提高高等教育质量包含提高成人高等教育质量；远程教育和继续教育的主要对象是成人。

《中国成人教育协会第三届理事会工作报告》强调，现代国民教育体系与传统国民教育体系相比，除了具有更高的现代化水平外，更重要的是它在完成各级各类学历教育的任务外，还要承担好各级各类的成人教育。终身教育体系基本形成，主要是指基本形成满足全体人民受教育所需要的教育制度、教育机构、学制系统、教育内容和形式、教育队伍。

《中国成人教育协会第三届理事会工作报告》指出，应当在学校学历教育深化改革、科学发展的同时，加大对职业教育和成人教育的规范管理力度，使之适应实现全民建设小康社会奋斗目标的要求。尤其是加大各级各类普通学校和其他教育机构承担的成人各级学历教育、培训教育、继续教育的改革发展和规范管理的力度，努力形成由学前教育、各级各类学校的普通学历教育和成人学历教育、培训教育、继续教育，社会教育机构的各种成人培训教育，远程和函授教育的普通学历和成人学历教育、培训教育、继续教育，以及家庭教育、学习型组织教育组成的终身教育体系。

《中国成人教育协会第三届理事会工作报告》强调，成人教育应该在全民学习、终身学习的概念中实现新的超越和发展，重新界定自己的概念；在建设终身教育体系和学习型社会的过程中重新审视成人教育的地位和作用，形成新的理念和取向。接受成人教育是成年公民的一项基本权利，是实现教育公平的重要措施，是现代国民教育体系的重要部分，是终身教育体系不可或缺的主体，是形成学习型社会的必要条件，是实现社会和谐的必要途径。[1]

可以看到，成人教育在我国终身教育体系构建中的地位和作用是非常突出和重要的。认清这一点，对于我国这样一个从人口大国不断迈向人力资源强国的国家而言，显得尤为关键和必要。因此，我国成人教育的改革与发展应当设定更具超越性和全面性的目标，并全方位地逐步加大改革发展和规范管理的力度，以使之更有力地发挥促进我国终身教育事业乃至国家整

---

[1]　何东昌：《中华人民共和国重要教育文献（2003～2008）》，1530～1531页，北京，新世界出版社，2010。

体教育事业更好发展的作用。

2011 年，《教育部 财政部关于批准"终身学习服务体系的建设与示范"系列项目的通知》指出，启动并推进"高等学校继续教育示范基地建设""终身学习公共服务平台模式研究及示范应用""高等学校继续教育课程学分标准及质量内涵和学分转移制度与机制的研究及应用"和"普通高等学校继续教育数字化学习资源开放服务模式的研究及应用"四个项目。

"高等学校继续教育示范基地建设"项目由清华大学牵头，50 所高校参与，与科研机构、企业开展合作项目 328 个。项目筹备大学与企业继续教育联盟，引导并推进了高校学历与非学历继续教育改革及服务社会。

"终身学习公共服务平台模式研究及示范应用"项目由中央广播电视大学牵头，建设了 15 个有代表性的城市终身学习平台，聚集了一批资源，创新了服务模式和机制。

"高等学校继续教育课程学分标准及质量内涵和学分转移制度与机制的研究及应用"项目由北京师范大学牵头，已启动前期研究工作。

"普通高等学校继续教育数字化学习资源开放服务模式的研究及应用"项目由北京大学牵头，与 103 所普通高等学校形成联盟，向社会免费开放了 1000 个网络教育精品课程和 1000 个视频讲座，建设了标准化门户网站，编制了资源开放目录，开展了数字化学习资源开放标准等相关研究。[①]

2012 年，在教育部的领导和推动下，清华大学、北京大学等百余所高校与中国邮政集团、用友集团、中智集团等百余家企业共同成立了大学与企业继续教育联盟。江苏省常州市、四川省达州市等 16 个城市签署了《"加快发展继续教育，促进学习型社会建设"市长倡议书》，成立了继续教育城市联盟。

大学与企业继续教育联盟的主要任务为：校企合作研制与推广各行业职业和岗位人才培养标准；校企共同设计人才联合培养方案，创新行业企业人才培养模式；研究"双师"标准及认证模式，推动校企师资、技术、专家资源的深度融合、共享，变革师资培养模式；研制紧贴企业需求的教学标准，加强校企优质课程及教学资源的开放共享；创建校内外实践教学环境（实训、实习、模拟），推动院校实践教学开展及校企双方教学资源共享；搭建校企教育培训资源整合学习服务支持信息共享平台，有效整合校企双方课程、智力、人才等资源。

继续教育城市联盟的建立，最大限度地融合了高校教育资源、专家资源、社会资源、企业资源，发挥了联盟为城市发展服务的作用。通过继续教育城市联盟平台，建立高校继续教育服务城市的长效机制，可以推进贯彻落实《国家中长期教育改革

---

① 《中国教育年鉴》编辑部：《中国教育年鉴(2012)》，201 页，北京，人民教育出版社，2013。

和发展规划纲要（2010—2020 年）》，推进城市、大学、行业企业间的继续教育资源共享、信息互通，推进探索继续教育改革和发展的新模式、新机制，交流大学继续教育服务城市发展的成功经验，加快区域继续教育发展，推进区域经济发展方式转变和学习型城市建设。

2011 年，教育部成立了普通高等学校继续教育数字化学习资源开放联盟。截至 2012 年年底，教育部已形成继续教育服务社会的三大联盟，逐步探索建立了继续教育的多元化服务机制。以三个联盟为载体，教育部构建了政府、行业企业、高校携手服务社会的联盟构架，推动了优质继续教育资源的开放共享。[①]

3. 深化终身教育改革

2010 年，《国家中长期教育改革和发展规划纲要（2010—2020 年）》提出，构建体系完备的终身教育。继续教育参与率大幅提升，从业人员继续教育年参与率达到 50％以上。现代国民教育体系更加完善，终身教育体系基本形成，促进全体人民学有所教、学有所成、学有所用。

《国家中长期教育改革和发展规划纲要（2010—2020 年）》将终身教育体系的构建作为终身教育改革与发展的目标。这个体

---

① 《中国教育年鉴》编辑部：《中国教育年鉴（2013）》，225 页，北京，人民教育出版社，2014。

系为学历教育和非学历教育、职业教育和普通教育、职前教育和职后教育在良性发展基础上实现协调、沟通与衔接搭建了终身学习"立交桥"，促进了各级各类教育纵向衔接、横向沟通，满足个人多样化的学习和发展需要。

《国家中长期教育改革和发展规划纲要（2010—2020年）》强调，健全宽进严出的学习制度，办好开放大学，改革和完善高等教育自学考试制度；建立继续教育学分积累与转换制度，实现不同类型学习成果的互认和衔接；建立区域内普通教育、职业教育、继续教育之间的沟通机制；建立终身学习网络和服务平台；统筹开发社会教育资源，积极发展社区教育；建立学习成果认证体系；建立"学分银行"制度等，由此促进全民学习产生良好的成效，这种良好成效的集中表现就是"人人皆学、处处可学、时时能学的学习型社会"的建成。[1]

---

[1] 中共中央、国务院：《国家中长期教育改革和发展规则纲要（2010—2020年）》，载《人民教育》，2010(17)。

第五章 | 中国共产党领导教育的基本经验

改革开放和社会主义现代化建设新时期，中国共产党领导我国各级各类教育事业取得了历史性进步，积累了丰富的发展经验。本章回顾总结了"坚持社会主义教育的政治方向""坚持教育优先发展战略""坚持办人民满意的教育""坚持依法治教""坚持教育改革开放"五条基本经验。这些基本经验对于继续坚持中国特色社会主义教育道路，不断开创我国教育改革发展的新局面，具有重要意义。

一、坚持社会主义教育的政治方向

坚持社会主义教育的政治方向就是要坚持党对教育事业的政治领导、思想领导、组织领导，坚持和发展马克思主义教育方针，坚持加强大中小学思想道德教育。

(一)坚持党对教育事业的领导

领导教育事业的核心力量是中国共产党。改革开放以来，中国共产党历次代表大会都特别强调坚持和加强党的领导这一基本执政经验。加强党的建设和党的领导包括加强党的思想建设，用邓小平建设有中国特色社会主义的理论武装全党；加强党的组织建设；加强调查研究，改进工作作风和思想方法。①

1. 坚持党的领导是教育事业发展的保障

坚持党的领导是中国教育事业顺利发展的重要保障。十一届三中全会之后的 30 多年里，我国教育事业发生了翻天覆地的变化，取得了历史性的成就。我国全面普及了九年义务教育，职业教育快速发展，高等教育进入大众化阶段，教育对外开放形成了新的格局。归根结底，这一切成就的取得都是坚持党对教育事业的领导的结果。

第一，开启教育体制改革新篇章。1985 年，《中共中央关

---

① 罗正楷：《中国共产党大典》，1616 页，北京，红旗出版社，1996。

于教育体制改革的决定》颁布，揭开了中国教育体制的改革的序幕，重点解决了改革开放背景下教育体制弊端严重制约教育事业快速发展的问题，包括教育事业管理权限划分，教育结构失调，教育思想、内容、方法等方面落后于当代科学文化的发展。中共中央从教育体制着手进行系统性改革，加强宏观管理，实行简政放权，把发展基础教育的责任交给地方，有步骤地实行九年义务教育，扩大高等学校办学自主权；调整中等教育结构，大力发展职业技术教育，改革劳动人事制度。为了保障这些改革措施落实到位，《中共中央关于教育体制改革的决定》提出必须加强党和政府对教育工作的领导，成立国家教委。国家教委负责掌握教育的大政方针，统筹整个教育事业的发展，协调各部门有关教育的工作，统一部署和指导教育体制的改革。《中共中央关于教育体制改革的决定》明确了改革开放条件下办学体制、政府职能与学校办学自主权、中央和地方的关系等若干问题，为义务教育、职业教育、高等教育的发展指明了正确的方向。

第二，明确社会主义事业发展与改革目标。1993 年，中共中央、国务院颁布《中国教育改革和发展纲要》，这是中国共产党适应 20 世纪 90 年代中国经济社会发展和社会主义市场经济体制要求颁发的纲领性教育文件。《中国教育改革和发展纲要》明确提出新中国成立 40 多年来，我国为社会主义教育事业积累了宝贵经验，明确了建设有中国特色社会主义教育体系的主要原则，其中重要的一条原则就是"必须坚持党对教育工作的领导，坚持教育的社会主义方向，培养德智体全面发展的建设者与接班人"①。《中国教育改革和发展纲要》对我国社会主义教育事业发展与改革做出了明确的战略部署，包括全国基本普及九年义务教育，高中阶段职业技术学校在校生人数有较大幅度的增加，高等学校集中力量办好一批重点大学和重点学科，全国基本扫除青壮年文盲等。为实现这些改革目标，《中国教育改革和发展纲要》对教育体制改革做出了新的谋划和部署，提出："逐步提高国家财政性教育经费支出占国民生产总值的比例，本世纪末达到 4%。"②这为逐步解决教育经费不足问题提供了明确指导，也成为我国教育经费投入的战略性指标。邓小平南方谈话、党的十四大确立社会主义市场经济体制为我国经济改革的目标对《中国教育改革和发展纲要》的起草产生了重要的影响。《中国教育改革和发展纲要》在改革开放和社会主义现代化建设新时期的教育改革和发展过程中占有重要的历史地位，产生了现实又深远的影响。中国教育改革和发展的实践证明，《中国教育改革和发展纲要》是指引世纪之交中国教育事业不断前进的一

---

① 《中共中央 国务院关于印发〈中国教育改革和发展纲要〉的通知》，载《中华人民共和国国务院公报》，1993(4)。

② 同上。

面旗帜。

第三，颁布实施中长期教育改革规划纲要。2010 年，党中央、国务院颁布《国家中长期教育改革和发展规划纲要(2010—2020 年)》，充分肯定了中华人民共和国成立以来以毛泽东同志、邓小平同志、江泽民同志和胡锦涛同志为主要代表的中国共产党人取得的中国特色社会主义教育成就；明确提出到 2020 年基本实现教育现代化，基本形成学习型社会，进入人力资源强国行列的战略目标；逐一规划了学前教育、义务教育、高中阶段教育、职业教育、高等教育、继续教育、民族教育和特殊教育的发展任务与目标；在人才培养体制、考试招生制度、办学体制、管理体制等方面进行大刀阔斧的改革，将中国教育治理推向了新的时代。《国家中长期教育改革和发展规划纲要(2010—2020 年)》强调，要加强和改善对教育工作的领导，加强和改进教育系统党的建设，切实维护教育系统和谐稳定。《国家中长期教育改革和发展规划纲要(2010—2020 年)》作为 21 世纪我国第一个中长期教育改革与发展规划纲要，涉及面广，时间跨度大。其颁布与实施的过程是改革开放和社会主义现代化建设新时期党对教育事业的领导力的重要体现，也为党的十八大以来教育改革与发展奠定了基础，指明了方向。

2. 坚持党的领导是坚持党的政治领导、思想领导、组织领导

第一，坚持党的政治领导。1978 年 12 月 18 日至 22 日，党的十一届三中全会召开，开启了改革开放和社会主义现代化建设新时期中国社会发展的新道路。党的十一届三中全会确定了党的思想路线、政治路线和组织路线，坚持党的领导是改革开放和社会主义现代化建设新时期党的重要工作经验。1994年，党的十四届四中全会通过的《中共中央关于加强党的建设几个重大问题的决定》认为，党的十一届三中全会以来，中国共产党的重要经验是在政治建设方面，即制定和执行以经济建设为中心、坚持四项基本原则、坚持改革开放的基本路线，增强了在这条路线基础上的全党团结。[①] 坚持党的政治领导，就是要保证党的路线、方针、政策的全面贯彻落实，保证办学的正确方向。党中央高度重视教育工作，立足社会主义初级阶段基本国情和现代化建设全局，把教育放在优先发展的战略地位，加强对教育事业的重大战略部署，努力办好人民满意的教育。历史证明，中国共产党是中国特色社会主义伟大道路的开拓者，是坚持中国特色社会主义和实现中华民族伟大复兴事业的领导核心，是社会主义教育事业的领导核心。

第二，坚持党的思想领导。以邓小平同志为主要代表的中国共产党人继承和坚持了毛泽东关于教育的社会性质和阶级性质的思想，提出教育必须为社会主义建设服务。学校要把坚定

---

① 本书编写组：《学习贯彻中共中央政治局八项规定资料文件汇编》，77页，北京，中国方正出版社，2013。

的政治方向放在第一位，加强对学生的思想政治教育，坚持办学的社会主义方向。以江泽民同志为主要代表的中国共产党人在领导教育事业改革和发展的过程中，同样注重社会主义办学方向，强调培养千千万万忠诚于社会主义事业的合格接班人。各级各类学校都要全面贯彻党的教育方针，坚持社会主义办学方向，努力培养德、智、体全面发展的"四有"新人。以胡锦涛同志为主要代表的中国共产党人赋予了新时期教育新的使命。在党的十七大报告中，胡锦涛确立了要全面贯彻党的教育方针，提高教育现代化水平，培养德、智、体、美全面发展的社会主义建设者和接班人，办好人民满意的教育。1989 年之后，中国共产党更加强调加强党的建设和思想政治工作，尤其是要加强青年学生的思想政治工作。1989 年 7 月，全国高等学校工作会议提出，高等学校要培养无产阶级革命事业的接班人，必须加强对青年学生进行思想政治教育。高等学校的思想政治氛围发生了积极的变化。坚持党的思想领导，就是要在学校确立马克思主义的领导地位，巩固马克思主义思想阵地，把学校建成精神文明建设的辐射园区。

第三，坚持党的组织领导。中国共产党历来重视组织领导。《中国共产党第十一届中央委员会第三次全体会议公报》指出，为了适应社会主义现代化建设的需要，全会决定在党的生活和国家政治生活中加强民主，明确党的思想路线，加强党的领导机构建设，成立中央纪律检查委员会。《中国共产党第十一届中央委员会第五次全体会议公报》提出，坚持党的领导，改善党的领导，提高党的战斗力，这是使社会主义现代化建设得以顺利进行的重要保证。党的十二大提出了把党建设成为社会主义现代化事业的坚强核心的目标及党的建设的任务，制定了新党章。为了加强党的建设和改善党的领导，党的十四大通过了《中国共产党章程（修正案）》，把建设有中国特色社会主义的理论和党的基本路线的内容写进了党章。这对于统一全党的思想和行动，引领教育事业坚持沿着有中国特色社会主义的道路前进，具有十分重要的意义。

加强各级各类学校党组织建设，是坚持教育的社会主义方向的根本保障。党的十一届三中全会以来，各级各类学校在党的领导下，全面贯彻党的教育方针，重建思想政治工作队伍，加强马克思主义理论教育工作和基层党组织建设，突出党风、学风建设，发扬为人师表的教风。《中共中央关于加强党的建设的通知》《中共中央关于加强高等学校党的建设的通知》等文件的颁布与实施，加强了学校党组织的思想建设、组织建设、作风建设。党的十四大以后，全党紧密结合推进改革开放和发展社会主义市场经济的实践，坚持推进党的建设，取得了新的重大进展。高等学校坚决抵制淡化党的作用等错误主张，进一步确立了党委领导下的校长负责制的领导体制。1994年，党的十四届四中全会通过的《中共中央关于加强党的建设几个重大问题的决定》认为，党的十一届三中全会以来中国共产党取得的重要经验是在组织建设方面：恢复和逐步健全民主集中制，废除实际存在的干部领导职务终身制，推进干部队伍和各级领导班子的革命化、年轻化、知识化、专业化，巩固和发展了党的队伍和组织。党的十六大以来，党中央在科学发展观的指导下，根据时代的发展和中国共产党自身建设的需要，着力抓住党的先进性建设这个根本，颁布了一系列政策，如《教育部关于加强依法治校工作的若干意见》《中共中央、国务院关于进一步加强和改进大学生思想政治教育的意见》《中共教育部党组关于加强普通高等学校基层党组织建设的意见》等。各级各类学校党组织制度建设有了新的突破，学校思想政治工作全面加强，逐步打开了新形势下学校思想政治工作的新局面。

(二)坚持和发展马克思主义教育方针

党的十一届三中全会以后，以邓小平同志、江泽民同志、胡锦涛同志为主要代表的中国共产党人，团结带领全党全国各族人民，创立了邓小平理论，形成了"三个代表"重要思想、科学发展观。党坚持把马克思主义写在自己的旗帜上，不断推进马克思主义中国化时代化，用博大胸怀吸收人类创造的一切优秀文明成果，用马克思主义中国化的科学理论引领伟大实践。

具体来说，在教育领域，中国共产党坚持和发展马克思主义教育方针主要体现为坚持和发展马克思主义关于人的全面发展的理论、坚持和发展教育与生产劳动和社会实践相结合、提出教育现代化发展目标三个方面。

1. 坚持和发展马克思主义关于人的全面发展的理论

邓小平坚持和发展了马克思主义关于人的全面发展的理论，提出德、智、体作为人的全面发展的有机组成部分缺一不可，提出培养和造就"有理想、有道德、有文化、有纪律"的社会主义"四有"新人的目标，体现了"四个现代化"对人才标准的客观要求。以江泽民同志为主要代表的中国共产党人深刻分析世界发展趋势和我国转型期的国情，指出综合国力的强弱越来越依赖于劳动者素质的高低。1999 年，《中共中央　国务院关于深化教育改革全面推进素质教育的决定》提出："全面推进素质教育，培养适应 21 世纪现代化建设需要的新人。"以胡锦涛同志为主要代表的中国共产党人提出："要全面贯彻党的教育方针，坚持育人为本、德育为先，实施素质教育，提高教育现代化水平，培养德智体美全面发展的社会主义建设者和接班人，办好人民满意的教育。"①改革开放以来，中国共产党不断推动

---

① 复旦大学中国共产党革命精神与文化资源研究中心：《从中共党史学治国理政：第四届治国理政大学生论坛精粹》，116 页，上海，复旦大学出版社，2018。

党的教育方针与时俱进，促使马克思主义全面发展理论从德、智、体全面发展演化为德、智、体、美全面发展。从"三育"到"四育"，把素质教育作为我国教育改革发展的战略主题，这是对马克思主义全面发展教育思想的深化与活化，是落实全面发展培养目标的具体体现。

2. 坚持和发展教育与生产劳动和社会实践相结合

教育与生产劳动相结合是新民主主义教育方针的基础。中华人民共和国成立后，党的教育方针特别强调教育为无产阶级政治服务，教育与生产劳动相结合。改革开放后，中国共产党依然坚持教育与生产劳动相结合的教育方针。1985 年，《中共中央关于教育体制改革的决定》指出："在国家统一的教育方针和计划的指导下，扩大高等学校的办学自主权，加强高等学校同生产、科研和社会其他各方面的联系，使高等学校具有主动适应经济和社会发展需要的积极性和能力。"[1]1993 年，中共中央、国务院正式颁布的《中国教育改革和发展纲要》明确了"坚持教育为社会主义现代化建设服务，与生产劳动相结合"[2]的中国特色社会主义教育原则。《国家中长期教育改革和发展规划纲要（2010—2020 年）》指出："全面贯彻党的教育方针，坚持教育为

---

① 《中共中央关于教育体制改革的决定》，载《中华人民共和国国务院公报》，1985(15)。

② 《中共中央　国务院关于印发〈中国教育改革和发展纲要〉的通知》，载《中华人民共和国国务院公报》，1993(4)。

社会主义现代化建设服务，为人民服务，与生产劳动和社会实践相结合，培养德智体美全面发展的社会主义建设者和接班人。"①总之，中国共产党将教育与生产劳动和社会实践相结合作为重要的教育方针，是贯彻落实马克思主义全面发展理论，培养德、智、体、美全面发展的社会主义建设者与接班人的重要途径。

3. 提出教育现代化发展目标

抓好教育是实现"四个现代化"的关键。教育现代化是社会现代化的组成部分，是社会发展到一定阶段对教育提出的要求。邓小平把马克思主义应用于中国实际，总结了我国现代化建设的历史经验，明确指出实现现代化必须从科学和教育着手。1983 年，邓小平为北京景山学校题词"教育要面向现代化，面向世界，面向未来"，这是党的教育工作转移和全面进行社会主义现代化建设的必然结果，是中国教育现代化的重要指导思想。党的十四大明确提出，必须把教育摆在优先发展的战略地位，努力提高全民族的思想道德和科学文化水平，这是实现我国现代化的根本大计。为了实现这一战略任务，中共中央、国务院颁布《中国教育改革和发展纲要》，提出到 20 世纪末，我国教育发展的总目标是形成具有中国特色、面向 21 世纪的社会主义教

---

① 中共中央、国务院：《国家中长期教育改革和发展规划纲要（2010—2020年）》，载《人民教育》，2010(17)。

育体系的基本框架，再经过几十年的努力，建立起比较成熟和完善的社会主义教育体系，实现教育现代化。这是中国共产党加快教育改革发展和整个现代化建设的重要决策，是实现我国现代化根本大计的行动纲领。《国家中长期教育改革和发展规划纲要(2010—2020 年)》将到 2020 年基本实现教育现代化作为我国教育发展的重要战略目标。这是我国发展经济、提升国际地位和解决教育发展中的问题的必然要求，为我国教育实现现代化、建设人力资源强国绘制了宏伟蓝图。

(三)坚持加强大中小学思想道德教育

中国共产党特别重视青少年思想道德教育，尤其是伴随着社会主义市场经济体制的建立，物质文明建设与精神文明建设都要抓显得尤为重要，培养"四有"新人成为重要的教育指导方针。

1. 将培养"四有"新人作为精神文明建设的根本任务

使每个人都获得自由而全面的发展是马克思主义哲学的根本思想，也是共产主义的根本要求。改革开放之初，邓小平提出了培养造就有理想、有道德、有文化、有纪律的"四有"新人的重要思想。培养"四有"新人，体现了社会主义精神文明建设的根本要求。改革开放和发展市场经济的客观环境，迫切要求加强精神文明建设。1981 年 6 月，党的十一届六中全会通过的

《中国共产党中央委员会关于建国以来党的若干历史问题的决议》强调，社会主义必须有高度的精神文明。党的十二大进一步把建设高度的社会主义精神文明确定为我国社会主义现代化建设的一个战略方针。1986年9月，党的十二届六中全会通过《关于社会主义精神文明建设指导方针的决议》，从社会主义现代化建设总体布局的高度阐述了社会主义精神文明建设的战略地位和根本任务，强调要培育有理想、有道德、有文化、有纪律的社会主义公民，用建设有中国特色的社会主义的共同理想团结全国各族人民，提高整个中华民族的思想道德素质和科学文化素质。培养"四有"新人是社会主义精神文明建设的重要目的和根本任务，是社会全面发展的根本保证。培养"四有"新人要从青少年抓起，加强青少年的思想道德教育。

2. 加强大中小学思想道德建设

1993年，《中国教育改革和发展纲要》提出，要大力加强和改进德育工作，遵循青少年和儿童思想品德形成和发展与规律与社会发展的要求，科学地规划大中小学德育的目标、内容和实施途径，加强整体衔接。《中国教育改革和发展纲要》明确了对大中小学生进行思想道德教育的内容，强调加强德育队伍建设。

1996年，八届全国人大四次会议批准的《国民经济和社会发展"九五"计划和2010年远景目标纲要》把精神文明建设的具体目标列入了国民经济和社会发展规划，推动了物质文明建设和精神文明建设的相互促进、协调发展。1994年，中共中央印发《爱国主义教育实施纲要》，要求各级有关部门把爱国主义作为加强社会主义精神文明建设的基础工程来抓；印发《中共中央关于进一步加强和改进学校德育工作的若干意见》，要求教育战线站在历史的高度，以战略的眼光来认识新时期学校德育工作的重要性，大力加强青年学生的思想道德建设。党的十四大报告中指出："在全国各族人民特别是青少年中，进一步加强党的基本路线教育，爱国主义、集体主义和社会主义思想教育，近代史、现代史教育和国情教育，增强民族自尊、自信和自强精神，抵御资本主义和封建主义腐朽思想的侵蚀，树立正确的理想，信念和价值观。"①1986年，党的十二届六中全会通过《中共中央关于社会主义精神文明建设指导方针的决议》，明确指出："教育科学文化既是物质文明建设的重要条件，也是提高人民群众思想道德觉悟水平的重要条件。……教育科学文化工作者在精神文明建设中担负着光荣艰巨的使命，应当认识时代和人民的要求，努力提高自己的思想道德素质和业务素质。"②2002年，党的十六大报告中指出："坚持物质文明和精神文明两手抓，实行依法治国和以德治国相结合。社会主义精神文明是中国特色

---

① 《中国共产党第十四次全国代表大会文件汇编》，9页，北京，人民出版社，1992。

② 《中国共产党指导思想文库》编委会：《中国共产党指导思想文库》，105页，北京，中国经济出版社，1998。

社会主义的重要特征。必须立足中国现实，继承民族文化优秀传统，吸取外国文化有益成果，建设社会主义精神文明，不断提高全民族的思想道德素质和科学文化素质，为现代化建设提供强大的精神动力和智力支持。"①加强大中小学生思想道德建设是培养"四有"新人的根本要求，是中国共产党加强精神文明建设的根本任务。

3. 加强少先队与共青团教育

中国少年先锋队（以下简称"少先队"）是中国共产党创立和领导的少年儿童的群众组织，是少年儿童学习中国特色社会主义和共产主义的学校，是建设社会主义和共产主义的预备队。中国共产主义青年团（以下简称"共青团"）是中国共产党领导的先进青年的群众组织，是广大青年在实践中学习共产主义的学校，是中国共产党的助手和后备军，在不同历史时期发挥了非常积极的作用。少先队教育与共青团教育是中国共产党领导下学校教育事业的重要组成部分。

少先队是中小学教育不可缺少的得力助手，是实施青少年思想道德教育、培养创新精神和实践能力的重要形式与第二课堂。2012年，《教育部关于加强中小学少先队活动的通知》指出，少先队通过开展一系列主题鲜明、生动活泼、丰富多彩、

---

① 马莹、何俊生、王苏喜：《邓小平理论和"三个代表"重要思想概论》，122页，西安，西北大学出版社，2004。

独具特色的教育实践活动，在引导学生树立远大理想、形成坚定信念、提升综合素质等方面发挥了不可替代的作用。《国家中长期教育改革和发展规划纲要（2010—2020 年）》提出，要把社会主义核心价值体系融入中小学教育全过程，这对充分开展少先队活动提出了新的要求。

党的十一届三中全会以后，培养青年成为"有理想、有道德、有文化、有纪律"的社会主义"四有"新人是共青团的重要任务和目标。共青团的"十二大"召开以后，进一步明确了三大职能：党的助手和后备军，中国共产党联系广大青年的桥梁和纽带，反映和维护广大青年的利益诉求。1989 年，《中共中央关于加强和改善党对工会、共青团、妇联工作领导的通知》指出，共青团既要维护全国各族人民的利益，又要引领和带领好青年合理地表达自身利益诉求。进入 21 世纪以后，中国社会面临的各种新形势、新任务对中国共青团的工作和建设带来新的困难与挑战，尤其是在互联网技术的影响下，共青团改变工作方式与途径，充分利用网络新媒体技术，将其打造成联系、服务、引导青少年的新载体。2004 年，《共青团中央关于加强青年中心建设的决定》提出，大力建设城乡社区青年中心，团结凝聚广大青年，巩固党长期执政的青年群众基础。2008 年，《共青团工作五年纲要（2009—2013）》指出，要坚持不懈地用社会主义核心价值体系教育引导青少年，针对不同领域、不同年龄段青少年的特点，探索有效的教育引导方式，坚定广大青少年跟党走中国特色社会主义道路的理想信念，尤其要大力加强理想信念教育。

总之，中国共产党高度重视精神文明建设，将教育科学文化作为精神文明建设的重要部分，重视思想道德建设，将培养"四有"社会主义公民、提高全民族的思想道德素质和科学文化素质作为重要任务，这是坚持社会主义教育政治方向的重要保障和具体体现。

二、坚持教育优先发展战略

坚持把教育摆在优先发展的战略地位，是我国社会主义现代化建设指导思想上的重大转变。中国共产党坚持教育优先发展战略，在改革开放的不同时期表现出不同的阶段性特征。实施教育优先发展战略的根本目标是不断适应不同时期经济社会发展的迫切需求。

（一）提出教育优先发展战略

改革开放以来，中国共产党始终坚持和落实教育优先发展的战略地位。把教育摆在优先发展的战略地位，是邓小平的著名战略思想，是建设有中国特色社会主义理论的重要内容。1977年，邓小平在科学和教育工作座谈会上提出："我们国家要赶上世界先进水平，从何着手呢？我想，要从科学和教育着手。"①之后，邓小平对教育做了一系列精辟的论述，中国共产党历次代表大会以及国民经济与社会发展规划都强调教育的优先发展地位。党的十三大首次提出把发展教育事业放在"突出的战略位置""百年大计，教育为本"的战略思想，强调要使经济建设转到依靠科技进步和提高劳动者素质的轨道上来。

进入20世纪90年代，世界科技革命的发展对科学技术和教育事业的发展提出了新挑战。1990年，《中共中央关于制定国民经济和社会发展十年规划和"八五"计划的建议》指出："发展教育事业，提高全民族素质。"②这成为我国社会主义建设的根本大计。1989年，江泽民在庆祝中华人民共和国成立四十周年大会上的讲话中指出："要坚持把教育放在优先发展的战略地位，把经济发展逐步转到依靠科技进步、不断提高劳动效率的轨道上来。"③1992年，江泽民同志在党的十四大报告中强调："科技进步、经济繁荣和社会发展，从根本上说取决

---

① 《邓小平文选》第二卷，48页，北京，人民教育出版社，1994。
② 《中共中央关于制定国民经济和社会发展十年规划和"八五"计划的建议》，载《中华人民共和国国务院公报》，1991(2)。
③ 《江泽民总书记在庆祝中华人民共和国成立40周年大会上的讲话》，载《中华人民共和国国务院公报》，1989(18)。

于提高劳动者的素质，培养大批人才。我们必须把教育摆在优先发展的战略地位，努力提高全民族的思想道德和科学文化水平，这是实现我国现代化的根本大计。"①党的十四大再次强调教育的战略地位和作用，体现了党中央对教育这个战略重点的极大关注。

党的十一届三中全会以后，中国共产党一直将教育与科技置于重要的战略地位。教育既是社会主义现代化建设的战略基础，又是社会主义现代化建设的战略重点。百年大计，教育为本。教育是建设社会主义的根本大计，是实现我国社会主义现代化建设的根本大计。1989年，中国共产党明确提出教育优先发展的战略地位，这既是改革开放以来中国共产党在这一时期关于教育重要战略地位思想的重要凝练，也是后期教育优先发展战略的起点。实施教育优先发展战略，包括优化教育结构，增加教育投入，提高教育质量，改革教育体制、教学内容和教学方法，以适应经济社会发展的需要。

(二)确立教育优先发展战略

虽然在改革开放后，中国共产党逐步强调教育优先发展的战略地位，但是教育事业的改革和发展依然不能适应社会主义

---

① 《加快改革开放和现代化建设步伐夺取有中国特色社会主义事业的更大胜利——在中国共产党第十四次全国代表大会上的报告》，载《求实》，1992(11)。

市场经济和现代化建设的需要，具体表现在：教育的步伐仍然不适应或者滞后于经济和社会发展，教育投入不足与教育事业的发展形成尖锐的矛盾，教师队伍不稳状况有所加剧，尤其是教育经费紧缺问题突出。为此，1993 年，中共中央、国务院颁布《中国教育改革和发展纲要》，明确提出逐步提高国家财政性教育经费支出占国民生产总值的比例，到 20 世纪末达到 4%。财政性教育经费支出占国民生产总值 4% 这一战略目标的确定，既从根本上为逐步解决我国教育经费长期不足的问题提供了明确的路径，也从实践上为落实教育优先发展的战略地位提供了根本保障。

1994 年，党中央、国务院召开全国教育工作会议，动员全党全社会落实教育优先发展的战略地位，认真实施《中国教育改革和发展纲要》。国务院发布《关于〈中国教育改革和发展纲要〉的实施意见》，要求国务院有关部门制定相应的政策措施和实施步骤，落实到本世纪末国家财政性教育经费支出占国民生产总值 4% 的目标。国务院还对落实教育优先发展的战略地位、加强党和政府对教育工作的领导提出了实施意见，认为贯彻实施《中国教育改革和发展纲要》的关键是各级党委和政府切实把教育摆在优先发展的战略地位并在实际工作中认真加以落实。[1] 这对

---

① 中共中央、国务院：《国家中长期教育改革和发展规划纲要（2010—2020年）》，载《人民教育》，2010(17)。

各地各部门贯彻落实教育优先发展战略，尤其是保证教育投入起到了重要的指导和监督作用。

教育立法是这一时期落实教育优先发展战略地位的重要举措。1995年，《中华人民共和国教育法》颁布实施，标志着我国进入依法治教的新时代，推动了我国教育事业的发展。《中华人民共和国教育法》第四条规定："教育是社会主义现代化建设的基础，国家保障教育事业优先发展。"这是第一次以法律的形式确立我国教育在经济社会发展中优先发展的战略地位，为落实教育优先发展战略地位提供了法律保证，明确了教育优先发展战略地位的指导性与权威性，标志着教育优先发展战略地位在中国特色社会主义事业全局中得到了真正确立。这一时期教育优先发展战略包括以下几个要点：教育是社会主义现代化建设的基础；教育是经济发展的战略重点，是转变经济增长方式的关键；教育是"两个文明"建设的重要前提，是振兴民族的希望；教育为本；社会主义现代化建设必须依靠教育；实施科教兴国战略，优先发展教育；党政领导是优先发展教育的有力保证；落实教育优先发展战略地位的根本措施是增加教育投入。其中，依法确保教育投入以及与此密切相关的教师待遇是优先发展教育战略的保障。

"科教兴国"战略、"人才强国"战略与坚持教育优先发展密切相关。党的十六大报告中指出："教育是发展科学技术和培养人才的基础，在现代化建设中具有先导性全局性作用，必须摆在优先发展的战略地位。"①胡锦涛在中共中央政治局第三十四次集体学习时强调："必须坚定不移地实施科教兴国战略和人才强国战略，切实把教育摆在优先发展的战略地位，推动我国教育事业全面协调可持续发展，努力把我国建设成为人力资源强国，为全面建设小康社会、实现中华民族的伟大复兴提供强有力的人才和人力资源保证。"②可以看出，教育优先发展是实现"科教兴国"战略和"人才强国"战略的重要途径，"科教兴国"战略和"人才强国"战略是教育优先发展的重要体现。

(三)践行教育优先发展战略

根据党的十七大提出的关于"优先发展教育，建设人力资源强国"的战略部署，2010 年，党中央、国务院颁布了《国家中长期教育改革和发展规划纲要(2010—2020 年)》，针对教育投入不足、教育优先发展的战略地位尚未完全落实的问题，提出："把教育摆在优先发展的战略地位。教育优先发展是党和国家提出并长期坚持的一项重大方针。各级党委和政府要把优先发展教育作为贯彻科学发展观的基本要求，切实保证经济社会发展

---

① 《全面建设小康社会开创中国特色社会主义事业新局面——在中国共产党第十六次全国代表大会上的报告》，载《党建》，2002(12)。

② 《胡锦涛在中共中央政治局第三十四次集体学习时强调 坚持把教育摆在优先发展战略地位 努力办好让人民群众满意的教育》，载《人民教育》，2006(18)。

规划优先安排教育发展，财政资金优先保障教育投入，公共资源优先满足教育和人力资源开发需要。充分调动全社会力量关心和支持教育，完善社会力量出资兴办教育的体制和政策，不断提高社会资源对教育的投入。"①《国家中长期教育改革和发展规划纲要（2010—2020 年）》将把教育摆在优先发展的战略地位作为党和国家长期坚持的重大方针，并把如何落实这一重大方针具体表述为"三个优先"，进一步确立了教育优先发展在中国特色社会主义现代化建设全局中的基础性地位，明确了落实教育优先发展战略的有效路径。《国家中长期教育改革和发展规划纲要（2010—2020 年）》明确提出，要加大教育投入，提高国家财政性教育经费支出占国内生产总值的比例，2012 年达到 4％。2012 年，中央和地方各级财政坚持加大投入与加强管理并重，优先发展教育事业。国家财政性教育经费支出五年累计 7.79 万亿元，年均增长 21.58％，2012 年占国内生产总值比例达到 4％。② 保障教育投入，尤其是实现 4％的教育投入目标，是改革开放和社会主义现代化建设新时期中国共产党践行教育优先发展战略的重要标志。

改革开放之初，邓小平根据当代科学技术与经济社会发展

---

① 中共中央、国务院：《国家中长期教育改革和发展规划纲要（2010—2020 年）》，载《人民教育》，2010(17)。

② 同上。

的新经验、新趋势，提出了"科学技术是第一生产力"的重要论断；提出了实现社会主义现代化，科技是关键、教育是基础的重要思想。这些理论奠定了我国实施"科教兴国"战略、"教育优先发展"战略的重要理论基础。党的历次代表大会逐步明确"教育优先发展"战略：党的十二大将教育作为经济发展的三个战略重点之一；党的十三大强调必须坚持把发展教育事业放在突出的战略位置，百年大计，教育为本；党的十四大将教育优先发展作为实现我国现代化建设的根本大计，在中国共产党的执政史上第一次明确提出要把教育摆在优先发展的战略地位；党的十六大明确了教育在现代化建设中具有先导性、全局性作用，之后党中央做出了全面落实科学发展观和构建社会主义和谐社会等重大战略部署，强调教育的基础性、先导性、全局性地位和作用；党的十七大从树立和落实科学发展观的高度，提出要更好地实施"科教兴国"战略、"人才强国"战略，强调教育优先发展，促进教育公平。

在治理实践层面来看，中国共产党通过《中国教育改革和发展纲要》《国家中长期教育改革和发展规划纲要（2010—2020年）》等施政纲领以及相应的实施意见，指导各级党委政府、各相关部门落实教育优先发展战略。尤其是4％的教育投入目标的确立、实现以及保持，是改革开放和社会主义现代化建设新时期中国共产党确保教育优先发展取得的重要成就，是中国共产党领导下对教育本质和功能认识的飞跃，是对社会主义建设规律认识的飞跃，而且已在我国社会主义经济发展中发挥巨大作用。

三、坚持办人民满意的教育

为人民服务是中国共产党的宗旨。改革开放以来，中国共产党始终将人民的根本利益放在首位。党的十一届三中全会决定将全党工作的着重点和全国人民的注意力转移到社会主义现代化建设上来，这反映了历史的要求和人民的愿望，代表了人民的根本利益。坚持办人民满意的教育，一方面，要不断扩大教育规模，提高教育质量，保障人民群众接受教育的基本权利；另一方面，要促进教育公平，逐步满足人民群众对优质教育的需求。

（一）代表人民群众的根本利益

党的十一届三中全会提出了我国经济建设"三步走"的重要战略部署、党的路线和各项方针政策，体现了人民群众的利益和意志，集中了人民群众的经验和智慧。在党的十一届三中全会上，邓小平提出了社会主义建设的新的思路：允许一部分人先富起来，促进国民经济发展，带动全国各族人民比较快地富裕起来。这一理念在教育领域中体现为，集中力量办大事。邓小平说："办教育要两条腿走路，既注意普及，又注意提高。要办重点小学、重点中学、重点大学。要经过严格考试，把最优秀的人集中在重点中学和大学。"①这一时期，中国共产党的执政理念是将最优秀的人才选拔出来，用最有限的资源将其培养成社会最需要的人才，为经济社会发展服务，增加社会整体发展的福祉。办人民满意的教育，在这个阶段体现为集中力量办重点学校，为经济社会发展培养急需的人才。

1990年，党的十三届六中全会通过的《中共中央关于加强党同人民群众联系的决定》指出："人民群众是我们党的力量源泉和胜利之本。能否始终保持和发展同人民群众的血肉联系，直接关系到党和国家的盛衰兴亡。""我们党要密切同人民群众联系，领导人民群众前进，首先必须保证决策和决策的执行符合人民的利益。"②

1993年，《中国教育改革和发展纲要》确定了到20世纪末中国教育发展的总目标是全民受教育水平有明显提高，城乡劳动者的职前职后教育有较大发展，各类专门人才的拥有量基本满足现代化建设的需要，形成具有中国特色、面向21世纪的社会

---

① 《邓小平文选》第二卷，40页，北京，人民出版社，1994。
② 徐光春：《马克思主义大辞典》，1299页，武汉，崇文书局，2018。

主义教育体系的基本框架。《中国教育改革和发展纲要》进一步明确了各级各类教育的发展目标：全面基本普及九年义务教育，大城市市区和沿海经济发达地区积极普及高中阶段教育，大中城市基本满足幼儿接受教育的要求，广大农村积极发展学前一年教育，集中力量办好一批重点大学和重点学科，全面基本扫除青壮年文盲。扩大教育规模，提高办学效益和质量，优化教育结构，从本质上讲，都是为了办人民满意的教育，满足人民群众对教育的需求。[1]

江泽民同志在党的十六大报告中指出："十五大和十五大以来中央作出的各项重大决策是正确的，符合最广大人民的根本利益。""在建设中国特色社会主义的进程中，全国人民的根本利益是一致的，各种具体的利益关系和内部矛盾可以在这个基础上进行调节。制定和贯彻党的方针政策，基本着眼点是要代表最广大人民的根本利益，正确反映和兼顾不同方面群众的利益，使全体人民朝着共同富裕的方向稳步前进。""全民族的思想道德素质、科学文化素质和健康素质明显提高，形成比较完善的现代国民教育体系、科技和文化创新体系、全民健身和医疗卫生体系。人民享有接受良好教育的机会，基本普及高中阶段教育，消除文盲。形成全民学习、终身学习的学习型社会，促进人的

---

① 《中共中央 国务院关于印发〈中国教育改革和发展纲要〉的通知》，载《中华人民共和国国务院公报》，1993(4)。

全面发展。"①在此执政理念下，党和国家的工作重点实现了战略转移，但如何保障广大人民群众的受教育权，依旧是教育工作的中心。通过优先发展教育、发展优质均衡的教育，不断提高人民群众受教育的层次；提出以多种形式来发展教育，在国家整合和统一教育目的的指引下，依靠群众办学；提出"两条腿走路"发展教育事业，增加人民群众受教育的机会。这些思想对于发展教育事业和促进教育公平起到了积极的作用，也成为我国教育事业发展的重要经验。

(二)提出"办人民满意的教育"

改革开放后到 20 世纪 90 年代末，中国教育事业获得了突飞猛进的发展，21 世纪进入了新的发展阶段。2000 年统计数据显示，党的十四大提出的"到本世纪基本普及九年义务教育"的目标如期实现，"普九"人口覆盖率继续提高。2000 年年底，全国普及九年义务教育的地区人口覆盖率达到 85％。1998 年高等教育毛入学率为 9.8％。1999 年启动高校扩招工作后，高等教育规模大幅度增长，2002 年高等教育毛入学率达到 15％，中国高等教育进入大众化阶段。各级各类教育蓬勃发展，人民群众受教育的需求得到极大满足。但是不可否认的是，教育发展的区

①　《全面建设小康社会开创中国特色社会主义事业新局面——在中国共产党第十六次全国代表大会上的报告》，载《党建》，2002(12)。

域、城乡、校际差异不但依然存在，而且呈现出不断扩大的趋势。进入 21 世纪以后，中国共产党"办人民满意的教育"的理念体现为发展教育要坚持规模与质量并重、效率与公平并重。

党的十六大提出科学发展观等重大战略思想，党的十七大把科学发展观写入党章。科学发展观包括以人为本的发展观、全面发展观、协调发展观、可持续发展观，其中以人为本即强调要始终把实现好、维护好、发展好最广大人民的根本利益作为党和国家一切工作的出发点和落脚点，尊重人民的主体地位，发挥人民的首创精神，保障人民的各项权益，走共同富裕道路，促进人的全面发展，做到发展为了人民、发展依靠人民、发展成果由人民共享。在科学发展观战略思想的指引下，中国共产党逐步明确了"办人民满意的教育"的教育发展新理念。

胡锦涛在中共中央政治局第三十四次集体学习时强调："坚持把教育摆在优先发展战略地位，努力办好让人民群众满意的教育。通过深化教育体制改革，统筹城乡、区域教育，统筹各级各类教育，统筹教育发展的规模、结构、质量、效益，努力办好让人民群众满意的教育。"①这是中国共产党首次提出"办人民满意的教育"的教育发展理念，反映了社会发展对教育的根本要求，体现了新时期人民群众对教育发展的关注与期望，确立

---

① 《胡锦涛在中共中央政治局第三十四次集体学习时强调 坚持把教育摆在优先发展战略地位 努力办好让人民群众满意的教育》，载《人民教育》，2006(18)。

了我国教育事业改革的主要目标。这一目标体现为促进义务教育均衡发展，扩大教育规模的同时不断提高教育质量，凸显教育发展效率的同时注重区域、城乡、校际教育发展公平。在这样的战略思想的指引下，这一时期推进义务教育均衡发展成为我国教育改革与发展的新主题。

2007 年 8 月，胡锦涛在全国优秀教师代表座谈会上的讲话中指出："在新的时代条件下，我们必须坚持以邓小平理论和'三个代表'重要思想为指导，深入贯彻落实科学发展观，全面实施科教兴国战略和人才强国战略，继续坚持好、落实好把教育摆在优先发展的战略地位的方针，……坚持教育为社会主义现代化建设服务、为人民服务，努力办好让人民满意的教育。"①这是对"办人民满意的教育"理念的进一步夯实，表明了党和政府对教育改革的决心。

2007 年 10 月，党的十七大报告正式把"办好人民满意的教育"写入其中，并指出："要优先发展教育，建设人力资源强国。提高教育现代化水平，培养德智体美全面发展的社会主义建设者和接班人，办好人民满意的教育。"②这是首次将"办好人民满

---

① 《胡锦涛总书记在全国优秀教师代表座谈会上的讲话》，载《中小学教师培训》，2007(11)。

② 《高举中国特色社会主义伟大旗帜 为夺取全面建设小康社会新胜利而奋斗——在中国共产党第十七次全国代表大会上的报告》，载《实践（党的教育版）》，2007(21)。

意的教育"纳入中国共产党的治国理政战略，明确了落实教育优先发展战略地位的出发点和落脚点，标志着教育优先发展战略思想有了新发展。

（三）践行"办人民满意的教育"

21世纪以来，在中国共产党的领导下，全党全社会开辟了中国特色社会主义教育发展道路，建成了世界最大规模的教育体系，保障了亿万人民群众受教育的权利。其中，城乡免费义务教育全面实现，职业教育快速发展，高等教育进入大众化阶段，农村教育得到加强，教育公平迈出重大步伐，我国实现了从人口大国向人力资源大国的转变。

根据党的十七大报告提出的关于"优先发展教育，建设人力资源强国"的战略部署，2010年，中共中央、国务院颁布的《国家中长期教育改革和发展规划纲要（2010—2020年）》在总体战略的指导思想中明确指出，优先发展教育，完善中国特色社会主义现代教育体系，办好人民满意的教育，建设人力资源强国。将"办人民满意的教育"正式作为新时期教育规划的战略指导思想，具有重大的战略指导意义与实践价值，彰显了时代赋予教育发展与改革的历史使命。

公平与质量是这一时期教育发展与改革的主题。《国家中长期教育改革和发展规划纲要（2010—2020年）》把促进公平、提高质量作为中长期教育改革与发展工作的方针。把促进公平作为国家基本教育政策，保障公民依法享有受教育的权利，关键是机会公平；重点是促进义务教育均衡发展和扶持困难群体；根本措施是合理配置教育资源，向农村地区、边远贫困地区和民族地区倾斜，加快缩小教育差距，把提高质量作为教育改革发展的核心任务，把促进人的全面发展、适应社会需要作为衡量教育质量的根本标准，注重教育内涵发展，提高教师整体素质。这一时期中国共产党全面贯彻落实"办人民满意的教育"的教育发展理念，着力促进教育公平、提高教育质量。"办人民满意的教育"在这个阶段更多体现为促进教育公平，满足人民群众对优质教育资源的需求。

中国共产党致力于落实教育优先发展战略，千方百计增加教育投入，为推动教育发展不断创造有利条件。特别是 2012 年财政性教育经费支出占国内生产总值比重达 4% 这一目标的实现，是教育事业发展史上的重要里程碑，为教育事业快速发展提供了有力保障，为全面实现《国家中长期教育改革和发展规划纲要（2010—2020 年）》提出的教育发展目标和任务提供了坚实的经费保障，也为"办人民满意的教育"理念的实践打下了重要根基。

总之，"办人民满意的教育"这一理念，从蕴含在改革开放后中国共产党的执政理念之中，到 2006 年首次被提出，再到被正式写入党的十七大报告，以及在《国家中长期教育改革和发展规划纲要（2010—2020 年）》中作为我国教育发展改革总体战略的指导思想被明确提出，体现了中国共产党全心全意为人民服务的根本宗旨，代表了人民群众的根本利益。改革开放和社会主义现代化建设新时期各级各类教育的普及提高，代表了中国共产党"办人民满意的教育"理念在实践层面的落实，也为党的十八大以后坚持"办人民满意的教育"、践行以人民为中心的教育发展理念奠定了坚实的理论与实践基础。

四、坚持依法治教

依法治国是中国特色社会主义的重要保障。坚持依法治教是中国共产党领导教育事业发展与改革的重要保障，是推动教育改革与发展的重要力量。党和政府不断推进依法治教，推进各级各类教育的发展，使我国教育改革与发展进入法制化、规范化轨道。

（一）初步启动教育立法

教育立法是保障教育事业有法可依的根本，是教育改革和发展的依据与保障。党在领导教育事业发展中重视立法工作，逐步构建教育法律体系，不断完善以宪法为核心的中国特色社会主义法律体系。

中华人民共和国成立初期，党和国家根据当时的教育情况开展了一些立法工作，但由于认识不足，因此工作进展较为缓慢。党的十一届三中全会开启了改革开放和社会主义现代化建设新时期，党和国家的重点任务转移到经济建设上来。伴随着党的治国理政方式的转变，党逐渐意识到民主与法治的重要性，法治建设开始步入正轨。1982年12月4日，五届全国人大五次会议通过了新修改的《宪法》，增加了适应改革开放和社会主义现代化建设的规定，加快了法治建设的步伐。党的十三大指出，社会主义民主和社会主义法治不可分割。国家的政治生活、经济生活和社会生活的各个方面，民主和专政的各个环节，都应做到有法可依、有法必依、执法必严、违法必究。党和国家针对教育重要领域和重要环节的发展需求，积极制定行政法规、部门规章和党内法规，增加制度供给。尤其在党的十一届三中全会以后，教育体制改革实行简政放权，地方从实际出发，制定和完善地方教育法规，形成了多层次的教育法规体系，推动了教育事业的制度体系建设。改革开放后到20世纪90年代中期，教育立法保障了教育改革与发展的顺利进行。

首先，制定《中华人民共和国学位条例》后，恢复教育体系建设。1977年恢复高考后，党和政府迫切需要建立学位制度。

在邓小平提出的建立学位制度的重要指示下，1980 年，五届全国人大常委会第十三次会议通过了《中华人民共和国学位条例》，1981 年，国务院颁布实施《中华人民共和国学位条例暂行实施办法》等系列配套文件。《中华人民共和国学位条例》是改革开放后中国共产党领导下我国确立的第一个正式的教育法规，对各个层次的学位授予标准、学位主管部门、授予机构、授予程序等做了基本规定，为促进我国高等教育各门学科学术水平的提高和教育、科学事业的发展提供了法律依据和保障。在此基础之上，我国建立了系统的研究生培养制度和学位制度。

其次，制定《中华人民共和国义务教育法》，普及九年义务教育。为了保障适龄儿童、少年接受义务教育的权利，保证义务教育的实施，提高全民族素质，1986 年，六届全国人大四次会议通过了《中华人民共和国义务教育法》。《中华人民共和国义务教育法》的颁布将普及义务教育建立在法律基础之上，这也是中国共产党领导下第一次使普及义务教育有了专门的法律规定。《中华人民共和国义务教育法》以国家最高权力机关立法的形式将党和政府关于实施义务教育的决策转化为国家的统一意志，为我国这一时期逐步实现普及九年义务教育、促进义务教育的稳定和持续发展、促进教育优先发展提供了基本的保障。这是一部具有深远意义的、成熟的法律，它的颁布和实施揭开了中国教育史上依法治教的新篇章，标志着我国有法律保证的义务教育的普及发展到了一个新阶段。

(二)全面实施依法治教

1992 年，党的十四大指出，要高度重视法治建设，加强立法工作，使社会主义民主和法治建设有较大的发展。1997 年，党的十五大召开，首次提出依法治国，建设社会主义法治国家。1999 年，九届全国人大二次会议通过了《中华人民共和国宪法修正案》，首次将"依法治国，建设社会主义法治国家"确立下来。依法治教由此有了法律依据，成为教育事业必须遵循的准则。教育立法为建立中国特色社会主义现代化教育制度，促进教育改革与发展提供了根本的法律保障。

这一时期，我国通过高等教育、民办教育、职业教育、特殊教育、民族教育等各级各类教育领域的法律法规建设，形成了较为完整的教育法律制度和规范，推动了我国教育事业走向依法治教的轨道，保障了各级各类教育事业的健康发展。这一时期出台的教育法律包括《中华人民共和国教育法》《中华人民共和国教师法》《中华人民共和国职业教育法》《中华人民共和国高等教育法》等。

《中华人民共和国教育法》是我国教育领域的根本法。1995 年，八届全国人大三次会议通过的《中华人民共和国教育法》包括十章八十四条，明确规定了教育基本制度、学校、教师、受教育者、教育与社会、教育投入与条件保障、教育对外交流与合作、法律责任等基本内容。《中华人民共和国教育法》作为我国教育的基本法，对涉及我国教育的全局性重大问题做出了基本规范，是我国教育法律体系的"母法"，为落实教育优先发展战略地位提供了保证。《中华人民共和国教育法》的颁行是我国教育史上具有里程碑意义的大事，是事关我国社会主义现代化建设全局的大事，为我国实现全面依法治教提供了基本的法律依据，对进一步落实教育优先发展的战略地位、推进教育改革和发展、维护教育关系主体的合法权益、促进我国社会主义物质文明和精神文明建设产生了重大而深远的影响。

制定《中华人民共和国教师法》，保障教师的权利与地位。教育事业发展的关键是师资。改革开放后，随着我国各级各类教育事业的发展，师资队伍建设成为教育事业发展与改革的关键，如何全方位保障、支持和加强教师队伍建设被提上日程。1993年，八届全国人大常委会第四次会议通过的《中华人民共和国教师法》规定了教师的资格、聘任、考核、培养、培训、奖励等一系列制度，第一次以法律的形式明确了教师在我国社会主义现代化建设中的重要地位，为我国教师队伍建设提供了基本的法律依据，标志着我国教师队伍建设进入了法制化、规范化的阶段。《中华人民共和国教师法》是继《中华人民共和国学位条例》《中华人民共和国义务教育法》之后的第三部教育法律，其颁布实施标志着我国教育法律建设进入重要的发展时期。

制定《中华人民共和国职业教育法》，推进职业教育发展。1996 年，八届全国人大常委会第十九次会议通过的《中华人民共和国职业教育法》包括总则、职业教育体系、职业教育的实施、职业教育的保障条件以及附则，共五章四十条。《中华人民共和国职业教育法》明确提出制定《中华人民共和国职业教育法》的目的是实施"科教兴国"战略，发展职业教育，提高劳动者素质，促进社会主义现代化建设；明确提出职业教育是国家教育事业的重要组成部分，是促进经济社会发展和劳动就业的重要途径。《中华人民共和国职业教育法》从国家法律层面申明了我国构建职业教育体系的总体设计和规划。其颁布推动了我国职业教育体系建设进入法制化轨道，推进了我国职业教育的发展与改革。

制定《中华人民共和国高等教育法》，规范高等教育的全局性问题。1998 年 8 月颁布的《中华人民共和国高等教育法》共八章六十九条，明确规定了高等教育基本制度、高等学校的设立、高等学校的组织和活动、高等学校教师和其他教育工作者、高等学校的学生、高等教育投入和条件保障等，对高等教育的全局性重大问题做出了基本规定。《中华人民共和国高等教育法》作为我国高等教育法规体系中的"母法"，着力构建了新时期高等教育管理秩序的基本框架，为依法治理高等教育提供了基本依据。这是中华人民共和国成立以来第一部专门的高等教育法，标志着我国高等教育开始进入依法治教的新阶段。制定《中华人民共和国高等教育法》是高等教育发展史上的大事，是社会主义法制化进程中我国法律法规建设的又一重要成果。其颁布施行促进了科教兴国战略的顺利实施，明确了人才培养在高等教育中的重要地位。

总之，党的十四大之后到党的十六大之前，随着一系列教育法律法规的出台，尤其是《中华人民共和国教育法》颁布实施，我国进入了全面依法治教的新时期，教育法律体系不断完善。各部门配套出台了实施细则或指导意见，如《义务教育法实施细则》《教师法实施细则》等，以保障法律的贯彻实施。各地围绕这些教育基本法律法规不断制定和完善地方性法律法规，依法治教成为教育管理的重要手段。

（三）深入推进依法治教

党的十六大以来，党中央落实依法治国方略，加强社会主义建设，完善社会主义法律体系，建设法治政府，落实依法行政的精神和要求。胡锦涛同志在党的十七大报告中指出，要全面落实依法治国基本方略，加快建设社会主义法治国家。进入21世纪，随着改革开放的深化和经济社会的发展，人民群众的政治参与积极性不断提高。党中央坚持把党的领导、人民当家做主和依法治国统一起来，坚持走中国特色社会主义道路，始终把民主政治建设和政治体制改革摆在改革发展全局的重要位置加以推进，中国特色社会主义法律体系建设成效显著。截至2011年8月，中国已制定宪法和现行有效法律240部，行政法规706部，地方性法规8600多部。

修订《中华人民共和国义务教育法》，明确教育均衡发展新目标。2006年6月，全国人大常委会重新修订《中华人民共和国义务教育法》，进一步强调义务教育的公益性、免费性与强制性原则，建立促进义务教育均衡发展的制度和机制，明确各级政府对义务教育的投入和管理职责，明确以省级政府统筹为主体的义务教育经费保障机制和以县为主的义务教育管理体制。修订后的《中华人民共和国义务教育法》第六条首次以法律的形式提出促进义务教育均衡发展的思想。修订《中华人民共和国义务教育法》是党的十七大之前完成的重要立法任务，在教育立法史上具有里程碑意义，对保障义务教育在21世纪适应全面建设小康社会的需要和进一步持续健康发展具有重要的现实意义和深远的历史意义。

制定《中华人民共和国民办教育促进法》，促进民办教育健康发展。为了实施"科教兴国"战略，促进民办教育事业健康发展，维护民办学校和受教育者的合法权益，2002年12月，九届全国人大常委会第三十一次会议通过的《中华人民共和国民办教育促进法》明确了民办教育属于公益性事业，确立了对民办教育实行积极鼓励、大力支持、正确引导、依法管理的方针，并规定民办学校与公办学校具有同等的法律地位，确立了其与资产相关的权利，对民办教育发展影响深远。

在党的十六大、十七大精神的指导下，我国制定了《中华人民共和国民办教育促进法实施条例》《中华人民共和国中外合作办学条例》等重要的教育行政法规。各地方依据教育法律法规，结合本地实际制定了一系列地方性教育法规，进一步完善了地方教育法律体系。由教育法律、教育行政法规、地方性教育法规（自治条例、单行条例）和政府规章共同构成的中国特色教育法律体系基本形成，为依法治教奠定了法律和制度基础。

《关于加强党的执政能力建设的决定》指出，依法执政是新的历史条件下党执政的一个基本方式。教育部发布《教育行政处罚暂行实施办法》《教育部关于加强教育法制建设的意见》《教育部关于加强依法治校工作的若干意见》《实施教育行政许可若干规定》《教育部关于全面推进依法行政工作的实施意见》等，对依法行政的体制机制和具体举措做出了规定，保障了各级教育行政部门能够将教育法律法规规定的执法任务落到实处，能够及时对教育法律的贯彻落实情况进行跟踪检查，对存在问题进行整改落实。

总之，依法治教是发展教育的一项基本措施。全面依法治国是坚持和发展中国特色社会主义的本质要求与重要保障，是实现国家治理体系和治理能力现代化的必然要求，事关党和国家长治久安。教育事业处于优先发展的战略地位，坚持依法治教是依法治国的重要抓手。依法治教是全面贯彻党的教育方针，坚持社会主义办学方向，建设中国特色社会主义教育事业的必然要求；是实现教育现代化，规范教育管理，营造良好教育环境的重要依据；是切实保障教育公平和人民受教育的权利，消除教育腐败的关键。党在改革开放和社会主义现代化建设新时期，不断完善教育法律法规体系，努力增强教育系统的法治观念，有序开展依法治校，既为全面依法治教奠定了坚实基础，又为实现教育事业的蓬勃发展筑牢了保障之基。

五、坚持教育改革开放

坚持改革开放是中国共产党执政的基本经验。胡锦涛同志在党的十七大报告中指出："改革开放以来我们取得一切成绩和进步的根本原因，归结起来就是：开辟了中国特色社会主义道路，形成了中国特色社会主义理论体系。高举中国特色社会主义伟大旗帜，最根本的就是要坚持这条道路和这个理论体系。"[1]党要使

---

[1]　《高举中国特色社会主义伟大旗帜 为夺取全面建设小康社会新胜利而奋斗——在中国共产党第十七次全国代表大会上的报告》，载《实践（党的教育版）》，2007(21)。

教育"面向现代化，面向世界，面向未来"，就要充分预见现代科学技术的发展趋势，对教育思想观念、教育体制、教育结构、教材内容等进行必要的改革。

（一）坚持教育改革

党的十一届三中全会以后，我国确立了改革开放的基本国策。《中国共产党第十一届中央委员会第三次全体会议公报》指出，只有全党同志和全国人民在马列主义、毛泽东思想的指导下，解放思想，努力研究新情况新事物新问题，坚持实事求是、一切从实际出发、理论联系实际的原则，我们党才能顺利地实现工作中心的转变，才能正确制定实现"四个现代化"的具体道路、方针、方法和措施，正确改革同生产力迅速发展不相适应的生产关系和上层建筑。[1] 改革开放是中国共产党在社会主义初级阶段基本路线的两个基本点之一，指明了这一时期教育改革发展的基本路径。

党的十一届三中全会以后到 20 世纪 80 年代中期，是我国教育改革酝酿与教育恢复发展时期，主要目标是进行拨乱反正，促进教育事业的恢复与发展。随着城乡经济体制改革的逐步开展，科技体制和教育体制的改革被提上议事日程。1983 年 10

---

[1] 湖北省《中国共产党历史讲义》编写组：《中国共产党历史讲义》，338 页，武汉，湖北人民出版社，1989。

月，邓小平提出的"教育要面向现代化，面向世界，面向未来"的要求，成为 20 世纪教育改革的主要指导方针，为新时期我国教育事业的改革开放指明了方向。

1984 年，党的十二届三中全会通过的《中共中央关于经济体制改革的决定》明确提出："科学技术和教育对国民经济的发展有极其重要的作用。随着经济体制的改革，科技体制和教育体制的改革越来越成为迫切需要解决的战略性任务。"①1985 年，《中共中央关于教育体制改革的决定》正式公布，提出教育体制改革的目的是使得各级各类教育能够主动适应经济社会发展的多方面需要，我国教育改革和发展从此进入新的历史时期。《中共中央关于教育体制改革的决定》发布后，我国教育体制改革全面展开，通过扩大办学自主权，激发了地方和社会办教育的积极性。地方政府对教育的投入逐年增多，九年义务教育得到有计划、分步骤的实施。各级各类教育都得到发展，如中等教育结构得到调整；职业教育得到加强；高等学校招生规模得到扩大；成人教育向多功能、多规格方向发展，开设了许多短缺专业。适应现代化建设需要的各类人才不断涌现。

党的十四大提出建立社会主义市场经济体制，这对我国教育改革与发展提出了新的要求。1993 年，中共中央、国务院印

---

① 《中共中央关于经济体制改革的决定》，载《中华人民共和国国务院公报》，1984(26)。

发《中国教育改革和发展纲要》，提出了我国教育改革与发展的方针任务、战略目标、总体思路和重大政治举措。我国教育事业的改革全面展开，教育事业进入快速发展时期。这一时期，基础教育领域实施素质教育改革；中等教育领域调整结构；职业教育不断发展；高等学校实行全面并轨并扩大招生规模，实行自主择业。党的十五大提出跨世纪社会主义现代化建设的宏伟目标和任务，深化教育改革成为实现中华民族伟大复兴的需要。1999 年，以《中共中央 国务院关于深化教育改革全面推进素质教育的决定》等政策文件为标志，我国教育改革进入新的历史时期。例如，基础教育领域开始酝酿和实施新一轮基础教育课程改革，在管理体制上推进以政府办学为主体、积极鼓励社会力量办学的办学体制改革，实行农村义务教育"两免一补政策"，通过"985 工程""211 工程"推进重点大学和学科建设。

党的十七大以来，党和政府坚持以提高质量、促进公平为重点，加快教育事业发展与改革。2010 年，《国家中长期教育改革和发展规划纲要（2010—2020 年）》提出"优先发展、育人为本、改革创新、促进公平、提高质量"的方针，对我国未来 10 年内教育改革和发展做出了全面规划和部署，尤其是在人才培养体制改革、考试招生制度改革、建设现代学校制度、办学体制改革、管理体制改革、扩大对外开放六个方面推进教育体制改革，成为党的十八大以来中国教育改革持续深入的新篇章。

纵观改革开放和社会主义现代化建设新时期我国教育事业的发展历程，教育体制改革是主动适应社会发展的需要。我国教育事业发展的重要经验就是要正确处理社会发展与教育体制改革的关系。中国特色社会主义教育事业发展的经验表明，教育体制改革是适应经济政治体制改革的需要。改革开放前，我国实行的是高度集中的计划经济体制，教育体制是在这种环境中建立的，政府对各级各类学校都是以行政命令的方式集中管理的，学校自主权有限。在一定程度上，这种体制适应了中华人民共和国成立后计划经济发展的要求，但教育单位普遍存在效率低下、缺乏自主权和办学活力等问题。改革开放特别是社会主义市场经济体制建立和国家机构不断改革，政府有关部门的机构设置和职能发生重大转变，这些都要求资源配置的方式由以政府指令为主转变为以市场配置为主。在新的环境中，学校需要进行改革，以满足不同区域、行业、群体的需要，适应社会发展对多样化人才的需求。

为了满足和适应社会主义市场经济发展的要求，党和政府不断转变职能，由直接干预变为宏观管理，对教育体制进行了大刀阔斧的改革，先后出台了多个文件、多项举措来推动教育体制改革，在人才培养、考试招生、办学和管理体制等方面逐步建立了与经济体制相适应的制度。此外，科学技术发展的需要也推动了教育体制的改革。改革开放之前，我国以单科性院校为主，人才培养模式过于单一。这种人才培养的方式不适合社会主义市场经济对高层次人才的需求，也不利于交叉学科的发展。现代科学技术的发展特别是知识经济的蓬勃兴起，对加快培养复合型人才提出了更高的要求。这迫切需要改变以往专业面过窄的状况，培养更多适应社会发展的高素质人才。

（二）坚持教育对外开放

邓小平"三个面向"的思想为改革开放和社会主义现代化建设新时期中国共产党领导教育对外开放、加强国际交流与合作提供了思想指引。中国共产党确定的中国教育事业对外开放的基本方针带来了改革开放和社会主义现代化建设新时期教育事业国际交流与合作的繁荣。

1978年，党的十一届三中全会确定了改革开放的政策。1985年，《中共中央关于教育体制改革的决定》指出："教育体制改革要总结我们自己历史的和现实的经验，同时也要注意借鉴国外发展教育事业的正反两方面的经验。特别是在新技术革命条件下，一系列新的科学技术成果的产生，新的科学技术领域的开辟，以及新的信息传递手段和认识工具的出现，对教育产生了重大的影响，发达国家在这方面的经验尤其值得注意。要通过各种可能的途径，加强对外交流，使我们的教育事业建立在当代世界文明成果的基础之上。"①这个文件明确了教育改革与开放的关系，即为了顺应改革开放的新形势、新要求，需要进行教育体制机制改革；为了保障教育体制机制改革顺利进行，需要进行教育对外开放，借鉴国外教育事业发展的经验，将教育事业建立在广泛吸纳世界先进教育发展经验的基础之上。

1993 年，中共中央和国务院发布的《中国教育改革和发展纲要》总结了社会主义教育事业发展的宝贵经验，明确提出了建设中国特色社会主义教育体系的八条主要原则，其中第四条为："必须坚持教育的改革开放，努力改革教育体制、教育结构、教学内容和方法，大胆吸收和借鉴人类社会的一切文明成果，勇于创新，敢于试验，不断发展和完善社会主义教育制度。"《中国教育改革和发展纲要》在教育事业发展的目标、战略和指导方针方面特别指出："进一步扩大教育对外开放，加强国际交流与合作，大胆吸收和借鉴世界各国发展和管理教育的成功经验。"②《中国教育改革和发展纲要》提出了我国教育对外开放的主要目的是吸收和借鉴世界各国教育事业发展与管理的经验；实施"支持留学，鼓励回国，来去自由"的留学教育指导方针，鼓励留学生学成归来，或者采用多种方式为祖国社会主义现代化建设做

①　《中共中央关于教育体制改革的决定》，载《中华人民共和国国务院公报》，1985(15)。

②　《中共中央 国务院关于印发〈中国教育改革和发展纲要〉的通知》，载《中华人民共和国国务院公报》，1993(4)。

出贡献；加强高校的国际交流与合作，联合进行人才培养和科学研究。总之，《中国教育改革和发展纲要》提出将坚持教育改革开放作为建设中国特色社会主义教育体系的主要原则，明确提出"进一步扩大教育对外开放"的目标要求，将大胆吸收与借鉴世界各国发展和管理教育的成功经验作为进一步扩大教育对外开放的指导方针。

进入 21 世纪以后，中国共产党更加重视教育对外开放。2004 年，教育部制定的《2003—2007 年教育振兴行动计划》规定："把扩大教育对外开放、加强国际合作与交流作为国家教育战略的关键环节。实行'政府与民间并举、双边与多边并行、兼顾战略平衡、保证重点、注重实效'的方针，推进教育国际合作与交流向全方位、多领域、高层次发展。"[①]这一文件明确了教育对外开放在国家教育发展战略中的重要地位，明确了推进教育国际合作与交流的战略方针。

2010 年，中共中央、国务院印发的《国家中长期教育改革和发展规划纲要(2010—2020 年)》明确提出"到 2020 年基本实现教育现代化，基本形成学习型社会，进入人力资源强国行列"的发展目标，指出提高教育对外开放水平是"办出具有中国特色、世界水平的现代教育"的重要体现。《国家中长期教育改革和发

---

① 《国务院批转教育部 2003—2007 年教育振兴行动计划的通知》，载《中华人民共和国教育部公报》，2004(4)。

展规划纲要（2010—2020 年）》将"扩大教育开放"作为教育体制改革的重要内容，包括加强国际交流与合作，引进优质教育资源，提高交流合作水平等内容。《国家中长期教育改革和发展规划纲要（2010—2020 年）》提出"坚持以开放促改革，促发展"，明确了教育对外开放和教育发展与改革的关系，将加强国际交流与合作作为促进教育发展和改革的重要途径："借鉴国际上先进的教育理念和教育经验，促进我国教育改革发展，提升我国教育的国际地位、影响力和竞争力。"①

可以看出，与 20 世纪八九十年代的教育对外开放政策相比，21 世纪以来，中国共产党更加注重将有选择地吸收、借鉴国外经验转变为借鉴国际上先进的教育理念和教育经验，不仅注重走出去、引进来，而且强调提升中国教育的国际地位和影响力。20 世纪八九十年代，教育对外开放政策集中表现为通过留学教育政策推动人员国际化，具体表现为大力派遣留学生出国和逐步规范来华留学各项工作。从 2001 年中国加入世界贸易组织到党的十八大召开之前，中国的对外开放逐步进入成型期，教育对外开放政策表现为通过留学教育政策推动人员国际化和通过中外合作办学政策推动组织国际化相结合。

改革开放以来，教育对外开放，为提升我国国际影响力以

---

① 中共中央、国务院：《国家中长期教育改革和发展规划纲要（2010—2020年）》，载《人民教育》，2010(17)。

及推进我国社会主义现代化建设提供了有力支撑。出国留学教育、来华留学教育、中外合作办学、境外办学、汉语国际推广、外国专家与外籍教师引进等方面逐步走向完善，有效推动了教育对外开放事业的发展，为我国教育乃至经济社会发展做出了重要贡献。

主要参考文献

一、党和国家重要领导人著作

[1]《邓小平文选》第二卷，北京，人民出版社，1994。

[2]《邓小平文选》第三卷，北京，人民出版社，1993。

[3] 中国科学院：《邓小平论科学技术》，北京，科学出版社，1998。

[4]《江泽民文选》第二卷，北京，人民出版社，2006。

[5]《胡锦涛文选》第二卷，北京，人民出版社，2016。

[6] 毛泽东：《在中国共产党第七届中央委员会第二次全体会议上的报告》，北京，人民出版社，2004。

[7] 江泽民：《在中国共产党第十四届中央委员会第三次全体会议上的讲话》，北京，人民出版社，1994。

[8] 江泽民：《全面建设小康社会开创中国特色社会主义事业新局面——在中国共产党第十六次全国代表大会上的报告》，北京，人民出版社，2002。

[9] 胡锦涛：《高举中国特色社会主义伟大旗帜　为夺取全面建设小康社会新胜利而奋斗——在中国共产党第十七次全国代表大会上的报告》，北京，人民出版社，2009。

[10] 本书编写组：《胡锦涛〈在纪念党的十一届三中全会召开30周年大会上的讲话〉学习读本》，北京，人民出版社，2008。

二、资料汇编

[1]《中国共产党第十八次全国代表大会文件汇编》，北京，人民出版社，2012。

[2]《中国共产党第十三次全国代表大会文件汇编》，北京，人民出版社，1987。

[3]《中国共产党第十四次全国代表大会文件汇编》，北京，人民出版社，1992。

[4]《中国共产党第十五次全国代表大会文件汇编》，北京，人民出版社，1997。

[5]《中国共产党第十一届中央委员会第三次全体会议公报》，北京，人民出版社，1978。

[6] 全国人民代表大会常务委员会办公厅：《中华人民共和国第六届全国人民代表大会第四次会议文件汇编》，北京，人民出版社，1986。

[7] 全国人民代表大会常务委员会办公厅：《中华人民共和国第八届全国人民代表大会第三次会议文件汇编》，北京，人民出版社，1995。

[8] 全国人民代表大会常务委员会办公厅：《中华人民共和国第五届全国人民代表大会第四次会议文件》，北京，人民出版社，1981。

[9] 全国人民代表大会常务委员会法制工作委员会：《中华人民共和国法典》，北京，法律出版社，2002。

[10] 全国人民代表大会常务委员会法制工作委员会：《中华人民共和国法律汇编(2000—2004)》，北京，人民出版社，2005。

[11] 全国人民代表大会常务委员会法制工作委员会：《中华人民共和国法律汇编(2018)》，北京，人民出版社，2019。

[12] 教育部基础教育司义务教育实施处：《义务教育法规文献汇编(1900年—1998年)》，北京，中国社会出版社，1998年。

[13] 中共中央文献研究室：《中国特色社会主义理论体系形成与发展大事记》，北京，中央文献出版社，2011。

[14] 何东昌：《中华人民共和国重要教育文献(1949年～1997年)》，海口，海南出版社，1998。

[15] 何东昌：《中华人民共和国重要教育文献(1998～2002)》，海口，海南出版社，2003。

[16] 何东昌：《中华人民共和国重要教育文献(2003～2008)》，北京，新世界出版社，2010。

[17] 新华月报社：《中华人民共和国大事记(1949—2004)》，北京，人民出版社，2004。

[18] 新华月报：《中国改革开放30年大事记》，北京，人民出版社，2008。

[19] 中共中央党校党史教研室：《中共党史参考资料　生产资料的社会主义改造和国民经济第一个五年计划时期》，北京，人民出版社，1980。

[20] 中共中央文献研究室：《邓小平决策恢复高考讲话谈话批示集(一九七七年五月—十二月)》，北京，中央文献出版社，2007。

[21] 中共中央文献研究室：《邓小平论教育》，北京，人民教育

出版社，2004。

[22] 中共中央文献研究室：《毛泽东　邓小平　江泽民论科学发展》，北京，中央文献出版社，党建读物出版寨主，2008。

[23] 中共中央文献研究室：《十二大以来重要文献选编》，北京，人民出版社，1986。

[24] 中共中央文献研究室：《十三大以来重要文献选编》，北京，人民出版社，1991。

[25] 中共中央文献研究室：《十四大以来重要文献选编》上，北京，人民出版社，1996。

[26] 中共中央文献研究室：《十五大以来重要文献选编》中，北京，人民出版社，2001。

[27] 中共中央文献研究室：《十五大以来重要文献选编》下，北京，人民出版社，2003。

[28] 中共中央文献研究室：《十六大以来重要文献选编》上，北京，中央文献出版社，2005。

[29]《中国教育年鉴》编辑部：《中国教育年鉴（1949—1981）》，北京，大百科全书出版社，1984。

[30]《中国教育年鉴》编辑部：《中国教育年鉴（1982—1984）》，湖南，长沙教育出版社，1986。

[31]《中国教育年鉴》编辑部：《中国教育年鉴（1985—1986）》，湖南，长沙教育出版社，1988。

[32]《中国教育年鉴》编辑部：《中国教育年鉴（1988）》，北京，人民教育出版社，1989。

[33]《中国教育年鉴》编辑部：《中国教育年鉴（1989）》，北京，人民教育出版社，1990。

[34]《中国教育年鉴》编辑部：《中国教育年鉴(1991)》，北京，人民教育出版社，1992。

[35]《中国教育年鉴》编辑部：《中国教育年鉴(1993)》，北京，人民教育出版社，1994。

[36]《中国教育年鉴》编辑部：《中国教育年鉴(1994)》，北京，人民教育出版社，1995。

[37]《中国教育年鉴》编辑部：《中国教育年鉴(1995)》，北京，人民教育出版社，1995。

[38]《中国教育年鉴》编辑部：《中国教育年鉴(1996)》，北京，人民教育出版社，1997。

[39]《中国教育年鉴》编辑部：《中国教育年鉴(1998)》，北京，人民教育出版社，1999。

[40]《中国教育年鉴》编辑部：《中国教育年鉴(2003)》，北京，人民教育出版社，2003。

[41]《中国教育年鉴》编辑部：《中国教育年鉴(2004)》，北京，人民教育出版社，2004。

[42]《中国教育年鉴》编辑部：《中国教育年鉴(2006)》，北京，人民教育出版社，2006。

[43]《中国教育年鉴》编辑部：《中国教育年鉴(2011)》，北京，人民教育出版社，2012。

[44]《中国教育年鉴》编辑部：《中国教育年鉴(2012)》，北京，人民教育出版社，2013。

[45]《中国教育年鉴》编辑部：《中国教育年鉴(2013)》，北京，人民教育出版社，2014。

[46] 中国学前教育研究会：《中华人民共和国幼儿教育重要文

献汇编》，北京，北京师范大学出版社，1999。

三、著作

[1] 李岚清：《李岚清教育访谈录》，北京，人民教育出版社，2003。

[2]《温家宝谈教育》编辑组：《温家宝谈教育》，北京，人民出版社，2013。

[3]《中共中央关于加强党的建设几个重大问题的决定》，北京，人民出版社，1994。

[4] 本书编写组：《胡锦涛〈牢固树立社会主义荣辱观〉学习读本》，北京，人民出版社，2006。

[5] 改革开放以来的教育发展性成就和基本经验研究课题组：《改革开放30年中国教育重大历史事件》，北京，教育科学出版社，2008。

[6] 改革开放30年中国教育改革与发展课题组：《教育大国的崛起(1978—2008)》，北京，教育科学出版社，2008。

[7] 国务院研究室编写组：《十届全国人大一次会议〈政府工作报告〉辅导读本》，北京，人民出版社，中国言实出版社，2003。

[8] 洪秀敏：《中国教育改革开放40年：学前教育卷》，北京，北京师范大学出版社，2019。

[9] 教育部：《跨世纪中国教育》，高等教育出版社，2002。

[10] 教育部离退休干部局：《亲历教育40年：纪念改革开放40周年文集》，北京，高等教育出版社，2018。

[11] 廖其发：《当代中国重大教育改革事件专题研究》，重庆，重庆出版社，2007。

[12] 庞丽娟：《中国教育改革30年：学前教育卷》，北京，北京

师范大学出版社，2009。

[13] 田正平：《中国教育思想通史》第六卷，长沙，湖南教育出版社，1994。

[14] 王策三：《教育论集》，北京，人民教育出版社，2002。

[15] 王战军：《中国学位与研究生教育 40 年(1978—2018)》，北京，中国科学技术出版社，2018。

[16] 王湛：《从教育大国迈向教育强国：二十一世纪初中国教育若干重点工作》，北京，人民教育出版社，2008 年。

[17] 王振川：《中国改革开放新时期年鉴》，北京，中国民主法制出版社，2015。

[18] 吴康宁：《教育改革的社会支持》，北京，人民出版社，2019。

[19] 杨学为：《高考文献》下，北京，高等教育出版社，2003。

[20] 叶剑英：《中华人民共和国宪法关于修改宪法的报告》，北京，人民出版社，1978。

[21] 虞永平、张斌．等：《学前教育》，北京，科学出版社，2018。

[22] 袁贵仁：《百年大计　教育为本——党的十六大以来教育事业改革发展回顾（2002—2012）》，北京，人民出版社，2012。

[23] 郑富芝：《学前教育跨越式发展》，北京，人民教育出版社，2012。

[24] 中华人民共和国教育部、中共中央文献研究室：《毛泽东　邓小平　江泽民论教育》，北京，中央文献出版社、人民教育出版社、北京师范大学出版社，2002。

[25] 中华人民共和国教育部：《〈2003—2007 年教育振兴行动计

划〉学习辅导读本》，北京，教育科学出版社，2004。

[26] 中央文献研究室《中国道路》课题组：《中国道路——马克思主义中国化经典文献回眸》，北京，中央文献出版社，2011。

四、报刊

[1] 江泽民：《江泽民总书记在庆祝中华人民共和国成立40周年大会上的讲话》，载《中华人民共和国国务院公报》，1989(18)。

[2] 江泽民：《加快改革开放和现代化建设步伐夺取有中国特色社会主义事业的更大胜利——在中国共产党第十四次全国代表大会上的报告》，载《求实》，1992(11)。

[3] 胡锦涛：《胡锦涛总书记在全国优秀教师代表座谈会上的讲话》，载《教师》，2007(9)。

[4] 胡锦涛：《胡锦涛在中共中央政治局第三十四次集体学习时强调　坚持把教育摆在优先发展战略地位　努力办好让人民群众满意的教育》，载《人民教育》，2006(18)。

[5] 董洪亮：《学前教育为何滑坡（科教文卫·聚焦）》，载《人民日报》，2002-04-05。

[6] 国家教育委员会：《关于深化高等教育体制改革的若干意见》，载《中国高等教育》，1995(10)。

[7] 国家教育委员会、国家计划委员会、财政部：《普通高级中学收费管理暂行办法》，载《新法规月刊》，1997(2)。

[8] 国务院办公厅：《国务院办公厅关于开展国家教育体制改革试点的通知》，载《辽宁省人民政府公报》，2010(21)。

[9] 国务院：《高等教育自学考试暂行条例》，载《中华人民共和

国国务院公报》，1988(7)。

[10] 国务院：《国务院关于〈中国教育改革和发展纲要〉的实施意见》，载《人民教育》，1994(9)。

[11] 国务院：《国务院批转国家教委关于加快改革和积极发展普通高等教育意见的通知》，载《中华人民共和国国务院公报》，1993(2)。

[12] 国务院：《国务院批转教育部 2003—2007 年教育振兴行动计划的通知》，载《中华人民共和国教育部公报》，2004(14)。

[13] 国务院：《社会力量办学条例》，载《人民教育》，1997(9)。

[14] 国务院：《中华人民共和国民办教育促进法实施条例》，载《中华人民共和国国务院公报》，2004(14)。

[15] 教育部：《关于进一步深化普通高等学校招生考试制度改革的意见》，载《学科教育》，1999(4)。

[16] 教育部：《关于 2000 年初中毕业、升学考试改革的指导意见》，载《人民教育》，2000(4)。

0[1] 教育部：《教育部关于贯彻〈义务教育法〉进一步规范义务教育办学行为的若干意见》，载《中华人民共和国教育部公报》，2006(12)。

[17] 教育部：《关于中考语文考试改革试点工作的指导意见》，载《学科教育》，1998(5)。

[18] 教育部：《教育部颁发 2000 年普通高等学校招生工作规定》，载《中国高校招生》，2000(3)。

[19] 教育部：《教育部办公厅关于印发〈国家基础教育课程改革实验区 2004 年初中毕业考试与普通高中招生制度改革的

指导意见〉的通知》，载《中华人民共和国教育部公报》，2004(Z1)。

[20] 教育部：《教育部办公厅关于印发〈全国城市教育综合改革会议纪要〉的通知》，载《教育部政报》，2001(3)。

[21] 教育部：《教育部关于积极推进中小学评价与考试制度改革的通知》，载《中华人民共和国国务院公报》，2003(19)。

[22] 教育部：《教育部关于基础教育课程改革实验区初中毕业考试与普通高中招生制度改革的指导意见》，载《中华人民共和国教育部公报》，2005(4)。

[23] 教育部：《教育部关于加强基础教育办学管理若干问题的通知》，载《教育部政报》，2002(3)。

[24] 教育部：《教育部关于进一步提高普通中学教育质量的几点意见》，载《中华人民共和国国务院公报》，1983(18)。

[25] 教育部：《教育部关于实施〈中华人民共和国高等教育法〉若干问题的意见》，载《中华人民共和国国务院公报》，1999(20)。

[26] 教育部：《全国教育事业"九五"计划和 2010 年发展规划》，载《中国高教研究》，1996(3)。

[27] 李振村、梁伟国：《为了每一个孩子的幸福成长——山东省寿光市教育均衡发展透视》，载《人民教育》，2002(3)。

[28] 柳斌：《基础教育 40 年》，载《中国教育学刊》，2018(12)。

[29] 全国人大教科文卫委员会、国家教委：《克服片面追求升学率倾向调查组：抓住关键综合治理——论克服片面追求升学率倾向》，载《中国教育报》，1988-05-12。

[30] 王化敏：《关于幼儿教育事业发展状况的调查报告》，载

《早期教育》，2003(5)。

[31] 王湛：《世纪之交"两基"的实现与基础教育的改革发展》，载《中国教育学刊》，2016(8)。

[32] 张承先：《关于办重点中学的回顾与前瞻》，载《中国教育学刊》，1997(2)。

[33] 张承先：《贯彻全面发展方针　提高教育质量——在全国重点中学工作会议上的讲话（摘要）》，载《人民教育》，1980(9)。

[34] 中共中央、国务院：《国家中长期教育改革和发展规划纲要(2010—2020 年)》，载《人民教育》，2010(17)。

[35] 中共中央、国务院《中共中央　国务院关于深化教育改革全面推进素质教育的决定》，载《中华人民共和国国务院公报》，1999(21)。

[36] 中共中央：《中共中央关于教育体制改革的决定》，载《中华人民共和国国务院公报》，1985(15)。

[37] 中共中央：《中共中央关于制定国民经济和社会发展十年规划和"八五"计划的建议》，载《中华人民共和国国务院公报》，1991(2)。

[38] 中国考试编辑部：《恢复高考 30 年(1977—2006)大事记》，载《中国考试(研究版)》，2007(8)。

[39] 周远清：《高教管理体制改革和布局结构调整取得历史性的重大进展》，载《中国教育报》，2000-12-15。

[40] 朱开轩：《认真贯彻十四大精神，加快改革和积极发展普通高等教育——在全国普通高等教育工作会议上的讲话(1992 年 11 月 14 日)》，载《中国高等教育》，1992(12)。

索 引